作者简介　杨刚亮，1978年生，河南洛阳人，1999年华东师范大学地理学专业毕业，中国地质大学（武汉）地质工程硕士，现为洛阳职业技术学院文物保护考古学院院长、文物保护行业职业教育教学指导委员会委员、洛阳师范学院兼职教授。曾在龙门石窟研究院长期从事石窟文物保护和修复工作，发表论文30余篇，参与编写《龙门百问》《龙门史话》《文物修复师国家职业技能标准》等。

龙门山色与伊阙风光

龙门西山全景

三层水平溶洞

奉先寺卢舍那大佛保养维护前

奉先寺卢舍那大佛保养维护后

宾阳中洞

万佛洞北壁 4cm 高小雕像

龙门西山岩石层次

敬善寺、摩崖三佛

洪水下的龙门佛像

宾阳洞前室南壁洞窟泛盐

岩石加固效果

裂隙修补效果

裂隙修补

裂隙修补

龙门石窟文库

龙门石窟保护与地学研究

龙门石窟研究院　编
杨刚亮　著

科学出版社
北京

内 容 简 介

龙门石窟是龙门石窟是中国石刻艺术宝库之一，现为世界文化遗产、全国重点文物保护单位，位于河南省洛阳市洛龙区伊河两岸的龙门山与香山上。龙门石窟与莫高窟、云冈石窟、麦积山石窟并称中国四大石窟。龙门石窟开凿于北魏孝文帝年间，之后历经东魏、西魏、北齐、隋、唐、五代、宋等朝代连续大规模营造达400余年之久，今存有窟龛2000余个，造像10万余尊，碑刻题记2800余品。龙门石窟饱经风霜，石窟的保存、保护是龙门石窟文物工作的重中之重。本书是对近年来龙门石窟保护与地学研究工作的总结，对于文物保护学科有着重要的指导意义。

本书适合对文物保护、地学应用、石窟寺研究感兴趣的专家学者及社会人士。

图书在版编目（CIP）数据

龙门石窟保护与地学研究 / 龙门石窟研究院编；杨刚亮著．—北京：科学出版社，2021.9

（龙门石窟文库）

ISBN 978-7-03-069171-2

Ⅰ.①龙… Ⅱ.①龙… ②杨… Ⅲ.①龙门石窟—文物保护—文集
Ⅳ.① K879.234-53

中国版本图书馆 CIP 数据核字（2021）第110388号

责任编辑：张亚娜 郑佐一 / 责任校对：邹慧卿
责任印制：肖 兴 / 封面设计：成二萌

科学出版社出版
北京东黄城根北街16号
邮政编码：100717
http: //www.sciencep.com

北京汇瑞嘉合文化发展有限公司印刷
科学出版社发行 各地新华书店经销
*
2021年9月第 一 版 开本：787×1092 1/16
2021年9月第一次印刷 印张：25 3/4 插页：5
字数：605 000

定价：158.00元

（如有印装质量问题，我社负责调换）

序　一

杨刚亮先生的这本专著很有特色，他将龙门石窟首次与地球科学联系起来，针对龙门石窟的本体与其所处的自然环境，用地学的理论与方法去探讨石窟病害发展的影响机理及在病害治理过程中与自然环境之间的联系。地球科学应该是与石窟保护关系最为密切的基础自然学科，尤其是地质学、地貌学、工程地质学等，在石窟保护工程设计和施工中，占了很大比重。

这本书的整体结构是围绕地学研究应用于石窟保护的，通读全书内容感到十分丰富，尤其是第三、五、七章写得较有特色和深度。在第三章中，对龙门石窟选址、开凿的原因及对石窟保护带来的影响，能引用大量人文、社会科学与自然地理科学的资料信息，解释出令人信服的结论；第五章保护工程中的地学研究专题，也是当前石窟保护技术研究的重点、难点，有待我们去攻克、研发。第七章关于龙门石窟泉水断流原因调查及复涌治理研究，能深层次地讲述煤矿开采造成世界遗产地景观破坏的典型案例，并能提出泉水复涌治理的建议，有望指导相关部门解决问题，恢复、显现龙门石窟多处泉水汹涌的美好景观。

这本书也有一些不足之处：由于要将地学理论、方法研究内容与石窟保护技术结合，因此牵涉面比较多，内容取舍上不易把握，需要在两方面结合的系统梳理上有更高的要求。另外，在龙门石窟保护历程的横向对比和纵向研究上，还没有形成一定高度的总结性结论，希望以后对保护成果的总结研究工作能在广度和深度上覆盖更多的方面。

作者在读本科时学的地理学，研究生时读的地质工程，在龙门石窟工作的二十年里参与和主持过不少大型保护工程和专题科研项目，积累了丰富经验，在工作中能积极学习、思考和总结，在实践中来印证所学所知，这是十分难得的。这次作者花费几年时间收集整理龙门石窟保护的历史成果，进行一些专题研究，编写出这本比较系统的专著，对于龙门石窟及其他石窟的保护工作，具有重要的参考意义。

我 1964 年第一次到龙门石窟，在后来的五十年中，先后参与了蹲点勘查，保护规划的制订，保护加固与治水工程方案的论证、审核，主持国际合作项目等工作，因此对龙门石窟有一种特殊的亲切感，也看到了这些在第一线的中、青年业务人员多年来在保护研究工作中的成长进步，实是欣慰。同时，也深刻体会到这六十多年来许多高校、研究单位的专家、学者和科研、技术人员在龙门石窟不断努力所打下的坚实基础，才能使得地球科学能在石窟保护中得到应用和发展。

当前正是我国“十四五”规划起点之年，石窟寺保护工作受到了前所未有的重视。希望我们的石窟保护、研究和展示工作能迈上更高的层次，也相信龙门石窟的保护、管理和展示利用，会取得令人瞩目的成就。

中国文化遗产研究院　黄克忠

辛丑年夏于北京

序　二

刚亮同志编写的《龙门石窟保护与地学研究》即将出版，嘱我为序。几十年来我一直从事文物考古与保护管理工作，对洛阳、河南文物工作感情深厚。龙门石窟近些年来的保护研究工作进步较大，取得了很多成果，但保护相关的专著还比较少，现在看到这本保护方面的专著就要面世，欣喜之余，便欣然允命了。

我国石窟寺文物是中华文明的重要文化遗产，分布范围广、保存数量大，时代久远。龙门石窟是我国三大石窟艺术宝库之一，价值突出，地位重要，其保护管理工作历来受到各级政府的高度重视。然而由于所处环境复杂，保存状况不容乐观。石窟寺相对于其他类型文物，其保护工作更为复杂，牵涉的交叉学科很多，包括地质学、气候、水文、物理、化学、生物、材料等方面，在保护工程中往往也是结合多学科问题导向进行试验和研究。其中，地球科学应该是与石窟保护关系最为密切的基础自然学科了。这些年龙门石窟的同志们做了很多工作，写了不少科研论文，从不同角度论述了龙门石窟保护存在的问题和解决的办法，取得了很不错的成绩。刚亮同志不是文物保护科班出身，但在龙门石窟工作的二十年里参与了大量保护工作，积累了丰富经验，做出了应有的担当和贡献。他能够在工作中积极学习、思考和总结，在实践中来印证所学所知，这是十分难得的。如今调动到洛阳职业技术学院文物保护考古学院从事教学育人和管理工作，预祝取得新的成绩！

龙门石窟的保护工作起步比较早，从20世纪70年代正式开展进行抢险加固工程，到80年代开展综合治理工程，龙门石窟洞窟和造像转危为安，旅游设施也得到了保障建设，整个景区面貌为之改观，奠定了今天龙门石窟文物保护和景区建设的基本格局。早期保护工程留存的资料大多是手工编写的，收集、梳理和研究有一定难度。我们的文物保护不单是工程施工、科学研究，对过去保护工作留存的档案资料进行整理研究，其实也是很重要的工作。刚亮同志重视资料的收集和整理研究，潜心思考和总结，拿出这本较高科研水平的学术成果，对龙门石窟以及我国石质文物保护工作都具有一定借鉴意义。

2000年以来龙门石窟保护工作整体上起点高、周期长、持续性较好。随着科技进步和广泛应用，在前期勘察、资料收集、档案建设、工程设计等方面引入了更加先进、成熟的做法，比如联合国教科文组织援助龙门石窟保护修复工程，就是在联合国教科文组织和中国、日本政府三方合作主导下开展的国际性保护项目，当时所用的调查方法、检测仪器设备、施工设计都是最为前沿的，给龙门石窟带来的影响无疑是巨大的，不仅为龙门石窟保护解决了疑难问题，还培养了青年人才，保护中心的几位年轻同志就是在这个国际合作项目中得到了历练、成长和提高的。对这些成果和资料进行收集、整理和研究，非常重要，也十分必要。这次刚亮同志花费较长时间和大量精力收集整理龙门石窟保护的历史成果，进行一些专题研究，编写出这本比较系统的专著，真是一件令人欣慰的事情。我表示祝贺！

这本书整体结构上围绕地学研究和在石窟保护工作中的应用，大多都是结合他自己亲身经历和实践工作，内容系统详实、数据丰富可靠，注入了作者对龙门石窟保护工作的深入思考和理性总结。有关龙门石窟保护历程的梳理和论述基本沿袭时代延续，逻辑严密，富有条理，可为参考之用。

有些问题还需要进一步思考。地学研究范畴广袤，牵涉面较多，深度上不易把握，有些章节如能再挖掘梳理、单独成书，其专题研究就会更有意义。有些章节可再深入一些，比如第四章病害特征方面，检测分析数据不是很丰富，对病害形成机理就缺乏一些更深入、全面的研究。

值此龙门石窟申报世界文化遗产成功20周年之际，得闻此书付梓，特表祝贺！

龙门石窟研究院　史家珍

2021年6月30日

目　录

绪　论

石窟寺是雕凿在山体崖壁间的寺庙或僧舍，是模仿地面的佛寺建筑而建造，最初为释迦牟尼和弟子们坐禅静修的场所，俗称石室。中国是世界上开凿和保存石窟寺最多的国家，汉代以来，石窟寺从印度传入我国，历经千年开枝蔓叶、开花结果，最终遍布全国，其类型各异、数量众多、价值突出，约有上千处[①]，其中列入全国重点文物保护单位的石窟寺有91处［见表0-1，全国重点文物保护单位（石窟寺）统计表］。这些石窟寺赋存的地理环境差异较大，岩石性质、气候类型、水文地质条件等复杂多样，分散又相对集中，主要分布在新疆、甘肃、陕西、山西、河南、四川、重庆等地，成为我国文化遗产宝库中重要的组成部分和优秀代表。

表0-1　全国重点文物保护单位（石窟寺）统计表[②]

批次	批示国保总数	石窟寺及石刻合计	石窟寺	石刻	发布时间
一	180	25	14	11	1961年3月4日
二	62	7	5	2	1982年2月23日
三	258	28	11	17	1988年1月13日
四	250	10	4	6	1996年11月20日
五	518	31	9	22	2001年6月25日
六	1080	63	17	46	2006年5月25日
七	1944	110	21	89	2013年5月3日
八	762	39	10	29	2019年10月16日
合计	5054	313	91	222	

中国石窟寺分布广泛、规模宏大、体系完整、内涵丰厚、价值突出，是我国古代灿烂文明的集中体现，是中华文明同其他古代文明交流互鉴的历史见证。洛阳龙门石窟是我国北方三大石窟艺术宝库之一，具有重要的历史、艺术和科学价值，很多学者都为之关注倾慕，被其深邃的蕴涵和艺术魅力所吸引。历史上记载龙门石窟的著作有《水经注》《洛阳伽蓝记》《魏书释老志》等。近现代以来，国内外许多专家学者十分

① 若以单个窟、龛核计，则有上万处。

② 根据国务院公布的八批国保单位统计，来自www.gov.cn.。

重视对它的研究，诸如北京大学阎文儒、宿白教授，中央美术学院王逊、金维诺教授，以及日本学者关野贞、常盘大定、水野清一、长广敏雄等，都曾到龙门石窟考察访问，从考古、历史、美术、佛学、雕塑等不同角度发表文章，著书立说，使龙门石窟闻名遐迩，蜚声中外。最早对我国石窟寺进行专业考察的近代中国学者当属梁思成、林徽因和刘敦桢先生，他们在20世纪30年代陆续前往云冈、天龙山、龙门、南北响堂山等地考察文物古迹，“在草丛里读碑碣，在砖堆间看菩萨像”[①]，梁思成先生尤其对龙门赞誉有加。

中华人民共和国成立后，陆续有地质学家苏良赫、水文地质学家王大纯、工程地质专家潘别桐、石窟保护专家黄克忠等先后考察云冈石窟、龙门石窟、敦煌莫高窟、大足石刻等重要石窟寺，关注到石窟保护方面的问题，并有专业解读和论述[②]。20世纪80年代以来，我国文物事业肇兴，科技保护成为基础前沿工作，历史、考古、宗教、雕塑、地质、水文、气象、材料等多学科成果交叉运用到石窟寺研究和保护中来，推动了我国文化遗产保护事业的蓬勃发展，从地学角度来研究石窟文物破坏机理和保护问题逐渐得到重视和深化。

1988年在希腊雅典召开古代文物保护国际工程地质学术会议，讨论的主题包括：历史遗迹和建筑名胜的工程地质维护；历史建筑名胜的工程地质与建筑石料；工程地质与考古学勘察；工程地质和历史过程中的灾害；环境地质与历史遗迹：古代环境地质、古地理、古水文、古构造等；古代工程活动中的工程地质：古代建筑中的地基条件和稳定性等[③]。可以看出，会议主题已涉及较深入的地学研究及其在历史遗迹和建筑遗产保护中的应用，尤其在建筑材料研究、工程地质应用方面都受到较多关注和重视。

中华人民共和国成立以来，我国石窟寺保护管理经历了70年的探索和发展，以敦煌莫高窟、大同云冈石窟、洛阳龙门石窟等大型石窟寺为代表，实施了较为系统的地质勘察、测绘、维修、抢险加固等工程，并对麦积山石窟、大足石刻、须弥山石窟、克孜尔石窟等进行了抢救性保护，有效改善了石窟寺保存状况，逐步实现了从“抢救性保护”向“抢救性保护和预防性保护并重”转变，在国际上处于领先水平。这些保护维修工程多以地形地貌调查、地质勘察为基础，通过地学理论与文物保护工程实践的综合应用，为我国文物保护工程设计提供了科学依据和示范作用。我国持续增加文物保护工程的资金投入和技术支持，在工程地质、水文地质、自然环境影响等基础研

---

① 林徽因：《山西通信》，《人间四月天》，当代世界出版社，2010年，第15页。

② 苏良赫：《石窟保护中的地质学》，《光明日报》1961年8月26日；潘别桐：《文物保护与环境地质》，中国地质大学出版社，1993年；王建锋、潘别桐：《龙门石窟区域岩溶环境系统及其对石窟文物保护影响》，中国地质大学（武汉）水文地质与工程地质系，1992年，内部资料。

③ 姬琦：《石质文物性地质景观的环境地质问题研究》，《中国西部科技》2007年第14期。

究领域开展了大量保护研究、方案设计和工程施工，充分体现了地质、工程、水文等地球科学知识在石窟保护工作实践中的必要性和重要性。

一、地学研究的对象和范畴

地学，即地球科学（Geoscience），自然科学六大基础学科之一，是一门研究地球系统（包括大气圈、水圈、岩石圈、生物圈和日地空间）的过程与变化及其相互作用的自然科学，其研究范畴很广，涵盖地质学、地理学、气象学及其他衍生学科。今天所说的地学主要是指地质学和地理学的统称。其中，地质学（Geology）是地球科学的主要分支学科。

地学的研究对象是地球，其研究范畴和任务主要包括：地球的结构和构造；地球物质元素分布及其迁移富集规律与矿产资源；地质事件如地震、火山、海啸、褶皱、断裂等；预测和预防可能发生的地质事件。

其中，与石窟寺营造和保护修复关系密切的，主要包括岩石材料构成、岩土体的物质组成性质、岩体结构与稳定性、自然环境对石窟保护的影响、风化作用对石窟寺文物破坏机理等方面，目前已有相当广泛而深入的研究成果，并得到一定程度的实践检验。近二十年来，许多地质学家、地理学家把目光投入到文物保护领域尤其是石质文物保护工作中来，许多实验室正在研究石雕刻物质组成性质和保护材料加固效果的关系等，其研究结论与成果应用反映了石质文物保护与地球科学研究密不可分。尤其值得注意的，近些年国家文物局发布的《文物保护工程管理办法》《石质文物保护工程勘察规范》（WW/T0063—2015）是石窟寺等不可移动石质文物病害调查和保护修复工作的重要依据，规范中的勘察办法和标准重点沿用了工程地质学领域的理论、方法和技术；《石质文物岩石材料劣化特征及评价方法》[①]，是近年来石质文物保护领域比较重要的一个研究成果，其中关于岩石材料劣化的分类、描述和定性定量评价方法和系统，具有较大的创新性和应用性，值得学界关注和推广。

二、地学研究方法及研究意义

地球科学的研究方法建立在地球的基本特点之上，即空间的广泛性与微观性、时间的漫长性与瞬间性、过程的复杂性与有序性，其研究方法中与石窟寺保护修复关系密切的主要包括以下三个方面。

（1）野外调查。野外调查是自然科学工作最基本、最重要的环节，能获取研究对

---

① 李宏松：《石质文物岩石材料劣化特征及评价方法》，文物出版社，2014 年。

象的第一手资料，例如野外地质、水系水文、自然地理、植被土壤、资源环境等信息。其中，岩石、水、植被、生物等环境因素对石窟雕刻的保存影响较大，需重点调查或开展专题调研。

（2）仪器观测。仪器观测是地球科学用来获取研究对象的定性和定量数据的重要手段，通过仪器观测了解对象的物化性质、参量的静态特征和动态变化，为分析、推理提供科学依据。近几年来在国家文物局的重点支持下，龙门石窟建立了较为全面的监测系统，可对洞窟内外微环境要素（温湿度、渗漏水量、裂隙位移、光照强度、降水量、地下水位、大气污染物浓度等）进行实时、连续、动态监测和预警保护，并实现了同国家文物局世界文化遗产监测平台的对接、传输与数据共享。

（3）实验室分析、测试与科学实验。这是地球科学各门学科普遍采用的研究方法，主要是从研究对象中取得各种样品或标本，进行实验室分析、测试，获取物质成分、结构、物化性质等定性定量资料，并通过科学实验分析、模拟和推断其形成、演变过程和发展趋势。实验室分析是石窟寺保护修复研究的基础和手段，对获取石窟岩体物质组成、理化性质，模拟分析岩石腐蚀、冻融等石窟病害形成机理以及保护材料防治效果等方面具有重要作用。

地球科学是人类在实践和应用中逐渐发展起来的，因此，其研究应具有重要的实际应用意义。在生产建设过程中，需修建一些大型工程设施，如公路、铁路、港口、水坝、核电站等，为确保其安全、正常运转，首先必须应用地质学的研究进行地基选址与场地稳定性评价，弄清场地地质条件，避开不利因素。这在文物古建和石窟寺保护中也有重要的借鉴意义。

有关自然环境的利用、改造和管理研究，首先要进行定性评价，地理学是定性评价的主要依据，在自然资源和条件的评价（对龙门石窟及其周边区域的地理环境、地质地貌、山川水文条件的评估）、人类影响地理环境所引起的变化预测（如两山植树造林，伊河橡胶坝蓄水形成人工湖面，周边生产水泥、开采煤矿、抽取地下水等）、环境的合理地域组织、区域经济结构的优选等方面的应用发挥了重要作用。

三、石窟寺保护与地学问题的关系

今天的石窟寺保护工作，除了安全保卫、防止盗窃和杜绝人为破坏，主要是防止自然因素对石窟的侵蚀破坏，即科技保护工作。一千多年来受自然环境侵蚀作用的影响，石窟造像风化、剥落、溶蚀等现象严重，岩体开裂、变形、崩塌等病害屡见不鲜，因此，研究自然因素对石窟的破坏机理，设计防治技术和方法，采取维修加固措施，是石窟科技保护研究的核心任务。石窟寺病害治理和综合保护工程大多是多学科交叉应用的结果，涉及地质学、地貌学、岩体力学、水文地质工程地质学、土木工程学、环境科学、生物学以及探测技术等多个学科领域。在这些科研领域里，地学方面的问题联系十分紧密。

归纳与石窟保护相关的地学问题，发现集中在岩石学、地貌学、构造地质、工程地质、水文地质、气象气候以及植物地理等方面。其中，地貌和岩石条件对石窟的选址、开凿具有基础性作用，构造、气候、水文、生物等因素对石窟石刻病害形成及保存利用具有重要影响。

开凿石窟需要一定的岩石空间，需要能形成直立陡壁的特殊地貌环境。一般而言，丹霞地貌、喀斯特地貌和河谷地貌容易形成陡峭崖壁。我国许多著名石窟均位于丹霞地貌环境中，如甘肃的麦积山石窟、炳灵寺石窟、北石窟寺、马蹄寺石窟，宁夏的须弥山石窟，陕西的万佛洞、大佛寺，四川的大足石刻、广元千佛崖造像、乐山大佛，云南的剑川石窟等，多分布于西北和西南地方。总结发现，我国石窟寺大多开凿在依山傍水的崖壁上，岩体完整性较好，地层产状多接近水平或缓倾状。

岩石是地貌发育的基础，岩石性质最能反映石窟与地学的关系。在一定的地貌条件下，只要岩石具有良好的可雕性、可塑性和稳定性，就适宜开凿石窟。我国大多数石窟开凿在红砂岩、砾岩、石灰岩、砂砾岩、泥岩等山体中，前四种岩石是开凿石窟的主体。可见，石窟的开凿对岩石具有明显的选择性，其地域分布与相关岩层分布的区域地质特征联系密切，例如砂岩类石窟多分布于甘肃、宁夏、四川等地，而灰岩类石窟主要分布于华北、华东和华南地区。

同时，岩石类型和性质对于石窟造像艺术、风格也有直接影响。比如壁画彩塑类石窟，多开凿于成岩性质不佳的半胶结状砂砾岩中，其岩层松散粗糙，不宜精雕细凿，也不宜“石胎泥塑”等技法，以敦煌莫高窟为代表。石胎泥塑类石窟，多开凿于红色砂砾岩中，如麦积山石窟保存了 19 个朝代的泥塑。精雕细刻类石窟，开凿丁砂岩、石灰岩中，岩石性质均一性好，适宜精雕细琢，以炳灵寺石窟、云冈石窟、龙门石窟等为代表。

石窟保护更与地学关系密切，绝大多数石窟造像出现的病害都来源于其地质环境和自然环境。由于地质病害影响，众多石窟出现边坡失稳、溶蚀风化、裂隙渗水等问题，安全受到威胁。另外，人类工程活动会加剧地质病害，有的还直接威胁石窟安全，比如在石窟附近修建铁路、公路、工矿企业、水库等，会加剧裂隙扩张，抬高地下水位，改变窟区微环境特征，致使石窟造像艺术品遭受破坏。也有因附近开采煤矿降低地下水位，造成石窟景区泉水断流、景观破坏的现象，本书第七章即介绍龙门石窟泉水断流及复涌治理问题。

因此，只有从地学研究入手，找出地质病害的形成机理，才能制定行之有效的保护措施。如四川大足北山、宝顶造像出现神佛“淌汗流泪”，危害文物，从地学研究查明是石窟开凿在侏罗纪砂岩中，处于背斜构造轴部，受张力影响，产生垂直裂隙，成为地下水渗流通道。找到原因后，实施了平洞治水工程，治好了北山石窟的“淌汗症”①。

石窟寺及石刻的物质载体是各类自然岩石，其性质、组成、地质年代不同，经风化、侵蚀后的形态特征亦不尽相同，甚至有特殊表现。比如云冈石窟砂岩中含长石成分，胶结物中以碳酸钙为主，长石易风化，碳酸钙易溶解流失，造成云冈石窟砂岩风化松散②。龙门石窟属于石灰岩，易溶解，洞窟造像的溶蚀问题比较突出，甚至出现大中型规模的溶洞发育，给石窟造像安全和崖壁边坡稳定带来威胁。

地形地貌学研究对于石窟寺开凿与保护均关系密切。其相关理论为古代大型建设工程的选址、布局、设计和施工提供了重要依据和支撑。古人考虑石窟选址时虽没有地貌学知识，然而各地石窟寺在地貌学上却有惊人的相似之处，这些最著名的石窟群多分布在河流切割而成的陆坎之上。云冈石窟就开凿在十里河侵蚀阶地后期形成的陆坎上，龙门石窟则位于伊河切穿龙门山峡谷地段的东西两侧山体崖壁上。莫高窟在地貌学上位于大泉河冲积和洪积扇所切割的谷壁上，麦积山石窟则在山体侵蚀残余形成的麦垛形的山崖上开凿而来。

石窟开裂、崩塌及裂隙发育的规律研究对石窟保护至关重要，关系到石窟的存亡。这与工程地质学领域的裂隙研究、力学测试以及边坡变形发育规律研究联系紧密。很多石窟的崩塌开裂都沿着一定方向的裂隙产生，有的是大尺度的构造裂隙，有的是斜坡形成的岸边裂隙，有的是开窟后应力集中形成的卸荷裂隙，有的则与岩石原生层面裂隙有关。这些都应区分重点分类研究。

水文地质问题也很普遍。大多石窟都存在洞窟渗漏水，造成石窟造像溶蚀、风化，甚至崩解脱落。我国四大石窟中，龙门石窟的渗漏水问题最为严重，治理也最迫切。研究其岩体结构、孔隙通道、渗水特征以及地下水化学成分等都是与石窟保护关系密切的水文地质工作。

石窟崖壁崖顶的植被给石窟保护带来很大问题。一方面，植被有利于崖顶和坡面水土保持，保护地形和岩体稳定；另一方面，植物尤其是乔灌木类的粗大根系会扩张岩石裂隙，造成表层水沿裂隙渗入并促进根系发育，继续扩大裂隙，带来岩石开裂、洞窟渗漏等深层次问题，长久可导致局部地形地貌的改变。

微生物也对石窟造像造成很大侵蚀，在局部位置甚至表现为关键性危害。洞窟造像阴暗潮湿或渗漏水处往往滋生大量藻类、苔藓、地衣、真菌等微生物，它们不但带

① 张和纬：《石窟的地学基础及其分类》，《甘肃地质学报》，1997年增刊，第135-138页。

② 苏良赫：《石窟保护工作中的地质学》，《光明日报》1961年8月26日。

来有机酸腐蚀侵害石窟造像，还改变佛像外观形貌，造成美学价值损失。由于存在季节特征，雨季时微生物旺盛鲜亮，冬春季节则枯萎黑暗，给石窟外观带来差异变化，影响其价值和艺术魅力展示。

还有环境污染以及人为影响问题。20世纪50年代至今，由于社会经济、工矿企业、城市建设飞速发展，环境污染加重，加剧侵蚀石窟造像。随着社会发展和工业化进程的加快，威胁因素更加复杂隐蔽，持续影响着龙门石窟的保存和传承。

……

这些问题从不同视角层面反映了地球科学在石窟寺保护工作中的实践应用和重要意义。同时，与石窟保护关联密切的地学研究也能促进地球科学的相关发展。比如对于石雕造像风化问题的研究，地质学上研究岩石风化问题，往往是相对宏观或者大尺度的风化因素、风化过程和风化产物的研究，而石雕造像风化保护的研究，要求则高得多、精细得多，因为石雕造像表面风化涉及的可能是几厘米甚至几毫米内的风化问题，针对这部分最有价值的艺术表层所开展的观察、监测、取样、分析和防风化材料试验研究，其工作要更加细致入微，这就对地质学相关研究方法和技术提出了更高要求，对岩石学的有关研究必然起到一定的推动作用。

而且，石窟保护也给地学研究提出了新课题，比如在铁路公路水库的边坡支护、塌方处理、矿井的巷道支护中普遍采用的灵活方式，可能在应用到石窟危岩体加固和崩塌治理中，就因要避让石窟造像、栈道以及岩壁上的雕刻，甚至要照顾到工程措施给石窟背景环境以及整体外观、美学上的影响，而采取一些特殊措施，这就需要更深入的适用性研究，也给地学研究领域尤其是工程地质学研究提出了新的课题和方向。

四、地学研究理论与实践在石窟寺石刻保护中的借鉴意义

古人在进行建设行为时已具备了初步的地貌学和工程地质概念，用以指导建筑工程的修建和长期保存。今天我们在守护文物古迹时也应遵循自然法则和科学原理，尤其是野外大型石窟寺及石刻的保护工作，离不开地球科学、物理、化学、生物学等相关知识的实践应用。作为自然科学基础学科的地球科学，为我们研究和开展石窟寺保护工程提供了理论基础和实践依据，体现在四个方面。

（1）矿物学、岩石学、土质学等地学理论为文物材料及材质的认识提供了研究基础。石窟寺保护工作必须从认识和了解其物质材料的物理、化学、矿物以及水理性质入手。由于石窟寺造像的病害多发生在石材表层，因此保护修复的关键在于研究其表层在自然环境和社会环境变化中的变化过程及其引起的病害。这就要求把宏观特征数据和微观结构、内部构造等结合起来认识和探究其病害形成机理。

（2）地质学领域的勘察技术体系为石窟文物环境及保存现状的描述提供了技术和方法借鉴。文物保护工程的首要工作是对文物主体实施基础数据进行采集，目的在于客观、科学、全面地记录文物主体及其环境信息，做出科学合理的价值评估，为保护和规划工作提供翔实的基础资料。其中，文物赋存的环境状况及其整体保存现状的调查研究，主要依靠地理学和工程地质学的支持和指导。

（3）岩体力学、环境地质学、土力学、水文地质学等分支学科的发展为文物病害形成机理的分析研究和预测病害发展的趋势提供了科学依据和理论体系。文物保护工程的最终目的在于通过工程技术措施，抑制文物主体病变的速度，延长其保存时间，因此，揭示文物病变的原因是文物保护工程设计的基础工作。通过该工作成果，对文物主体的保存现状进行客观描述、科学分析，并有针对性地进行定性和定量评价①。

同时，工程地质学研究人类工程行为引起的环境地质问题及其对工程建筑主体以及周围环境的影响，其研究成果对于文物保护区及周边地域的建设行为的决策具有重要指导意义。

（4）地质学所开展的岩土工程实践经验为文物保护工程设计的可行性研究提供强大技术支持。文物资源的不可再生性决定其必须建立在科学研究的基础上，而工程地质学是一门强调实践性的学科，积累的大量工程实践经验和工程技术体系，为文物保护工程设计提供了宝贵的技术支持。

五、主要研究内容

对于石窟寺石刻及摩崖造像，许多学者从宗教、文化、艺术、考古等方面开展研究，往往缺乏对石窟寺石刻与地学关系的探索。笔者试图以地学的方法理论，从龙门石窟所处的自然环境入手，对石窟的地学基础及其分类加以探讨，力图理清其自然环境特征及其对石窟病害发展的影响机理，并探究龙门石窟病害治理与自然环境之间的联系。

本书共分八章。

第一章是关于龙门石窟保护概况的评述，主要介绍了龙门石窟的地理位置、遗产价值、历史沿革及其保护管理状况；梳理了龙门石窟的保护历程与修缮情况，最后简略分享其保护成果，并对保护修复研究方向和重要问题进行了展望。

第二章综述了龙门石窟赋存的地理环境，重点从地层地质构造、地形地貌、气候水文、工程地质水文地质、生物环境及人文社会环境等方面阐述了它们与龙门石窟保护之间的密切联系。

---

① 李宏松：《2004中意合作文物保护修复培训班讲义》，内部资料。

第三章探讨地质环境对龙门石窟选址、开凿与保护的影响，着重讨论了各种地理环境要素对龙门石窟选址的影响，以及地层岩性、地质构造、水工地质条件和气候水文等因素给龙门石窟保存与保护带来的影响。

第四章重点介绍了龙门石窟病害特征与防治研究。主要对龙门石窟病害现状、特征、分布以及三大地质病害特征及形成机理进行了分析研究，最后提出病害防治研究思路。特别提到了防风化治理与碑刻题记的保护问题。

第五章为保护工程中的地学研究专题，主要围绕地质调查历程、洞窟凝结水危害机理及其防治研究、龙门石窟历史修复痕迹和GIS技术在石窟寺保护的应用等方面展开论述，分析总结了它们的不同特征和研究成果。

第六章为保护工程案例研究，通过对三个大型保护工程（UNESCO援助龙门石窟保护修复工程、潜溪寺洞窟渗漏水治理工程、龙门石窟保养维护工程）的阐述、论证，概括总结了取得的成果和存在的问题，并对其技术路线进行较为深入的探讨。

第七章专题介绍了龙门石窟景区泉水断流原因调查及其复涌治理过程。

第八章以问答形式简述了与龙门石窟保护相关的地学基础问题。

“洛都四郊，山水之胜，龙门首焉。”历经千年沧桑，龙门依然年轻。值此申报世界文化遗产成功二十周年之际，谨成此书为献。龙门石窟文物保护管理所经历的漫长之路，值得我们回溯和借鉴。

第一章　龙门石窟保护概况

第一节　地理位置与范围价值

一、地理位置与范围

“凿山导伊流，中断若天辟，都门遥相望，佳气生朝夕。……精舍绕层阿，千龛邻峭壁。”这是古人对龙门所处位置、形势和佛寺、石窟景况的概括描述。

龙门石窟位于我国河南省西部的洛阳市南 5 千米处龙门山的伊水两岸，地处东经 112° 28′、北纬 34° 33′。龙门山属伏牛山脉熊耳山系，从宜阳东来抵龙门蓦然形成东西对峙的两山，伊河自南向北穿流其间。这里两山相望，伊水中流，形成了“峥嵘两山门，共挹一水秀”[①] 的天阙奇观。

龙门石窟就开凿在伊阙峡谷两岸的山崖上，山崖峭壁间密如蜂房的石窟与这里秀丽的风景构成独特的石窟山水名胜。龙门山山顶视野开阔，岗岭起伏，层峦叠嶂，青山隐隐。龙门石窟景区东接万安山，南通伊河峡谷，北濒洛阳盆地，西接宜阳丘陵。具体范围，东至龙顾路郜庄村西，南至乾元山南山脚和魏湾村，西至王城大道龙门山以东，北至龙门北桥一线。

1962 年，河南省人民政府划定龙门石窟重点保护范围，面积 3.31 平方千米。1963 年 9 月洛阳市人大委员会确定龙门文物保护区范围：以东西两山石刻为中心，西山北至老君堂（龙门镇南口上西山小路），西至后山公路，南至叉子沟；东山北至北山脚下（龙门煤矿职工宿舍），东至郜庄—火奥子岭上山小路，南至二道桥沟。

1983 年，河南省人民政府划定的龙门石窟重点保护范围和一般保护范围（建设控制地方、缓冲区），面积为 10.42 平方千米。现在执行 1983 年划定的结果。龙门石窟保护范围见图 1-1。

纵观洛阳周边地形，南部地区为伏牛山山脉的熊耳山系所占据，重峦叠嶂，交通不便。而龙门据洛阳盆地南缘，东、西两山沿着南北流向的伊河之畔，形成了两山对

---

① （宋）苏过：《仆以事至洛言还过龙门少留一宿自药寮度广化潜溪入宝应翼日过水东谒白傅祠游皇龛看经两寺登八节尤爱之复至奉先作此诗以示同行僧超晖》。

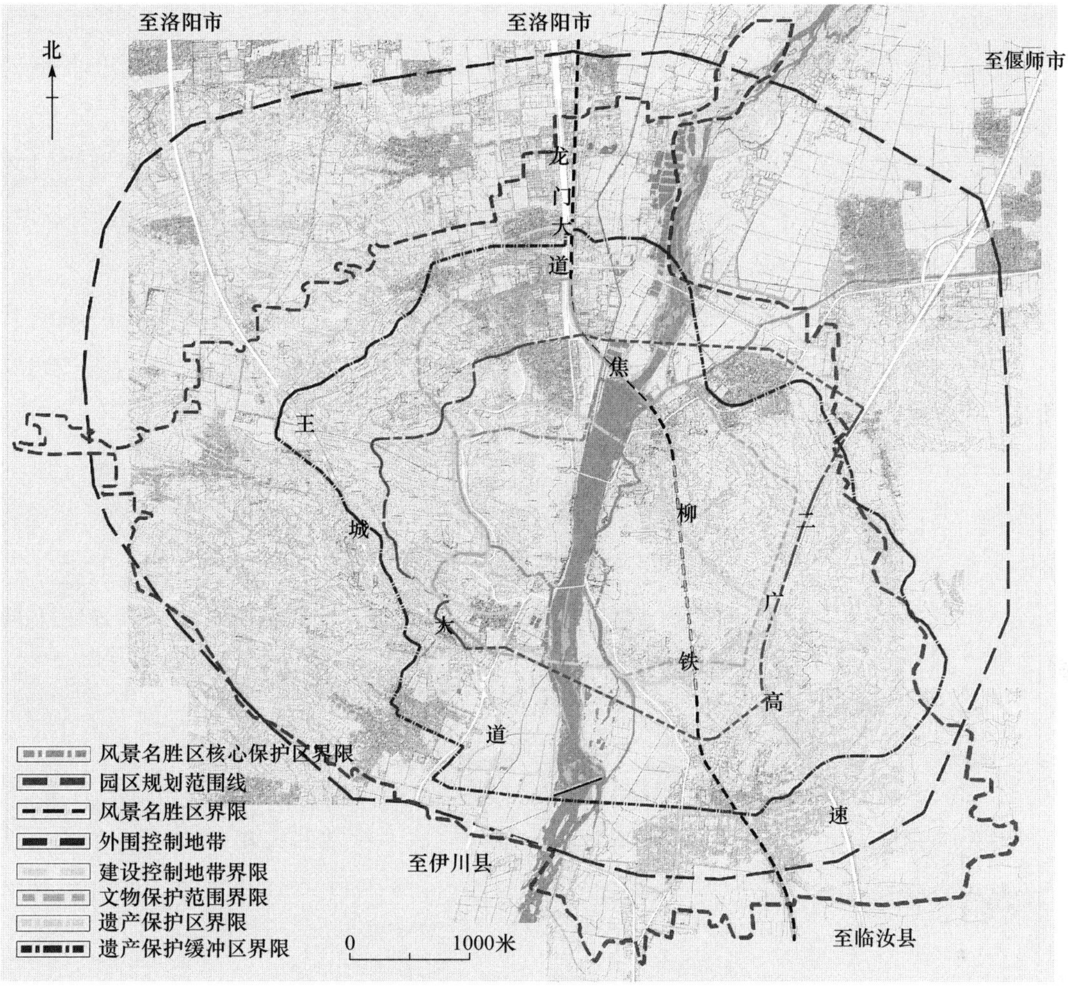

图 1-1　龙门石窟保护范围图

峙、东西宽达 300 多米的峡谷山豁，远望犹如门阙。无论陆路还是水路，龙门的峡谷地带自古就是洛阳通往南方的必经之地。这里背依洛都，面对三涂，左望嵩岳，右眺秦岭，向为南北交通的要冲和兵家必争之地。宋真宗赵恒曾在《龙门铭》中这样说："夫结而为山，融而为谷，设险阻于地理，资守距于国都，足以表坤载之无疆，示神州之大壮也。"龙门的形势确实是"石门殊豁险，篁径转森邃"，所以历代都在此设关，自古守御或攻取洛阳者，大多于此布阵激战，发生了多次杀伐大战。公元前 516 年（昭公二十六年），"晋知跞、赵鞅帅师纳王，使汝宽守伊阙"。公元前 293 年（秦昭王十四年），秦将白起在伊阙以南消灭韩、魏联军 24 万。公元 184 年，东汉灵帝为防备黄巾军，曾在洛阳四围置伊阙等八关，龙门自此正式设关。公元 620 年，唐李世民围攻洛阳，击王世充，曾派"行军总管史万宝自宜阳南据龙门"。东山山坡上还能捡到古代战争使用的铜箭头。现在的伊河滩也是当年的古战场，众多的历史学家爱到龙门的古战场来凭吊研究。

重要的地理位置和险峻的山川形势，使得伊阙龙门成为兵家守御的关隘和军事战略重地。龙门石窟所在地，春秋战国时期称为阙塞，汉代时伊阙关为洛阳八关之一。北魏时仍称伊阙，至隋炀帝时才改称为龙门，但初唐仍没有改过来，直到唐高宗时才正式称作龙门，沿袭至今。所以北魏开凿石窟时，并不叫龙门石窟，而是叫伊阙石窟。龙门石窟的名字应该是在唐高宗时正式定名的，并沿用至今①。

如今这里苍松翠柏，四季常青，潺潺伊水穿流而过，两山对应而出。精湛的艺术、古老的文化、秀丽的山色、美丽的环境，得天独厚的自然条件，四通八达的交通网络，独显龙门魅力。南有山清水秀的伊阙风光、洛栾公路；北邻洛阳新区、郑西高铁专线；东临二广高速公路、焦枝铁路；西依西南环城高速公路、龙门西山万亩森林公园。龙门大道和王城大道南北穿行而过，龙门桥、龙门北桥东西飞跨伊河，并有通往北京、天津、上海、西安、重庆等地的空中航线，交通十分便利。通畅的洛龙大道，从市区直达龙门石窟，使龙门石窟具有良好的可达性，为开展旅游服务提供了良好条件。

二、遗 产 价 值

遗产价值是保护文化遗产的基础和先决条件。遗产价值与保护管理密切相关，以此为基础，遗产才有活化与利用的可能。龙门石窟价值突出，地位重要，通过学者名人对龙门石窟的评价可见一斑。

梁思成：元魏以下至于隋唐龛窟造像无数，实我国古代石刻之渊薮。……宾阳洞……，实灵岩无数佛窟开凿之始祖，其在我国美术史上，功弗可没也！……龙门刻匠较云冈之进步，石料之较佳，不惟技术，即对于雕饰之布置，亦超而过之也！

林徽因：龙门石窟真乃奇迹！

法国汉学家格鲁赛：龙门石窟代表了人类宗教艺术的一个高峰。

美国著名收藏家查尔斯·兰·弗利尔：比起雅典或罗马的雕塑，我觉得龙门的雕像蕴含了更丰富的想象力，显得更自然、更有力，个性也更鲜明。龙门的环境是独一无二的。……在龙门，我能感受到一种宗教精神，要比其他这些城市精深得多。……即使是用一生的时间，我也无法了解龙门造像的全貌……

范文澜：龙门诸窟比云冈诸窟，表现出更多的中国艺术形式，大佛姿态也由云冈的雄健可畏变为龙门的温和可亲②。

---

① 李文生：《龙门石窟与百题问答》，河南大学出版社，2001 年，第 47 页。

② 范文澜：《中国通史 • 第二册》，人民出版社，2015 年，第 656 页。

龙门石窟是我国历史上北魏和大唐王朝建都洛阳时期开凿的规模最大的皇家石窟造像，是中国五世纪末至八世纪中叶佛教雕刻史上最伟大的杰作，是佛教艺术和佛教文化在中国发展的典型代表。1961年被国务院公布为全国重点文物保护单位；1982年，被国务院公布为首批国家级风景名胜区；2000年11月被联合国教科文组织列入《世界遗产名录》，这是对龙门石窟突出、普遍价值的充分肯定。

龙门石窟根据世界文化遗产六条遴选标准中的前三条入选《世界遗产名录》。世界遗产委员会对龙门石窟的评价为："龙门地区的石窟和佛龛展现了中国北魏晚期至唐代四百余年间，最具规模和最为优秀的造型艺术。这些翔实描述佛教中宗教题材的艺术作品，代表了中国石刻艺术的最高峰。"这高度说明了龙门石窟的重要价值，应该受到全人类的重视和保护。

龙门石窟是第一批全国重点文物保护单位和河南省第一处世界遗产，具有极高的历史、艺术、科学、景观和鉴赏价值。现存大小洞窟2345个、佛像10万余尊、碑刻题记2800余块、石刻佛塔80余座，为我国规模最大、造像最多、历经朝代和延续时间最长的佛教石刻艺术宝库。保存有反映古代佛教、建筑、雕刻艺术、音乐、舞蹈、服饰、书法、医药、姓氏、地名、职官、中西交通和文化交流等方面的珍贵资料。龙门石窟是真正的皇家石窟寺典范，其造像风格、美学理念、审美风尚和雕刻技艺引领着当时社会的雕刻艺术潮流。

（一）历史价值

龙门石窟始凿于北魏孝文帝迁都洛阳之际，距今已1500多年。伊河两岸东西两山现存的2345个窟龛、10万余尊造像、2800余品碑刻题记，为研究中国古代政治、经济、宗教、美术、书法、雕刻、地理以及中外文化交流等提供了重要资料。龙门石窟代表照片，见图1-2～图1-9。

（二）艺术价值

北魏和唐代是龙门石窟开窟造像的两大高潮，形成了公元5世纪末至8世纪中叶中国佛教石窟艺术的典范和一朵奇葩。北魏和唐代龙门石窟的开窟造像和佛教艺术具有强烈而鲜明、典型而独具特色的皇家风范，影响着当时国内甚至域外的佛教造像艺术，朝鲜、韩国、日本的石窟艺术和佛教造像都不同程度地受到龙门石窟的影响。

龙门石窟现存碑刻题记也是研究中国古代书法艺术的宝贵资料。著名的"龙门二十品"是魏碑书法艺术的珍品。"伊阙佛龛之碑"是唐代名臣褚遂良所书碑刻中之最大者，被誉为初唐楷体的佳例。

图 1-2　卢舍那大佛

图 1-3　伊阙佛龛之碑

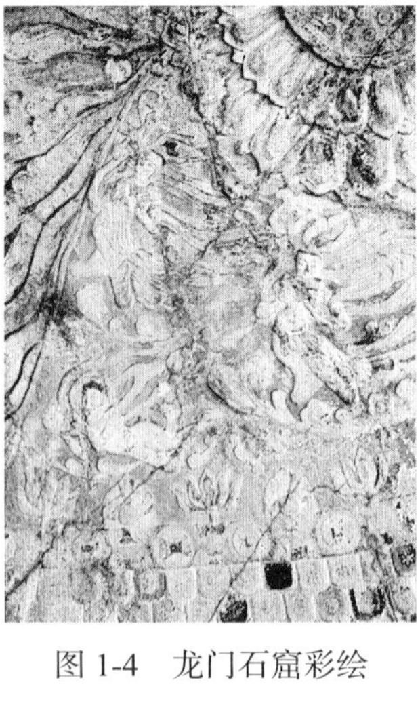

图 1-4　龙门石窟彩绘

图 1-5　宾阳中洞

图 1-6　宾阳中洞礼佛图

龙门石窟自身独特的雕塑艺术语言，揭示了雕塑艺术创作的各种规律和法则。其形成的审美思想、审美意识、造像风格、雕塑手法、雕刻技艺在中国佛教雕塑艺术的发展历程中具有极其重要的地位和意义，其影响远播国内和域外。

图 1-7　古阳洞

图 1-8　万佛洞

图 1-9　莲花洞

（三）科学价值

龙门石窟开凿于伊河两岸山崖上。这里山体岩石属古生代寒武纪石灰岩，石质软硬适度、细腻，宜于雕刻。龙门石窟东西两山对研究古生代地质构造、裂隙发育和水文情况具有重要价值。石窟中现存的造像、残留的颜料以及药方题记对研究中国古代石刻技艺、古颜料成分及制造技术、古代医药成分以及治病的原理和认识等方面具有重要价值。

（四）生态价值方面

龙门石窟是新中国第一批全国重点文物保护单位、第一批全国重点风景名胜区、国家 AAAAA 级旅游区。这里两山对峙，伊水中流，松柏葱茏，山清水秀，环境清幽，气候宜人，向为观游胜地。

（五）使用价值

保护好、管理好龙门石窟是我们不容推卸的责任，同时，合理利用好、宣传好也是重要的职责和义务。在遵守国际上保护世界遗产公约、法规和遵守、实施中国文物保护法及其他保护法规、条例的前提下，有效保护、加强管理、合理利用龙门石窟的文物资源，把龙门石窟的佛教文化内涵和崇高价值宣传出去，实现可持续发展，有利于增强中华民族的自豪感和凝聚力，有利于推进和加强世界文化文明的交流，也有利于龙门石窟得到更好的保护和发展。

除了这些价值之外，龙门石窟在展陈教育、观光旅游、生活社区建设等方面也都具有重要的价值和功能。

（六）龙门石窟与其他石窟艺术的价值对比

龙门石窟是我国现存规模最大、造像最多的皇家石刻群体。其规模宏大、气势磅礴的形式，雕刻精湛、内容丰富的艺术，同敦煌莫高窟、大同云冈石窟并称为我国三大石刻艺术宝库。它们之间既有相辅相成的密切联系，又有独具特点的自身风格，是研究我国佛教发展、石刻造像艺术十分重要的实物资料。

敦煌莫高窟开凿于公元 4 世纪后期，经北凉、北魏、唐、宋、元等朝代，开凿历时 800 余年，现存洞窟 492 个、壁画 4.5 万多平方米、泥塑彩像 2400 余尊，特别是藏经洞中出土的自魏晋至宋代的写经、佛画以及历史文书等四万余卷文献资料，是极具价值的宝贵财富。它与龙门石窟相比，前者以壁画和文献资料为主要内容，后者则以石刻艺术为显著特点。大同云冈石窟开凿于公元五世纪后期，主体内容为北魏迁都洛阳之前雕造的。它与龙门石窟相比，在政治目的和艺术风格上有明显的不同，云冈石窟主要是吸收和保持了犍陀罗艺术和河西凉州模式的艺术风格，而龙门石窟则更具有中原地区的中国传统文化的风格，而且这种风格因皇家的直接参与而成为当时石刻造像艺术的典范。它不仅对当时，而且对后世的石窟造像艺术以至整个中国绘画、雕塑艺术的发展都产生了重要而深远的影响。在这一点上，即便同属于北魏时期的皇家造像，出于历史的原因，云冈石窟亦没有像龙门石窟那样顺利地完成了外来艺术中原化或传统化的转变过程。

而且由于三处石窟所在地石质岩体的不同，导致了它们之间艺术表现形式的不同。敦煌莫高窟的石质属于玉门系砾岩，不宜雕刻，艺术表现形式主要是泥塑和壁画；云冈石窟属于砂岩，宜于构筑较大规模的石窟和建造大像，且洞窟入深较浅。龙门石窟属于石灰岩，质地坚硬，宜于精雕细刻，既有十几米高的大型造像，又有仅 2 厘米高的细小石刻，致使如万佛洞，在只有深 6.8 米、宽 5.87 米的范围内，造像 1 万 5 千余尊，并且在佛像的衣纹、背光和窟顶、地面、四壁等处极尽造像之能。因此，敦煌莫高窟、大同云冈石窟、洛阳龙门石窟同为中国三大佛教石刻艺术宝库，各具特色，相互间具有不可替代的价值[①]。

我国石窟寺保护资深专家黄克忠先生曾指出，价值认知是石窟寺保护和活化利用的基础，要更加重视石窟寺的文化与社会价值。文化价值包含了文化多样性、文化传统的延续及非物质文化遗产要素等内容，它主要表现在石窟寺体现的民族文化、地区文化、宗教文化的多样性特征方面所具有的价值。社会价值是指因特定人群的认同而产生的凝聚力量，包含记忆、情感等内容，主要体现在它所具有的教育功能等方面。对石窟寺来说，是指在知识的纪录和传播、文化精神的传承、社会凝聚力的产生等方面所具有的社会效益和价值。黄老希望石窟人共同努力，建立起具有中国特色的石窟保护理论，和现代科学技术与传统工艺相结合的方法论，使石窟寺遗产价值与当代社会更好地融合、创新。

今天对遗产价值已经有了新的理解。遗产价值是一个非常广泛、复杂的问题，可以说每个人都有自己对价值的理解，而这种理解不可能被某一个机构或者群体所垄断，遗产要活起来用起来不会只有一种价值观与一种方法。这一点在当前文旅融合的背景下变得更为突出。相信今后对遗产价值的讨论与实践会有更多的不同角度，对遗产价值内涵的挖掘与解读也会更加丰富而深入。

第二节　历史沿革与保护管理

一、历史沿革

龙门西南郭寨一带发现的古脊椎动物化石，标志着龙门地区一百万年前地质历史上的沧桑巨变。龙门西山南，魏湾村北发现有四千年前原始社会晚期的村落遗址，是龙门早期的文化遗存。汉袁康撰《越绝书》中说：“禹穴之时，以铜为兵，以凿伊阙，通龙门，决江倒河，东注于东海。”北魏郦道元著《水经注》中说：“昔大禹疏以通水，两山相对，望之若阙，伊水历其间北流。”秦汉时这里是军事战略要地，《史记》记载，公元前 301 年，秦昭王遣大将白起，破韩、魏兵于伊阙，斩首二十四万，成为秦灭六国的一次重大战役。东汉灵帝置八阙都尉，伊阙关塞是其中之一。现龙门伊河南口沙滩，即为古战场。

龙门石刻始于曹魏，《水经注》云：“阙左壁有石铭云：‘黄初四年六月二十四日辛巳，大水出，举高四丈五尺，齐此已下，盖记水之涨减也。’右壁又有石铭云：‘元康五年，河南府君循大禹之轨，部督邮辛曜，新城令王琨，部监作椽董椅、李褒，斩岸石

---

① 中华人民共和国国家文物局编：《龙门石窟申报世界遗产文本》，2000 年，第 9-12 页。

开，平通伊阙。石文尚存也。’”

龙门石窟的开凿始于北魏孝文帝太和十七年（公元493年），此后历经东魏、西魏、北齐、北周，以及隋、唐、五代和北宋诸朝，石窟造像延续一千四百余年，其中北魏和唐代规模造像达一百五十余年。从公元493年到公元1127年，期间经历了两次大的开窟造像高潮，断续历经400余年的营造。

公元493～534年（北魏太和十七年至永熙三年）为龙门石窟开窟造像第一个高潮期。先后开凿的洞窟有古阳洞、宾阳中洞、火烧洞、莲花洞、药方洞等，其总数约占龙门石窟的十分之三。

公元626～755年（唐武德九年至天宝十四年）为龙门石窟开窟造像的第二个高潮期。这一时期龙门石窟最富有成就的代表作是大卢舍那像龛大型群像的雕造，还有潜溪寺、宾阳北洞和南洞、擂鼓台三洞等。造像数量占整个龙门石窟十分之六。

公元14世纪金元战乱，龙门石窟的一些造像遭到破坏；19世纪40年代民国时期，龙门石窟基本上处于无人管理状态，外国奸商勾结土豪劣绅大肆盗凿石窟，龙门石窟惨遭破坏，部分石刻艺术品被盗凿运往国外，龙门石窟所能看到被破坏的雕刻，大多发生在这一时期①。

1949年中华人民共和国成立以后，国家十分重视龙门石窟的保护工作，于1953年3月成立龙门文物保管所。1961年3月，国务院公布“龙门石窟”为全国第一批重点文物保护单位，划定石窟重点保护区范围，竖立了界桩。1982年国务院公布“龙门石窟”为国家重点风景名胜区；同年河南省人民政府批准，划定龙门石窟建设控制地带的界线。2000年11月龙门石窟被联合国教科文组织列入《世界遗产名录》，开启了新的保护管理历程。

二、保护管理

历史上龙门石窟主要由皇家专门机构管理，一些朝代还设置有负责营造石窟和管理石窟的石窟署、营福署等专门机构，皇家洞窟就是在这些机构组织下有计划进行营建的。北魏景明初年置有专门负责石窟营造的石窟署，委以官员负责营造龙门宾阳三洞。隋朝营造石窟由甄官署下的石窟丞管理，唐朝时石窟营建在甄官丞管辖范围内。宋代由东西八作司掌管京城内外修缮事务，龙门东山万佛沟、八作司洞均有东京八作司的题记。

20世纪50年代前，龙门石窟由民国政府派驻军队看管保护，同时依靠民间佛教信仰修缮窟龛造像。

① 具体情况可参考赵振华：《龙门石窟盗凿史》，《河洛春秋》2002年第3期。

龙门石窟历史性的转变是从新中国成立之后开始的，党和政府非常重视龙门石窟的保护管理工作，专门设立了龙门石窟文物保护管理机构，划定保护范围，使机构从无到有，规格不断提高，队伍不断壮大，为龙门石窟的保护、研究、管理、利用提供了保障。

1949 年中华人民共和国成立，主要由中央和地方各级人民政府拨款维修，设立法定专门机构保护管理。1951 年 4 月，洛阳专员公署批准成立“龙门森林古迹保护委员会”。1953 年 4 月 18 日，文化部批准设立“龙门文物保管所”，编制 4 人，最多达 32 人，为龙门石窟历史上第一个文物保护机构。1961 年国务院公布龙门石窟为第一批全国重点文物保护单位。至此，龙门石窟的历史、艺术、科学价值得到充分肯定，并走上法制化保护轨道。1990 年 3 月 3 日，洛阳市人民政府批准建立“龙门石窟研究所”，隶属洛阳市文物园林局[①]。1992 年 10 月，文物、园林分设，龙门石窟研究所隶属洛阳市文物管理局，编制 55 人，下设办公室、政工科、保卫科、资料室、石窟技术保护室、石窟艺术研究室、接待科 7 个科室。

为改变龙门石窟周边管理不善、多头管理的局面，进一步提高龙门石窟科学保护和管理水平，2002 年 3 月 15 日洛阳市委市政府决定在龙门石窟研究所的基础上，成立“龙门石窟文物保护区风景名胜区管理局（龙门石窟研究院）”，正县级事业单位，直属市政府领导，为专门从事龙门石窟文物保护区的保护、研究、管理利用等全面工作的管理、研究机构。

2009 年 10 月，洛阳市政府为进一步推动龙门石窟及其周边社区的综合发展，决定成立“龙门石窟世界文化遗产园区管理委员会”，为一级政府，统一管理龙门园区文物保护研究、旅游开发、社区服务、生态农业发展等综合事务。龙门石窟研究院归龙门园区管委会领导，编制 55 人，专门负责龙门石窟文物保护、研究、管理和利用工作。

2020 年 1 月，为促进龙门文物保护研究事业的快速发展，洛阳市委市政府决定对龙门石窟研究院机构体制进行改革，独立为市政府直属事业单位，内设机构扩大至九个科室和机关党总支，编制扩充至 80 人。这充分体现了市委市政府对龙门石窟研究院科研事业发展的高度重视。研究院现有科研人员 40 余人，专业涉及历史、美术、佛教、考古、文物保护技术、地质、化学、环境保护、计算机、英语等多个学科领域，已经拥有一支学科较为齐全、专业水准较高的研究队伍，具有对龙门石窟等石质文物建筑进行多学科研究、保护和展示利用的综合学术研究能力。

这样，龙门石窟的管理体制由小变大，编制由少到多，职能则由弱到强，极大

---

① 中华人民共和国国家文物局编：《龙门石窟申报世界遗产文本》，2000 年，第 27 页。

促进了龙门石窟的保护研究和管理工作。与此同时，加强了对龙门石窟的立法保护（表1-1）。1991年《洛阳市历史文化名城保护规划》第六章、1996年《洛阳市城市总体规划》第九章均涉及龙门石窟的保护研究。1998年编制《龙门石窟区规划》。1999年5月河南省九届人大常委会第九次会议批准《洛阳市龙门石窟保护管理条例》。之后《洛阳市龙门石窟保护管理条例》经过多次修编，于2012年9月28日经河南省第十一届人大常委会第二十九次会议审议批准，2012年11月对外公布，并于2013年1月1日起开始施行。河南省、洛阳市对龙门石窟的文物保护也颁布了相关规定和通告。国家和政府的法律法规为龙门石窟的保护提供了坚实基础。

表1-1　历年来与龙门石窟有关的法律法规

时间	名称或内容	颁布机构	备注
1961年3月	全国重点文物保护单位	国务院	第一批
1982年	《文物保护法》	全国人大	
1983年	《河南省“文物保护法”实施细则》	河南省人大	
1991年	《洛阳市历史文化名城保护规划》	河南省人民政府	第六章
1996年	《洛阳市城市总体规划》	国务院	第九章
1998年	《龙门石窟区保护规划》	国家文物局	
1999年5月	《洛阳市龙门石窟保护管理条例》	河南省九届人大常委会	第九次会议
2000年11月	龙门石窟列为“世界遗产”	UNESCO	
2002年10月	新《文物保护法》	全国人大	
2012年11月	《洛阳市龙门石窟保护管理条例》	河南省十一届人大常委会	新修订

第二节　保护修缮历程

龙门石窟历史上经历了一千多年的风雨侵蚀和各种人为破坏、盗凿，损坏程度相当严重。从开窟造像起，历代对石窟的保护从未间断过。石窟营造者善于利用自然山势为石刻造像遮风挡雨，在窟龛上部修建排水沟、遮雨板、窟檐的做法，用于抵御山洪对石窟的冲刷破坏。历代修建的排水沟等保护措施的实物和遗迹大量遗留下来，至今仍发挥着保护作用。东山万佛沟南侧的擂鼓台断崖上，有一块碑刻“王忠等题记”（北宋），其上仍保存有唐代的防雨石板，系龙门石窟保存下来的唯一的古代雨篷实例。后期多次增修洞窟窟檐保护石窟，留下了很多遗迹，如潜溪寺、万佛洞、奉先寺、看经寺等，还有很多无名窟龛仍留存窟檐痕迹。增修洞门的例子亦很多，如宾阳中洞、路洞等在原有窟门上开凿石槽安装新门来封闭石窟，如古阳洞在窟门垒砌砖券门来封闭保护洞窟等，不一而足。宋代为保护奉先寺大卢舍那像龛，修建有九间房屋来保护九尊大像。还有对破坏了的佛像进行修补，据《佛祖统纪》卷四十四记载：北宋大中祥符八年（公元 1015 年）“西京龙门山石龛佛，岁久废坏，上命沙门栖演给工修饰，凡一万七千三百三十九尊”。这是书中记载的在宋代对龙门石窟进行的一次大规模的修缮，修复佛像达 17339 尊，是龙门石窟历史上的一件大事。古代对龙门石窟进行过类似的修缮，至今留下了很多遗迹，例如宾阳中洞外壁南侧残破力士像身上的凿孔、路洞主尊断臂中间的凿孔等，都是修补时的锚固孔；敬善寺前室北壁菩萨像、惠简洞上方摩崖龛南侧弟子头像、东山二莲花洞南北壁菩萨头像等等，都是被破坏后进行修补过的。元、明、清时期都以增修窟门、修建窟檐、开凿排水石槽石洞来导流窟内渗水等方法进行保护。

因历代多次毁佛灭法运动，元代时龙门石窟已千疮百孔，20 世纪三四十年代帝国主义者疯狂盗凿导致龙门石窟大量精美雕刻流失，宾阳洞气势宏大的帝后礼佛图和万佛洞外威武有力的雄狮就是在此期被盗凿至国外的，如今保存在美国纽约的大都会艺术博物馆。

自 20 世纪初到 1949 年，龙门惨遭盗凿的时间长达半个世纪。据文献记载：“龙门石窟保管所的初步统计，现在保存下来的窟龛 2102 个，佛塔 39 座……在过去漫长的岁月里，石窟艺术没有得到应有的重视，石窟中绝大多数的佛头和许多精美的造像也被盗凿运走……石窟周围的岩石更被随意炸毁，在长期无人管理的情况下，丰富和精美的龙门石窟艺术被淹没在杂草和灰尘中。”①

民国年间为保护石窟，政府曾派有军队驻守。新中国成立以来，国家和各级政府十分重视龙门石窟的保护管理工作，建立专门的保护管理机构，对石窟的保护和发展给予了极大支持，开始了龙门石窟保护的历史性转变。1951 年成立“龙门森林古迹保护委员会”；1953 年，龙门文物保管所成立，结束了龙门石窟没有专业文物管理机构管理的历史，石窟被砸毁、盗凿等人为破坏杜绝，龙门石窟开始了真正意义上的保护和科研工作。在科学保护上，不断培养提升科研力量，承担气象观测、温湿度监测、病害研究、文物修复等任务。

1961 年国家科委把龙门石窟“围岩崩塌、雕刻品风化、洞窟漏水”三大病害列入十年科研规划，开始了石窟文物保护的探索和尝试。龙门石窟保护逐渐引起国内专家学者和研究管理部门的重视，知名学者梁思成、陈明达、苏良赫等考察龙门石窟并发表相关保护论文②。1965 年 9 月龙门石窟建立气象观测站项目，用百叶箱、雨量计等设

① 龙门文物保管所编：《龙门石窟》，文物出版社，1958 年。

② 梁思成：《奉先寺的保护》，《文物》1963 年第 7 期；陈明达：《关于龙门石窟修缮问题》，《文物》1959 年第 3 期；苏良赫：《石窟保护工作中的地质学》，《光明日报》1961 年。

备在龙门石窟开展温湿度和降水等监测记录工作。1966 年春，筹建实验室，购置部分仪器设备。1971 年龙门文物保管所通过合作研究，采用环氧树脂灌浆同工程铆杆相结合的加固方法，对石窟围岩、雕刻品加固试验成功，此项目 1978 年获得全国科学大会成果奖①。

著名建筑大师梁思成 1936 年就曾同林徽因等人考察过龙门石窟，深深地被奉先寺的恢宏气度所震撼，后在 1963 年撰写的论文②中专门谈到龙门奉先寺的保护问题："见到几个方案都采取柱廊的方式，这可能是最恰当的方式，这解决了'做什么'的问题。至于怎么做，许多方案都采用粗大石柱，上有雕饰的柱头，下有华丽的柱础，柱子上有相当雄厚的檐子。给人们的印象略似人民大会堂的柱廊，唐朝的奉先寺装上了今天常见的大礼堂或剧院的门面！这不仅'喧宾夺主'，使人们看不见卢舍那佛的组像，而且改变了龙门的整个气息。……新中国的伟大气概要表现在尊重这些文物，突出这些文物。我们所做的一切维修部分，在文物跟前应当表现得十分谦虚，只做小小'配角'，要努力做到'无形中'把'主角'更好地衬托出来，绝不应该喧宾夺主影响主角的地位。"这种观点非常符合今天的"不改变文物原状""最小干预"等文物保护原则。

20 世纪 70 年代龙门石窟开始了以科学技术手段保护的新时期，之后五十余年进行了多次较大规模的保护维修治理工程，主要包括以下方面。

（1）1971～1986 年抢险加固工程。针对龙门石窟围岩崩塌病害，实施了以奉先寺九尊大佛为代表的一系列抢险加固工程，采用化学灌浆和钢筋铆杆加固相结合的现代工程技术方法，对行将崩塌的洞窟及雕刻品进行加固维修，有效防止了石窟围岩的崩塌破坏，使洞窟、雕刻转危为安。

（2）1987～1992 年龙门石窟综合治理工程。针对洞窟的渗漏水和风化病害，实施了的"五年综合治理工程"，加固了东西两山的岩体和主要洞窟，基本解决了岩体稳定性问题，改善了洞窟渗水状况，修建了保护围墙和游览道路，奠定了龙门石窟文物保护区和游览区的基本框架，整体面貌有了较大改观（图 1-10～图 1-15）。

（3）1993～2000 年基础研究。随着龙门石窟大型保护工程结束，龙门石窟保护工作的重点转入加强基础保护研究与环境治理工作，逐步实施保护基础资料收集和气象观测、环境污染物观测、洞窟渗漏病害观测等课题项目。1993～1998 年，利用近景摄影测量技术对龙门东西两山窟龛及造像进行测绘记录，建立了洞窟档案。1994 年立项研究洞窟烟熏治理技术，1996 年龙门石窟研究所与西北大学合作研究"龙门石窟洞窟

---

① 刘景龙：《龙门石窟保护》，中国科学技术出版社，1993 年。

② 梁思成：《闲话文物建筑的重修与维护》，《文物》1963 年第 7 期。

图 1-10　卢舍那大佛加固前

图 1-11　卢舍那大佛加固后

图 1-12　药方洞原窟檐

图 1-13　药方洞新修窟檐

雕刻品表面黑色油烟清洗技术”（图 1-16），研究出有效清除石窟雕刻表面油烟的技术方法[①]。1998 年，中国城市规划设计研究院与龙门石窟研究所制订“龙门石窟区规划”，获 2001 年度全国优秀规划设计二等奖。

20 世纪 90 年代后期，龙门石窟文物保护管理工作进入稳定有序、逐步成熟的发展时期，据记载：1997 年完成龙门石窟“四有档案”建设，拍摄洞窟照片近万张，绘制

① 研究成果见《龙门石窟洞窟雕刻品表面黑色油烟渍清洗实验报告》，《中原文物》2000 年第 2 期。

图 1-14　奉先寺原台阶

图 1-15　奉先寺新台阶

图纸 8000 余份，打制拓片数千份，撰写说明 17 万字；1999 年河南省人大常委会立法通过了《龙门石窟保护管理条例》，对龙门石窟保护区周边违法违章建筑物进行大规模拆迁整治[①]。经过治理，石窟景区环境风貌焕然一新，周边环境和窟区设施与石窟文物的整体风貌协调，伊阙风光尽呈眼前，再现龙门石窟宁静优美、和谐古朴的历史风貌。

图 1-16　油烟清洗项目

2000年，龙门石窟研究所建立ISO14000环境管理体系，将龙门石窟病害监测和保护工程纳入保护区环境管理整体框架。

（4）1995～2004 年治理周边环境，改善环境质量。自 20 世纪 90 年代以来洛阳市不断加大对龙门石窟文物保护区整体环境的保护和治理。为减少火车震动对石窟文物的影响，1995 年焦枝铁路龙门隧道废弃，东迁 700 米另辟新隧道；1997～2000 年先后投资数亿元整治龙门石窟区内外大量违章和不协调建（构）筑物，取缔采石厂、石英砂厂、砖瓦厂和石灰窑等 645 家，搬迁国有单位 16 家和居民 716 户，拆除建筑物 12 万平方米；关闭伊河上游污染企业 91 家；建成 1.4 万平方米的生态停车场 1 座、1 万平方米的青石广场 1 个，新增绿地 520 亩。大规模的拆迁治理彻底改善了龙门石窟保护区的环境面貌，保护区内火车、汽车振动，二氧化硫、氮氧化物、粉尘等空气污染以及噪声等大为减少，石窟文物的保存环境得到明显改善。治理后根据监

① 《洛阳市志·第二卷（1991～2000）》，中州古籍出版社，2006 年。

测，可对石窟造成腐蚀的二氧化硫、氮氧化物含量分别降低 35% 和 57%。龙门石窟进行的大规模周边环境整治，改善了石窟区环境质量，加快了龙门石窟申报世界遗产的步伐。2000 年 11 月，龙门石窟顺利被联合国教科文组织批准列入《世界遗产名录》（图 1-17～图 1-19）。

图 1-17　环境整理现场

图 1-18　拆除周边不协调建筑

图 1-19　2000 年成功申报遗产后庆典活动

为进一步改善龙门石窟的保存环境，洛阳市政府再次进行大规模综合治理。投资八千多万元，在石窟伊河上下游建造两座公路桥，2003 年 4 月建成通车，石窟实现封闭管理，禁止车辆过境，使原来每天穿过石窟中心区的上万辆机动车绕行，大气污染物排放、噪声、震动大为减少，环境质量进一步改善，提前实现对联合国教科文组织的庄严承诺。2004 年，彻底关停龙门石窟周边 3 座水泥厂和 140 多座石窟窑，杜绝采石爆破震动对石窟的危害，减少了空气污染。利用国家退耕还林政策，龙门东西两山退耕还林 1300 亩，龙门石窟的环境面貌和质量发生了巨大改变。通过治理，空气中有害气体二氧化硫和氮氧化物的含量降低了一半，大气总悬浮颗粒下降了 25%，噪音降低了 30%①，环境震动也大为减少，伊河水质明显好转，石窟周边环境质量得到改善，从而有效减小了环境对石窟的危害。

（5）2001～2008 年加大国际合作交流、实施国际合作保护修复工程项目。2001 年以后龙门石窟研究院十分重视国际合作，积极开展保护维修项目。2002～2008 年实施了“联合国教科文组织无偿援助龙门石窟保护修复工程”，项目分两个阶段进

① 参考龙门石窟研究院 2003～2005 年监测报告数据。

行，2002～2005 年重点在龙门石窟全区展开地质调查、地质勘查、水文地质调查、石窟环境监测、洞窟病害观测、洞窟凝结水监测研究、编制石窟档案资料及建立数据库，并对造像风化、洞窟渗漏水进行了防治试验研究。2005～2008 年进行项目第二阶段的洞窟保护修复，完成了三个洞窟病害调查报告、漏水裂隙的堵漏灌浆试验、洞窟清洗试验等工作，并对潜溪寺渗漏水病害进行了综合治理，取得宝贵经验。后续渗漏水治理工程于 2011～2015 年实施，2016 年通过专家组验收，目前该洞窟治理效果和保护状况持续良好。项目实施过程中龙门石窟研究院高度重视，积极配合推动项目顺利进行，各项工作得到教科文及中日双方专家的高度评价（图 1-20～图 1-23）。

图 1-20　2001 年 UNESCO 工程签字仪式

图 1-21　2003 年 UNESCO 三方会议现场

图 1-22　南门牡丹园气象站

图 1-23　路洞摄像、雨量计等监测仪器

项目取得的主要技术报告和成果包括：《龙门石窟地形测绘及近景摄影测绘报告》（2002）、《龙门石窟保护修复工程防渗灌浆材料的室内和现场试验报告》（2004）、《龙门石窟保护修复工程补充地质调查报告》（2005）、《龙门石窟保护修复工程详细设计》（2007）、《龙门石窟保护修复工程环境监测报告》（2008）、《龙门石窟保护修复工程凝结水病害调查研究报告》（2008）、《龙门石窟保护修复工程潜溪寺水害治理工程项目阶段性成果报告第一、第二分册》（2008）等[①]。这些丰硕的成果和报告，成为研究龙门石窟保护管理的重要资料。

2002 年 2 月 22 日，中、意两国政府在北京正式签署了“中意合作文物保护修复培训”项目谅解备忘议定书，项目将对来自中国各地博物馆和文物机构的 67 名专业人员进行高水平培训。上半年在北京进行了四个月的理论学习，下半年的 8～11 月在龙门石窟开展“中意合作文物保护修复培训”实践学习项目“双窑保护修复工程”。在中意双方文物专家的指导下，由来自全国各地的 17 名学员共同完成了洞窟的具体修复工作。

在正式修复工程之前，已经开展了洞窟的前期资料收集和研究工作，包括龙门石窟的地质勘查、地形测绘资料研究、气象环境特征研究等，现场的病害调查和采样分析则同时开展。对双窑洞修复前的保存状态的评估认为：双窑历史上进行过保护加固工程，整体洞窟结构稳定，局部表面风化侵蚀较为严重且有持续发展的可能，整体洞窟表面污损严重，影响洞窟艺术品的展示，应予以及时的修复保护。修复过程则包含：预加固、微生物处理、清洗、结垢清除、裂隙填充、历史修补材料替换、粘接、表面封护、历史修复痕迹的处理等。

双窑经过三个月的修复，取得的成果可归纳为：①烟熏、结构等表面污损得以清除，恢复洞窟原貌；②对风化雕刻实施了粘接加固处理，阻止了起翘、脱落病变的进一步发展；③裂隙重新处理，替换为可重复处理且强度较弱的硅胶类材料；④施工过程中在洞窟不同壁面多处有贴金、彩绘残迹的发现，证明洞窟在早期有装饰处理。

双窑是龙门石窟第一个实施整体修复保护工程的洞窟，为龙门石窟引入了洞窟整体修复的概念，丰富了石窟保护的内涵。双窑修复过程完整，检测分析全面，档案资料翔实，积累了多方面的经验。不过应看到，双窑修复工程并不是一个完整的洞窟保护工程，而只是洞窟监测、洞窟岩土保护工程、洞窟修复工程等石窟保护环节上的一个部分，但它对于龙门石窟全方位保护和艺术展示是不可或缺的，对今后的遗产保护产生了积极的影响。

（6）2010 年以来加强洞窟渗漏水治理和世界遗产监测预警建设工作。主要开展了如下保护工作：

---

① 杨刚亮：《龙门石窟保护修复工程综述》，《石窟寺研究 · 第 3 辑》，文物出版社，2012 年。

第一，大力加强龙门石窟东西山洞窟渗漏水治理工作。自2009年至今，研究院积极申报国家资金，开展洞窟渗漏水治理工作，总投资超过1000万元。工程内容主要包括奉先寺北—万佛洞段、擂鼓台、潜溪寺三个区域的坡面流拦截、裂隙灌浆工程、平台顶部防渗、危岩体加固等。西山石窟奉先寺北至万佛洞、东山擂鼓台三洞保护工程于2011年开工，2014年完工；潜溪寺工程于2013年开工，2014年完成主体工程。工程实施后，基本解决了治理区域洞窟的渗漏水及关联病害，排除了安全隐患，治理效果良好。2016年洛阳市文物局组织召开了项目验收会。2019～2020年完成东山万佛沟区修缮工程——地表防渗排水处理及危岩体加固，该项目主要针对龙门石窟东山万佛沟以北区域的洞窟，进行了地表防渗处理、修筑排水沟工程、加固危岩体等方面的施工治理，目前项目已经竣工。

第二，积极建设“龙门石窟世界遗产监测预警体系”。龙门石窟是国家文物局世界遗产监测试点单位之一，2013～2016年分为四期建设监测预警体系，监测重点是对龙门石窟重点区域环境和主要洞窟文物病害，如奉先寺、潜溪寺、宾阳洞、看经寺、擂鼓台等主要洞窟的文物保存环境和本体病害实施监测。其中区域环境监测内容包含：石窟区域环境温湿度、风向风速、大气降水、土壤含水率、震动、河水泉水等环境因素监测；文物本体病害监测包括：主要洞窟环境温湿度、风向风速、洞窟渗漏水、冷凝水、紫外线强度、风化、岩体稳定性等文物病害相关因素。龙门石窟监测预警体系运行以来，各项监测设备运转和监测数据传输正常，监测平台实现了同国家世界遗产监测总平台的完好对接，受到国家文物局和中国世界遗产监测中心的表扬和肯定。

（7）加强日常维护工作。除了规模较大的保护维修工程，龙门石窟还积极加强日常维护和其他管理工作。近年来，根据《规划纲要》指导思想，加大了日常维护和监测力度：及时疏通了奉先寺、万佛洞、潜溪寺顶部排水沟，对局部栈道和洞窟的积水进行疏导，保证了雨水排水畅通，有效减少了雨水对石窟的冲刷；对石窟进行了包括脱落岩块的归位黏结、裂隙的灌浆加固、危险岩体的钢筋锚固、小型坍塌窟龛的修补和防水设施的增补等内容的维护，有效保护了石窟本体（图1-24、图1-25）；连续多年完成了洞窟渗漏水的观测记录，保存了洞窟渗漏水状况的原始资料。这些日常工作的开展，为龙门石窟的病害治理工作打下了坚实基础。

（8）扩大国内合作，整合保护力量。在进行国际合作的同时，针对龙门石窟病害情况，我院与中科院、北京大学、中国文化遗产研究院、中国地质大学（武汉）、河南科技大学、解放军第306研究所、河南省地质调查队等国内相关科研院所开展合作研究，利用其技术专长对龙门石窟病害进行深入的研究和治理。主要开展的合作项目有：国家自然科学基金项目“凝结水在石灰岩表面形成机制的研究”，国家、省文物局课题“碳酸盐石质文物定量分析与评价系统研究”“龙门石窟洞窟凝结水定量测试

图 1-24　2007 年 3 月奉先寺保养维护

图 1-25　2006 年 3 月火烧洞火焰纹加固

研究”“龙门石窟灌浆材料研究”“龙门石窟保存状况调查”“龙门石窟历史保护遗迹调查”“龙门石窟地质灾害调查”“河南省石窟寺及摩崖石刻病害调查研究”等。与中国文化遗产研究院合作完成《龙门石窟保护总体规划》的编制，从龙门石窟保护的长远发展角度出发，以充分调查研究病害现状为基础，以石刻风化和洞窟渗漏等主要病害的防治为重点，突出科学性和可操作性，对龙门石窟的长远保护和传承利用意义深远。

（9）加强人才引进和培养，促进龙门石窟保护可持续发展。2002 年龙门石窟研究院成立后，积极引进保护相关学科人才，学历均为本科以上。目前保护中心共有 10 名工作人员，学科覆盖环境保护、文物保护与技术、化学、地质、地理、材料等专业。2000 年至 2010 年选派保护人员十余次赴日本和意大利进行长期或短期研修和学术交流；选派两名保护人员参加“2004 中意合作文物保护修复培训班”；选派两名保护人员攻读中国地质大学硕士研究生；多次选派保护人员参加由国家文物局组织的文物保护修复技术培训。

第四节　保护成果与展望

一、保 护 成 果

在过去的几十年里，针对龙门石窟的保护，严格按照不改变文物原状的原则，有计划地开展了清理、普查、整修和加固以及增设阶梯栈道栏杆等大量工作，基本解决了严重威胁石窟文物安全的洞窟稳定性问题，较大程度地改善了洞窟的渗漏水状况，石窟区环境质量明显改善，极大方便了参观游览和保护研究工作。

龙门石窟通过环境治理和景区封闭管理，世界文化遗产的保护环境得到很大程度的改善，影响文物保存的汽车废气、震动、噪音、粉尘、废水等都得到有效治理。

治理后，根据监测，可对石窟造成腐蚀的二氧化硫、氮氧化物含量分别降低35%和57%，大气总悬浮颗粒降低25%，噪音降低了30%。为了治理龙门石窟景区伊河河水污染，洛阳市政府关停了伊河上游造纸厂等污染企业，使伊河水质有了明显的好转。

龙门石窟雕刻大量暴露于露天环境中，受到阳光、雨雪、温差变化、温湿度变化等各种不利因素的影响，防止石窟渗漏和风化仍然是科技保护的重要研究内容。针对石窟病害，龙门石窟研究院采取独立研究和开放合作的方式，先后同中国科学院、中国文物研究所、中国地质大学、河南省古建所、解放军306所、河南科技大学等多家科研院所合作开展防风化、防渗漏研究工作，目前已经在石窟环境与病害监测、保护材料研究、保护修复工程等方面取得了积极进展。

其间很多有关龙门石窟保护的重要论文发表，一些保护研究项目获奖。1978年龙门石窟围岩化学灌浆加固工程获得全国和河南省科学大会成果奖；1988年刘景龙等研究的“室温硫化硅橡胶复制技术”获河南省文化科技成果三等奖；1992年针对龙门石窟环境地质病害保护，刘景龙和潘别桐提出的“龙门石窟地质病害与防治对策研究”获地矿部科技成果三等奖；1993年龙门石窟治理风化、漏水、石灰岩溶侵蚀等研究获得国家文物局科技成果三等奖。刘景龙等在1988～1990年进行的“龙门石窟洞窟漏水病害的治理研究”，1993年获国家文物局科技成果三等奖。1993年刘景龙编著的汇集龙门石窟40年科学保护成果综合资料《龙门石窟保护》一书出版。1998年，中国城市规划设计研究院与龙门石窟研究所制订“龙门石窟区规划”，该项目获2001年度全国优秀规划设计二等奖。

近六十年的保护管理历程表明，多学科保护龙门石窟已经取得了丰硕的成果，包括保养维护、现状调查与档案建设、病害分析、环境监测、雕刻品修复、综合保护维修工程等，涵盖了龙门石窟的日常保护管理工作和规划目标。根据对龙门石窟科技保护历史和研究文献的考察，其研究重心集中在灌浆加固和裂隙封堵材料、施工工艺技术、大型保护工程施工等方面。其一，1971～1985年开展的抢险加固工程，利用化学灌浆和锚杆加固等现代工程技术手段，实施了包括奉先寺九尊大像、伊阙佛龛之碑、宾阳三洞、大万伍佛洞等在内的洞窟维修加固工程，使龙门石窟不少洞窟、雕刻品转危为安。其二，1986～1992年实施的龙门石窟综合治理工程，研制出适合龙门石窟石灰岩文物保护的环氧树脂类材料灌浆加固配方①和施工工艺；龙门石窟围岩体和主要洞窟得到加固，改善了洞窟渗漏；围绕该治理工程开展的地质地形勘察、测绘、检测分析、文物调查等工作，初步建立了龙门石窟保存现状档案，促进了基础资料建设。其三，2002年至2008年开展的“UNESCO援助龙门石窟保护修复工程”，针对三个实验

① 刘景龙：《龙门石窟保护》，中国科学技术出版社，1993年，第50-70页。

洞窟所开展的前期调查和后期保护维修工程，深入研究了龙门石窟保护存在的重大问题，确立了首要治理洞窟渗漏水病害的结论；购置安装了先进的监测仪器，促进了科技监测工作，收集了大量的环境地质数据和文物动态资料；同时，为龙门石窟保护培养了专业技术人才。

目前为止，龙门石窟科技保护研究经历了从基础到实践、从宏观到微观再到宏观的交叉发展过程。研究对象涵盖了文物本体、保存环境、保护材料和施工工艺等。主要研究报告和专著见本节末参考文献，主要涉及的研究方向包括：龙门石窟环境背景特征研究，如对地质、地貌、气象、水文、地下水、土壤、植被的勘察和监测[①]，丰富了龙门石窟科技保护的基础研究资料；龙门石窟的测绘测量及其应用研究[②]；各种环境因素对龙门石窟雕刻品的破坏机理和影响研究，包括渗水、裂隙、大气污染、凝结水等[③]；

---

① 潘别桐、刘景龙，等：《洛阳龙门石窟地质病害与防治对策研究》，中国地质大学（武汉）水文地质工程地质系，1990 年，内部资料；王建锋、潘别桐：《龙门石窟区域岩溶环境系统及其对石窟文物保护影响》，中国地质大学水文地质工程地质系，1992 年，内部资料，第 75-81 页；苏良赫：《石窟保护工作中的地质学》，《光明日报》，1961 年 8 月 16 日；曹美华、潘别桐：龙门石窟立壁边坡岩体卸荷带形成的有限元模拟分析，中国地质大学，1987 年，内部资料；曹美华、潘别桐：洛阳龙门石窟边坡岩体动力稳定离散元分析，中国地质大学，1987 年，内部资料；丁梧秀、蔡明朋、陈建平，等：《洛阳龙门石窟围岩风化层结构特性研究》，《洛阳大学学报》2003 年第 4 期；杨刚亮：《龙门石窟区地貌形成原因》，《中原文物》2004 年增刊；方云、顾成权、严绍军，等：《河南洛阳龙门石窟溶蚀病害机理的研究》，《现代地质》2003 年第 4 期；苏良赫：《河南洛阳龙门石窟地质踏勘报告》，1964 年，内部资料；王大纯：《河南洛阳龙门石窟水文地质、工程地质踏勘报告》，1965 年，内部资料；潘别桐：《河南洛阳龙门石窟碳酸盐岩体溶蚀病害防治对策研究报告》，中国地质大学水文地质与工程地质系，1988 年，内部资料；潘别桐、曹美华：《洛阳龙门石窟地质病害与环境地质研究》，中国地质大学（武汉），1987 年，内部资料；《UNESCO 龙门石窟保护修复工程地质调查研究报告》，中国地质大学土木工程系（武汉），2002 年，内部资料；《龙门石窟保护工程项目钻探勘察报告》，洛阳地质工程勘察设计院，2002 年，内部资料；陈建平、杨刚亮：《龙门石窟石质文物病变的环境影响与对策研究》，《2004 龙门石窟国际学术研讨会论文集》，2006 年，第 671-679 页；周军、曹社松：《龙门地区古地质地貌考》，《龙门石窟一千五百周年国际学术讨论会论文集》，文物出版社，1996 年，第 327-336 页；王建锋：《洛阳龙门石窟地温场研究》，《中国岩溶》，1995 年第 4 期；罗锐、王保健：浅谈洛阳龙门旅游区的地质环境，《中国煤田地质》2003 年第 4 期。

② 邵锡惠、刑章保、萧诗浓，等：《近景摄影测量技术在龙门石窟测绘中的研究和应用》，《龙门石窟一千五百周年国际学术讨论会论文集》，文物出版社，1996 年，第 316-326 页。

③ 刘景龙：《水对龙门石窟的危害和防治》，《中原文物》1982 年第 3 期；张承志：《水淞现象对石窟文物的破坏机理》，《龙门石窟一千五百周年国际学术讨论会论文集》，文物出版社，1996 年，第 337-340 页；周悦先、张丽聪：《洛阳龙门石窟环境污染及防治对策》，《科技论坛》，2000 年第 9 期；张成渝：《洛阳龙门石窟水的赋存对岩体稳定性的影响》，《北京大学学报》（自然科学版）2003 年第 6 期；方云、孙兵、马朝龙，等：《龙门石窟渗水病害形成机制及治理对策》，《2004 年龙门石窟国际学术研讨会论文集》，2006 年，第 680-683 页；杨刚亮：《凝结水病害的观测与初步分析》，《龙门石窟保护修复工程补充地质调查报告》，中国地质大学出版社，2005 年，第 83-86 页；李心坚：《龙门石窟路洞渗漏水成因分析》，《中国文物报》2005 年 8 月 26 日第 8 版；李建厚、李心坚：《龙门石窟潜溪寺渗漏水原因分析》，《中国文物报》2006 年 3 月 3 日第 8 版；马朝龙、方云、李建厚，等：《龙门石窟万佛洞至奉先寺北段渗漏水成因分析及综合防治措施研究》，《敦煌研究》2007 年第 5 期；朱华、杨刚亮、方云，等：《龙门石窟潜溪寺凝结水病害形成机理及防治对策研究》，《中原文物》2008 年第 4 期。

针对龙门石窟保护相关的检测分析和新技术应用研究，包括彩绘颜料、表面沉积物成分组成、岩石物理力学性能、环境震动、GIS（地理信息系统）等[①]；编制龙门石窟保护管理规划和开展保护治理工程，包括针对背景环境、文物风貌、洞窟造像保护治理与开发利用等方面的研究[②]；龙门石窟病害的成因及其修复技术研究和试验，包括各种风化病害、结垢的清除、黑色油烟清洗、洞窟造像保护修复等[③]；针对龙门石窟保存现状的专题调查、病害防治对策研究和档案建设等，包括雕刻品风化、洞窟渗漏、崩

---

① 马超龙、高东亮：《龙门石窟雕刻表面彩绘颜料的初步分析》，《中原文物》2004年增刊；《爆破震动对龙门石窟影响测试研究报告》，中科院力学研究所、中国人民解放军89002部队，1984年；《重复的爆破震动对龙门石窟安全性的分析》，中科院力学研究所，1984年；潘别桐、曹美华：《河南洛阳龙门石窟岩体物理学性质试验报告》，中国地质大学，1988年；王现国、彭涛、郭友琴，等：《龙门石窟变形破坏原因及保护对策》，《中国地质灾害与防治学报》2006年第1期；吴绵拔、刘远惠：《龙门石灰岩动力特性试验研究》，《岩石力学与工程学报》1996年增刊；王洪章：《对洛阳龙门石窟环境隐患因素的分析》，《军工勘察》1994年第4期；杨明亮：《龙门石窟保护区内的石方爆破》，《中州煤炭》2000年第6期；李海波、吴绵拔：《龙门石窟文物区岩体波动测试与分析》，《岩土力学》1995年第3期；张成渝：《洛阳龙门石窟岩体振动疲劳效应初析》，《北京大学学报》（自然科学版）2002年第6期；郑茂营、方云、严绍军，等：《前视全景钻孔电视在龙门石窟防渗工程中的应用》，《文物保护与考古科学》2006年第1期；杨刚亮：《探讨GIS技术在龙门石窟保护管理中的应用》，《文物保护与考古科学》2008年第3期。

② 陈明达：《关于龙门石窟修缮问题》，《文物》1959年第3期；梁思成：《闲话文物建筑的重修与维护》，《文物》，1963年第7期；刘景龙：《龙门石窟的维修工程》，《河南文博通讯》1978年第2期；刘景龙：《龙门石窟中的损坏与维修》，《洛阳市文物志》，中州古籍出版社，1985年；张安民：《龙门风景区自然保护现状及其对策》，《风景名胜保护》1990年第1期；刘景龙：《龙门石窟保护四十年》，《中原文物》1993年第4期；杨烈：《试论龙门石窟的保护与规划》，《龙门石窟一千五百周年国际学术讨论会论文集》，文物出版社，1996年，第305-308页；刘景龙：《龙门石窟的保护》，《龙门石窟一千五百周年国际学术讨论会论文集》，文物出版社，1996年，第309-315页；刘景龙：《龙门石窟保护的回顾与展望》，《中原文物》2004年增刊；刘景龙：《龙门石窟洞窟漏水病害治理》，《中国文物报》2004年9月17日第8版；杨刚亮：《也谈保护性建筑与石窟寺背景环境之关系》，《中国文物报》2005年11月11日第8版；张成渝：《龙门石窟的景区保护》，《洛阳工学院学报》（社会科学版）2000年第3期；王波、王建勋：《龙门石窟生态及文物保护初探》，《南方建筑》2002年第4期；杨刚亮：《龙门石窟保护的微观研究与宏观研究》，《中国文物报》2008年5月2日第8版；李振刚：《加强保护，科学发展——龙门石窟文物保护管理工作经验介绍》，《古迹遗址保护的理论与实践探索——〈中国文物古迹保护准则〉培训班成果实录》，科学出版社，2008年，第107-121页。

③ 曲永新、方云，等：《洛阳龙门石窟皇甫公窟和路洞渗水沉淀物的物质成分及清除原理的初步研究》，《2004龙门石窟国际学术研讨会论文集》，2006年，第661-670页；京洛：《洛阳隋唐含嘉仓粮食的加固处理》，《文物》1972年第2期；黄克忠：《石刻的风化及保护》，《文物》1988年第2期；刘成、刘景龙：《龙门石窟表面分化层黑色污染物的清洗》，《中国文物保护技术协会首届学术年会》，2001年，67-85页；龙门石窟研究所、西北大学文博学院：《龙门石窟洞窟雕刻品表面黑色油烟渍清洗实验报告》，《中原文物》2000年第2期；陈建平、杨超杰：《龙门石窟莲花洞清除溶蚀物新获》，《中原文物》2003年第5期；高东亮、范子龙，等：《用羧甲基纤维素封护法加固龙门石窟擂鼓台南洞一尊宝冠佛像的研究》，《文物保护与考古科学》2008年第1期；陈建平、高东亮：《龙门石窟小型坍塌窟龛的修复》，《文物保护与考古科学》2008年第1期；《洛阳龙门石窟双窑洞修复工地，文物保护与修复的问题》，卷二，文物出版社，2009年，第254-311页。

塌、病害调查、数据库建设等[①]；龙门石窟保养维护与日常监测管理方面的研究与实践等[②]；保护材料、施工工艺研究，包括粘接、加固、灌浆、表面封护等材料性能研究和比选、保护工艺试验研究等[③]；对龙门石窟历史上的毁坏和盗凿的研究和探索等[④]。

这些成果报告初步奠定了龙门石窟科技保护研究的成就和现状。其基本特征为：保护研究起步晚，但立足点高；三次大规模的保护维修工程是龙门石窟近六十年保护管理工作的主线并集大成就；偏重于对石窟赋存环境的特征研究，但与保护维修结合方面尚不够紧密；保护理念的研究还比较欠缺；在治理崩塌、洞窟渗漏方面积累了五十年的重要经验，但防风化试验研究才刚刚起步；对预防性保护的研究已经认可并得到深化；石窟文物保养维护的实践大大加强，但缺乏检测分析的跟踪评估和提高，相关标准建设、操作规范还需要深化探索与思考；保护专业技术人才的匮乏、保护科研项目推进缓慢等仍是当前龙门石窟科技保护相对落后的重要原因。

二、当前龙门石窟科技保护存在的问题与难点

龙门石窟属于大型露天石窟寺遗址，其保护管理工作需要多学科的合作和广泛参与。几十年的工作取得了较为显著的成就，然而，也应看到新形势下龙门石窟保护面临的机遇与挑战。龙门石窟保护的难题仍然集中在两大问题上——防风化保护和洞窟

---

① 范子龙、杨刚亮：《龙门石窟西山排水工程现状调查与对策》，《中原文物》2004年增刊；杨刚亮、马超龙：《龙门石窟风化现状调查与对策分析》，《2005年云冈国际学术研讨会论文集保护卷》，文物出版社，2006年，第153-159页；高东亮：《碳酸盐类的石窟寺环境病害调查方法研究》，《2005年云冈国际学术研讨会论文集保护卷》，文物出版社，2006年，第160-164页；李心坚：《龙门石窟新发现洞窟的防水工程》，《2005年云冈国际学术研讨会论文集保护卷》，文物出版社，2006年，第430-434页；高东亮、李心坚、范子龙：《龙门石窟千手千眼观音像龛病害调查报告》，《文物保护与科技考古》，三秦出版社，2006年，第382-384页；杨刚亮、方云、陈建平，等：《龙门石窟地面、门槛雕刻保存现状调查研究》，《文物保护与考古科学》2006年第3期；中国地质大学（武汉）文化遗产和岩土文物保护工程中心、龙门石窟研究院：《龙门石窟保护修复工程数据库研制报告》，2008年。

② 杨刚亮：《龙门石窟的日常维护》，《中国文物报》2004年9月3日第8版；刘景龙：《再谈龙门石窟的日常维护》，《中国文物报》2004年10月8日第8版；高东亮、陈建平：《龙门石窟的监测和保养维护——〈中国文物古迹保护准则〉的应用》，《古迹遗址保护的理论与实践探索——〈中国文物古迹保护准则〉培训班成果实录》，科学出版社，2008：150-156；杨刚亮：《龙门石窟保养维护的工作实践和改进》，《中国文物报》2008年11月7日第8版。

③ 方云、孙兵、李宏松：《龙门石窟保护修复工程防渗灌浆试验研究报告》，中国地质大学（武汉）文化遗产和岩土文物保护工程中心、龙门石窟研究院，2006年；李建厚：《龙门石质加固材料及使用方法》，《文物保护与科技考古》，三秦出版社，2006年，第359-362页；李心坚：《龙门石窟保护中的灌浆技术》，《雕塑》2008年第6期；李心坚、田玉娥：《龙门石窟日常维护中的封缝技术》，《文物保护与科技考古》2008年；中国科学院理化技术研究所抗菌材料研究中心、龙门石窟研究院：《龙门石窟防霉抗藻防风化保护材料的开发》，2008年。

④ 王振国：《龙门石窟破坏残迹调查》，《龙门流散雕像集》，上海人民美术出版社，1993年，第107-126页；赵振华：《龙门石窟盗凿史》，《河洛春秋》2002年第3期。

渗漏的治理。具体而言，针对露天雕刻品防风化的整体保护，很难实施[①]。防风化加固材料的比选和应用、施工工艺、加固效果评价，是当前龙门石窟防风化保护工作中的一大难点。对石窟赋存山体内部的渗漏水裂隙网络的探索研究有待深入，洞窟渗漏治理的关键技术，仍是目前不易解决的难题。20 世纪 80 年代进行的洞窟渗漏治理，曾经取得了良好效果。但后来由于裂隙发育变化和材料老化等问题，重新出现了渗漏。因此，对水患的治理始终是龙门石窟科技保护工作中的重点和难点。另外，环境监测与病害分析结合、评估环境因子对病害影响的量化指标、针对保护修复工程的后期维护与病害持续监测等方面，也是龙门石窟当前和今后科技保护应把握的要点。

三、龙门石窟科技保护展望

龙门石窟保护管理工作的实践和经验证明，只有加强保护科研工作，积极推动档案建设和标准规范的执行，龙门石窟的保护才能长远发展。当前，国家高度重视石窟寺保护，国务院出台相关文件进一步加强石窟寺保护利用工作，这是我国石窟寺保护利用的里程碑。在我国“十四五规划”的战略布局下，对大型石窟寺遗址的保护和研究将投入更多的资金支持。龙门石窟作为世界遗产地，面临着前所未有的发展机遇，应该以更加积极的心态迎接龙门石窟保护利用的新时代。展望未来，龙门石窟科技保护的发展趋势和研究重点，应包括如下几个方面：

积极实施龙门石窟保护规划，将保护理念和保护要求落实到石窟保护措施的关键环节上。科技保护唯有以保护规划来引领，才能使保护工作有步骤、有计划的逐步推进和实施。目前龙门石窟研究院已委托中国文化遗产研究院完成保护规划的编制，今后通过发布和实施保护规划，龙门石窟将建立较为完善的保护体系，使其所属文化遗产得到全面有效保护。

针对防风化保护材料的试验和施工工艺研究，应加强合作攻关，尽快研制出适合龙门石窟碳酸盐岩文物防风化保护的材料，对严重风化病害的修复方法和技术应加强试验研究和科研攻关，早日解决石雕防风化保护这一国际难题，在国内外树立龙门保护的良好示范。

对龙门石窟的连续动态监测和档案记录仍是科技保护的一个长期工作。观测数据和档案记录的分析与评估，是走向科学保护龙门石窟的必须程序[②]。2013～2016 年完成龙门石窟监测系统四期建设，实现对龙门石窟洞窟造像全天候、多指标的连续动态监

① 黄克忠：《石质文物保护若干问题的思考》，《中国文化遗产》2018 年第 4 期。

② 黄克忠：《国际合作项目要与国家保护工程紧密结合——对龙门石窟保护修复试验工程的几点认识》，《中国文物报》，2005 年 3 月 18 日第 8 版。

测。目前已累积大量监测数据，后期对数据的分析、整理和深入研究，是衡量监测系统效果、提高科技保护水平的重要工作。

分区段开展洞窟综合治理工程。龙门石窟独特的地质地形条件决定了可以将其分割成若干独立的水文地质单元开展保护治理工程，这已经有了工程案例或方案，比如20世纪80年代的综合治理工程，就是分别开展区段治理，获得了成功，挽救了大批洞窟和雕刻造像。作为近十年来实施的UNESCO援助龙门石窟保护修复工程的一部分，潜溪寺洞窟渗漏水治理工程取得了宝贵经验。万佛洞—奉先寺北段洞窟渗漏水治理工程、擂鼓台三洞区域综合治理工程已完成项目施工，效果良好。东山万佛沟修缮工程于2019年7月开始施工，2020年5月完工，经过雨季的观测，洞窟渗漏得到了明显改善。从这些保护工程的效果来看，分区段开展治理工作的思路是正确的，应坚持进行下去。

预防性保护的理念应再深入与推广，通过提高技术运用、融合经验，逐步构建预防性保护体系，将整个龙门石窟文物保护、安全保卫和管理工作都纳入到这个框架体系之中，从而有效防范各种可能对文化遗产安全造成威胁的因素。而遗产影响评估（HIA）是预防性保护工作的最基础内容。这个预防性保护框架体系应该是一个涵盖监测系统、安全保卫、防火、防盗、防灾、人防工程等综合性防范体系，运用GIS、遥感、物联网等技术，通过远程网络监控、传输，将现场的实时数据传送到遗产管理的网路终端上，实现有效管理与控制。预防性保护的最终目标还是最小干预和保护传承文化遗产，通过提前预防、有效保护、减少干预，减缓各种自然和人为因素的破坏，从而最大限度地实现保护和传承的目的。

加快龙门石窟数字化档案系统和数字化展示建设。于2005年开始的龙门石窟三维数字化工程，已经完成了东山石窟、西山宾阳中洞、奉先寺等三维扫描和数据库建设工作，将来可实现整个“数字龙门”，完整保存龙门石窟现存的客观数据资料，留下一份永久的龙门石窟保存档案，为考古历史研究、保护研究、虚拟复原等科研工作创建一流平台。人们可以共享龙门石窟的数字化信息集成系统资料，实现洞窟的网上虚拟漫游，充分展现龙门石窟艺术的丰富魅力。这将是新的石窟保护理念和展示方向。

第二章　龙门石窟赋存的地理环境 ①

这里所说的地理环境，主要指自然地理环境，它是围绕某个对象所处的地理位置以及与此相联系的各种自然条件的总和，是由岩石、地貌、气候、土壤、水、生物等自然要素构成的自然综合体。地理环境是影响民族文化的重要因素，从人类历史总体来看，地理环境对文明的形成以及文化的传承都具有关键性作用。

地理环境与人类的关系密切。小到天气、衣食住行、城市交通、风俗习惯等，大到农业发展、工业布局、服务业导向，无不与当地的地理环境密切相关。人类的饮食习惯和方式、衣服样式和材料，也都是在地理环境的影响下逐渐形成并延续至今的。同样，地理环境与文化遗产的保护、研究也密切相关，文化遗产的选址、分布、类型、结构、保存状况、病害发展趋势等都受地理环境的限制和影响。我国很多考古遗址、丝绸之路、大运河等不同程度地体现了人与环境的相互作用。

导致文物产生各种病变的因素，主要来自其周围环境，如温湿度变化、光辐射、灰尘、大气污染、地下水、酸雨、地震等因素的综合作用，这些影响文物保存的外在环境因素统称为文物保存环境。它们日益改变着文物的外观形态和内部组成，从而造成文物的损坏。由于石质文物大多在野外露天保存，受环境作用的影响更为直接和突出，对石质文物保存环境的研究是了解石质文物病害成因和采取治理措施的关键所在。石窟寺属于石质文物中的特殊类型，大多处于野外露天环境，环境影响复杂，尤其需要专题研究。

一、石质文物保存环境概述

石质文物的保存环境，大体可分为露天环境、室内环境（博物馆环境、库房环境）和地下环境（古墓葬、水下环境等）。露天环境包括五大部分：地质环境、大气环境、水文环境、生物环境和人文环境，它们共同组成了完整统一的文物保存环境。开放的露天环境，给石质文物带来的影响尤为明显。

地质环境与石质文物的关系非常密切，它是石质材料形成的决定因素。它不仅直

---

① 本章节得到陈建平、赵淑梅同志的协助，特此致谢。

接决定着石材的理化性质（岩性、颜色、密度、硬度、力学强度、可溶性等），而且其宏观结构、构造对于采石加工和雕凿都具有重要意义。著名的龙门石窟、云冈石窟、乐山大佛等石窟寺、摩崖造像，大多开凿和雕刻在依山傍水的崖壁上。它们的地质环境一般具有岩体完整性好，较强的自稳能力，未经构造变动或较少地壳运动，且岩石成层厚度大，岩性均一等特征。

大气环境包括温度、湿度、光辐射、大气运动等基本因子，它们影响着不同地区气候类型的基本特征，进而影响着石质文物的保存环境。在南方潮湿地区，植被生长、化学侵蚀表现突出。而在寒冷地区，冻融作用明显。

水文环境是由各种水体及其分布、运动形态组成的，主要包括地表水体、地表径流、地下水及地下径流等基本因子。这些水体的存在，可诱发石质文物的许多病害类型。例如，静水压力、水化学作用和冰劈效应会导致岩体裂隙扩张；水的溶解和水化作用又会导致岩石胶结组分的破坏；洞窟渗漏水造成雕刻表面长期遭受侵蚀，导致文物美学价值的降低。

生物环境主要由动植物和微生物及其活动构成。植物按其种属、特征给文物带来不同的危害。成片成带分布的植物群落还会改变小气候环境，如相对湿度、太阳辐射强度、风速、污染物的浓度与扩散等。对石质文物危害的动物主要是鸟类、鼠类等，它们的生命活动会给石材表面和内部产生损害。微生物对石质文物的危害是普遍的，地衣、藻类、苔藓、菌类等附着在石材表面和裂隙深处，其生长和繁殖会导致石质材料的劣化。

人文社会环境因素，包括工农业生产带来的环境污染和不当的人为干预活动，是室外石材文物病害加剧的重要因素，尤其2000年以来旅游业的迅猛发展，直接影响着露天石质文物的保存状况。

工业污染排放的有害物质对缺乏防护的露天石质文物有着直接致命的损害，包括硫化物、氮氧化物、氯化物、氟化物、烃类、烟尘、粉尘等有害物，由二氧化硫、二氧化氮进一步形成的酸雨则是对石质危害最为严重的影响因素。酸雨已成为一种广泛分布的环境问题。我国大气降水低pH值地区基本出现在长江以南，重庆已成为中国大气降水低pH值的中心[①]。

腐蚀性降尘来源于工业、交通工具排放的尾气，含有大量硫化物、氮氧化物等有害物质。由于粉尘呈酸性或碱性，是大气中其他污染物侵蚀文物材质的催化剂，尤以对室外露天文物的污染更为明显。大气中的有害物质霉菌、真菌孢子等，可被粉尘吸

---

① 1985年，重庆市区的降雨pH值平均为4.06，郊区为4.31。根据2004～2007年数据分析，重庆大部分地区pH值都低于4.5，其中主城区、合川等地低于4，2018年国家环境公报显示，重庆主城区酸雨pH值在4.34～4.5之间，根据中国生态环境部网站www.mee.gov.cn。

附，随之降落在文物材质表面，形成微生物病害。例如，工业排放的煤烟就是良好的吸附剂，对大气中的 H_2S、SO_2、HNO_3、H_2SO_4 等有害气体有很强的吸附和浓集作用，增大酸雨产生的暴发频度和强度。

工业粉尘对露天文物的侵蚀，表现为三个方面：①黏附性。当它飘落在文物表面并黏附在上面，由于其颗粒细微，不仅对材质表面产生很强的吸附力，同时可吸附大量的有害气体和水汽。②化学成分复杂。由于不同工业排放的粉尘，其有害物质多样，往往表现共同侵蚀破坏的复杂性。③粉尘颗粒的运动可加快真菌孢子的传播，扩大了霉菌等有害物质对文物材质的影响范围。

加工和使用环境也带来重要影响。由于开采过程改变了岩石原有的平衡状态，应力重新分布，处于负荷作用下的石质，更容易发生开裂、破碎、崩塌等病变。外界负荷变化包括膨胀、拉伸、压缩、弯曲等。深部花岗岩在开采到地表后由于压力减小会发生膨胀，导致花岗岩产生纵横向的裂纹，机械性能降低，并在以后作为建材的过程中长期存在。古罗马金字塔的塔顶、塔底的石灰石由于所受的荷载差异很大，造成不同的破坏类型。体量较大的碑刻、石雕竖立放置，本身的重力会造成石材弯曲变形及底部开裂破坏[①]。

环境参数的波动可能是向公众开放或关闭，以及考古发掘、建设修复工地引起的。遗址的开放可造成空气中微生物的增加，地下生长的树根会带来损失，地下的结构和文物在埋藏期间同环境产生一种平衡状态，一旦出土，其氧气、温度、湿度、压力、光照等环境参数发生急剧变化，会带来急剧病变的风险。

由于石窟寺的岩性差异和所处自然环境的不同，经过几百年甚至上千年的自然地质营力和人类活动的影响，产生的环境地质病害类型、形成机理和防治措施也各不相同。因此，在实际研究工作中，应先对石窟寺开展基础调查工作，查明其岩石类型和赋存的自然环境特征。

二、龙门石窟自然环境概述

龙门石窟及周边地区位于伊川盆地和洛阳盆地的交界处，处于伏牛山、嵩山山前地带，属剥蚀低山丘陵区，最低标高位于北部龙门下游河床，标高约为 140m，最高标高位于龙门山东南的杨沟寨，标高约为 385m。龙门山走向近东西，被伊水横切形成深切峡谷，形如“门阀”，得名“龙门”，又称伊阙（图 2-1）。龙门石窟区总的地势是东西两侧山地高，中间伊水河谷低。相对高差 100～150m，区内西山至高点的高程为

① 杨文宗、杨刚亮、何晓，等:《石质材料病害的环境影响作用》,《文物保护与修复的问题》，科学出版社，2005 年，第 111 页。

图 2-1　伊阙峡谷

263.8m，位于西山公园的山顶。伊河是区内最低侵蚀基准面，高程 145～150m。

龙门山属伏牛山脉熊耳山系，从宜阳东来抵达龙门蓦然形成东西对峙的两山，河西为龙门山，古称钟山、天竺山，主峰海拔 263.90 米，与河谷高差 116 米，山之北有红石沟，山之南有梁沟、岔子沟、柿树沟；河东为香山，主峰海拔 303.5 米，与河谷高差 166 米，山之北有青山琵琶峰，南有罗圈沟、万佛沟、吊桥沟、乾元沟，均由西向东开破山梁①。龙门石窟赋存的山体岩石为古生代寒武纪（5 亿年前）和石炭纪（2 亿年前）造山运动形成的石灰岩，颜色青灰，石质坚硬，不易风化，适宜精雕细琢。伊河河床平均海拔 148.19 米，汛期为每年的七八月，年平均流量 38.50m^3/ 秒。龙门石窟所处地区为温带大陆性季风气候，最热月平均气温 28.40℃，最冷月平均气温 -0.50℃。多年平均降雨量 593.80mm，其中 60% 以上集中降于夏季。

区内植被发育，文物保护区内绿化覆盖率达 95%，景区内及周边主要树种有：常绿树种有侧柏、油松、桧柏、千头柏等；落叶阔叶树种有白杨、泡桐、洋槐、梧桐、法梧桐、垂柳、旱柳水杉、椿树等；经济树种有核桃、柿子、大枣苹果等。另有较多花卉灌木、野生灌木以及野生草本植物。周边地区农作物以小麦、玉米为主，谷子、豆类、红薯为辅。

西山为龙门石窟主风景区所在地。西山石窟地形陡峻，坡度一般约 40°～70°，局

① 洛阳市文物园林局、古建园林设计研究院编：《洛阳龙门风景名胜区总体规划基础资料汇编》，1988 年，内部资料。

部在 70° 以上，坡顶高程为 230～260m，坡高约 80～100m。在西山的南段形成高大的陡壁，崖壁的最大高差达 50m，在该段崖壁上集中雕凿了奉先寺、古阳洞、火烧洞等大量石窟。西山中段地势较缓，未形成大的陡壁，石窟分布较少。北段陡壁高差约 20m，分布了摩崖三佛、宾阳三洞、潜溪寺等大型石窟。

（一）地质环境

石窟所在岩体为古生代寒武纪和石炭纪造山运动所形成的石灰岩。出露的地层从老到新依次为寒武系、奥陶系、石炭系、二叠系以及第四系。寒武系出露全，厚度大，是组成石窟立壁岩体的主要地层。从石窟区南部向北一直到西山的潜溪寺、东山的白园附近。岩性为石灰岩、白云岩，主体矿物系方解石和白云石，其力学强度适中，具有较强抗风化能力，同时宜于开凿。但是层面裂隙、构造裂隙发育，主导着石窟渗漏水病害的发展趋势，如层面倾向为 NNW，使得洞窟南壁渗漏水病害明显严重；石灰岩的可溶蚀性，又决定了石窟溶蚀病害的发展，如龙门石窟三层溶洞的发育，威胁着洞窟、雕刻品的安全。西山南段岩石为含泥质软弱夹层的条带状灰岩，抗风化能力大大降低，这一带岩石、雕刻品风化脱落、粉化病害严重。

龙门石窟位于龙门山—香山断块地块（图 2-2），岩体主要由中、上寒武纪白云岩

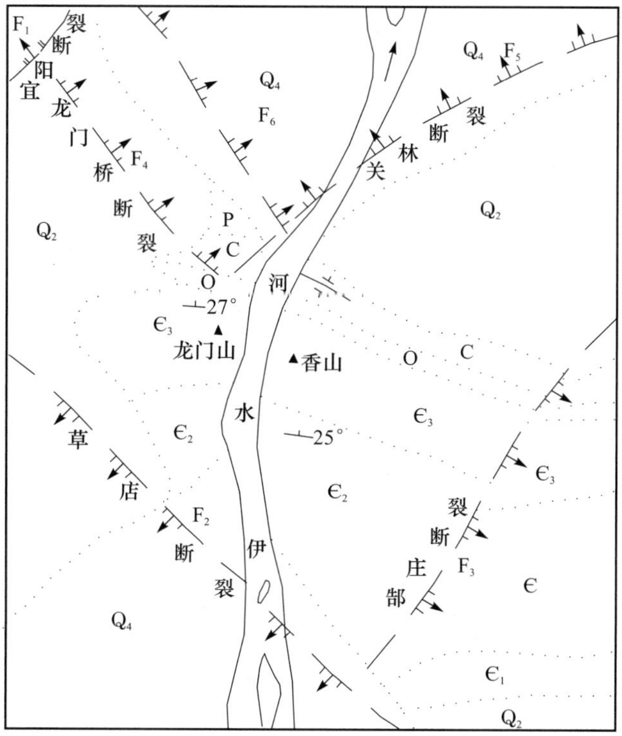

1∶50000

图 2-2　龙门石窟周边断裂结构图

和石灰岩地层组成，上寒武纪为一套厚层、巨厚层的细晶、微晶和鲕粒白云岩，而中寒武纪为一套薄层至厚层的泥质条带灰岩和鲕状灰岩。石窟和雕刻品大都开凿在上寒武纪中、上部的厚层、巨厚层细晶、微晶白云岩和中寒武纪的鲕状灰岩和条带状灰岩中。表 2-1 给出了石窟所在岩体的矿物成分。表 2-2 为石窟所在岩体的岩石化学成分分析。表 2-3 是石窟所在岩体岩石的物理、水理、力学性质试验成果。这些资料表明，石窟所在岩体的岩石矿物成分单一，力学强度大，抗变性能好，但具可溶性，且灰岩的比溶蚀度大于白云岩。图 2-3 显示了龙门石窟岩石的基本层面特征。

表 2-1　主要岩石矿物成分

岩石名称	百分含量（%）				
	白云石	方解石	生物碎屑	泥质	铁质
中—细晶白云岩	90～95	1～3	—	1～5	1～2
鲕状灰岩	10～15	75～85	5～10	—	—

表 2-2　主要岩石化学成分

化学成分	百分含量（%）	
	白云岩	灰岩
SiO_2	1.32～10.44	1～3.31
Al_2O_3	0.33～4.04	0.27～1.12
Fe_2O_3	0.29～0.76	0.22～0.49
MgO	17.29～21.17	2.20～4.54
CaO	24.30～29.97	49.59～50.58
Na_2O	0.02～0.06	0.02～0.03
K_2O	0.30～0.79	0.07～0.50
H_2O	0.14～0.30	0.06～0.16
TiO_2	0.02～0.35	0.02～0.04
P_2O_5	0.01～0.26	0.04～0.09
MnO	0.02～0.03	0.02
SO_2	0～0.02	0.03～0.06
烧失量	43.38～44.16	41.66～44.23
酸不溶物	2.09～17.80	1.13～5.02

表 2-3　岩石物理、水理、力学性质

指标名称	单位	白云岩	石灰岩
容重	g/cm^2	2.73～2.75	2.60～2.65
吸水率	%	0.4～1.0	0.3～0.7
含水量	%	0.03～0.48	0.11～0.30

续表

指标名称	单位	白云岩	石灰岩
抗剪断强度		C＝400kg/cm^2　φ＝28°	C＝450kg/cm^2　φ＝24°
单轴抗拉强度	kg/cm^2	40～80	50～66
单轴抗拉强度	kg/cm^2	1100～1400	1300～1400
静弹模	kg/cm^2	（6.0～6.2）×10^5	（6.28～6.32）×10^5
静泊松比		0.23～0.24	0.21～0.25
声纵波速	m/sec	4850～4950	5000～6000
声纵波速	m/sec	2850～2950	3500～4000
动弹模	kg/cm^2	（6.0～7.0）×10^5	（7.8～10.0）×10^5
动泊松比		0.15～0.25	0.18～0.28
比溶蚀度		0.32～0.44	0.90～1.37
策溶孔	%	3～10	5～15

图 2-3　岩层层面

石窟所在岩体由于受构造应力和非构造应力的作用，形成各种节理。加之在岩体上开窟、采石，岩体应力受到改变，破坏了岩体原有相对平衡和稳定性，使已有的各种节理（构造节理和应力裂隙）发育，又出现新的应力裂隙，即卸荷裂隙。构造裂隙同岩面走向几乎正交，起割裂作用；卸荷裂隙走向与崖壁壁面近乎一致，倾角略陡于坡面倾角，这两种走向不同的多条节理相互交错，把石窟所在的岩体分割成形体各异、大小不同的分离体，使洞窟和雕刻品处于极不稳定状态，乃至崩塌。

图 2-4　宾阳北洞被裂隙切割

龙门石窟两山喀斯特溶洞发育，石窟中心区碳酸盐岩体中发育有三层水平溶洞，上层（奉先寺西南角）溶洞高程 280 米左右，中层 170 米左右，如古阳洞、石牛溪、火烧洞等；下层溶洞高程约 148～150 米，如老龙洞及沿山脚的一些泉溶。三层水平溶洞是与伊河两岸发生三次抬升演化形成三级阶地高程有关，抬升过程中经历三次间歇，形成了三层不同高程的水平溶洞，目前正处于第三次间歇期。在第三层溶洞即泉水出露高程以上的岩体（也就是石窟所在岩体）中，是以垂直溶蚀为主，雨水沿裂隙、层面下渗。这种下渗水流溶蚀裂隙和层面两侧岩石，从数量和规模上增多增大已有的溶洞，破坏洞窟和雕刻品（图 2-4），同时在洞壁和雕刻品表面形成沉淀物，覆盖洞壁和雕刻品。

（二）大气环境

龙门石窟所在地区属暖温带大陆性季风气候，冬季寒冷，少雨雪，春季干旱风大，夏季炎热多雨，秋季多晴。多年平均降雨量约 580mm，最大年降雨量 1063.2mm，多集中在 6、7、8、9 四个月，日最大降雨量为 110.7mm（1964 年 7 月 29 日）。

多年平均气温 14.7℃，冬季 1 月最冷，夏季 7 月最热，平均温差 27℃。历年极端最高气温 44.2℃，极端最低气温 -18.2℃，气温变幅达 62.4℃。多年平均蒸发量 1829.7mm，多年平均相对湿度 64.5%。环境污染带来的危害：污染气体，粉尘（图 2-5、图 2-6）。

图 2-5　污染造成的油烟污渍

图 2-6　表面粉尘污染

（三）水文环境

发源于栾川县西部伏牛山区的伊河自南而北流经石窟区中心。龙门石窟以上伊河流域面积为 5318km^2。石窟区内伊河床纵横坡降为 1/700，河谷宽为 250～300m。据龙门水文站记录，1937 年最大洪水流量 7180m^3/s，相应该流量的最高洪水位 154.32m。

沿石窟中心区东、西山脚下有十多个泉眼出露，泉水的出露点要高出河水面 2～5m，泉水温度常年在 24～26℃。泉水的总流量为 80～100m^3/s。水温、流量常年变化不大。调查表明，石窟中心区是本区寒武奥陶纪灰岩—白云岩含水层的集排泄区。石窟和雕刻品的高程均高于本区地下水位。表 2-4 给出了地下水和河水的水化学成分。

表 2-4 水化学成分

化学成分	含量（mg/L）					
	禹王池泉（上）	禹王池泉（下）	珍珠泉	老龙洞泉	极南洞泉	河水
Na+K	1.25	2.25	13.25	4.75	1.00	8.25
Ca	70.09	70.89	69.28	71.54	70.09	56.07
Mg	24.92	21.98	13.09	22.08	23.35	15.34
Cl	7.06	7.06	4.94	10.59	4.94	10.59
SO	27.80	20.47	30.89	22.01	23.94	35.53
HCO_2	294.22	294.2	319.88	294.22	294.22	204.68

龙门地区年降水量在 580mm 上下（2003 年曾达到 1050mm），地上、地下水资源丰富。水的存在使龙门石窟景区风光秀丽，同时也对龙门石窟的文物病害有着巨大影响（图 2-7～图 2-9）。伊河在每年雨季时流量激增，对石窟威胁严重。对龙门石窟造成危害的水源主要是降雨和大气凝结水（图 2-7～图 2-9）。

图 2-7 伊河洪水威胁洞窟

大气凝结水在龙门石窟普遍存在，在潜溪寺、宾阳洞、皇甫公窟等窟内表现突出（图 2-10）。它们通过毛细作用进入裂隙或在表面被粉尘吸附，富集有害气体，加剧石窟病害的发展。

图 2-8　冰冻危害

图 2-9　万佛洞渗漏水

图 2-10　潜溪寺凝结水严重

（四）生物环境

危害龙门石窟安全的生物环境主要指高等植物、动物和微生物（图 2-11、图 2-12）。植被危害石窟造像的作用机理有三点：一、植被改变了石窟区微气候环境，增加了石窟岩体的湿度；二、植被尤其是乔灌木类的根系生长可对石窟岩体裂隙产生机械扩张作用，破坏岩体的完整性，加重渗漏水病害；三、植被在生长和死亡腐烂后产生多种有机酸，可直接侵蚀崖壁岩体和洞窟雕刻，又增加渗水的酸度，间接腐蚀石窟。动物危害主要是筑巢、粪便污染侵蚀、对外观的影响等。

图 2-11　敬善寺一带草本灌木茂盛

图 2-12　东山万佛沟崖壁植被丛生

微生物的蜕变作用非常普遍而且强烈。其生命活动产生的各种有机酸和有机碱，能加速矿物元素溶解，或在石雕表面形成一种有机—金属化合物包膜，从而造成岩石劣化和病变。地衣、苔藓、藻类等孢子植物所产生的地衣酸等有机酸的络合作用，是加速矿物病变的一个重要因素。生物作用带来的常见病变有：植物滋生、变色、裂隙、侵蚀、结壳、生物绿锈等（图 2-13）。

图 2-13　敬善寺附近微生物病害

（五）振动环境

振动因素主要包括自然地震、交通运输（火车、汽车）、采石爆破以及游客参观等。振动环境加速石窟开裂崩塌，促进其他病变的发展速度。振动产生的常见病变有雕刻品和围岩产生的裂隙、断裂、脱落等。经长期治理，目前已基本消除石窟周边的振动因素的危害。

总之，龙门石窟雕刻造像的劣化与病变的产生是由多种环境因素共同作用、相互影响的结果。具体到石窟内外、高低不同等病害分布差异上，就要针对具体的病害区域、病害类型、病害程度做环境成因分析，从而科学、有效地采取防治措施。

第一节　龙门地层与地质构造

洛阳龙门地处华北地台南缘，渑临台坳区中部，主要地层为古生界寒武系、石炭系和二叠系，中生界三叠系，新生界第三系及第四系。区域构造以断层为主，为一套单斜地层。

龙门石窟所在的地块为龙门山—香山地块，四周被关林断裂、龙门桥断裂、草店断裂和部庄断裂等四条断裂构造切割，呈棋盘格子构造形态。李四光先生认为："这一类型的构造体系，大都分布在地层比较平坦的区域，主要由两组交叉扭性断裂组成的，交叉的角有时近于直角，但大多数是一方面成锐角，而另一方面呈钝角……"[①]。从龙门石窟区域地质图（图 2-14）可以看出，本区各个断裂间的交角基本呈直角相交。

① 李四光：《天文、地质、古生物资料摘要（初稿）》，科学出版社，1972 年。

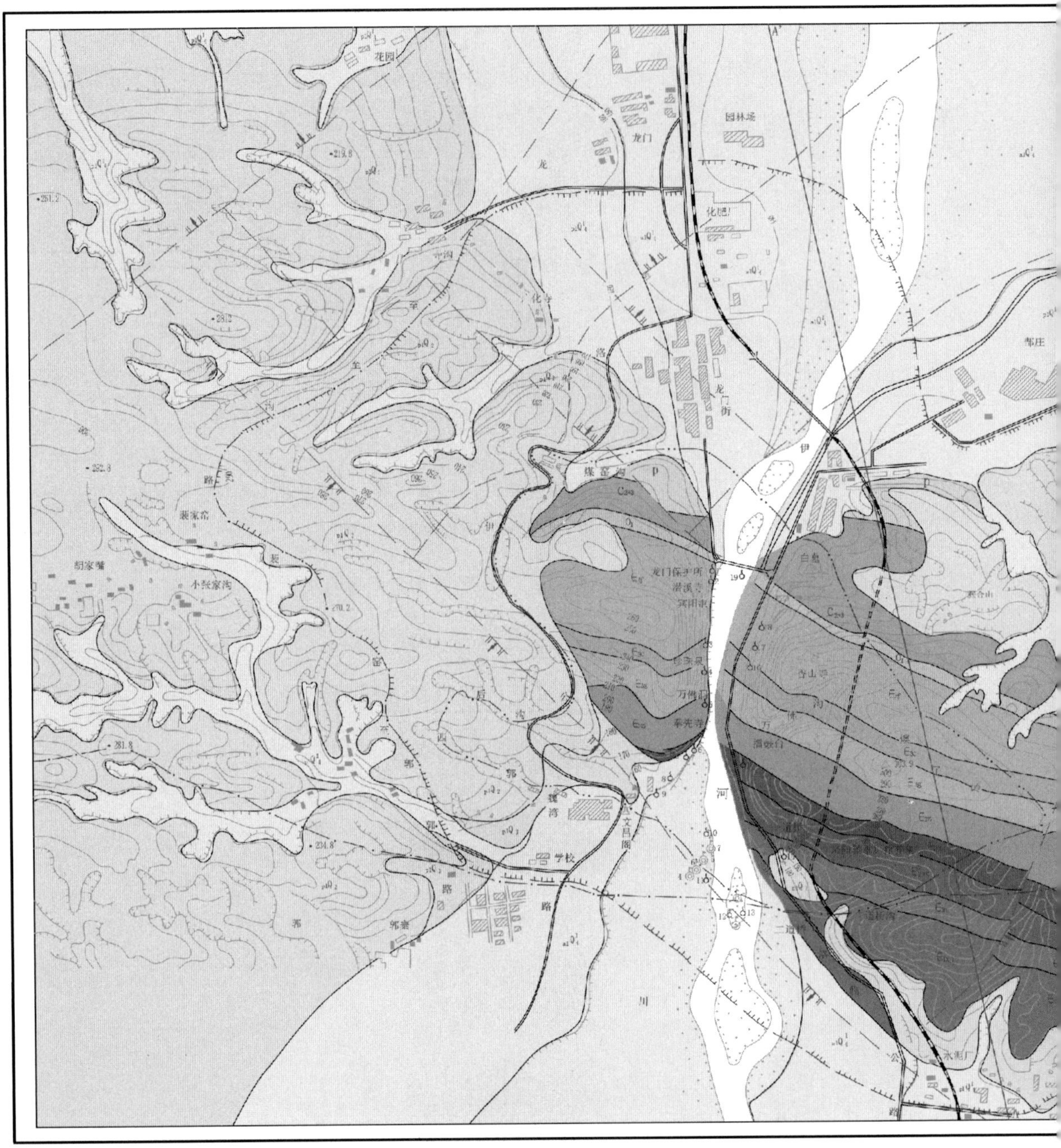

A—A′地质剖面图

垂直比例尺1:2000
水平比例尺1:10000

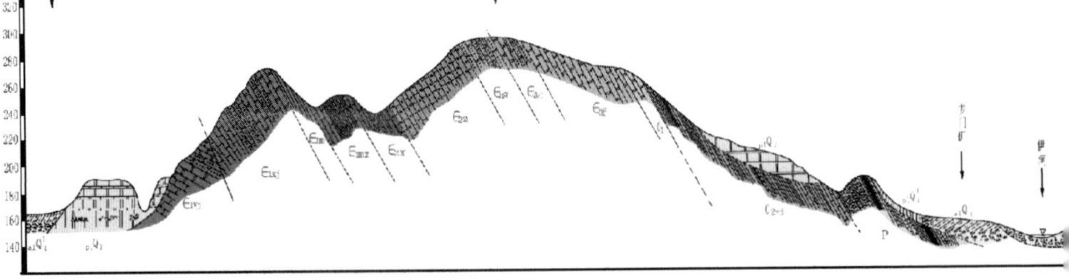

图 2-14

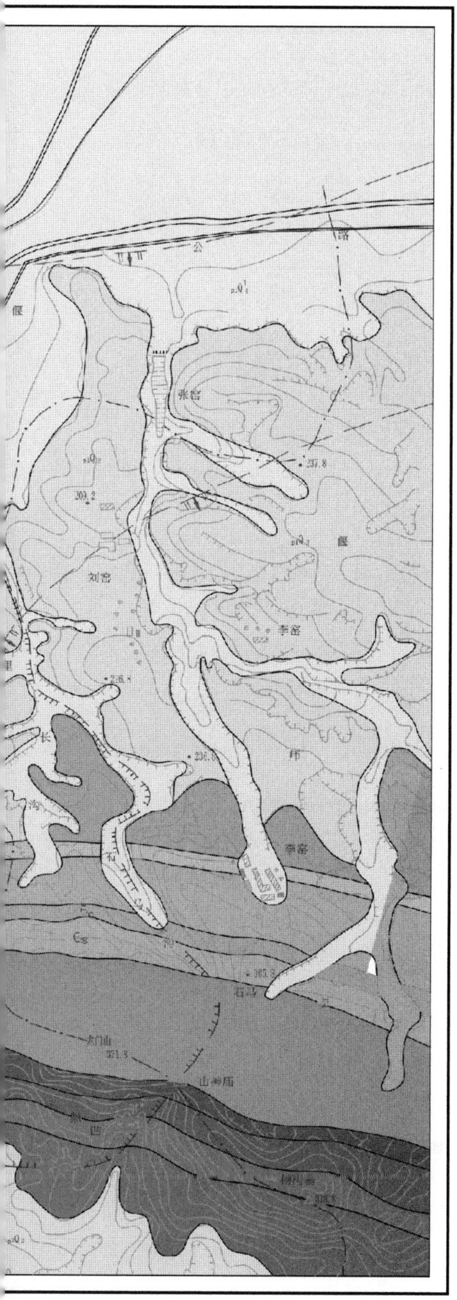

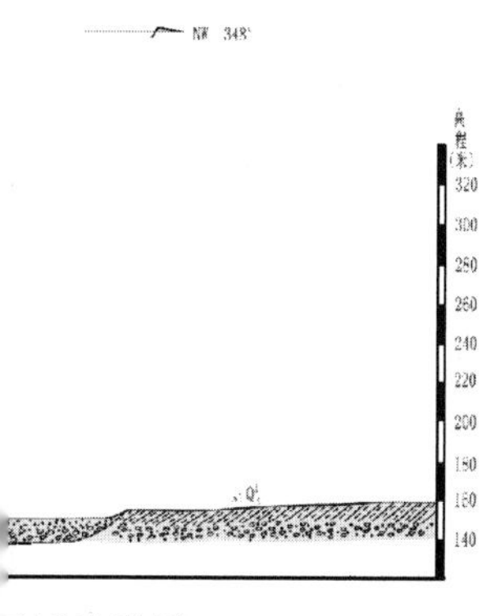

域地质图

图例

- 近代河床，河漫滩相冲积砂、砾石层
- 近代一级阶地，下部为砂砾层，上部为亚砂层
- 近代洪积含砂礴石亚黏土层
- 上更新统坡积、洪积黄土
- 中更新统洪积杂石黄土地、含多层石土壤层
- 新第三系灰绿色砂质黏土岩、黏土质砂岩、泥灰岩
- 二叠加系上部为杂色页岩，下部为黄绿色砂岩，砂质页岩互层，夹煤层
- 中、上石炭系灰黑色砂质页岩、炭质页岩、砂岩与黑色灰岩互层，含煤，底部为铝土页岩
- 奥陶系灰色色细晶白云岩
- 下寒武系凤山组，浅磷以巨蚝层细晶-极细晶白云岩、中晶白云岩
- 上寒武系长山组，残余鲕粒白云岩，微晶-极细晶白云岩
- 上寒武系同山组，灰色、深灰色巨厚层夹薄层残余鲕粒细晶-微晶-白云岩
- 中寒武系张夏组，灰色、深灰色巨厚层白云石化鲕状灰岩
- 中寒武系徐庄组，中蚝层、条带状白云石化泥晶灰岩，细晶生物碎屑灰岩
- 下寒武系毛庄组，上部为豆状灰岩、页岩互层，下部为含白云母砂质页岩与灰岩互层
- 下寒武系馒头组，紫红色页岩平砂质页岩、泥灰岩、灰岩、薄怪至极薄层
- 下寒武系辛集组，浅肉红色白云岩，浅红色含磷砂岩、薄层灰岩
- 地质界线
- 沉积间断面界线
- 出露断层
- 第四系覆盖断层
- 地下热水钻孔
- 上升泉
- 地形等高线
- 黄土窑洞
- 公路
- 铁路
- 村庄
- 桥梁
- 黄土陡坎
- 黄土冲沟
- 炭岩采石场
- 市、县界
- 石窟重点保护区界
- 石窟一般保护区界
- 河汊、漫滩

龙门石窟赋存的山体主要由古生代寒武系、石炭系石灰岩构成，山顶及山麓一带堆积有新生代第四系坡积、冲积物地层。出露的地层南边老，北边新，从南到北依次为寒武系、奥陶系、石炭系、二叠系及第四系。

一、地层分布

区内以沉积岩为主，主要见寒武系、奥陶系、石炭系、二叠系、三叠系，第三系及第四系地层。现简述如下：

（一）寒武系（$\in$）

出露全，厚度大，是组成东西两山石窟立壁岩体的主要地层。

1. 下统（$\in_1$）下寒武纪地层出露于东山南部乾元沟和西山石窟南部，岩性为易风化的砂质页岩和泥灰岩，分馒头组（$\in_{1m}$）和毛庄组（$\in_{1mz}$）。平行不整合于元古界灰黄紫红色石英砂岩、砂质页岩之上。其中下部馒头组底部为红色铁质胶结含砾石英砂岩；中上部为紫红色页岩、泥岩、砂质泥岩夹薄层灰岩，其厚度 85m；毛庄组为浅黄色含白云母砂质页岩和灰岩互层。顶部见有豆状灰岩，厚 125m。裂隙溶洞不甚发育。

（1）馒头组（$\in_{1m}$）为紫红色页岩夹砂质页岩及薄层泥岩、泥灰岩，平行不整合于元古界石英砂岩、砂页岩之上，未见底。

（2）毛庄组（$\in_{1mz}$）为浅黄色含白云母砂质页岩、泥灰岩互层，夹豆状灰岩，厚度125m。

馒头组仅分布于东山石窟区南部洛阳轴承厂疗养院一带，西山未见出露。毛庄组主要分布于龙门东山南坡，西山仅在南出口附近小面积出露。

2. 中统（$\in_2$） 分布于龙门山中南部，是石窟开凿的集中区域，分徐庄组（$\in_{2x}$）和张夏组（$\in_{2zx}$）。下部为深灰色薄层夹泥质条带灰岩，有时呈鲕状结构，并夹有豆状灰岩一层；中部为浅灰色、含泥质条带；上部为竹叶状灰岩及白云质灰岩。厚度总计110 米，岩溶发育。

（1）徐庄组（$\in_{2x}$）：厚度 54.6m，按岩性分为三段：

$\in_{2x}^1$ 为中厚层—厚层泥质条带灰岩，泥晶结构；

$\in_{2x}^2$ 为薄层强白云石化含鲕粒微晶灰岩夹生物碎屑灰岩和泥质角砾状灰岩；

$\in_{2x}^3$ 为薄层条带状粉晶～中晶白云岩与白云石化鲕状灰岩互层。

（2）张夏组（$\in_{2zx}$）：厚度 111.7m。按岩性分为四段：

$\in_{2zx}^1$ 为中厚层白云石化灰岩夹薄层含鲕粒灰岩；

$\in_{2zx}^2$ 为厚层强白云石化粉晶～细晶鲕粒灰岩，鲕粒结构，岩性坚硬、致密；

$\in_{2zx}^{3}$ 为厚层、巨厚层强白云石化细晶～粗晶粒屑灰岩夹薄层灰岩、生物碎屑灰岩，岩性坚硬、致密；

$\in_{2zx}^{4}$ 为薄层灰岩夹厚层灰岩，含鲕粒。

东山石窟主要雕刻在该层位岩体中。徐庄组在东山分布于万佛沟至擂鼓台一带，张夏组分布于万佛沟以北的山坡上。在西山石窟，极南洞、龙华寺、路洞等位于徐庄组内，皇甫公窟、火烧洞、古阳洞、药方洞、奉先寺、赵客师洞、普泰洞、莲花洞、老龙洞、万佛洞、双窟等洞窟分布于张夏组地层内。由于徐庄组岩体多为薄层泥质页岩、泥质灰岩和鲕状灰岩互层，岩性复杂、组成成分均一性差，因此抗风化能力弱，承载的石窟文物损坏和风化比较严重。张夏组（$\in_{2zx}$）岩石以薄—厚层鲕状灰岩为主，岩石结构均匀，抗物理风化力强，但岩石拆离层节理发育，往往形成地下水潜流，加之岩石化学性活泼，抗化学风化差，岩溶作用强烈，洞窟渗漏水也比较严重。

3. 上统（$\in_3$）　上寒武系地层与中寒武系整合接触，分布于石窟区中北部，见固山组（$\in_{3g}$）、长山组（$\in_{3c}$）和凤山组（$\in_{3f}$）。岩性为灰色、灰白色结晶白云岩。上部结晶较粗，最顶部为一层浅灰色泥岩。

（1）崮山组（$\in_{3g}$）残余鲕粒白云岩，厚度 74m，按岩性分为三段：

$\in_{3g}^{1}$ 为厚层残余鲕粒白云岩；

$\in_{3g}^{2}$ 为中厚层白云岩夹薄层灰岩、含鲕粒；

$\in_{3g}^{3}$ 为中厚层残余鲕粒白云岩。

（2）长山组（$\in_{3c}$），厚度 40m，按岩性分为二段：

$\in_{3c}^{1}$ 厚层夹薄层微～细晶白云岩（长山组上部）；

$\in_{3c}^{2}$ 薄层夹中厚层含残余鲕粒白云岩（长山组下部）。

（3）凤山组（$\in_{3f}$）为灰色、灰白色极细晶、细晶白云岩，厚度 126m，裂隙溶洞发育，按岩性分为五段：

$\in_{3f}^{1}$ 厚层、巨厚层极细～细晶白云岩，岩性坚硬、致密；

$\in_{3f}^{2}$ 中厚层细晶白云岩，夹薄层灰岩；

$\in_{3f}^{3}$ 厚层—巨厚层中～细晶白云岩，岩性坚硬、致密；

$\in_{3f}^{4}$ 厚层夹薄层细～中晶白云岩；

$\in_{3f}^{5}$ 中厚层极细晶白云岩。

在东山石窟，固山组分布于龙门山西坡，长山组呈条带状由香山寺延续至龙门山顶，凤山组分布于香山寺至龙门桥一带。在西山石窟，固山组和长山组分布的范围内地形较缓，没有高大的陡崖，石窟甚少（双窑—摩崖三佛一段），凤山组分布于石窟区北部，摩崖三窟、宾阳三洞及潜溪寺等洞窟位于本组地层。

中、上寒武系地层是龙门石窟艺术的主要赋存载体，受岩性和物质组成的影响，其石雕艺术也表现有所差异。

路洞位于徐庄组第 3 段薄层条带含鲕粒泥晶灰岩中，窟壁的薄层灰岩体中层面裂隙比较发育。皇甫公窟位于张夏组第 1 段中厚层夹薄层灰岩中，窟壁的中厚层岩体中夹有 2 层层面裂隙密集带。潜溪寺位于凤山组第 1 段巨厚层白云岩中，层面裂隙不发育，岩体完整性好，坚硬致密。

（二）奥陶系下统（O_1）

厚约 10m 左右，岩性为厚层细晶白云岩，细晶等粒结构。分布于石窟区北部，西山龙门石窟研究院所在冲沟内和东山龙门桥头。

（三）石炭系中上统（C_{2+3}）

石炭系与寒武系地层呈平行不整合接触，下石炭系地层、中上石炭系地层分布于龙门桥西头龙门石窟研究院北部山坡以北、东山白居易墓园一带，厚度 46m。岩性为灰色炭质页岩、黑色灰岩、砂质页岩、石英砂岩，底部为铝土页岩，含薄层煤层。它们组成了东、西山两侧的低山丘陵。

（四）二叠系（P）

主要为山西组和石盒子组等煤系地层，由浅黄色长石石英砂、页岩、砂质页岩及煤系地层组成，总厚 541m。西山分布于龙门矿医院至龙门矿区陵园一带，在煤窑沟一带有煤系地层出露，有采掘巷道，今已废止。东山仅局部零星出露于白园以北。

（五）第四系（Q）

区内第四系地层沿伊河床、沟谷及阶地分布，主要为沙、砾及黏土、亚砂土等，分布广，成因复杂，见有冲积、坡积、残积、洪积等不同成因的堆积物。厚度不等，一般为 1～10m，区域上最厚可大于 20m，与下伏地层不整合接触。在两山顶部及附近沉积了巨厚的离石黄土，在魏湾及其附近地区的离石黄土之上还发育有较厚的马兰黄土。

1. 中更新统（Q_2）该统地层岩性中下部为青灰、棕红色未胶结的砂砾石层，砾石成分复杂，随地而翼，磨圆度与分选性近山麓堆积者较差，沿河流分布者较好，粒径大小不一，最大达 0.5～0.9m，出露厚度 2～7m。上部为棕红、浅红色含钙质结核的黏性土与淡黄、橙黄色黄土状粉土互层，局部夹透镜状砾石层。受地形控制，地层厚度变化较大，总厚度 4～60m。可分冲洪积和残坡积两种成因：

（1）冲洪积物（Q_{2al+pl}），主要分布于西山地震台以西及龙门石窟研究院以西等地，岩性为砂卵石，含泥砂卵石，卵砾石的粒径一般为 2～10cm，最大者可达 20cm，圆至次圆为主，成分复杂，具风化蚀变现象。组成Ⅲ级台地，高程为 190～230m。

（2）残坡积物（Q_{2el+dl}），广泛分布于东、西山 200～210m 高程以上，岩性为褐黄色含碎块石黄土状粉质黏土，含数层古土壤层，垂直裂隙发育，底部见透镜状砂砾石层，组成黄土丘、垛等地形。

2. 上更新统（Q_3）主要分布于伊河Ⅱ级阶地上，与下伏中更新统呈角度不整合接触。该统地层岩性以灰黄、淡黄色黄土状粉土质亚黏土为主，夹 2～4 层棕红色黏性土，其中孔隙和柱状节理发育，含细小的钙质结核，底部为透镜状砾石层。总厚度 2～17m。可分为冲积和残坡积两种成因：

（1）冲积物（Q_{3al}），零星分布于东山白园及万佛沟南坡等地，上部为粉质黏土，下部为砂砾石层，砾石粒径一般 1～5cm，圆至次圆为主，砾石成分以灰岩为主。组成Ⅱ级阶地，高程为 170～180m。

（2）残坡积物（Q_{3el+dl}），分布于 170～210m 高程处的斜坡上，岩性为淡黄色、浅黄色含碎块石黄土状粉质黏土，偶夹透镜状砂砾石层，垂直裂隙发育。

3. 全新统（Q_4）分布于伊河两侧Ⅰ级阶地及河床，为河流冲积层。岩性为砾石、灰黄、棕黄色亚砂土，间夹灰黑色透镜状黏性土条带及透镜状砂砾石层，厚度 3～10m。分为冲积和坡洪积两种成因：

（1）冲积物（Q_{4al}），全新世冲积层为伊河河床现代堆积岩层，分布于伊河一级阶地及河漫滩，一级阶地高程为 149～159m。其岩性为分选、磨圆均较好的砂卵石层，上部为粉质黏土、粉质砂土，下部为砂砾卵石层。厚度约 5m 左右。

（2）坡洪积（Q_{4dl+pl}），石窟区崖壁多数坡度较陡，基岩裸露，极少有第四纪堆积，较缓的山坡及山顶分布有厚度不大的坡积—残积物，大多分布于较大的冲沟及 170m 高程以下斜坡上，厚度多在 2m 以下。岩性为黄灰、褐色亚黏土，夹有灰岩碎屑、钙质结核，以含泥碎块石为主，夹透镜状砂砾石层和粉质黏土。

为查明西山顶部第四系覆盖层的厚度，沿西山山顶界墙内外各布置一排洛阳铲钻孔，共 30 个。钻探结果表明，北部潜溪寺崖顶覆盖层极薄，一般不超过 0.5m，往南逐渐加厚，至皇甫公窟崖顶第四系覆盖层厚度一般为 1～2m，局部达 4m 左右，至路洞崖顶覆盖层厚度一般为 2～3m，局部达 6m 左右①。

（六）关于地层划分的争议

以前地质调查认为龙门石窟所在的寒武系地层由北向南依次为常山组、凤山组、固山组、张夏组和徐庄组，在石窟南门附近出露有毛庄组地层。这种观点占主流地位，

① 中国地质大学（武汉）土木工程系：《龙门石窟地质调查报告》，2002 年，内部资料。

图 2-15　龙门西山南门附近的竹叶状灰岩

持续很多年，但最近几年不断有专家学者现场考察后提出不同看法。比如西安地院和河南第一地质调查队的几位教授认为，石窟所在地层没有常山组和凤山组。龙门桥以南到摩崖三佛下面，应为固山组，龙门桥以北已是石炭系地层。划分地层一看化石，二看氧化面，这段地层符合固山组的特征。尤其在固山组下段，出现了明显的铁质氧化面，它应为固山组与张夏组的分界面。另外，在极南洞附近的山脚下出露有竹叶状灰岩（图 2-15），是十分难得的地质遗迹，应该专题保护起来[①]。

二、岩性与物质组成

龙门石窟岩石总体特征：北晚南早，北厚南薄，北纯南杂，北硬南软。分段特征：北—中—南（崮山组—张夏组—徐庄组地层界线，图 2-16）。

图 2-16　龙门石窟西山地层界限

龙门石窟赋存的碳酸盐岩（主要是石灰岩和白云岩），从其物质来源上来看属于内源沉积岩，主要来自于沉积盆地的海洋环境，通过化学作用或生物化学作用沉积而成。碳酸盐矿物最主要的是方解石和白云石。这两种矿物是龙门石窟岩石中最主要矿物。其外观相似，但物理和使用性能相差甚远。方解石的莫氏硬度为 3，白云石为

① 田玉娥、杨刚亮：《地学基础对龙门石窟保护的影响》，《中国文物报》2012 年 4 月 20 日第 6 版。

3.5～4，两者的维氏硬度相差约 50%，所以白云石比方解石具有更好的耐磨性。更重要的是白云石的耐酸性明显优于方解石，这使得白云石具有更好的耐久性、耐候性和抗风化能力。

龙门石窟大多都开凿在中、上寒武系石灰岩、白云岩形成的立壁上。因此，石窟区岩体变形、破坏及渗透性，主要受控于该层灰岩、白云岩的岩体结构特征及其物理、水理性质和力学性质。

根据薄片观察的岩矿鉴定结果：徐庄组第 2 段 $\in_{2x}^{2}$ 为强白云石化的微晶～细晶粒屑灰岩、泥晶鲕状灰岩和泥质角砾状灰岩。徐庄组第 3 段 $\in_{2x}^{3}$ 为粉晶～中晶白云岩与白云石化鲕状灰岩互层。张夏组第 1 段 $\in_{2zx}^{1}$ 为强白云石化鲕粒灰岩。张夏组第 2 段 $\in_{2zx}^{2}$ 为强白云石化粉晶～细晶鲕粒灰岩。张夏组第 3 段 $\in_{2zx}^{3}$ 为强白云石化细晶～粗晶粒屑灰岩。绝大多数样品都有很强的白云石化，说明原岩的生成环境为泻湖相带。为了恢复其原岩仍定名为灰岩。

表 2-5　钻孔采样位置统计表

样号	取样地点	野外定名	按碳酸盐岩分类定名
1	龙门桥西桥头	极细晶白云岩	泥质灰云岩
2	研究所厕所右	极细晶白云岩	白云岩
3	禹王池北 5m	细～极细晶白云岩	白云岩
4	外宾室北	细～极细晶白云岩	泥质灰云岩
5	外宾室南	含灰细晶白云岩	白云岩
6	宾阳洞山脚下	含灰细晶白云岩	白云岩
7	摩崖三佛前	含泥晶白云岩	白云岩
8	摩崖三佛南 15m	残余 粒白云岩	泥质灰云岩
9	珍珠泉北 5m	细～中晶白云岩	白云岩
10	珍珠泉口附近	细～中晶白云岩	灰质白云岩
11	珍珠泉南 60m	残余 粒白云岩	白云岩
12	双窑北 40m	残余 粒白云岩	白云岩
13	万佛洞下	残余 粒白云岩	白云质灰岩
14	老龙洞泉旁	白云化 粒灰岩	云质灰岩
15	莲花洞南 30m	白云化 粒灰岩	灰岩
16	双窑	白云化 粒灰岩	灰岩
17	奉先寺下	白云化残余 粒灰岩	灰岩
18	奉先寺南	白云化极细晶灰岩	灰岩

续表

样号	取样地点	野外定名	按碳酸盐岩分类定名
19	古阳洞南	白云化极细晶灰岩	灰岩
20	火烧洞下	白云化细晶灰岩	云质灰岩
21	两泉之间	微晶生物灰岩	灰岩
22	两泉之间	白云化沙屑极细晶灰岩	云质灰岩
23	西山立壁南口	含粉沙屑白云岩	非碳酸岩
24	西山立壁南口	亮晶豆状灰岩	泥质灰岩

表 2-6　洞窟内淀积物取样情况统计表

样号	孔号	孔深（m）	地层	样号	孔号	孔深（m）	地层
1-1	ZK1	17.08～18.67	$\in_{2zx}^{3}$	3-1	ZK3	42.00～42.50	$\in_{2x}^{3}$
1-2	ZK1	63.40～64.10	$\in_{2zx}^{2}$	3-2	ZK3	60.00～60.50	$\in_{2x}^{3}$
1-3	ZK1	88.06～88.07	$\in_{2zx}^{1}$	3-3	ZK3	73.50～74.60	$\in_{2x}^{2}$
2-1	ZK2	22.70～24.58	$\in_{2zx}^{3}$	4-1	ZK4	35.11～36.47	$\in_{2x}^{3}$
2-2	ZK2	61.74～62.99	$\in_{2zx}^{1}$	4-2	ZK4	49.50～50.83	$\in_{2x}^{2}$
2-3	ZK3	80.67～82.05	$\in_{2x}^{3}$	4-3	ZK4	60.26～61.61	$\in_{2x}^{2}$

表 2-7　洞窟内淀积物取样情况统计表

样号	洞窟	位置
L-1	路洞	南壁靠窟门内侧
L-2	路洞	北壁裂隙西侧
L-3	路洞	北壁裂隙东侧
L-4	路洞	洞顶
L-5	路洞	南壁中部
H-1	皇甫公窟	南壁靠窟门处
H-2	皇甫公窟	南壁靠窟门内侧佛脚之下
H-3	皇甫公窟	南壁中间佛像
H-4	皇甫公窟	南壁靠窟门内侧佛脚之上
Q-1	潜溪寺	南壁中间
Q-2	潜溪寺	南壁靠窟门内侧
LHD	莲花洞	

表 2-8 为石窟立壁岩石化学成分测试成果，表 2-9 为潜溪寺附近白云岩的化学成分测试成果。由表可知，立壁岩体的化学成分以 CaO 为主，一般在灰岩中含量

达 44.83%～53.43%，在白云岩中 CaO 含量为 29.42%～29.97%。MgO 的含量在灰岩中一般为 1.13%～4.43%，在白云岩中为 19.75%～21.47%。灰岩中的烧失量达 36.14%～42.77%，白云岩的烧失量为 44.76%～46.50%。样品 4-3 角砾状灰岩中泥质成分含量高，CaO 含量较低，仅 30.25%，烧失量为 26.95%，而 SiO_2 含量为 27.94%。其他灰岩、白云岩样品中的 SiO_2 含量一般不超过 5%。

表 2-8　龙门石窟岩体和淀积物化学成分分析结果表

样品编号	样品名称	SiO_2	Al_2O_3	TFe_2O_3	CaO	MgO	Na_2O	K_2O	TiO_2	P_2O_5	MnO	SO_3	Loss
1-1	灰岩	0.57	0.15	0.15	53.43	2.76	0.07	0.05	0.04	0.01	0.01	0.02	42.20
1-2	灰岩	0.35	0.15	0.25	53.35	2.73	0.07	0.09	0.04	0.03	0.01	0.04	42.00
1-3	灰岩	0.72	0.25	0.40	52.80	2.34	0.07	0.17	0.05	0.01	0.01	0.35	42.27
2-2	灰岩	0.28	0.20	0.27	52.31	3.62	0.06	0.02	0.04	0.03	0.01	0.16	42.77
2-3	灰岩	4.72	1.21	0.65	50.02	1.76	0.08	0.61	0.08	0.05	0.02	0.00	40.26
3-1	灰岩	8.25	2.67	1.29	44.83	4.43	0.08	1.41	0.11	0.06	0.02	0.60	36.14
4-1	灰岩	4.01	0.82	0.56	50.65	1.13	0.07	0.52	0.06	0.02	0.01	0.37	41.32
4-2	灰岩	5.69	1.71	1.10	49.28	1.17	0.07	0.77	0.09	0.02	0.02	0.65	39.69
4-3	灰岩	27.94	6.62	2.06	30.25	2.11	0.10	2.66	0.24	0.03	0.03	0.20	26.95
L-1	淀积物	5.22	1.38	1.60	45.45	5.20	0.10	0.76	0.09	0.47	0.06	0.47	38.77
L-2	淀积物	32.91	7.18	3.25	23.74	2.04	0.57	1.44	0.44	0.29	0.07	0.56	26.90
L-3	淀积物	18.21	3.47	1.56	29.77	0.86	0.30	0.64	0.20	0.14	0.03	（15.15）	27.75
Q-1	淀积物	5.38	0.73	0.34	48.61	3.92	0.10	0.12	0.08	0.05	0.03	0.84	40.20
Q-2	淀积物	6.30	1.00	0.62	48.24	2.90	0.18	0.26	0.11	0.14	0.02	0.80	39.40
LHD	淀积物	2.81	0.58	0.39	51.47	0.92	0.13	0.30	0.06	0.21	0.01	0.018	42.43

样品 2-3 和 4-1 取自徐庄组第 3 段 $\in_{2x}^{3}$ 为粉晶～中晶白云岩与白云石化鲕状灰岩互层，成分不均匀。样品 2-3 的薄片鉴定和 X 衍射分析结果为白云岩，但化学分析样的结果呈灰岩特征，CaO 含量达 50.02%，而 MgO 的含量仅 1.76%。样品 4-1 的 X 衍射分析结果为白云岩，但化学分析样的结果也呈灰岩特征，CaO 含量达 50.65%，而 MgO 的含量仅 1.13%。这些差异是由于样品成分不均匀所造成的。

表 2-10 为 X 衍射物相分析成果。由表可知：石窟立壁区中、上寒武系碳酸盐岩的矿物成分以方解石、白云石为主。除个别岩石外，方解石和白云石含量合占 90% 以上。也就是说区内岩性以灰岩、白云岩等岩性为主，质纯，对岩溶有利。

表 2-9　龙门石窟白云岩化学成分分析结果表

样品编号	取样地点	时代	岩性	化学成分														合计
				SiO_2	Al_2O_3	Fe_2O_3	MgO	CaO	Na_2O	K_2O	H_2O	TiO_2	P_2O_3	MgO	SO_3	烧失量	酸不溶物	
5	外宾室南侧	$\in_{3f}^{1}$	含灰细晶白云岩	3.10	1.00	0.76	19.75	29.42	0.06	0.79	0.20	0.35	0.26	0.03	0.02	44.76	5.90	100.28
6	宾阳洞脚下	$\in_{3f}^{1}$	含灰细晶白云岩	1.32	0.33	0.50	21.17	29.97	0.02	0.30	0.14	0.02	0.01	0.02	0.00	46.16	2.09	99.82
7	摩崖三佛前	$\in_{3f}^{1}$	含泥细晶白云岩	1.23	0.31	0.36	21.47	29.95	0.06	0.31	0.30	0.02	0.01	0.02	0.02	46.50	2.07	100.24

表 2-10　X 衍射矿物成分分析结果表

编号	岩性	方解石	白云石	石英	长石	其他	编号	岩性	方解石	白云石	石英	长石	其他
1-1	灰岩	61	35	2	2		4-3	灰岩	42	40	10	5	云母 3
1-2	灰岩	67	25	3	5		Q1-1	淀积物	80	15	2	3	
1-3	灰岩	70	26	2	2		Q1-2	淀积物	87	5	5	3	
2-2	灰岩	70	24	2	4		L1-1	淀积物	47	45	3	5	
2-3	白云岩	40	54	2	4		L1-2	淀积物	75	5	15	5	
3-1	灰岩	85	11	2	2		L1-3	淀积物	50	15	5	5	石膏 25
4-1	白云岩	45	50	2	4		LHD	淀积物	89	3	5		云母 3
4-2	灰岩	86	10	2	2								

龙门石窟岩体的微观结构和组成矿物成分扫描电镜分析结果表明：灰岩样品主要由方解石、白云石、石英和长石组成，个别样品中含充填在粒间孔隙中的次生方解石晶体。据方解石和白云石的含量，徐庄组和张夏组的灰岩应定名为白云质石灰岩或含白云质灰岩。其微观结构为粒屑结构和团粒结构，碎屑颗粒和团粒由中粗晶（颗粒一般大于80μm）方解石、石英和长石组成，胶结物由亮晶（一般大于5μm）方解石组成。白云岩化强烈，白云石可能为交代成因。白云石颗粒为2～5μm，白云石充填粒间和孔隙，阻塞孔隙。孔隙由粒间孔、晶间孔、溶蚀孔、成岩缝和构造缝组成，孔隙度为2%～20%，其中溶蚀孔大小不一，1～20μm的溶蚀孔占孔隙的30%～60%。

白云岩样品主要由白云石、方解石、石英、长石和文石组成，据方解石和白云石的含量，该岩石为含灰质白云岩或灰质白云岩。粒屑结构，碎屑颗粒由中粗晶（颗粒一般大于80μm）方解石、石英和长石组成，胶结物由白云石（2～5μm）、方解石（一般大于5μm）组成。孔隙由粒间孔、晶间孔、溶蚀孔、成岩缝和构造缝组成，孔隙度为3%～20%，其中溶蚀孔大小不一，2～10μm，占孔隙的30%～40%。

为查明洞窟壁面及造像表面淀积物（结垢）的物质组成及化学成分，2003年取样并委托中科院地质与地球物理研究所进行测试分析[①]。表2-6给出了淀积物的化学成分测试成果。由表可知，洞窟内淀积物的化学成分以CaO为主，达45.45%～51.47%，烧失量为38.77%～42.34%，SiO_2含量仅为2.81%～6.30%。路洞内有的淀积物（L-2、L-3）中泥质含量较高，SiO_2含量达18.21%～32.91%，烧失量为26.90%～27.75%，而CaO含量却低了一半，仅23.74%～29.77%。

根据中国科学院地质与地球物理研究所完成的淀积物化学成分分析结果表明：一般淀积物的泥质中蒙脱石的含量远小于伊利石含量。路洞顶部烟熏的黑色淀积物中富含有机质（11.4%）和石膏（35.56%），并含有蒙脱石（14.40%）、伊利石（6.14%）等黏土矿物。烧失量大的主要原因是方解石（$CaCO_3$）在加热至950℃时失去全部的CO_2，而石膏（$CaSO_4 \cdot 2H_2O$）不仅失去全部的结晶水，而且失去全部的SO_3。样品中的SiO_2、Al_2O_3、K_2O和MgO是淀积物中泥质的主要化学成分。Fe_2O_3和FeO是泥质的组成部分，Fe_2O_3含量的高低及其与FeO的比值可以反映淀积物形成时的氧化环境。

根据$\sum SiO_2 + Al_2O_3 + Fe_2O_3 + FeO + K_2O + MgO + TiO_2 + MnO +$有机质，可以近似计算样品的泥质含量为14.3%～51.7%，平均值为33.28%。

根据中国科学院地质与地球物理研究所采用化学法完成的单矿物测定分析结果表明：

① 方云等：《龙门石窟赋存的地质环境研究》，《龙门石窟保护修复工程报告》，文物出版社，2011年，第131-134页。

（1）$CaCO_3$含量变化很大，淀积物的外壳$CaCO_3$含量普遍高于其下的土黄色淀积物，最高可达79.64%。路洞顶部烟熏的黑色淀积物中$CaCO_3$含量最低，仅12.31%。

（2）淀积物中普遍含有石膏。路洞顶部烟熏的黑色淀积物中石膏含量高达35.56%。

（3）淀积物的类型为钙质与泥质、化学与胶体沉积的复合型淀积物。

（4）酸不溶物含量为11.18%～47.79%，平均值26.73%。

由表2-7的X衍射物相分析成果可知：

（1）淀积物硬壳中以方解石成分为主。

（2）淀积物中的泥质含量普遍高于岩石。

（3）个别淀积物样品中石膏含量高达25%。

中国科学院地质与地球物理研究所对10个淀积物样品进行X衍射矿物成分分析的结果表明：淀积物的矿物成分以方解石为主，但明显伴生石英、伊利石、高岭石、蒙脱石等黏土矿物，可能还有文石。淀积物内部的土黄色部分黏土矿物含量明显高于外壳。

洞窟淀积物的微观结构和组成矿物成分扫描电镜分析结果表明：淀积物的成分以方解石为主，其他成分有白云石、石英和长石，个别样品中白云石含量较高，见石膏和少量黏土团块。粒状结构，颗粒由中粗晶（颗粒一般大于80μm）方解石组成，胶结物由亮晶（一般大于5μm）方解石组成。白云石颗粒为2～5μm。有的样品中微生物含量较高，约占20%，形成微生物骨架结构。结构松散，微孔隙发育。孔隙由粒间孔、晶间孔、溶蚀孔和构造缝组成，孔隙度约15%～45%，其中溶蚀孔占孔隙的20%～50%。大小不一，一般为2～80μm，最大可达300μm。

中国科学院地质与地球物理研究所对路洞和皇甫公窟的6个淀积物样品进行扫描电镜分析，结果表明：土黄色板状淀积物主要为直径20～30μm的方解石晶体，其中混杂有＜3μm的钙质和泥质。有些溶孔和淀积物中分布有板状石膏聚集体。皇甫公窟近门南侧后壁佛脚之上的瘤状淀积物外壳主要为似层状展布的结晶良好的板状石膏聚集体，伴生少量细粒状方解石。皇甫公窟近门南侧后壁佛脚之下的淀积物为粗细不等的方解石颗粒所组成。在粒间充填物中可见细分散的黏土矿物和石膏。路洞顶部起伏不平的烟熏黑色淀积物厚1～4mm，为微粒状、微片状不规则石膏聚集体。黑色淀积物之下的灰岩风化表面，分布有燕尾状石膏聚集体。路洞泥质灰岩风化表面，普遍分布有微粒状和细小板片状石膏。

三、岩石结构与地质构造

本区构造体系特征主要有东西向构造带、新华夏构造带和豫中北西向构造带。

（一）东西向构造带

隶属东秦岭纬向构造体系，是本区基础构造带，由一系列近东西向坳陷、断陷盆地、褶皱带和冲断层组成，其中盆地主要是洛阳、伊川两盆地，为中生代坳陷—断陷盆地，盆地南与古老嵩山隆起相连，而北侧通过垂直断距达数千米的偃师断裂与邙山相连，这样的相邻关系组成了盆地基底的南高北低的掀斜形态。

主要褶皱有拉马店—郭家窑背斜、陈窑背斜等；向斜有颍阳向斜、九皋山向斜等，均为近东西走向，两翼倾角较小的宽缓向斜。

断裂展布在盆地南北边缘，呈现出两组共轭性质断裂组成的棋盘格式构造。其中一组走向为北东 60°～75°；另一组走向为 285°～300°。两者均为平直、陡立的扭性断裂，结构紧密。

（二）新华夏构造带

在本区强度有限，与东西向构造带产生了复合，主要表现为洛阳盆地的斜列，和嵩县盆地、伊川盆地的斜列。

（三）豫中北西向构造带

主要为一系列较大规模的断裂组成，如宜阳—鲁山断裂、龙门—米庙断裂等。石窟区温泉即与此有关。

本区构造运动集中发育于燕山期，形成一系列北西向、北东向为主的正断层。区域上受三门峡—鲁山逆冲推覆构造控制，形成倾向北北西的单斜构造。龙门石窟景区地质构造简单，东西山均为单斜山岩层构造，整体为一倾向北北西的单斜构造，岩层倾向 340°～10°，倾角 20°～30°，岩层内无褶皱发育，主要构造形迹为断层和裂隙等。龙门石窟石灰岩的结构、构造独特，常见的有层理、竹叶状构造、鲕状结构等。

区域构造上，龙门石窟区位于龙门山—香山断块内。该断块由北东和北西向断裂交切而成，北西向有草店断裂和龙门桥断裂，走向北西 300°，倾角 60°～70°。北东向有宜阳断裂和部庄断裂，走向北东 45°～55°，倾角 60°～65°。地块内无断裂发育，仅发育有两组与边界断裂相平行的构造节理，岩体的地层产状为走向近东西，倾向北，倾角 25°～30°，为一单斜构造。石窟所在岩体为一套中、上寒武系的极细晶、细晶、残余鲕粒的白云岩和灰岩，属化学岩类型中的碳酸盐岩。岩层产状一般为：0°～340° /25°～30°。自新生代中更新世以来，该断块一直处于整体抬升，遭受剥蚀和侵蚀卸荷作用阶段，伊水纵贯其间，形成深切峡谷，龙门石窟就开凿于峡谷两岸寒武系灰岩、白云岩形成的崖壁上。

宜阳断裂又称为花园断裂，展布于龙门西北花园村一带，走向北东 45°～55°，倾向北西，倾角 60°～70°，区内由于第四系覆盖，未见断层面出露。部庄断裂展布于龙门石窟区东南刘窑至水泥厂一带，北段走向约北东 45°～60°，南段为北东 30°～45°，整体倾向南东，倾角 60°～70°。龙门桥断裂展布于龙门桥至寺沟一带，长约 2km，至寺沟被北东向断层所切割。该断裂出露于研究院以北的山头，断层横切 C_{2+3} 和 P 的地层，断面走向为 305°，倾向北东，倾角 70°，破碎带约 4～6m，带内见角砾岩，两侧岩层破碎，产状混乱。

草店断层（F1）：该西端与一级区域性断层新安 - 伊川断层相接，从龙门石窟南部与西部通过，在龙门石窟区域周边展布长度约 50km。F1 断层走向约 320°，倾向 230° 南西，倾角 79°～85°，上盘下降、下盘上升，属正断层。燕山时期该断层由于北西向地质应力作用，发生了左行平移，从而使断层具有压扭性质而成阻水断层。

草店断裂展布于石窟南部后沟至魏湾一带，据区域资料：断裂走向北西 305°，倾向北东，倾角 70°，为一张扭性断裂，断距 800～1000m，未见断面及破碎带出露，两侧次级断裂及裂隙发育，岩体破碎，沿断裂分别在伊河心滩和西山脚有温泉出露，钻探中还发现有较大规模的溶洞和溶蚀现象。

F2、F3 断层：这两条断层是与 F1 断裂走向平行的的同期次不同级别的次级隐伏构造断层，位于龙门泉群北侧伊河西侧。

F2 断层东南端起于龙门泉群北侧，西北端终止于龙门镇西南，走向 320° 延伸长度约 24km，倾向 120°，倾角 85°。该断层南东盘（上盘）下降，北西盘（下盘）上升，断距约 15m，属正断层。

F3 断层位于 F2 东北侧，与 F2 断层相距约 250m，与 F2 断层平行，展布长度约 1.4km。该断层倾向 120°，倾角 87°，南东盘（上盘）下降，北西盘（下盘）上升，断距约 9.0m，属正断层。

F2、F3 断层与走向北东的次级断裂互相切割形成了龙门西山的含水构造体系。

除上述断块边缘断裂外，在断块内还发现有 8 条规模较小的断层，其主要特征见表 2-11。

表 2-11　石窟区断层一览表

编号	产状	长度	主要特征
F_1	NW305∠70°	2km	为龙门桥断裂在区内出露部分，断层带宽约 4～6m，带内岩层破碎，产状混乱
F_2	NE80∠74°	约 20m	见于煤炭沟 C_{2+3} 地层内，断层规模小
F_3	NE55∠60°	约 10m	见于潜溪寺北侧，破碎带宽约 0.1～0.3m，断面不平，见角砾岩
F_4	NE85∠65°	约 40m	见于摩崖三窟南，断层面波状起伏，破碎带宽 0.1～0.2m，断层泥、角砾岩发育

续表

编号	产状	长度	主要特征
F_5	NW300∠80°	200m	为草店断裂的次级断层，破碎带宽3～5m，带内岩层破碎，产状混乱
F_6	NW340∠75°	约30m	见于白园 C_{2+3} 地层，破碎带宽约0.1～0.3m，岩层产状混乱
F_7	NE10∠76°	约15m	见于东山伊水南桥头公路旁 $\in_{1mz}$ 地层中，地层错断
F_8	NE25∠75°	约20m	见于洛阳轴承厂疗养院南 $\in_{1m}$ 地层中，地层错断

据野外调查及结构面实测统计，石窟区寒武系灰岩中普遍发育有2～4组构造裂隙，走向为近东西向、近南北向、北东向和北西向，其中以近东西和近南北向最发育，线密度一般为1～3条/m。另外还有一组沿层面发育的层面裂隙。区内裂隙发育特征见表2-12。

表2-12　石窟区寒武系岩体中结构面特征

地点	地层	组别	优势产状			主要特征
			走向/度	倾向	倾角/度	
潜溪寺	$\in_{3f}$ 白云岩	1	70～78	NNW SSE	70～78	剪性，线密度1～2条/m，延伸长，贯通性好，多张开，垂直立壁发育
		2	0～10	NWW SEE	72～82	剪性，部分为张性，其中倾向SEE者以卸荷裂隙为主，线密度1～2条/m，多张开
		3	80	NNW	25	为层面裂隙，贯通性好，延伸长，密度2～4条/m
皇甫公窟	$\in_{2zx}$ 灰岩	1	97	SSW	64	剪性，贯通好，延伸长，垂直立壁发育
		2	340	NEE	76	剪性，部分为卸荷裂隙，较稀
		3	73	NNW	26	为层面裂隙，贯通性好，延伸长。局部构成裂隙密集带
路洞	$\subset_{2x}$ 灰岩	1	20	SEE	75	剪性为主，大部分为卸荷裂隙，贯通性好，较稀
		2	82～96	NNE SSE	73～81	剪性为主，贯通好，延伸长，垂直立壁发育
		3	80	NNW	25	为层面裂隙，贯通好，延伸长。常构成裂隙密集带

对西山石窟区南部4个钻孔内岩芯中的裂隙从上至下进行编号统计分析和调查。ZK1孔深95.60m，共统计裂隙120条，裂隙密度为1.25条/m。其中层面裂隙67条，占55.8%；构造裂隙53条，占44.2%。ZK2孔深90.46m，共统计裂隙166条，裂隙密度为1.83条/m。其中层面裂隙124条，占74.7%；构造裂隙42条，占25.3%。ZK3孔深74.98m，共统计裂隙116条，裂隙密度为1.55条/m。其中层面裂隙96条，占82.7%；构造裂隙20条，占17.3%。ZK4孔深66.53m，共统计裂隙174条，裂隙密度为2.61条/m。其中层面裂隙159条，占91.4%；构造裂隙15条，占8.6%。统计结果表明：龙门西山南部岩体中层面裂隙较为发育且分布不均。在厚层灰岩中，层面裂隙

密度较小，一般不超过 1 条 /m，最小密度为 0.2 条 /m。而在薄层灰岩夹层中，层面裂隙密度可高达 2.6 条 /m 以上，常形成层面裂隙密集带。由于卸荷作用，靠近陡崖处，层面裂隙的发育密度增大。构造裂隙发育相对较弱，一般不超过 0.5 条 /m。

卸荷裂隙是控制洞窟渗水病害和岩溶病害的主要因素。其走向与边坡走向近似一致，倾向与坡向相同，倾角随坡面形态而略有变化。随着向岩体内部的延伸，卸荷裂隙的分布间距逐渐加大。

据 20 世纪 90 年代锚杆施工的记录资料，在路洞附近距崖壁面 10.5m 深的岩体中分布有 3～5 条卸荷裂隙。第 1 条裂隙距崖壁面的间距为 0.2～0.5m，第 1、2 条裂隙的间距为 0.4～0.9m，第 2、3 条裂隙的间距为 1.1～1.7m，第 3、4 条裂隙的间距为 1.6～2.6m，第 4、5 条裂隙的间距为 2.5～4.2m。在皇甫公窟附近距崖壁面 10.5m 深的岩体中分布有 3 条卸荷裂隙。第 1 条裂隙与崖壁面的间距为 0.3～0.8m，第 1、2 条裂隙的间距为 0.9～1.7m，第 2、3 条裂隙的间距为 2.1～5.6m。在潜溪寺附近距崖壁面 9.6m 深的岩体中分布有 3 条卸荷裂隙。第 1 条裂隙与崖壁面的间距为 0.2～0.9m，第 1、2 条裂隙的间距为 1.1～1.8m，第 2、3 条裂隙的间距为 2.0～2.7m。

龙门石窟区域位于西安—怀柔地震带汾渭强震带，地质构造比较复杂。本区地震烈度都在 5 级以下。洛阳一带由于新生代以来发育的洛河断裂、邙岭断裂加剧了已有各基岩断裂的复活，洛阳地区也是地震的多发区。有史记载的地震达 20 次之多，汉武帝建元六年（前 135 年）地震，震中在洛宁，震级 5 级，屋宇倾覆者甚多。据洛宁县志记载，明嘉靖四十三年（1564 年）地震，有声有雷，倾倒宫舍民房，压死人畜甚多。

自明清以来较强地震达 13 次，康熙三十六年（1697 年）发生过 6.5 级地震，震中在龙门西的丰李镇。其他小震自 1942 年以来明显增多，震级都在 2.0～3.1 级，距今最近的地震发生在 1993 年，震级 3.3 级。虽没有明显的破坏性，但对石窟造成的影响却不能忽视。

总体而言，石窟及邻近地区天然地震不发育，洛阳地区的地震烈度为Ⅵ度，因此，天然地震不会对石窟安全造成危害[①]。

四、区域地质演化史

龙门山属熊耳山余脉，形成于印支中期，距今约 2 亿年。印支早期，华南、华北两板块碰撞，形成稀疏的东西向断裂，龙门一带时为广袤平原。印支中期，华北板块向南俯冲形成嵩箕隆起，龙门山随之崛起。之后，龙门山经历了燕山、喜山运动，其

① 国家地震局武汉地震大队 1977 年资料。

上原沉积的近千米石炭二叠纪地层和少部分三叠纪地层，经风化剥蚀仅留石炭纪下部地层。龙门山体主要组成为中上寒武系的石灰岩和白云质灰岩，龙门石窟赋存其中①。

从本区岩层构成整合或假整合关系可看出，燕山运动以前，岩层均未遭褶皱和断裂，只存在强烈剥蚀，造成上奥陶统、志留纪、泥盆纪、早石炭纪地层缺失，主要表现为造陆运动，并形成沉积间断上的古岩溶地貌。从石窟区来看，当时岩溶发育强烈，但目前已多被充填胶结，成为化学岩溶。

燕山运动之后，本区遭受强烈新构造运动。岩层发生了褶曲断裂以及多种裂隙，由此形成的依循构造破碎带或裂隙基础上发育起来的燕山期岩溶，与石窟区地质环境保护关系密切。这时期地壳运动即新构造运动的特点表现为震荡性的升降运动。

（一）地质时期划分

根据区域地质研究和调查资料，初步将本区地质演化史划分为如下几个阶段：

1. 加里东时期

中奥陶统以后，华北地台升为陆地，经志留纪至石炭纪约1.4亿年的沉积间断，处于比较稳定的构造环境之中。当时地形平坦，碳酸盐岩地层暴露地表，遭受风化剥蚀和天然水的垂直淋滤，已多被后期碎屑岩充填。西山老研究院内即可见由碎屑岩所充填的古岩溶。

2. 燕山运动时期

开始于中生代后燕山运动至老第三纪，这一时期华北地台开始进入地台活化阶段，褶皱运动频繁，使碳酸盐岩体构造发育，岩体破碎，裸露地表，直接受降水侵蚀。

3. 喜山一期

据目前第三纪红层分布高程和范围看，均低于龙门山顶高程。由此说明，在当时 *R* 红色岩层沉积时，河湖水未淹及石灰岩层之上，而是沉积于山前边缘洛阳盆地和伊川盆地之内。这一时期，地壳处于比较稳定阶段。地表及地下岩溶作用强烈。

4. 喜山二期

从第四纪开始至今，主要表现为新构造垂直升降运动。更新世初期，地壳强烈上升，形成本区现代水文网络。更新世中期本区地壳下沉，广泛堆积了河湖沉积物，并将碳酸盐岩埋藏地下，侵蚀基准面相应抬高。中更新世末期地壳又开始抬升，伊河下切，东西山两岸碳酸盐发生垂直岩溶作用。自进入第四纪以前，阶地幅差愈来愈小

---

① 罗锐、王保健：《浅谈洛阳龙门旅游区的地质环境》，《中国煤田地质》2003年第4期。

（如表 2-13）。阶地类型由侵蚀为主变为堆积为主，相临阶地接触角度愈来愈缓。同时阶地堆积厚度有愈来愈厚的趋势，第四纪覆盖面积愈来愈大。如表 2-13 龙门地区阶地地貌时代特征。

表 2-13　龙门地区阶地地貌时代特征

代号	类型	阶地高程（m）	时代	特征	对应发育的岩溶洞穴
1	河漫滩河床	150	全新世	近代河床砂卵石层，与 2 呈嵌入式接触	石窟立壁底部泉水洞穴
2	内迭	149～152	全新世	浅褐色、黄褐色亚砂土夹砾石，二元结构	老龙洞莲花洞之下落水洞
3	上迭	170～175	更新世晚期	黄土状亚黏土，下部砂砾石层，成分复杂，磨圆不好	古阳洞、火烧洞、宾阳北洞等
4	侵蚀	190～200	更新世中期	棕黄色黄土，具多层古土壤，下部砾石磨圆度好	奉先寺窟龛顶部的神仙洞

本区所经历的多期构造运动之主应力方向以南北为主要成分，因而形成了以东西向构造体系为主要特征，经与新华夏构造复合产生了本区复杂的构造格局，并控制了寒武系、奥陶系可溶岩岩体结构及本区的重要断裂及节理、裂隙特征。

（二）地质踏勘与分析

多次地质踏勘与分析研究表明：

第一，石窟所在的地质环境有其特殊性，表现在由寒武、奥陶系含水系统构成的独立的岩溶水文系统，其中的各要素之间的地球化学作用是石窟区文物保护的岩溶环境问题的核心。

第二，石窟所在岩体中发育有四组陡倾节理，平面上密度最大方向为东北、西北向，即平面上东北、西北向节理最发育；垂直层面节理是岩溶水大气降水补给的垂向通道；微向西倾的缓倾角节理或层面是水平通道。整体节理网络连通性好，但不同节理参数变化很大，反映了岩体露头遭侵蚀而表现出岩溶水文网络的不均匀性。整体上，西山奉先寺以南构造节理规模比以北为大，风化、破碎严重。

第三，调查中发现，岩体主要由中、上寒武统白云岩和石灰岩地层组成，上寒武统为一套厚层、巨厚层的细晶、微晶和鲕粒白云岩，而中寒武统为一套薄层至厚层的泥质条带灰岩和鲕状灰岩。石窟和雕刻品大都开凿在上寒武统中、上部的厚层、巨厚层细晶、微晶白云岩和中寒武统的鲕状灰岩和条带状灰岩中。同时，东西山岩性有良好的位置对称特点，自北至南岩性变化均为（极）细晶白云岩到鲕状灰岩到去膏化微晶灰岩。从侧面反映出“伊阙”地貌的形成不是由于属地堑式地貌，而是龙门山—香山地块不断抬升与伊河依循岩体破碎带和软弱带长期下切侵蚀的结果。

第四，在地质史上，龙门石窟区是个构造运动频繁且强烈的地区。在太古代末期，以水平运动为主，特点是随褶皱运动，造成火山和地震的频繁发生。到下古生代，华北地台以升降运动为主，此期龙门地区以下降为主，成为浅海。这一点可从这一区域的碳酸盐岩、泥岩、页岩等海相沉积得以证明。在中生代时，龙门地区以上升运动为主，并伴随强烈的火山活动，造成本区这一时期地层的缺失。进入新生代，本区经历了喜山运动，其中早期以下降运动为主，晚期以较大规模的上升运动为主。

第五，据潘别桐等研究可以推断，龙门山自中更新世沉积很厚的离石黄土后，开始抬升，抬升过程中经历了三次间歇，从而形成高程不同的三层溶洞，目前正处于第三次间歇期。

第二节　龙门地形与地貌

洛阳龙门石窟是集山、水于一体的佛教石窟景观胜地。这里龙门山东西蜿蜒展开，伊河水南北一线穿流，水流出山的龙门口，崖壁险峻，石峰叠累。美国著名艺术收藏家查尔斯·兰·弗利尔在1910年10月首次来到龙门口时，曾这样描述：“龙门是伊河的峡口，两面有山……河水清澈，水流湍急。过峡口后河面变宽，河水流入两个河谷。……南边和西边在夏季会出现河水泛滥的情况。”“这里风景怡人，能看到整个峡口和河对岸群山的全景……”①。

这里地耸双阙，壁映千寻，伊水历其间北流，成一天然门阙，古称伊阙。龙门的由来始于隋炀帝时，由于伊阙当时正对东都城南城门应天门，始改称龙门。青山、绿水、石窟景观等共同组成了龙门石窟区的地貌格局，也造就了风景秀丽的自然环境。1982年，国务院公布龙门石窟为国家重点风景名胜区。

一、龙门地形地貌概况

龙门石窟位于洛阳市区南5千米处。这里是洛阳市四大地貌分区之一，地貌上处于伏牛山、嵩山山前地带，称为龙门剥蚀构造基岩丘陵区，面积26km^2，海拔200～300m不等，整体上呈南高北低的掀斜地形，龙门山和伊河河谷是区内主要地貌单元。龙门山走向近东西，由龙门山、燠子岭等山峰组成。该山体被伊水横切，形成了深切峡谷。山体以伊河分东西，东为东山（又称香山），最高海拔为303.6m；西为西山（又

① 〔美〕查尔斯·兰·弗利尔著，李雯、王伊悠译：《佛光无尽——弗利尔1910年龙门纪行》，上海书画出版社，2014年，第111、112页。

称龙门山），最高海拔为263.8m。山间伊水河谷宽阔，宽度约150～250m不等，自南而北切穿山体，使之分割为东西相望的两个断块山，形成两山夹一谷的基本地貌景观（图2-17）。

图2-17　伊阙关景观

（一）地貌分区与特征

本区地形起伏较大，地貌类型复杂。地势整体上呈南高北低、东高西低。地貌按形态特征可分为低中山区、丘陵区、山前洪积倾斜平原、河流冲积平原。它们均由不同的地层、岩石组成，并有着不同的结构和形态特征。现按不同地貌类型分述如下：

1. 丘陵区

主要分布在魏湾村到东草店村一带东，南部的杨村至肖村南寨、宋寨南一带，东部的圣水村至楼院村一带。地面高程350～600m，相对高差200～250m。该类地貌单元出露的地层主要为寒武、奥陶系灰岩和石炭系及二叠系的砂岩、页岩等。此地貌单元上山岳较平缓，冲沟中多发育有第四系堆积物，坡面生长幼年林及杂草，植被半覆盖。

2. 山前洪积倾斜平原

分布于山前至河流阶地间的广大地区，是山区向平原的过渡带，整体呈东西向延伸。地形标高160～400m，向山前倾斜，后部较陡，坡度3°～5°；前部变缓，坡度1°左右。前缘与冲积平原、河流阶地多成渐变接触，部分呈陡坡接触。组成物质为中、上更新统洪积含砾黄土状亚黏土、含砾亚黏土及卵砾石层。植被以农作物为主，冬春半裸露，夏秋植被覆盖，有利于大气降水入渗补给。

3. 河流冲积平原

河流冲积平原主要由洛河和伊河发育的河流阶地与河漫滩组成，在河流两侧沿河流呈条带状分布。

（1）河流阶地

河流阶地包括洛河阶地及伊河阶地。洛河阶地分布于本区西北部，地形标高158～175m。伊河阶地分为龙门山南北两个分区，南部一般标高160m左右，北部145～156m。由上更新统黄土状粉质黏土及砂卵砾石层组成，上部为黄土状粉质黏土，下部为砂卵砾石层，具有较典型的“二元结构”。阶地地面较平坦，略向河流下游倾斜。植被主要为农作物，大气降水渗入条件良好。

（2）河漫滩

沿伊河和洛河主流线两侧为河漫滩，地形标高137～159米，坡降1°左右，各地宽度不一。伊河龙门段河漫滩发育宽度较窄，除暴雨季节为汇洪降低水位后露出水面外，大部分时间一般由橡皮坝造成的人工湖水所湮没（图2-18、图2-19）。龙门以南河段和以北河段的河漫滩发育宽度较大，其岩性以冲积砂卵石为主，植被不发育。

图2-18　伊河龙门石窟段河床河道（从南往北看）

龙门石窟区总的地势是东西两侧山地高，中间伊水河谷低。山地高程一般240～300m左右，相对高差100～150m，区内至高点香山的高程为303.6m，位于龙门石窟区东山；西山至高点的高程为263.8m，位于西山公园的山顶。伊河是区内最低侵蚀基准面，总体流向北。现代河床呈U形，高程145～150m。石窟区范围内最底处位于铁

图 2-19　伊河河床（橡皮坝放水后从北往南看）

路桥下的河床，高程 145.3m。

伊河河谷内发育有三级阶地，Ⅰ级阶地高程 149～159m，为堆积阶地，分布于龙门镇、魏湾等地，成片分布，宽度 200～1000m 不等；Ⅱ级阶地高程 170～180m，零星分布于东山白园、万佛沟南等地，多为基座阶地，宽度约 10～30m，表层多为砂砾卵石层；Ⅲ级阶地 190～230m，见于西山地震台以西及石窟研究院以西的西山公园内，表层以含泥砾卵石为主。

西山为龙门石窟主风景区所在地。西山石窟地形陡峻，坡度一般约 40°～70°，局部在 70°以上，为斜交坡，坡顶高程为 230～260m，坡高约 80～100m。在西山的南段形成高大的陡壁，崖壁的最大高差达 50m，在该段的崖壁上集中雕凿了奉先寺、古阳洞、万佛洞等大量的石窟。西山的中段地势较缓，未形成大的陡壁，石窟分布较少。北段陡壁高差约 20m，分布了摩崖三佛、宾阳三洞、潜溪寺等大型石窟。东山地形较西山缓，坡度多为 30°～50°，局部较陡者在 50°以上。东山石窟主要集中分布在万佛沟至擂鼓台一带。

本区丘顶平缓，起伏较小，相对海拔 100m 左右，冲沟发育，较大冲沟有煤窑沟、西沟、后沟、万佛沟、二道桥沟等，煤窑沟位于西山北端，尚有采石残迹；西沟和后沟位于西山南端；万佛沟位于东山石窟内，二道桥沟位于东山石窟南端。这些冲沟切割程度一般在 20～50m 之间，常年为干谷。

西山以陡崖斜坡上的山顶为地表分水岭，东山以龙门山至斗田庙一线的山脊为地表分水岭。地表水沿斜坡表面向四周排泄进入冲沟，通过冲沟汇入伊河。

由于龙门山岩体系具有可溶性的碳酸盐岩，本区岩溶地貌相当发育。地表岩溶形态可以分为三类：一是宏观岩溶地貌，主要是常态山（龙门山、香山）和丘陵洼地，后者主要分布于石窟东部寇店以南徐马、采石岗、岗坡台一带；二是负地形，系封闭洼地和干谷，前者见于龙门东西山顶，后者在石窟区东部发育甚多；三是地表水溶蚀形态，如溶盘、各种溶痕、溶沟石芽、溶蚀裂隙、溶洞等以及各种落水洞（图 2-20）。

图 2-20 西山莲花洞南附近落水洞

二、地貌形成原因

“伊阙”又名“阙塞”。阙是我国古代建筑在城门、宫殿、陵墓、祠庙前的两个高大对称的建筑物，两物之间空缺如门，作为道路，称之为“阙”，后来帝王住所皆谓之“宫阙”。阙的用途主要是表示大门。洛阳之南 5km 处，山壁陡峭，龙门山和香山隔伊河夹岸对峙如门阙，伊水经其间北流。两山夹一水，正对洛阳宫，犹如一道天然的门阙和屏障，所以也被称为“阙塞”。由于伊水中流，阙塞又名“伊阙”，如今在莲花洞旁的崖壁上，仍可见“伊阙”两个大字（图 2-21）。伊阙在国都之南，若天然的大门。“龙”是封建君主的象征，故又叫作“龙门”[①]。隋唐以前这里多称“伊阙”“阙塞”“阙口”等，隋唐以后则泛称“龙门”。综述历史上有关龙门诸多名称，大致为：在周秦时代，约多称“阙塞”或“伊阙”；西汉以后，则有伊阙和龙门并称，钟山之称实为仅见；隋唐以来，称龙门者居多，但见之唐诗文中也有“凿龙”“禹门”之称。

图 2-21 莲花洞旁“伊阙”碑刻

龙门天阙奇观，曾引发了许多令人惊叹而又神奇的传说故事，其中以“大禹治水”“龙门开不开”“鲤鱼跳龙门”最为著名。

伊阙的形成乃大禹之功绩，这是流传最为久远的故事。相传大禹继承其父遗志，治理洪水。他率人民疏九河、凿百川，终使洪水归流大海，人民安居乐业。伊阙就是

① 李文生：《龙门石窟与百题问答》，河南大学出版社，2001 年，第 47 页。

这时开凿的。《越绝书》卷一载："禹穴之时，以铜为兵，以凿伊阙，通龙门。"《汉书·沟洫志》贾让奏道："昔大禹治水，山陵当路者毁之，故凿龙门，辟伊阙。"这些记载，都认为大禹开凿了龙门，后世人们更加赞颂禹的功绩。

但在民间又有"龙门开不开"的神话传说故事。很久以前，有位放牛娃长年在龙门山上放牛。有一次，他突然听见从山底发出"开不开"的问话。放牛娃十分惊奇，回家后告知母亲。他的母亲意识到是神在发问，就对他说：若再听见"开不开"的问话，就答"开"。放牛娃依照母亲的话，回答了那个奇妙的声音，顿时轰的一声巨响，大山裂开了豁口，聚集在山南的伊水，汹涌澎湃地北流而去，龙门的险阙形势就这样形成了①。

到了公元7世纪初，隋炀帝杨广将伊阙改称为"龙门"之后，其传说故事又有新的发展和演化。"鲤鱼跳龙门"的故事，是较有代表性的一个。相传，禹辟伊阙以后，水流湍急，游息于孟津黄河中的鲤鱼，顺着洛伊之水逆行而上，当游到伊阙龙门时，波浪滔天，纷纷跳跃，意欲翻过。跳过者为龙，跳不过者额头上便留下一道黑疤，所以唐代大诗人李白在《赠崔侍卿》诗中写道："黄河三尺鲤，本在孟津居，点额不成龙，归来伴凡鱼。"这个故事，原出于《太平广记》卷四六六引《三秦记》，其云："龙门山在河东界。禹凿山断，门阔一里余。黄河自中流下，两岸不通车马……每岁季春，有黄鲤鱼，自海及诸川，争来赴之。一岁中，登龙门者不过七十二，初登龙门，即有云雨随之，天火自后烧其尾，乃划为龙矣。"由此可见，这是把黄河的故事移植到了伊水。

受生产力发展和科技水平的限制，在解释伊阙形成原因时，古人大多沿用了这些神话传说故事。那么，伊阙形成的真正原因又是什么呢？现代地质调查表明，伊阙是内力作用和外力作用共同形成的结果。龙门山在内力作用下发生整体抬升，形成基本山态，同时流经本区的河流垂直侵蚀岩石较脆弱的地方，长期作用下形成了V形峡谷。也就是说，龙门山内纵横交错的溶洞长久被流水冲刷，发生剧烈变化，最终形成一道峡谷，将山体切割开来。因此，伊阙是在龙门山不断抬升和伊河下切侵蚀作用的长期过程中逐渐形成的，后经大禹、白居易等率众辟凿，方成今日伊阙龙门之势。这是天功与人力的杰作②。

（一）地质构造的基础作用

地质作用可分为内、外力两种作用。地质构造主要是内力作用的产物。自太古代以来，由于本区经历的嵩阳、印支、燕山、喜山等多期构造运动的应力方向，绝大多数为南北向挤压扭性力，从而形成石窟区以东西向为主的构造形态。东西向构造带隶

---

① 龙门石窟研究所编：《龙门石窟与历史文化名人》，长征出版社，1999年。

② 杨刚亮：《伊阙的形成与传说》，《中国文物报》2012年6月1日第6版。

属秦岭纬向构造体系，是本区基础构造带，控制了本区地层、地貌类型及其空间分布。此构造带北、南部分别是洛阳、伊川两断陷盆地，二者以龙门山褶皱带为界，组成了龙门区域南高北低的基本地貌形态；同时，区域边界的几条大断裂带亦对龙门地貌的形成产生了重要影响。

1. 单斜山

龙门山属秦岭余脉熊耳山支脉，呈东西展布。在地质构造上，龙门山为单背斜山，岩层产状为230°～360°、∠25°～30°，轴线（南北向）长1km左右，北坡缓而长，南坡陡而短，东西两山临河山势陡峭，倾角60°～85°；山顶坡度缓，倾角15°左右。龙门山石大面积裸露，山势陡峭壁立，岩层横裂交错，雄伟壮观。龙门山奠定了龙门地区的基本山态，成为洛阳南面的天然屏障，并为龙门石窟的开凿提供了场址和物质基础。

2. 断裂构造的作用和表现

区域构造上石窟区处于龙门山～香山断块内，自新生代中更新世以来，该断块一直处于整体抬升，遭受剥蚀和侵蚀卸荷作用阶段。

本区断裂展布主要沿两大盆地南北边缘，呈现出两组共轭性断裂带组成的棋盘格式构造（图2-22），其中一组走向为60°～75°，另一组走向为285°～300°，呈直角相交，两者均为平直、陡立的扭性断裂，结构紧密[①]。龙门山北面为洛阳盆地，南面为伊川盆地，独龙门山拔地而立，造成这种地貌的首要原因就是断裂带的存在。嵩山—龙门山至西山温泉一带戛然而止，因宜阳断裂，以西下陷2000米，草店断裂造成伊川盆地下陷，后遭剥蚀，形成今日龙门山之单斜山地貌格局。龙门地区的两组共轭性断裂带使得龙门山—香山成为独立的断块山，在强大的地质应力挤压下，岩层发生倾覆，后在燕山、喜山等多期大构造运动下逐渐抬升，正是由于断裂构造的这种基础作用，方成今日龙门大貌。

以草店断裂带为例，该断裂带为一张扭性活动断裂带，走向西北315°或东南145°，倾向西南，倾角70°以上。此断裂带给龙门地貌的直接影响是，伊河西岸，龙门西山南麓形成西北向断层冲沟（常年为干沟），伊河以东沿断层有断层崖出现。断裂带对文物景观及其保护亦影响巨大。距断层越近，岩体裂隙越发育，如龙门石窟极南洞中岩体面积裂隙率为3%～5%，线性裂隙率5～6条/米，这是由于极南洞所处岩体靠近草店断裂带的缘故。随着与草店断裂带水平距离的增加，裂隙率也随之降低，莲花洞以北，万佛洞附近洞窟面积裂隙率骤降为0.3%～0.5%，线性裂隙率为1～2条/米，裂隙病害程度大为降低。

---

① 中国地质大学（武汉）土木工程系：《龙门石窟保护修复工程地质调查研究报告》，2002年，内部资料。

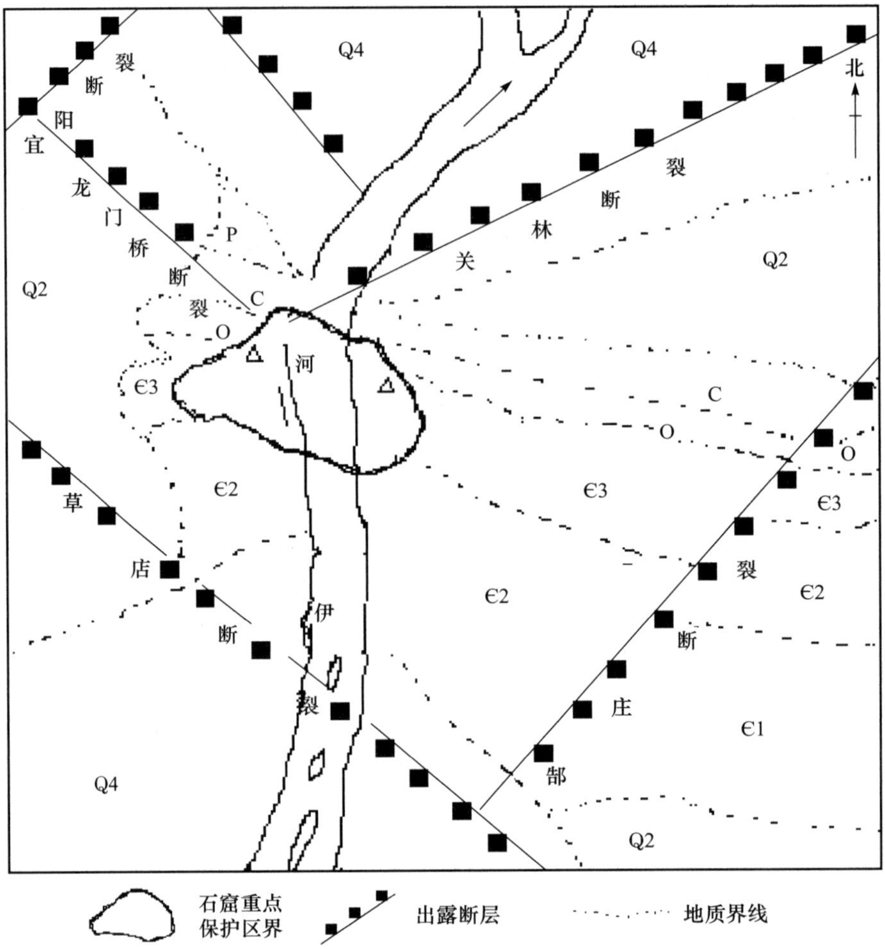

图 2-22　龙门石窟区域断裂分布图

断裂在龙门的其他表现，诸如龙门山山脊的突然截断、龙门地区温泉沿断裂带的线性分布、伊河在龙门入洛阳时流向的突然改变等地貌现象，都是龙门断裂构造发育的直接影响结果。龙门盘山公路之所以能在山中逶迤而行，正是建立在近南北向的几组谷地基础之上的，而这些谷地与断裂构造（南北向）有着千丝万缕的关系。

地质构造形成了龙门的最初地貌，今天的石窟艺术、香山寺等古迹名胜以及秀丽的青山绿水等地貌特征，则是人为因素与外力作用的杰作。

（二）外力作用的直接影响

1. 风成的黄土分布

调查发现龙门东西山顶有大面积第四纪黄土层分布（Q2 离石黄土），厚度在 80～120cm，可分上下两层；在魏湾及其附近的离石黄土上发育了较厚的马兰黄土。黄土细沟和坳沟十分发育，且沟底低洼，多有疏松洪积物，不利于沟谷径流，多数已成为干谷。本区黄土分布的形成，同我国其他地区的黄土一样，主要是依赖古时候强大的反气旋西北风，把沙漠粉尘物质携带到温带森林草原地区堆积而成。

2. 溶蚀而成的岩溶景观

龙门石窟雕刻造像之所以漫漶不清、结垢覆盖、风化溶蚀病害严重，与龙门山所处的区域岩溶环境密不可分。龙门山寒武奥陶系碳酸盐岩体与伊河、地下水、大气和生物共同组成了独立的岩溶环境系统①。根据中国地质大学王建锋、潘别桐等研究，龙门岩溶景观属于温带半干旱岩溶，具有我国北方岩溶发育的基本特点，在西山立壁上，仅大型溶洞就密集分布有三层（平均海拔分别为 150m、170m、200m）。这种岩溶地貌形成的基本原因可分析如下：

碳酸钙溶于纯水：$CaCO_3=Ca^{2+}+CO_3^{2-}$　　$CO_3^{2-}+H_2O=HCO_3^-+OH^-$

二氧化碳溶于水：CO_2（气）$=CO_2$（水）　CO_2（气）$+H_2O=H_2CO_3=HCO_3^-+H^+$

水中 CO_2 能促进 $CaCO_3$ 溶解是因为 CO_2 溶于水生成的 H^+ 能与 $CaCO_3$ 溶于水生成的 OH^- 中和，降低了 $CaCO_3$ 溶于水的生成物的浓度，带动了反应向正反应方向进行，促进 $CaCO_3$ 的进一步溶解，从而持续形成岩溶地貌景观②。

岩溶在本地区的发育，丰富了地貌的构成，为一些洞窟的开凿提供了天然条件（如古阳洞、莲花洞、火烧洞等就是在原有溶洞的基础上雕凿的大型洞窟），但同时也+给石窟保护工作带来了难题。岩溶所带来的石雕风化问题（如粉化、起翘、脱落、溶蚀等），是现阶段石窟造像破坏的主要因素之一。

3. 伊河对伊阙峡谷的改造作用

（1）伊河水文特征

伊河是本区最重要的水系，终年径流不息，是洛阳市境内第二大河，也是洛河的最大支流。伊河，古称鸾水，发源于栾川县境内秦岭余脉熊耳山南麓陶湾河谷，流经嵩县、伊川，经龙门入洛阳，进偃师，于偃师市东南方岳滩、杨村间与洛河合流，称伊洛河，在巩义神堤渡口注入黄河。伊河水温年平均 14～15℃，冬季有结冰现象；每年 7～8 月为汛期，冬春季节为枯水期。伊河在洛阳市内长 17km，龙门石窟以上伊河流域面积约 $5318km^2$，窟区纵坡降为 1/700，河谷宽约 250～300m。据龙门水文站资料，伊河主流全长 286km，流域面积 $6120km^2$，多年年均流量 $40.86m^3/s$，年径流量 $1.28\times10^9m^3$。1937 年最大洪水流量 $7180m^3/s$，相应流量的最高水位标高 154.32m；1982 年最大洪水流量 $5550m^3/s$，最高水位标高 154.50m，高出河床 7m 左右。

---

① 王建锋、潘别桐：《龙门石窟区域岩溶环境系统及其对石窟文物保护影响》，中国地质大学（武汉）水文地质与工程地质系，1992 年，内部资料。

② 王大纯等：《水文地质学简明教程》，地质出版社，1995 年。

伊河中上游河床内多砂卵石，粒径 2～5cm，少量 10～15cm，水势奔放，河槽常左右摆动，两岸冲刷严重，洪水频繁。据明代以来 600 年间记载，伊河发生洪水 40 余次，平均每 15 年一次，洪峰多在 7～8 月份。龙门水文站实测最大洪峰为 1937 年 $7180m^3/s$，陆浑水库拦洪后（1960 年后），最大洪水为 $2496m^3/s$。洛阳地区水利规划，龙门五十年一遇洪峰流量为 $6490m^3/s$。

（2）伊河在龙门的变迁及其塑造作用

地质学家苏良赫曾考察龙门石窟，他认为："龙门地方的地貌特点是自南向北流的伊水切穿东西向龙门山地而成一缺口，这不是正常发育的水系形态。在这里的地貌发育过程中，很可能发生过袭夺现象。"① 调查表明，龙门峡谷内无大断裂带存在，而东西山体岩性非常对照，这说明东西山原来是联为一体的，那么，只能有一种解释：两边山坡上的古河流通过袭夺和下切侵蚀，切穿了洛阳盆地和伊川盆地的分水岭——龙门山地。

龙门地区在第四纪之前一直接受海洋或湖泊沉积。自早更新世（Q1）开始，龙门山—香山地块抬升，地势隆起，隆起的龙门山成为洛阳盆地和伊川盆地的分水岭。在此分水岭南北坡地发育有若干溪流，逐渐汇聚、发展并壮大成河流。由于龙门山是向北倾的单斜山体，山体南北坡地岩性强弱不同，降水、日照、植被覆盖也有区别，从而导致两侧河流对坡地的侵蚀速度存在明显差异，北坡侵蚀速度要慢于南坡；两侧河流对分水岭的这种溯源侵蚀促使龙门山逐渐发生变化；又由于龙门山山体系中上寒武纪的白云岩和灰岩组成，加之史前大气中 CO_2 含量很高，在水的参与下发生溶蚀作用，致使龙门地区溶蚀（喀斯特）构造极其发育，山体内繁多的溶洞互相沟通，喀斯特水在内中左右流贯，强烈冲刷与溶蚀并扩大裂谷，逐渐使龙门山出现一天然峡谷（在某些地区也会形成地下暗河），并由此接受伊川盆地的汇水贯穿，最终在伊河长期的下切侵蚀下，切穿了两大盆地的分水岭，形成了今日伊阙峡谷地貌。传说中的"大禹辟凿"云云，只是他率领群众将此峡谷开辟得更加宽敞，得以使伊川盆地的大水畅流北去。

伊河自源头至龙门南口流向为东北，经龙门峡谷时流向近于正北，过龙门后很快又改向东北流去，一直到与洛河汇合。现就龙门段伊河特点，来分析一下伊河的发育趋向。

我们知道，河流流水有拓宽河床和峡谷的作用，称为侧蚀（侧方侵蚀）。侧蚀主要作用于河床弯曲处（a-b、c-d）（如图 2-23）和峡谷地带。由于主流线迫近凹岸和横向环流作用，使得凹岸（a、c）受到侵蚀，凸岸（b、d）发生堆积。于是在 a、c 处形成深槽，在 b、d 处形成边滩。侧蚀使得弯道曲率半径变小，离心力不断增大，横向环流

① 苏良赫：《石窟保护工作中的地质学》，《光明日报》1961 年 8 月 26 日。

作用亦随之加强，侧蚀作用相应增强并持续作用于河曲弯道处，经过漫长的时期后，最终伊河在龙门段将沿着a—e方向自动裁弯取直，使得河水仍沿东北方向流动。今天的东山盘山公路一带和白园门外等，一定时期后将会成为伊河的侵蚀阶地。鉴于目前伊河径流量明显减小，这段时期会很长。

20世纪90年代以来在龙门陆续修建了几级拦河橡皮水坝，形成了宽敞水面，重现青山绿水景观，但也降低了伊河流速，加强了伊河的沉降堆积作用，使得a、c处深槽的形成已不可能，更逐年抬升伊河河床，甚至堵塞河床上许多泉眼，打乱伊河水与地下水之间的动态补给平衡，人为减缓了伊河对两岸地形的冲刷与塑造作用。因此，应定期对伊河峡谷河床进行清淤，降低汛期洪水对石窟安全的威胁。

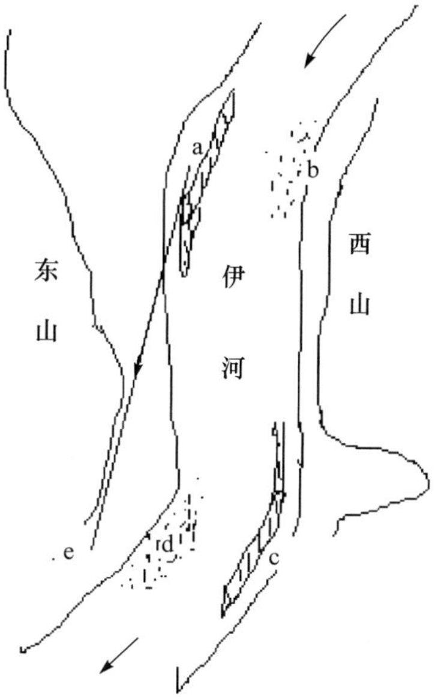

图2-23　伊河侵蚀河谷示意图

（三）人类活动的积极影响

古文献记载，是大禹开凿了伊阙，如《淮南子》曾记，“舜乃使禹疏三江五湖，辟伊阙”；又如《越绝书》中载：“禹穴之时，以铜为兵，以凿伊阙，通龙门，决江倒海，东注入东海。”《汉书·沟洫志》贾让奏言：“昔大禹治水，山陵当路者毁之，故凿龙门，辟伊阙。”古文献记载凿凿，致使后人信而颂扬大禹功绩，如唐代许浑颂曰：“鱼龙多处凿门开，万古人知夏禹才。”清代汤佑曾附声更高：“山断似存神禹迹，天晴犹见洛阳城。”虽然对大禹的英雄崇拜曾使人们对伊阙的认知在几千年间囿于古文记载和神话传说之中，但大禹治水，辟凿龙门峡谷确是事实，使得河谷敞宽、河床畅通，客观上改善了龙门的水文、地貌状况。

至唐代，又有大诗人白居易以高龄之躯，号召当地农民疏通龙门伊河峡谷中八节滩、九峭石两处险滩，使得“十里叱滩变河汉，八寒阴狱化阳春”。新中国成立后，20世纪60年代建成龙门石拱桥，使龙门交通要塞变为坦途。1999年洛阳市政府斥资修缮龙门石窟周边环境。2003年4月初修建而成的龙门南北二桥实现了龙门石窟景区封闭管理，大大改善了龙门的交通状况，降低了石窟区震动、噪声、粉尘以及氮氧化物等环境污染程度，为龙门石窟的更好保护研究与合理利用创造了良好环境。可见，人类活动是改造地形地貌、改善环境的重要因素。

总之，龙门地区的两山夹一谷地貌，不属于地堑式地貌，而是在地质构造的基础作用下，经过漫长的地质年代和构造应力作用，抬升而成龙门的最初地貌，后在风吹、流水侵蚀、人类活动等外力作用下，逐渐形成了今日的地貌特征[①]。

三、龙门地区岩溶地貌特征与成因

区内寒武系地层以灰岩、白云岩为主，岩石主要矿物成分方解石和白云石的含量在85%以上。这类岩层溶蚀性好，比溶解度为0.36～1.08，比溶蚀度为0.32～1.37，在雨水及地下水的长期作用下，岩溶非常发育，岩溶形态主要有溶洞、溶蚀裂隙、溶沟、溶槽、石芽等。

据野外调查及钻探资料，岩溶现象在中、上寒武系张夏组至凤山组灰岩、白云岩中最为发育。此外，在奥陶系及石炭系的白云岩、灰岩中也有小型岩溶发育。

石窟区内的各类灰岩、白云岩中发育有三层水平溶洞，其分布高程分别为：149～152m，170～175m和190～210m。149～152m溶洞高程，相当于伊河Ⅰ级阶地高程（149～159m），应为全新世时期形成的水平溶洞，如老龙洞及石窟立壁脚下的一系列溶洞。目前伊河两岸泉水出露高程也大致与此层水平溶洞高程相当。170～175m高程的溶洞，相当于伊河Ⅱ级阶地的高程（170～180m），为上更新世时期形成的溶洞，如石牛溪顶部的溶洞及古阳洞、火烧洞、宾阳北洞中的溶洞等。190～210m高程的溶洞，相当于Ⅲ级阶地砂卵石层底部的高程（190～230m），应形成于中更新世时期，如奉先寺顶部的溶洞神仙洞等。因此，可以推断，龙门山自中更新世开始抬升，在抬升过程中经历三次间歇，形成了三层水平溶洞（图2-24），而目前正处于第三次间歇期间。在最下层溶洞即泉水出露高程以上的岩体（也就是石窟所在的岩体）中，地下水的渗流形式以垂直下渗为主，其溶蚀也是以垂直溶蚀为主，雨水沿构造裂隙和层面裂

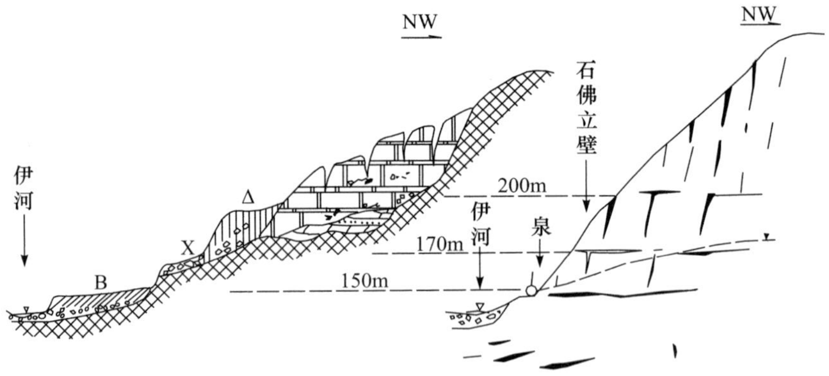

图2-24　龙门石窟区溶洞与阶地对比图

① 杨刚亮：《龙门石窟区地貌形成原因》，《中原文物》2004年增刊。

隙下渗，溶蚀裂隙两侧的岩石，加大加宽了已有溶洞、溶沟、溶槽等，破坏洞窟和雕刻艺术品，同时在洞壁和雕刻品表面形成沉淀物，覆盖和破坏洞壁及雕刻品。

2002 年在西山南段山顶布置了垂直钻孔工作，该钻探揭露了岩体内部岩溶的发育规律。总的来说岩体深部的岩溶不甚发育，钻孔仅零星揭露了一些小的溶洞和溶孔，最大钻孔垂直洞径小于 1.5m。本次钻探揭露的最大的一个溶洞位于 ZK1 中标高 210.32～211.77m 处，钻孔垂直洞径为 1.45m。ZK4 中高程 192.46～193.05m 和 189.16～189.67m 处，发育 2 个溶洞，钻孔垂直洞径分别为 0.59m 和 0.51m。这 3 个溶洞与最上层的水平溶洞同时形成于中更新世。在第 2 层和最上层水平溶洞之间仅揭露 2 处小溶洞，钻孔垂直洞径为 0.1m。在第 2 层和最下层水平溶洞之间揭露 2 处溶洞，钻孔垂直洞径分别为 0.33m 和 0.98m。150m 高程以下溶洞不发育，揭露的溶洞的钻孔垂直洞径小于 0.3m。钻孔内揭露的溶洞均被后期的含砂砾石粉质黏土充填，表明这些溶洞与地表落水洞相连。溶洞的透水性受到了一定的限制①。

岩溶发育除与岩性及地下水溶蚀能力及其水的循环交替条件密切相关外，还受地形及岩体中裂隙、断层发育特征和区域水文地质条件控制。本次钻探的结果表明，石窟区溶洞的发育受地层条件控制较为明显，在本次钻探揭露的地层中，张夏组第 1 段和第 3 段岩溶较为发育，而第 2 段中细晶粉晶白云化灰岩溶蚀程度较低。徐庄组中没有发现溶蚀现象，这主要与地层的岩性组合有关。

据前期钻探资料，区内岩溶发育深度约为 100m 左右。龙门东山尤其是万佛沟内岩溶发育高程基本与西山持平，最高位于高平郡王洞一线。高平郡王洞内北壁基本没有造像（图 2-25），明显是因为受溶孔影响。窟前外立壁东侧雕刻有力士，身上小溶洞、

图 2-25　高平洞内北壁溶蚀崩塌痕迹明显

① 中国地质大学（武汉）土木工程系：《龙门石窟保护修复工程地质勘察报告》，2002 年，内部资料。

溶穴相当发育（图 2-26），西侧受溶蚀影响，没有雕刻力士，存有未完工的轮廓外形。中层溶洞位于看经寺顶部高程一线，与万佛沟北侧 2158 窟附近崖壁溶蚀痕迹基本一个高度。低处溶洞位于看经寺窟底水平—二莲花洞一线，发育有众多溶洞。看经寺内南北两壁窟门附近还发育有垂直溶洞，应为落水洞（图 2-27）。

图 2-26　高平洞外力士身上溶蚀严重

图 2-27　看经寺内垂直溶洞

万佛沟的形成原因并非常规地质规律的“逢沟必断”，沟南北崖壁没有明显的断层擦痕，地层也没有明显的位移和错动，而是由于溶洞发育、溶蚀作用造成崩塌，最终形成一个沟谷地貌。沟南北崖壁不同高程均分布有明显的溶沟、溶穴、溶槽，这与整个龙门地区岩溶地貌形成时间基本是同步的。

第三节　气候与水文

龙门处于“风口”——鲜明的个性、峡谷风，和“浪尖”——汛期的尴尬、阙口的险情。

龙门石窟景区位于洛阳、伊川和伊滨区交界处，其气候特点与洛阳地区基本相同，属暖温带大陆性季风气候。其特点是四季分明：冬季寒冷雨雪少，春季干旱大风多，夏季炎热雨集中，秋季晴和日照长。冬长四个半月，夏长三个半月，春秋各两个月。六至九月为雨季，十月至翌年五月为干季。龙门石窟区域内主要发育有一条河流，即伊河，为常年性河流。伊河是洛阳的主要支流之一，洛阳是黄河的一级支流。人工渠主要有伊东渠和陆浑东一干渠。

一、气　　候

龙门石窟所处地区属暖温带大陆性季风气候，冬季寒冷，春季干旱，夏季炎热，秋季晴和。据洛阳气象站1951～1984年资料，多年平均降雨量约580mm，最大年降雨量1063.2mm，多集中在6、7、8、9四个月，占全年降水量64%，而12、1、2三个月降水量仅占全年降水量的5%，日最大降雨量为110.7mm（1964年7月29日）。冬季盛行北风，最大风速19m/s，春夏秋季多南风。

多年平均气温14.7℃，冬季1月最冷，平均气温0.4℃；夏季7月最热，平均气温27.4℃，平均温差27℃。历年极端最高气温44.2℃（1966年6月22日），极端最低气温-18.2℃（1969年1月20日），气温变幅达62.4℃。历年极端最高地面温度69℃（1968年7月6日），极端最低地面温度-25℃（1969年2月1日），地面极端温差达94.1℃。

多年平均蒸发量1829.7mm，年最大蒸发量1988.6mm，最小蒸发量1296.7mm。多年平均相对湿度64.5%。最大冻土深度0.21m，年平均冻结历时73天。

二、水　　文

伊河为洛阳市境内除黄河、洛河外的第三大河，发源于栾川县西部伏牛山区的陶湾镇，流经嵩县、伊川、洛阳、偃师，东北方向行至偃师岳滩、杨村间汇入洛河，称伊洛河，汇入黄河。伊河干流全长286km，流域面积6041km^2，自南向北切穿龙门山，流经石窟区，龙门山以上流域面积5318km^2。石窟区内伊水河床纵坡降约1/700，河谷宽250～300m。据龙门水文站资料：伊河多年平均径流量为7.49亿m^3/a，最大径流量17.27m^3/a，最小径流量为1.65m^3/a。受季节性降水影响，也会出现暴涨、暴落现象，伊河最大洪峰流量7180m^3/s（1937年），在石窟区的对应最高水位标高154.32m；历年最大洪水位154.50m（1982年洪水流量为5550m^3/s），高出河床7米左右，造成了巨大的经济损失和人员伤亡。最小流量仅0.02m^3/s。伊河7～8月份为汛期，冬春为枯水期，人畜车马可直接涉水过河，在冬季有结冰现象。区内其支流均为间歇性，易暴涨、暴落。

1963年上游嵩县境内建成陆浑水库，由水库到龙门，干流长53km，区间流域面积1830km^2，河床纵比为1/400，河床内多砂卵石，粒径一般在2～5cm，少量为10～15cm，水势奔放，河槽常左右摆动，两岸冲刷严重，洪水较频繁。据明代以来600余年记载，发生洪水40余次，平均15年一次，洪峰多在七八月份。洪水过程较多呈单峰型，形状一般较瘦高。龙门水文站实测最大洪峰为 1937 年 7180m³/s。陆浑水库拦洪后最大洪水位 2496m³/s，多年平均流量为 38.5m³/s，多年平均水量 12.45 亿 m³。多年月平均流量为 20m³/s。

龙门口伊河水温年平均 14～15℃，夏季水温 21～26℃，有时河水温度高达 30～35℃，冬季水温 0.1～2℃，基本无结冰。

伊河龙门水文站历史最高水位系 1982 年的 154.5m，经常水位 148.5m 左右，最低水位 148m。计算 50 年一遇洪水位为 152.74m。

根据洛阳地区水利局对伊河进行的河道测量规划，龙门水文站各种频率洪峰流量如表 2-14。从该表可以看出，龙门五十年一遇洪峰流量为 6490m³/s。

表 2-14　伊河龙门水文站各种频率洪峰流量表　（单位：m³/s）

频率	陆浑下泻量	陆浑—龙门区间洪峰流量	区间中型水库下泄量	龙门水文站洪峰流量
1%（百年一遇）	1860	7140×0.85=6080	1000	8940
2%（五十年一遇）	1000	5650×0.85=4810	680	6490
5%（二十年一遇）	1000	3750×0.85=3190	340	4530
10%（十年一遇）	900	2480×0.85=2110	340	3350
20%（五年一遇）	820	1350×0.85=1150	220	2190

注：上表中 0.85 为中小型水库及水土保持工程队洪峰的折减系数。

石窟区伊河设置橡胶坝蓄水后造成河床淤积十分严重，每年汛期前专门放水进行清淤工作（图 2-28），仍然不能满足 7、8、9 月汛期防洪需要。

图 2-28　石窟区伊河河床清淤现场

伊东渠和陆浑东一干渠，位于偃师市西南部，渠始建于清末，经过解放后三期扩建，干渠总长 31.5km，首渠引水能力 11.7m^3/s，设计灌溉面积 10.8 万亩，有效面积 8 万亩。伊东渠承担的主要任务包括：一是农田灌溉；二是防洪排涝；三是灌区补源。伊东灌区包括洛龙区的部庄、裴村，伊洛工业园区的诸葛、李村，偃师的庞村、高龙。因近年的水源紧张及工程老化，现灌溉面积仅诸葛镇 1.5 万亩和李村约 3000 亩的灌溉区。2009 年，灌溉引水 95 天，完成引水总量 2409 万 m^3，灌溉 5.4 万亩次。

陆浑东一干渠从工作区西南部的东牛庄进入本区，途径诸葛镇、李村乡及鲁庄镇等乡镇，全长约 60km。

第四节　工程地质特征

一、石窟区岩体工程性质

为了研究区内岩体的物理力学性质，在钻孔中取岩芯 12 组，进行了室内岩石物理力学性质试验，并在现场东山和西山选取 26 个点进行了回弹锤击试验。表 2-15 为现场回弹试验结果。由这些资料可知：

表 2-15　龙门石窟岩石回弹试验结果

序号	地点	地层岩性		回弹值（R）	岩体表面强度（MPa）（范围 / 均值）
1	万佛沟	$\in_{2x}$ 中厚层条带状灰岩	新鲜岩体	46～55	（105～160）/131.2
			中风化岩体	26～43	（37～90）/63.7
2	万佛沟	$\in_{2x}$ 中厚层条带状灰岩	新鲜岩体	46～57	（100～175）/133.1
			中风化岩体	36～44	（61～95）/78.8
3	万佛沟	$\in_{2x}$ 中厚层条带状灰岩	新鲜岩体	45～57	（99～175）/138.0
			中风化岩体	36～44	（61～95）/84.3
4	千手观音西北	$\in_{2zx}$ 巨厚层灰岩	新鲜岩体	50～56	（137～165）/151.4
			中风化岩体	42～49	（88～124）/102.2
5	擂鼓台	$\in_{2x}$ 厚层泥质条带灰岩	新鲜岩体	44～57	（88～160）/116.5
			中风化岩体	29～42	（40～72）/56.9
6	看经寺北	$\in_{2zx}$ 巨厚层灰岩	新鲜岩体	51～58	（140～185）/163.4
			中风化岩体	43～50	（90～137）/116.3
7	看经寺北	$\in_{2zx}$ 巨厚层灰岩	新鲜岩体	54～62	（155～230）/212.6
8	四雁洞	$\in_{2zx}$ 巨厚层灰岩	新鲜岩体	51～57	（140～175）/158.9
			中风化岩体	42～50	（88～137）/105.5

续表

序号	地点	地层岩性		回弹值（R）	岩体表面强度（MPa）（范围 / 均值）
9	四雁洞	$\in_{2zx}$ 巨厚层灰岩	新鲜岩体	53～60	（152～210）/189.9
10	极南洞	$\in_{2x}$ 条带状灰岩	新鲜岩体	46～52	（105～149）/119.4
			中风化岩体	25～42	（35～88）/58.6
11	极南洞	$\in_{2x}$ 条带状灰岩	新鲜岩体	46～57	（105～175）/141.0
			中风化岩体	35～43	（58～90）/68.0
12	路洞	$\in_{2x}$ 条带状灰岩	新鲜岩体	46～48	（105～115）/110.8
			中风化岩体	24～44	（33～95）/67.3
13	路洞	$\in_{2x}$ 条带状灰岩	中风化岩体	20～44	（28～95）/49.4
14	皇甫公窟	$\in_{2x}$ 条带状灰岩	新鲜岩体	45～56	（89～150）/112.7
			中风化岩体	28～43	（40～86）/57.1
15	皇甫公窟	$\in_{2x}$ 条带状灰岩	新鲜岩体	46～58	（90～170）/133.8
			中风化岩体	22～45	（27～89）/53.8
16	火烧洞	$\in_{2zx}$ 巨厚层鲕状灰岩	新鲜岩体	51～58	（140～185）/161.0
17	奉先寺	$\in_{2zx}$ 巨厚层鲕状灰岩	新鲜岩体	50～57	（137～175）/143.0
			中风化岩体	38～49	（77～124）/103.0
18	古阳洞	$\in_{2zx}$ 巨厚层鲕状灰岩	新鲜岩体	51～58	（140～185）/161.6
			中风化岩体	41～50	（80～137）/110.7
19	莲花洞	$\in_{2zx}$ 巨厚层鲕状灰岩	新鲜岩体	49～58	（124～185）/157.9
20	老龙洞	$\in_{2zx}$ 巨厚层鲕状灰岩	新鲜岩体	50～58	（137～185）/155.3
			中风化岩体	44～49	（95～124）/111.0
21	万佛洞	$\in_{2zx}$ 巨厚层鲕状灰岩	新鲜岩体	51～58	（140～185）/163.2
			中风化岩体	32～50	（49～137）/111.8
22	摩崖三窟	$\in_{3f}$ 巨厚层白云岩	新鲜岩体	46～54	（105～155）/132.9
			中风化岩体	14～44	（21～95）/49.5
23	敬善寺	$\in_{3f}$ 巨厚层白云岩	新鲜岩体	46～55	（105～160）/136.0
			中风化岩体	38～44	（77～95）/80.9
24	宾阳北洞	$\in_{3f}$ 巨厚层白云岩	新鲜岩体	46～50	（105～137）/119.7
			中风化岩体	12～44	（19～95）/49.3
25	潜溪寺	$\in_{3f}$ 巨厚层白云岩	新鲜岩体	47～56	（110～165）/142.3
			中风化岩体	16～41	（23～80）/41.8
26	潜溪寺	$\in_{3f}$ 巨厚层白云岩	中风化岩体	18～46	（25～105）/60.3

第一，石质纯，致密坚硬，多数岩石的干单轴抗压强度为 153.30～167.05MPa，饱和抗压强度为 73.7～144MPa。样品 2-3 和 4-3 中含有裂隙，强度值偏低。

第二，岩石吸水性差，饱和吸水率多小于 1%，说明岩石中微孔隙、微裂隙等微结构面不太发育。

第三，岩石均存在不同程度的软化性，软化系数为 0.441～0.852。

第四，由野外回弹试验结果可知：$\in_{2x}$ 条带状灰岩，新鲜岩体表面强度均值 125.6MPa，约占室内岩块干单轴抗压强度的 77.6%；中等风化岩体表面强度均值 58.6MPa，约占室内岩块干单轴抗压强度的 36.4%。$\in_{2zx}$ 厚层～巨厚层鲕状灰岩，新鲜岩体表面强度均值 164.3MPa，约占室内岩块干单轴抗压强度的 96.5%；中等风化岩体表面强度均值 108.6MPa，约占室内岩块干单轴抗压强度的 63.4%。$\in_{3f}$ 巨厚层白云岩，新鲜岩体表面强度均值 132.5MPa，约占室内岩块干单轴抗压强度的 82.3%；中等风化岩体表面强度均值 56.2MPa，约占室内岩块干单轴抗压强度的 34.9%。由上可知，条带状灰岩与白云岩的岩体表面风化程度较高，厚层～巨厚层鲕状灰岩岩体的表面风化程度低，完整性好。在 26 个回弹锤击试验点中第 7 和第 9 点的试验结果偏高。

本次研究在现场进行了地表声波测试和钻孔声波测试。表 2-16 为石窟立壁地表声波试验结果，表 2-17 为钻孔声波试验结果。由表可知：

表 2-16　龙门石窟岩石的地面声波试验结果

地点	地层岩性	纵波速度（m/s）	静弹性模量（GPa）
奉先寺	$\in_{2zx}$ 灰岩	2688-3030 2859	16.26-20.66 18.39
看经寺	$\in_{2zx}$ 灰岩	3546-4386 4021	28.29-43.28 35.38
千手观音	$\in_{2zx}$ 灰岩	3425-3597 3523	26.39-29.11 27.93
皇甫公洞	$\in_{2xz}$ 灰岩	2732-3268 3058	16.80-24.03 21.04
极南洞	$\in_{2xz}$ 灰岩	2874-2924 2899	18.58-19.24 18.91
擂鼓台	$\in_{2xz}$ 灰岩	2841-2874 2858	18.16-18.58 18.38
路洞	$\in_{2xz}$ 灰岩	2980-2907 2899	18.79-19.01 18.91
潜溪寺	$\in_{3f}$ 灰岩	3401-3460 3429	26.03-26.94 26.46

表 2-17　ZK4 钻孔内灰岩声波试验结果

孔深（m）	纵波速度（m/s）	动弹性模量（GPa）
57	5526	68.71
62	6176	85.82
63	5316	65.58
64	5000	56.25
65	3750	31.64
66	5122	59.03

第一，地面岩石的纵波速度普遍低于孔内纵波速度，说明由于卸荷松动及风化、岩溶等的影响，地面岩石的微裂隙和微孔隙较发育，纵波速度较低。

第二，根据岩体完整性系数的定义求得各处的岩体完整系数分别为：潜溪寺 $\in_{3f}$ 白云岩 $K_v=0.39$；看经台—千手观音 $\in_{2zx}$ 灰岩，$K_v=0.4$；路洞一带 $\in_{2zx}$ 灰岩 $K_v=0.29$。

表 2-16 与表 2-17 对比可知：岩石的动弹性模量比静弹性模量大。

表 2-18 给出了石窟区寒武系岩石的比溶解度、比溶蚀度及其与 CaO/MgO 间的关系。由表可知：

表 2-18　龙门石窟岩石溶蚀性试验成果表

时代	岩性	CaO（%）	MgO（%）	酸不溶物（%）	$\frac{CaO}{MgO}$	比溶解度	比溶蚀度
$\in_3$	中～细晶白云岩	29.58	20.85	4.16	1.42	0.36	0.32
	细～极细晶白云岩	26.68	20.07	9.15	1.34	0.43	0.39
	含灰细晶白云岩	29.42	19.75	5.90	1.49	0.47	0.44
	含灰细晶白云岩	29.93	21.17	2.09	1.42	0.36	0.33
	残余鲕粒白云岩	29.95	21.47	2.07	1.39	0.34	0.32
	残余鲕粒白云岩	29.37	22.57	1.04	1.30	0.39	0.36
	残余鲕粒白云岩	30.38	21.40	1.65	1.42	0.43	0.41
	残余鲕粒白云岩	29.39	22.07	1.09	1.33	1.39	1.37
$\in_2$	白云化鲕粒灰岩	47.00	7.30	4.17	1.44	1.63	1.09
	白云化残余鲕粒灰岩	49.59	4.54	4.74	10.12	0.86	0.90
	白云化亮晶鲕粒灰岩	50.58	3.76	4.43	13.45	0.93	1.00
	白云化微晶鲕粒灰岩	51.61	2.34	4.04	22.48	0.95	1.02
	白云化极细晶灰岩	50.15	2.20	5.02	22.80	0.97	1.03
	泥质微晶球粒灰岩	46.80	4.81	1.93	12.28	0.96	0.98
	含泥鲕粒泥晶灰岩	49.99	4.39	7.24	35.69	1.00	1.10
	白云化碎屑微晶灰岩	49.91	4.74	5.70	26.68	1.08	1.37

第一，白云岩的钙镁比为 1.3～1.5，而灰岩的钙镁比一般为 10～20，最大者可达 35.96，较高的钙镁比是灰岩溶蚀性普遍大于白云岩溶蚀性的内在原因之一。

第二，白云岩的比溶解度一般为0.35～0.5左右，最大者也仅为1.39，而灰岩的比溶解度一般为0.8～1.1，最大者可达1.63。

第三，白云岩的比溶蚀度为0.3～0.45，灰岩的比溶蚀度一般为0.9～1.1。

第四，区内岩石的溶蚀性除与岩石的钙镁比有关外，还与岩石结构密切相关。

据有关试验资料：灰岩类岩石的比溶蚀度的顺序（由大到小）是碎屑结构＞泥晶结构＞极细晶结构＞残余鲕粒结构＞球粒结构；白云岩类岩石的比溶蚀度顺序（由大到小）是极细晶＞残余鲕粒结构＞细晶结构。结构对溶蚀的控制主要是通过不同结构具有不同孔隙类型和连通性来实现，晶间及粒间孔隙是溶蚀作用扩大成溶孔的基础，微裂隙是连通各类孔隙的主要通道，因此，岩石结构往往控制岩石的微岩溶形态。

在本次研究中进行了钻孔井温测量，测温间距0.25m。ZK2钻孔测试时的地表温度为23.7℃。在高程212.23～215.23m处为常温带，温度为17℃。在距地表9.75m深的范围之内受气温影响明显，井温急速下降。从高程212.23m往下，井温逐渐升高，至地下水位处（高程153.08m）井温为22℃，沿深度增温率为0.085℃/m。从地下水位处往下，增温率明显下降，至高程134.98m处，井温仅升高0.8℃，沿深度增温率下降为0.044℃/m。ZK4钻孔测试时的地表温度为28℃。在高程193.18～195.18m处为常温带，温度为18.2℃。在距地表6.75m深的范围之内受气温影响明显，井温急速下降。从高程193.18m往下，井温逐渐升高，至地下水位处（高程149.4m）井温为22.8℃，沿深度增温率为0.105℃/m。从地下水位处往下，增温率下降不明显，至高程136.18m处，井温为24.5℃。

表2-19[①]是根据窟顶盖层及地表地形条件、地层岩性、地质构造和岩体结构特征、水文地质条件、渗水和溶蚀特征、渗水通道分析以及防治措施、工程地质评价等方面，对龙门石窟西山立壁进行病害调查与工程地质分段的总结概述，可以看出，西山立壁大致可分为四个区段，这个区段划分无论从上述哪个方面都可以找到明显的差异特征，对于病害机理的研究和分区段进行病害治理都具有十分重要的意义。

表2-19　龙门石窟西山立壁岩体病害与工程地质分段说明表

段号		Ⅰ	Ⅱ	Ⅲ	Ⅳ
分段依据＼位置		潜溪寺—摩崖三佛	摩崖三佛—万佛洞	万佛洞—奉先寺	奉先寺—极南洞
窟顶盖层及地表地形条件	盖层厚度/m	一般为8～10m，最小为1～2m	本段无大洞窟分布，地形较破碎，双窟顶板盖层仅1～2m	窟顶盖层最大厚度为15～20m，一般厚度为10～15m，最小厚度为2～5m	盖层厚度最大为50m，一般为20～30m，最薄为5～10m

① 中国地质大学（武汉）土木工程系：《龙门石窟地质调查报告》，2002年，内部资料。

续表

段号		Ⅰ	Ⅱ	Ⅲ	Ⅳ
分段依据＼位置		潜溪寺—摩崖三佛	摩崖三佛—万佛洞	万佛洞—奉先寺	奉先寺—极南洞
窟顶盖层及地表地形条件	地形条件和植被状况	地表地形为斜坡，较缓，局部有小平台，表层土薄，植被不发育，零星树木，其根系沿裂隙伸入洞内	地表地形为斜坡，由于冲沟切割，地形破碎，无较完整立壁。地表植被茂盛，表土层较薄	窟顶地表为一基座阶地面，有伊河冲积相堆积，最厚为 0.5～1.0m。平台面有植被发育，并有树木生长	地形上为一高陡的立壁。壁顶为一坡度较陡自然山坡，植被发育，树木茂盛
地层岩性及结构特征	地层岩性	上寒武系凤山组；极细晶、细晶白云岩，白云石含量 90%～95%，坚硬性脆，厚层至巨厚层，层理不发育	上寒武系长山组。残余鲕粒白云岩和固山组残余鲕粒白云岩，微晶白云岩，中厚层至薄层	中寒武纪张夏组上部，亮晶鲕粒灰岩，方解石含量 85%～90%，白云石 10%，泥质 5%，厚层至巨厚层，偶夹薄层	中寒武纪张夏组下部，微晶球粒灰岩。徐庄组白云化泥晶灰岩、去膏化微晶灰岩。中厚层至薄层，层面发育，泥质含量高
	岩石结构	极细晶结构，不等粒结构	残余鲕粒结构，微晶结构，缝合线构造	鲕状结构	球粒结构，泥晶结构和细晶结构
地质构造和岩体结构特征	地质构造	无断裂发育，主要发育有两组构造节理，走向为 NNE 和 NW 高倾角，地层走向近东西、倾北、倾角 30 度，立壁岩体中还发育有卸荷节理	无断裂构造发育，发育有两组构造节理，其产状与 I 段相同，但节理密度较大，成层厚度较薄	无断裂发育，但两组构造节理发育。线密度为 1～5 条 / 米，卸荷节理较发育	无断裂发育，发育有两组构造节理。卸荷节理和层面节理较发育。线密度大于 5%，成层厚度较薄
	岩体结构	层状整体结构，RQD 大于 95%，卸荷节理连通率 3.8%，北北东向构造节理连通率 6.0%，北西向构造节理连通率 4.0%，层面连通率 28.6%，裂隙宽度一般为 0.9mm	中层状结构至薄层结构，岩体整体较差，无立壁，无洞窟开凿	厚层状结构，岩体整体性较好，但岩体中夹有一薄层泥质灰岩，形成差异性风化。构造节理连通率为 4.8%～6.4%，卸荷节理连通率为 15%，层面连通率达 86.9%	薄层至中厚层结构，易差异性风化，岩体中结构面连通率较好，卸荷裂隙为 16.1%，北北东向节理为 5.9%，北西向节理为 7.9%，层面为 55.1%
水文地质条件和岩体渗透性特征	水文地质条件	立壁岩体坡角处有禹王池泉水出露，为岩溶泉。地下水位高程为 150m 左右立壁岩体位于地下水位以上包气带	出露有珍珠泉泉水标高 151m，为岩溶裂隙含水层	出露有老龙洞泉，泉水位标高 150 米。立壁上洞窟均位于地下水位以上，位裂隙—岩溶含水层	立壁坡角处有多处泉水出露，泉水面高程均为 150 米左右。雕刻所在立壁均在地下水位以上
	渗透性特征	岩体渗透性具有明显各向异性，沿层面方向渗透性为 9.38×10^{-3}cm/s。主渗透方向为 340∠21、其次为 110∠70；渗透系数为 4.67×10^{-4}cm/s	因地表露头不好，节理裂隙没有进行系统量测统计。根据少量资料分析，主渗透方向为 140∠65，渗透系数为 5.71×10^{-4}cm/s	岩体渗透性较差，主渗透率位 2.24×10^{-4}cm/s，方向为 120∠73	岩体的渗透性较好，构造、卸荷、层面裂隙均为可渗裂隙，最大渗透系数为 2.61×10^{-4}cm/s，主渗透方向为 126∠66 和 315∠20，前者为卸荷裂隙方向，后者为层面方向

续表

段号	Ⅰ	Ⅱ	Ⅲ	Ⅳ
分段依据＼位置	潜溪寺—摩崖三佛	摩崖三佛—万佛洞	万佛洞—奉先寺	奉先寺—极南洞
渗水和溶蚀特征	主要洞窟潜溪寺有50个漏水点，摩崖三佛、宾阳洞等也有多处渗水。所有渗水均是大气降水沿裂隙入渗的暂时性渗水。沿渗水裂隙有较明显溶蚀，出水口处均有溶浆覆盖洞壁及雕刻品	根据双窑统计资料，有渗水裂隙32条，但溶蚀不严重	各主要洞窟内均有多处渗水，渗水口均有溶浆覆盖，覆盖率达40%～50%。岩体中有较大溶洞和溶沟	主要洞窟内多处发育渗水点、渗水带，表明本段洞窟渗水病害较严重。统计表明，这些渗水裂隙中，卸荷裂隙占53.51%，构造裂隙占41.23%，层面裂隙占5.20%
渗水通道分析	对主要洞窟出水裂隙成因类型的统计分析，沿构造裂隙出水的占所有出水裂隙的百分数为22.22%，沿层面渗水的占22.22%，沿卸荷裂隙渗水的占55.56%。因此，卸荷裂隙是主要渗水通道，其次为层面通道	双窑渗水通道分析表明，沿卸荷裂隙入渗为主，其次为构造裂隙	渗水通道分析表明，沿构造裂隙入渗的占45.53%，沿构造裂隙入渗的占42.28%，沿层面裂隙入渗的占12.20%，主要入渗通道为卸荷、构造裂隙	主要入渗通道是卸荷裂隙和构造裂隙
防渗措施建议	完善地表排水系统，对窟顶排水沟应防渗处理，清除洞顶地表树木，防止根系沿裂隙长入洞内，洞内沿渗水裂隙注浆防渗	地表排水、洞内注浆，洞顶清除树木、植被后，加防渗铺盖后，再作假复原	地表设排水沟，沟底、壁应进行防渗处理。地表清除浮土，冲洗后，铺设沥青等防渗材料，加盖板后，做假复原。洞内注浆堵塞入渗通道	立壁顶设排水沟，沿立壁面上已有冲沟，开凿成排水沟，洞顶地表清除植被树木后加防渗铺盖
工程地质评价	岩体完整性较好，工程地质性质优良。由于窟顶盖层较薄，洞顶渗水较严重。洞顶渗水通道为卸荷裂隙。侧壁中南墙和西壁均沿层面渗水较严重。由于层面向北倾斜，经南、西壁切割后，中断通道，故北壁一般无渗水	冲沟发育，地形切割破碎，无完整立壁，岩体完整性较Ⅰ段差。岩溶发育，岩体中有溶洞堆积物透镜体。地表风化较甚，植被树木茂盛。岩体工程地质较差	地形上为Ⅱ级基座阶地，立壁顶部在一台面，并有0.5～1米堆积层，植被发育。岩体完整性较好，局部有溶洞、溶沟发育，总体工程地质条件较好	地形上为一高而陡的立壁。立壁顶地表为一斜坡，植被树木茂盛，岩体的完整性较好，但由于卸荷节理较发育，常构成一些分离体。由于薄层而岩性不均一，也易差异性风化，地表溶沟、落水洞发育。立壁岩体的工程地质条件较差

二、土的工程性质

龙门石窟保护区地表普遍覆盖一层第四系松散堆积层，其厚度 0～10m 不等，成因以残坡积为主，其次为冲洪积。岩性以含碎块石、砾卵石粉质黏土、粉质黏土、黏土为主，结构松散，天然含水量较低。表 2-20 为区内土体的室内试验成果。

表 2-20　土的室内试验成果

编号	地层岩性	含水量（%）	密度（g/cm^3）	比重（g/cm^3）	孔隙比	饱和度（%）	液限（%）	塑限（%）	塑性指数 I_P	压缩系数（MPa^{-1}）	渗透系数（cm/s）
1	Q_2^{el+dl} 粉质黏土	14.5	1.54	2.73	1.030	38.4	29.0	12.5	16.5	0.67	3.13×10^{-5}
2	Q_2^{el+dl} 粉质黏土	13.5	1.46	2.73	1.022	32.8	28.0	12.0	16.0	0.83	6.37×10^{-5}
3	Q_3^{el+dl} 粉土	3.3	1.42	2.70	0.964	9.2	25.5	16.0	9.5	0.19	7.67×10^{-5}
4	Q_3^{el+dl} 粉质黏土	10.6	1.64	2.71	0.828	34.7	29.0	17.6	11.4	0.13	1.16×10^{-4}

通过野外调查及室内试验，可知区内土体物理力学性质有如下特征：

第一，区内土体以粉质黏土为主，部分含砾、卵石和碎块石。

第二，表层土体较干燥，疏松，塑性低，天然密度低。土的天然含水量一般为 10%～15%，最小者只有 3.3%，孔隙比为 0.80～1.03 左右。

第三，液限较低，一般为 25%～29%，属于低液限土类。液性指数一般为 0.12～-1.3，处于坚硬—硬塑状态。

第四，区内 Q_2 和 Q_3 土体的压缩性均属中等压缩性土，Q_2 黄土样品由于取样扰动，试验所得的压缩系数偏高。

第五，Q_2 土体相对较致密，渗透性较低，$k=3.13\sim6.37\times10^{-5}$cm/s。$Q_3$ 土体渗透性相对较高，$k=7.67\times10^{-5}\sim1.16\times10^{-4}$cm/s。当土体中碎块石含量增加时，渗透系数随之增大。

第六，Q_2 和 Q_3 土体的 pH 值测定结果表明，Q_2 和 Q_3 土体呈微碱性，Q_2 土体的 pH 值为 8.05，Q_3 土体的 pH 值为 7.77。说明植物根系分泌的腐殖酸并没有将覆盖层土体酸化。

第五节　水文地质特征

龙门石窟开凿于中上寒武系碳酸盐岩体中，该岩体是本区最重要的岩溶含水层和可溶岩，意义非常重要。它有两大特征：其一，钙、镁含量都很高，方解石、白云石矿物含量占其总矿物成分的大部分。这一特点决定本区可溶岩与非可溶岩相比，是个富钙环境；其二，酸不溶物含量较低，一般＜20%。这就造成大部分可溶岩易溶于水中被带走，产生溶蚀现象。

龙门峡谷的地下水包括潜水和承压水，以及崖壁岩土体中的包气带水（包含上层滞水）。

包气带（不饱水带）指地表向下至较稳定的地下水面（潜水面）之间的土层或岩层。潜水面之下称饱水带。包气带中空隙主要是气体；饱水带中空隙中主要充填了地下水。包气带中的水主要有：气态水，结合水（吸着薄膜水）、过路重力水及毛细管水（图 2-29）。

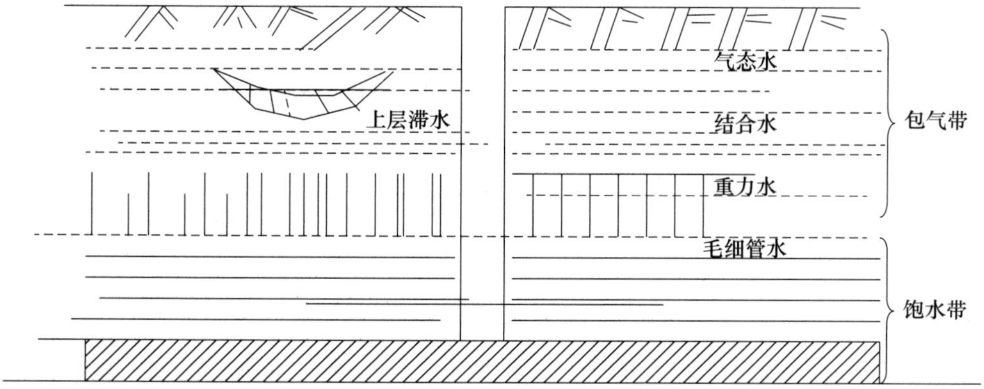

图 2-29　地下水分类及位置

有时在包气带局部地区分布有面积不大、发育不稳定的融水层，在其上聚集了一些重力水称上层滞水。上层滞水属于包气带中局部隔水层上的重力水，其特点是分布范围小，水量有限，受气候及季节变化的影响大。这种上层滞水和包气带水，是龙门石窟洞窟渗漏水的真正根源。

潜水是地表之下，第一个稳定的隔水层之上的地下水。一般民用水井都是取自潜水。潜水的自由表面为潜水面，也就是通常指的地下水面。承压水为两个稳定的隔水层之间的地下水，其特点是承受静水压力（由于被限制在两个隔水层之间，低处的水受到高处水的静水压力）。承压水的水质、水量比较稳定。龙门景区的泉水即属于寒武系灰岩裂隙承压水。

一、龙门石窟地下水资源状况

龙门石窟区域赋存地下水的含水层主要包括河流冲积含水层和碳酸盐含水层。河流冲积含水层的岩性主要为河流冲积形成的砂卵石层、中细砂层和砾石层，给地下水贮存运移提供了良好的空间。在龙门南伊河阶地，地下含水层水位深3～10m，东岸水位标高 158～168m，西岸水位标高 140～163m，地下水位随季节变化，年变化幅度 1～3m。在龙门北近伊河和洛河阶地，地下含水层和水位深 10～35m，水位标高 124～160m，水位年变幅 2～3m。该含水层是当地群众生活用水和农田灌溉的主要水源。

碳酸盐含水层位于龙门石窟核心区东西山之间，岩溶比较发育。目前主要以泉眼形式出露和利用。据地面调查，目前龙门景区共出露泉眼 27 个，泉群流量在 $150m^3/h$ 左右，泉水出露标高 147.42～152.43m，地下水类型为岩溶裂隙水，水力性质属承压水。这些泉水具有如下特征：①泉水出露地层为中、上寒武系碳酸盐岩地层，该地层是本区良好的岩溶含水层。②泉水多具有局部承压性质。③泉水温度为 24～25℃，高于当地平均气温（14.7℃），且比较稳定。④泉水流量较稳定，受季节影响小。⑤泉水出露高程为 150～152.5m 左右，高出伊河水 2～3m。

目前龙门石窟区域泉水涌水量和机井采水总计约 $2000m^3/h$。

二、地下水的化学特征

根据对石窟区泉水、伊河水及雨水的水质分析成果可知：

（1）按库尔洛夫分类标准，石窟区内岩溶水均属于低矿化度、弱碱性 HCO_3-Ca、Mg 型水。岩溶水中含有较高的 Cl^{-1} 和 SO_4^{-2} 根离子，这种水质成分有利于岩溶作用。

（2）由于橡皮坝拦筑人工湖，使石窟区内地下水与伊河水联系密切，水化学特征相近。

（3）雨水属 HCO_3、SO_4-Ca、K＋Na 型水，且偏酸性（pH＝6.26）、雨水中 Cl^{-1} 和 SO_4^{-2} 相对较高，这是由于石窟区周围的化工厂、造纸厂等工矿企业的大气污染所造成的。含酸雨水的垂直入渗，具有较高的溶蚀能力，对石窟岩石及雕刻艺术品有显著的侵蚀性。

（4）西山石窟保护实验室的自来水水化学成分与禹王池泉水的水化学成分基本相同，是出于同一水源。按照龙门石窟研究院和专家组的要求，分别于 2003 年 7 月和 11 月取禹王池泉水和自来水进行了水质分析，两次化验的结果基本相同，水质没有大的变化。

（5）禹王池泉水、路洞下泉水和珍珠泉伊河水中的 Cl^{-1} 离子含量较 20 世纪 90 年代有明显增长，表明石窟区的水质污染程度有所增长。

（6）伊河水中的 Cl^{-1} 和 SO_4^{-2} 离子含量较 20 世纪 90 年代增长了一倍，伊河水的污染日益严重。

三、岩土体渗透性

石窟区岩土体的渗透性受岩性、地质结构影响较大。为查明石窟区岩土体的渗透性，2002 年在西山顶部 Q_2 和 Q_3 覆盖层中布置了 4 处试坑渗水试验。洛阳地质工程勘察设计院在西山南部山顶的 ZK2 和 ZK4 钻孔中分段进行了注水试验。此外，本次研究还采取 Q_2 和 Q_3 的原状土样进行了室内渗透试验。综合上述试验成果，表 2-21 给出了区内主要岩土层的渗透系数。

表 2-21　石窟区岩土体渗透指标表

编号	地层岩性	渗透系数（cm/s）	渗透性分级	试验方法
1	Q_3^{el+dl} 含碎石粉质黏土	$2.59\times10^{-2}\sim2.9\times10^{-3}$	强透水性	地表试坑渗水试验
2	Q_2^{el+dl} 含碎石粉质黏土	1.3×10^{-3}	中等透水性	地表试坑渗水试验
3	Q_2^{el+dl} 粉质黏土	$3.13\times10^{-5}\sim6.37\times10^{-5}$	弱透水性	室内渗透试验
4	Q_3^{el+dl} 粉质黏土	$1.16\times10^{-4}\sim7.67\times10^{-5}$	弱透水性	室内渗透试验
5	$\in_{2zx}^{3}$ 灰岩	1.35×10^{-4}	中偏弱透水性	钻孔注水试验
6	$\in_{2zx}^{2}$ 灰岩	$1.44\times10^{-3}\sim9.12\times10^{-5}$	中～弱透水性	钻孔注水试验
7	$\in_{2zx}^{1}$ 灰岩	$6.5\times10^{-3}\sim2.08\times10^{-4}$	强～中等透水性	钻孔注水试验
8	$\in_{2x}^{2}$ 灰岩	$8.28\times10^{-3}\sim1.67\times10^{-6}$	中～弱透水性	钻孔注水试验

第四系分布广，成因复杂，计有冲积、坡积、残积和洪积层等。渗透性以全新统砂卵石层最好，主要分布于伊河河谷漫滩与Ⅰ级阶地上，更新统残坡积层以含碎块石粉质黏土为主，渗透系数 $2.59\times10^{-2}\sim1.3\times10^{-3}$cm/s，为强～中等透水性土层。该土层广泛分布于西山顶部。由于其渗透性较好，有利于地表雨水的垂直下渗。

二叠系以砂岩和页岩为主，岩体裂隙除表层较发育外，裂隙整体不太发育，透露水性弱。

石炭系岩性以砂质页岩、黑色炭质灰岩为主，透露水性较弱。除灰岩外，石炭系和二叠系的地层可视为区内上部相对隔水层。

奥陶系以白云岩为主，厚度薄，岩溶裂隙较发育，透水性较好。

寒武系中、上统广泛分布于石窟区内，构成石窟区立壁岩层的主体，岩性以灰岩、白云岩为主，岩体中岩溶发育，为区内岩溶裂隙水的主要透水含水层。中、上寒武系为较纯的灰岩、白云岩，岩石致密，本身不透水。地下水主要通过岩体中发育的溶洞和裂隙构成的渗水网络运移，因此岩体渗透性受岩溶及裂隙的发育情况影响较大。渗透系数大者达 8.28×10^{-3}cm/s，为强透水性岩层；小者为 9.12×10^{-5}cm/s，为弱透水性岩层。底部寒武系下统的馒头组紫红色页岩及毛庄组泥灰岩和砂质页岩，透水性弱，构成区内下部的相对隔水层。

四、景区泉水特征

据地面调查，石窟区东西山立壁脚下共出露较大的泉水 10 眼，西山较为集中，共

8眼。泉水总流量据1992年资料约为70L/s（见表2-22），其中流量最大是禹王池泉水（图2-30），出水量约120m³/h。一百多年前美国收藏家弗利尔来到龙门时曾估算禹王池“流量约为每分钟两立方米”[①]，与实测数据基本吻合。

表2-22　石窟区泉水一览表

编号	地点	类型	水温（℃）	高程（m）	特征
W_1	禹王池	上升泉	25	152.47	流量大，见向上冒气泡
W_2	接待中心	上升泉		152.54	流量大，见向上冒气泡
W_3	珍珠泉北	上升泉		151.40	流量小，见有水流动
W_4	珍珠泉	上升泉	25	151.43	流量较大，见向上冒气泡
W_5	老龙洞泉	上升泉	24	149.82	流量较大，见向上冒气泡
W_6	八作司洞东	裂隙下降泉	24.5	150.38	未见流水
W_7	路洞东	裂隙下降泉		150.22	未见流水
W_8	路洞东	裂隙下降泉		150.22	未见流水
W_9	香山寺西北山脚下	上升泉	24.5	152.40	流量较大
W_{10}	香山寺西南山下	上升泉		152.50	流量小

图2-30　禹王池冬韵（2004年12月22日）

由以上资料分析可知：

（1）石窟区泉水是受区域含水层补给，该含水层即为寒武系和奥陶系碳酸盐岩地

① 〔美〕查尔斯·兰·弗利尔著，李雯、王伊悠译：《佛光无尽——弗利尔1910年龙门纪行》，上海书画出版社，2014年，第118页。

层组成的岩溶含水层。其上部的石炭和二叠系煤系地层，其下部的寒武系下统以泥页岩为主的碎屑岩地层，均为较稳定的隔水层。伊河在龙门山处深切此岩溶含水层，成为岩溶水的集中排泄区。

（2）泉水补给源较远，并非仅局限于区内东、西山小范围之降水补给，其补给区应包括由东、西山向两侧延伸的大面积区域。这是造成区内泉水流量和水温稳定且水温高于当地平均气温的主要原因。

（3）除部分沿地表排泄以外，大气降水通过第四系覆盖层或直接垂直入渗，进入岩体内形成包气带水。岩体内的各种裂隙相互交切，与溶洞一起构成了区内的渗水连通网络。渗水在该网络中，沿层面裂隙由南向北渗流，沿构造裂隙由东西两侧向伊河排泄基准面渗流，补给地下水。而从高程 152m 以下至伊河排泄带影响范围深度为岩溶水的水平循环带。据有关资料，该深度一般约为 60～70m。

（4）根据泉水出露的高程，石窟区所有石窟及雕刻艺术品所在岩体均位于地下水位以上的包气带岩体中，不受地下水位波动的影响。因此，造成石窟渗水病害的地下水是雨季赋存于包气带中的暂时性渗水。

除泉水出露外，在立壁上可见到多处暂时性渗水点，如潜溪寺、皇甫公窟、路洞、摩崖三佛、火烧洞东立壁下、珍珠泉北溶洞（K3）处和极南洞等处。这些暂时性渗水是大气降水入渗补给，沿较大裂隙或裂隙密集带渗出形成的，分布高程主要在 150～200m 间，受降雨影响大，一般流量小。降雨时有水渗出，雨停后不久，岩壁渗水消失。渗水与降雨之间在时间上有滞后的现象。据调查对比，经过 20 世纪 90 年代渗漏水治理，尤其是自 2011～2019 年大力加强东西山洞窟渗漏水治理，目前渗漏水病害已大为减轻。

平面上层面裂隙和近东西向构造裂隙是降水入渗地下的主要通道，其主渗方向为近东西向。剖面上陡倾角的卸荷裂隙和近东西向构造裂隙是降水入渗地下的主要通道，主渗方向以垂直向为主。

第六节　生 物 环 境

龙门石窟山水环境优美，自古就是文化旅游胜地。两山及伊河两岸生长有茂盛的植物，对于保持水土、净化环境来说十分重要。但同时，距离石窟较近的植被、微生物以及一些鼠类、鸟类等动物也给石窟的保存带来了一定的危害。

这里所指危害龙门石窟安全的生物环境主要是石窟崖顶附近的高等植物（乔灌木类）、动物（鼠类、鸟类、虫蚁等）和附着在石窟造像上面的微生物（藻类、菌类）。严格说来还包括人类的一些活动。古阳洞、奉先寺一带鸽子较多，带来诸如粪便污染、抓痕、啄痕、作窝等问题。

古代龙门山上草木丰腴繁茂。李白有“目皓沙上月，心清松下风”的诗句，说明唐时这里长有青松。宋之问的“河堤柳新翠，苑树花先发”和白居易的“东岸菊丛西岸柳，柳阴烟合菊花开”的诗句可知，唐时这里河边植有成行的柳树。刘禹锡的“华林霜叶红霞晚，伊水晴光碧玉秋”，以及宋梅尧臣的“千龛晚烟寂，双壁红树秋”的诗句可知，这里有很多秋天红叶的枫树、柿树等。由唐李德裕的“昔闻红桂枝，独秀龙门侧”句，可知唐时龙门山有红桂树。又德裕的“绿筱连岭多，青莎近溪浅”句，和宋人宋庠的“诘曲山阿冒石梯，听泉寻竹到招提”的诗句，证明唐宋时龙门山涧多竹，水草茂盛。从白居易的“乱藤遮石壁，绝涧护云林。若要深藏处，无如此处深”和范纯仁的“鸣泉乱泻香山道，翠柏深藏白傅祠”的诗句知，唐宋时龙门山是翠柏葱郁，古木深林[①]。

龙门古时的植被情况是：山上有繁茂的松柏和秋天叶红的红枫、柿树，溪谷内有绿竹、青草，河岸有垂柳，水面上又有白居易说的“荷衰欲黄荇犹绿”的荷花和岸边的野菊装点龙门的东岩西岭与伊水两岸。据记载，到清末龙门还保持着良好的植被状况。民国初年，山上林木被砍伐毁去。20 世纪 30 年代国民政府以植一棵柏树一元银洋重新在东西山上密植侧柏。新中国成立后，园林部门经过三十多年的经营，现东西山有侧柏 35 万株，郁郁苍苍，河谷亦垂柳拂岸。

近年来，龙门山植树造林，绿化荒山，在立壁顶部和山坡上植被发育，树木丛生，森林覆盖率已达 95%。龙门山上植被类型包括草本类、臭椿等灌木类以及松柏等乔木类，位于洞窟周边的乔灌木类对石窟危害巨大。

钻隙、穴居动物如蚂蚁、蚯蚓、鼠类等可扩大岩石裂隙，对石窟造成机械破坏；麻雀、鸽子等鸟类在奉先寺正壁上做巢，其生理活动如行走、排泄等带来雕刻品的病变，如表面沉积、斑迹等。微生物的蜕变作用非常普遍，同时影响巨大。微生物生命活动产生的各种有机酸和有机碱，能加速矿物元素的溶解，或在石雕表面形成一种有机金属化合物包膜，从而造成岩石的蜕化和病变。地衣、苔藓、藻类等孢子植物所产生的地衣酸等有机酸的络合作用，是加速矿物蜕变的一个重要因素（图 2-31）。

研究表明，微生物对岩石矿物的总分解能力远远超过所有动植物具有的总分解能力。据统计，每克土壤中可含几百个微生物，它们都在不停地制造各种酸类，不断地破坏着岩石。

生物作用带来的常见病变有：植物滋生、裂隙、侵蚀、结壳、生物绿锈等。

---

① 洛阳市文物园林局、古建园林设计研究院编：《洛阳龙门风景名胜区总体规划基础资料汇编》，1988 年，内部资料。

图 2-31　敬善寺南窟龛的生物病害

一、植物种类与分布

龙门石窟景区的植被是20世纪30年代起陆续栽植的。东西两山上绝大部分是常绿侧柏林，河谷地区以落叶阔叶树为主，其中主要树种是垂柳。50年代以后，又增植了许多新树种。石窟景区内现有风景林30多万株（其中侧柏27万多株），覆盖了宜林地面积的87.38%，其中常绿树占90%，再加上野生灌木和草类，绿化覆盖率达95%。

主要树种包括：

常绿树：侧柏、油松、桧柏、千头柏等。

落叶阔叶树：毛白杨、泡桐、法桐、洋槐、梧桐、垂柳、旱柳、水杉、椿树、楝树、栾树、皂角、乌柏、鸡爪枫、五角枫、黄栌、合欢等。

经济树种：核桃树、柿树、大枣树、软枣树、苹果树等。

花灌木：百日红、黄杨、女贞、桂花、紫荆、木槿、花石榴、玉兰、迎春、红梅、五角梅、木香、牡丹等。

野生灌木：以酸枣为主，约占植被面积10%；其次有荆条、连翘等。

野生草本植物：主要有黄白草、野胡萝卜、鸢尾草、野菊花、藿香蓟、野酢浆草、野苜蓿、野苋菜等。

此外，还有青苔、蕨类等低等植物十几种。

伊河两岸、河谷地带主要是落叶阔叶树生长区。河边及灌渠两旁，分布着高大的垂柳。东山上的香山寺、龙门疗养院、轴承厂疗养院的庭院，树木花卉的品种都较丰富。西山佛前路禹王池旁，一棵近百年的乌柏树十分壮观。

西山高程 150～200m 的陡崖区为基岩裸露区，仅在岩石缝中零星出露一些野生臭椿、苦楝和合欢树，或在岩石表面生长青苔、蕨类等低等植物。这些植被的生长对石雕立壁岩体有不利的影响。高程 200～220m 的斜坡区为基岩半裸露区，主要生长一些酸枣、荆条、连翘等野生灌木。高程 220m 以上直至山顶为植被覆盖区，大面积生长侧柏林，近年来又栽植了大片的油松及少量的五角枫等阔叶树。

植物分泌的腐植酸，随同雨水下渗，进入石窟内，会加速石雕艺术品的溶蚀病害，对石窟保护不利。

龙门山上松柏密布，灌木丛生，对石窟曾经带来极大的破坏，其根系破坏了岩石的整体性和稳定性，加重了洞窟渗漏水病害。有的根系深入到洞窟内部，产生严重的问题。在过去 20 年里，曾经对龙门山上影响石窟保存的松柏类植物进行了清理，目前每年进行的清理杂草灌木等日常维护工作基本祛除了植物给石窟带来的威胁。

鸟类的堆巢和粪便污染降低了石雕的外观美感，微生物附着后产生的有机酸则长期腐蚀着雕刻艺术品。针对石雕艺术品表面的鸟粪和微生物等污染物的清洗，由于数量多、面积大，成为石窟保护中的一个长期工作。洛阳龙门水热条件好，降雨量较大，为微生物的生长提供了适宜条件。在龙门石窟很多洞窟和造像表面都覆盖有一层较为厚密的微生物。它们以片状、点状或斑状分布于石雕表面甚至裂隙内部，有白色、灰色、黑色、绿色等不同颜色，经检测分析，其种类有苔藓、地衣、藻类、霉菌等多种微生物。这些微生物的存在给石雕刻带来了较大的破坏和影响：影响石雕外观形貌，降低其美学价值；根系穿插生长造成物理破坏；生物活动释放的有机酸、有机碱等腐蚀石雕，加速石刻的岩溶风化，产生生物绿绣、裂隙、色彩变质、结壳、斑痕等病害；改变了石雕表面微环境，为其他破坏因素的作用提供了便利。

二、植被生物学特征与分布

龙门石窟所处的东西两山均为石灰岩残积母质上发育而成，土层浅薄，且含大量石砾和新生料礓，在土壤分类上均属褐土类：山地褐土亚类，灰石土土属。根据踏勘调查，龙门西山土壤以少砾质中层灰石土和多砾质中层灰石土为主，其土层厚度一般为 0.5m 左右，局部山间洼地之土层可达 1m 以上，其中混有砾石和砂礓，含量约 10%～30%，土壤腐殖质含量较高。野外调查在西山顶上做第四纪覆盖层洛阳铲鉴定时发现，表土层可分为两层：一层深 20cm 左右，为根植层；自 20～100cm 为二层，是褐黄色 Q_2 黄土层，含多层棕红色粉质亚黏土，有虫孔结构。由于淋滤作用强烈，土层中含有丰富的料礓石（钙质结核）。

龙门东山则以少砾质薄层灰石土和多砾质薄层灰石土为主，土层较薄，多处基岩裸露，土层厚度一般不到 0.3m，仅山谷一带土层稍厚一些。

另外，据龙门石窟保护修复工程西山钻孔实验表明，自地面至基岩母质层之间平均厚度为 2～4m。西山石窟保护区围墙往西至盘山公路（洛伊公路）之间宽度在 650～1200m 不等，山势逐渐降低，植被密布，以侧柏为主，间以灌木、草本植物丛生，零星有农户耕地分布。由于人们原来未认识到植树对石窟安全的影响，无规划地栽种，加上自然生长的树木，石窟崖顶岩体表层已形成了一层茂密的植被层。根据野外调查发现①，龙门西山植被分布特点如下：

（1）潜溪寺—摩崖三佛段

植被主要分布在海拔 170m 以上的山坡和山顶。距石窟较近（10m 内）的植被主要有：常绿林：侧柏、油柏、刺柏等，侧柏已郁闭；灌木：荆条、连翘、酸枣、迎春等比较繁茂；岩石缝中可见臭椿、合欢等乡土树种生长；草本类：黄白草、野苋菜等。

1975 年在潜溪寺的维修工程中发现洞内顶部有一层树木须根垂布，长者达 1m 左右。此洞洞顶岩体厚仅 2～10m，又破碎严重，雨后，漏水时间最快、漏水量最大。潜溪寺上曾于 1991 年做了钢筋混凝土网板防水层，摩崖三佛区域崖顶曾于 1994 年 2～4 月栽植草皮并做旧处理，下垫以水泥砂浆及沥青涂层，曾有明显效果，但一段时间后就出现了二次危害。

（2）摩崖三佛—万佛洞段

自观光道西侧直达山顶，植被覆盖极好，生长茂盛，少有基岩裸露。从地质构造上看，此段为一古滑坡，岩体比较破碎，岩石风化剧烈，已近成土母质，覆盖的土壤层较薄，但植被丛生。除珍珠泉附近有零星洞窟外，此段基本无洞窟雕像存在，所生长的侧柏、荆棘、椿树、野菊花等虽枝叶繁茂，对石窟安全与保护影响不大。

（3）万佛洞—奉先寺段

万佛洞窟顶至魏字洞窟顶一段盖层为一平台（海拔约 170m，长 130m，宽 5.5～14.2m，面积约 1100m^2），厚度较小，尤以万佛洞窟顶盖层最薄，仅为 2m 左右。地表为一基座阶地面，有伊河冲积相堆积，厚 0.5～1m。上面草本类植物生长旺盛，同时有花灌木如紫荆、迎春等分布，对万佛洞等漏水严重的洞窟有不小影响。1989 年对此平台做了钢筋混凝土网板防水层，渗水减少大半，但据今观察，盖年久老化，效果已不明显，渗水严重。万佛洞顶部往北斜坡上有一排水沟，导水效果不佳。由于石牛溪以上为一巨大的天生溶洞，平台上的积水最终主要经石牛溪排出至观光道上，不断

① 根据 2005 年个人工作日志整理。

冲刷石牛溪中的雕刻品，同时不断扩大溶洞的规模，破坏岩体的稳定性。

莲花洞北壁菩萨头及南壁西侧洞底处有常年渗水点存在，其上已有苔藓、地衣类低等植物，应予清除。地衣覆盖下的岩石表面经常发生严重的病变。

奉先寺人字形排水沟积水排入此段平台，被植被吸收积蓄，影响下部洞窟（如唐字洞、魏字洞、惠简洞等）。海拔 170m 以上直至山顶则翠柏丛生，覆盖极好。奉先寺龛顶（h=200m）以上 10m 内基本上岩石裸露，再上则松柏植被覆盖。

为了防止雨水直接冲刷雕刻品，1991 年修建了以防雨为目的的摩崖三佛、宾阳三洞、石牛溪和火烧洞雨篷，对文物起到了很好的保护作用。

（4）奉先寺—极南洞段

本段石窟及雕像位置海拔较高，也是龙门石窟洞窟分布最密集之所。行人不易攀爬的窟门处，由于风积作用形成薄层土壤层，常有草类或低灌丛生长。每逢除草时往往漏掉，有些已生长得枝壮叶茂，亟待清除。窟顶山崖上乔木、灌木旺盛，根系危及石窟岩体的安全稳定。

极南洞洞顶岩体厚仅 2.4m 左右，地表植被树木发育，洞内溶蚀严重，钙质结垢覆盖洞壁面积达 70%。

整体上，西山顶上侧柏林已郁闭。近年来又栽植大片的油松及少量的五角枫等阔叶树，灌木丛有荆条、酸枣、迎春、连翘等十分繁茂，形成大片的植物群落。红石沟（老研究院办公院）中有成片的秋天叶红的黄栌。

龙门东山则以少砾质薄层灰石土和多砾质薄层灰石土为主，土层较薄，多处基岩裸露，土层厚度一般不足 0.3m，仅山谷一带土层稍厚。龙门东山北部琵琶峰上，侧柏已郁闭。灌木除遍地酸枣外，还栽植了花石榴、黄杨等。在青沟里有一片核桃林，已遮天闭日。沟口处，除侧柏外，还有椿树、黄杨、花石榴等。东山香山处，由于土壤层薄（30cm 左右），土壤腐殖质不如西山，侧柏长势不旺。个别地方水土流失，基岩裸露，林木稀疏。万佛沟、萝圈沟（又叫老君坝沟，是四雁洞北侧的山谷）一带，林木已郁闭，植被覆盖较好，但种植单一，多是侧柏，野酸枣、荆条遍地，也可见野蔷薇、迎春等。

东山石窟主要分布在擂鼓台、万佛沟北崖壁和看经寺—四雁洞沿线。大万伍佛洞岩层厚 3～5m，其上植被丛生（有柏树及较大灌木生长）；擂鼓台北洞以北窟龛上无岩层覆盖，峭立崖上几株小柏树应予除去；高平郡王洞洞顶岩石厚仅 1.1m，上面是一缓形坡谷，柏树稠密旺盛，降水后汇集到高平郡王洞内，渗漏速度快、量大，结垢覆盖面积较大，对洞内造像危害严重；西方净土变、千手千眼龛雨水可直接沿山体流经佛像身上，结垢覆盖面积极大（一为 40%、一为 90%）；千手千眼龛顶上西侧有两株柏树，枝杆粗大，危及石像安全，急需伐掉。

三、植被的力学效应

植被由于自身的生长，其根系可在土壤或岩石中曲向发展。不同类型的植被，根系发达程度不一。一般说来，叶冠越高，其根系越发达，深入地下越深，盘根错节范围越大。乔木、灌木类根系一般比较发达，而草本类根系则不发达。

在力学上，植被对石窟安全的影响主要表现在植被根部的机械破坏作用（物理风化作用）。高大树身在风力作用下会对岩土体产生负荷载，增大边坡浅层的不稳定性。根系的生长能产生根劈作用，对围岩及土壤以巨大的挤压力，造成土壤、围岩发生裂隙、错落，直至分解、崩塌，这种根劈作用相当于楔子的效果。它所产生的张力相当惊人。据研究，一般灌木类植物的根系每平方厘米的面积上可产生 10～15×9.8 牛顿的张力，而极南洞区的去膏化微晶灰岩抗拉强度为 29～32kg/cm^2。在这种持续性张力（根系持续生长发育）的长期作用下，岩石逐渐发生错裂、扩大，直至完全裂开，从而发生崩解。石窟区洞顶山体坡度大，表面蓄土量极少，山上树木根系直接穿石进入岩体裂隙生长，依靠雨水发育，根系增大，加宽裂隙，如此反复作用，岩体最终崩落。有几个洞窟（如潜溪寺、万佛洞等）顶板岩石盖层较薄，树木根系沿裂隙进入洞内，使裂隙扩大，降雨后洞内渗水严重。

裂隙中的水在低温下冰冻，体积膨胀 1/11，相当于向周围产生 960kg/cm^2 的压力。龙门地区多年来最冷月气温在 -1℃左右，但 12 月、1 月气温多在 0℃以下，最低曾达 -9℃，两个月月均温在 -5～-3℃，石窟岩体包气带水、层间滞水、裂隙水结冰后强烈挤压裂隙壁面，从而扩张裂隙宽度。雨水、地下水还依循这些裂隙进行差异侵蚀，扩大裂隙宽度、深度，所携带泥土成分滞留后在适当条件下又可孕育新的植被，从而开始新的机械破坏，加速裂隙发育，增大水、土蓄量，这种作用又反过来促进树木的生长，加速洞窟漏水的发展，加速破坏岩体的稳定性。20 世纪 60 年代以来见到的岩体崩塌中，在塌落体与岩壁之间都有树根存在，证明洞窟周围树木是破坏石窟及围岩整体稳定的祸根。云冈石窟 20 世纪 60 年代已划定洞窟周围 30m 内不准植树。龙门石窟对植树范围有专门的规定和要求：洞顶植树至少要离石窟洞窟水平距离 50m 以远。龙门石窟自 1976 年开始了清除洞窟的杂树、荆棘等工作，有一定成效。1965 年在东山大万伍佛洞进行了清除洞顶野生树木杂草的试验，效果良好。1987 年开始，大面积清除了窟龛顶上方及洞口附近的树木杂草，用水泥砂浆封闭裂隙，减少洞窟漏水。

四、植被的生物化学效应

植被可以延长水分在岩体表面的储存时间，延长向洞内的渗水时间和水同碳酸盐岩石作用的时间。植被对岩溶作用的影响表现在：一方面植被根部的机械破坏作用，以及分解的植物残余物、腐殖质，能产生大量的游离 CO_2，且树木根系在新陈代谢过程中析出的有机酸、碳酸、亚硝酸等溶液又加速着岩石的化学腐蚀作用强度和时间。一般地，大气中只含有 0.03% 的 CO_2，而在植物覆盖层中则有近 1% 的 CO_2，这就使得有植被覆盖的可溶岩地下水中含有大量的碳酸和有机酸，有利于化学风化作用（岩溶作用）的进行。

另一方面，植被能加强下渗作用，不易形成地表径流，在化学风化过程中，起主要作用的是水，气体对岩石的作用只有在水的参与及作用下才比较显著。据分析，每一升雨水中含有 1.5～4.42 立方厘米 CO_2，此外还含有 NO_2、Cl^- 等，加上水在流动中，岩石中不稳定的化学成分的加入，使水溶液的化学成分变得更加复杂，因而具有相当强的破坏作用。龙门石窟岩体（石灰岩）的化学风化类型主要是溶解作用，其化学反应式如下：

$$CaCO_3 + CO_2 + H_2O \rightarrow Ca(HCO_3)_2 \text{（重碳酸钙）}$$

溶解作用的结果是使岩石中的易溶物质被逐渐溶解而随水流失，并降低岩石的强度。当难溶岩石灰岩中碳酸钙与二氧化碳及水作用时，可产生重碳酸钙，重碳酸钙在水中的溶解度比碳酸钙大十几倍到几十倍，可随水带走，从而造成岩石溶蚀、搬运、迁移，并最终形成溶穴、溶槽甚至溶洞（有些地方还可形成石林、地下河、天生桥等独特风格的地貌），部分地方产生崩塌、脱落，从而危及雕刻品的安全。

龙门石窟岩体的化学风化类型还有水化作用。由于龙门石窟西山中南段（奉先寺以南）岩体矿物中含有一定量的硬石膏，它经水化作用后可形成石膏。其反应式如下：

$$\underset{\text{（硬石膏）}}{CaSO_4} + 2H_2O \rightarrow \underset{\text{（石膏）}}{Ca \cdot 2SO_4}$$

硬石膏变为石膏后，其体积增大 60%，可对围岩产生很大压力，而石膏的溶解度又比硬石膏大得多。况且，含水矿物的硬度都小于无水矿物，从而降低了岩石的抗蚀性能，进而加快了岩石风化作用的进程。硬石膏在发生水化作用时，随外界空气温湿度环境的变化而频繁失水、吸水，随之产生的结果是矿物体积频繁收缩、膨胀，最后导致岩石酥松瓦解①。整个龙门石窟区，以火烧洞—极南洞区段风化（片状、鳞状风化为主，岩体表面多是 2～5cm 的鳞形块体层层剥落）最为剧烈，这里岩石石膏含量高，岩体破碎，节理裂隙如蛛网般密布于窟龛石雕之上，平均面裂隙率高达 3%～5%，线裂隙率达 5～6 条 /m，加上泥质含量高，植被较发育。

---

① 陈建平、杨刚亮：《龙门石窟石质文物病变的环境影响与对策研究》，《2004 年龙门石窟国际研讨会论文集》，河南人民出版社，2006 年。

再一方面，植被能阻止地表径流，加强下渗作用（植被的保持水土、涵养水源的强大功能），阻碍地表冲刷、促进地下岩溶发育。石窟区所在山体及石窟区东部覆盖岩溶地带冲沟中的大面积农作物，均可使地下水产生侵蚀性，对岩溶发育起不利影响，对石窟造成危害。

潜溪寺、万佛洞等窟顶水泥、硅胶防渗层与地表之间无法联为一体，层间在一段时间后又滋生不少植物；同时水泥层破裂，雨水入渗，增加了蓄水量、蓄土量，进一步造成植物发育，给石窟带来二次危害。这些问题在2013～2016年潜溪寺渗漏水治理工程中已得到解决。

五、渗透压动态平衡带来的影响

龙门石窟雕刻造像基本上位于地下水位以上，受到地下水影响不大。但是石窟岩体中各种类型的裂隙所产生的毛细作用，则可使地下水上升到影响低处雕刻品安全的海拔高度；同时两山上部岩层间所积蓄的雨水、大气水等，常年积存于岩体中，与下部地下水组成连通性极好的溶蚀裂隙带含水网络，形成对石窟影响严重的包气带水。裂隙岩溶含水层的给水度、贮水系数虽小，但它们互相连通，对岩体内部结构溶蚀破坏极大。植被覆盖增加了地表粗糙度和土层渗透性，导致岩土体渗透能力增加，提高了岩土体孔隙水压力，对边坡稳定性带来负面影响。

龙门是地热异常区，岩溶作用强烈。作为碳酸盐岩溶区，龙门石窟区岩体的贮水系数很小，岩体致密而厚实，不利于水的赋存①。但是龙门地区年降水量较为充沛（700～1000mm），山体内古岩溶比较发育，山上植被茂盛。降水除了自溶沟、溶槽、岩体层面及其他裂隙直接入渗外，植被的直接吸收与蓄水作用亦影响严重。植被在岩体中开辟裂隙的作用巨大，根系的曲向生长更使得各种裂隙串通一体，为各种水的积蓄与赋存赋予了介质空间（溶隙网络）。溶隙网络中的地下水向强径流带汇集，在适宜的水文地质条件下溢出地表成为泉眼，若在洞窟内及雕像上则成为危害严重的渗水点和漏水点。这种现象在龙门石窟相当普遍。

根系的生长倾向于利用耐受力较低的区域（比如石块间的连接部位）。生命周期不同，根系类型不同，根的扩张和木质化程度不同，造成的损失程度也不同。根尖的酸度pH＝5～6。一些植物如常春藤，由于释放有机化合物可使石材变色。当然，植物的存在也可导致微气候的改变：相对湿度增加，日照减少，风减小，污染物减少。

龙门雨季（每年6～9月）雨量充沛，毛管压力破坏增强。研究表明，岩体中宽

---

① 王建锋、潘别桐：《龙门石窟区域岩溶环境系统及其对石窟文物保护影响》，中国地质大学（武汉）水文地质与工程地质系，1992年，内部资料。

1μm 的裂隙中水分毛管压力等于 1.5kg/cm^2，而宽 1mm 的毛管压力将增大到 1500kg/cm^2。垂直节理发育，本身就具备了无数毛细管的特点，当雨量足够大、持续时间足够长时，超越了岩体抗裂强度，就会造成石刻的破坏。

渗透压主要以地下水中溶解性总固体量来衡量。低渗泉 1～8g/L，等渗泉 8～10g/L，高渗泉大于 10g/L。颗粒粒径 1mm 左右是土壤出现毛管现象的界限，大于这个界限的土壤则渗透作用增大①。

六、结论与建议

（1）通过调查与分析，发现龙门石窟受到生物因素的影响是很大的，其中主要是植物的影响。微生物所引起的风化作用也非常强烈，不容忽视。

（2）植被对石窟的破坏主要通过根系的机械扩张、新陈代谢析出的酸类的化学腐蚀以及渗透压的平衡来影响石窟岩体，从而从上到下、从内到外逐渐侵蚀、破坏石雕与窟龛。

（3）在清除石窟周围植被时，由于根系未取出，仍可发育生长，继续对岩石及石刻起着生物化学作用；腐烂的根系可产生酸性物质，进一步腐蚀岩体裂隙；洞窟内、崖壁上裸露的岩石、雕刻品表面有藻类与地衣共生，风化侵蚀着岩石与雕刻品，建议选择合适的季节，对此类植物及其根系进行一次全面、彻底的清除，并转移到其他地区。在植物的清除方法上，可以考虑药物注射，进行永久性清除。

（4）建议万佛洞至魏字洞窟顶盖层（平台）上的植被彻底清除，重新做防渗处理。根据地形条件重修排水沟，使其与奉先寺人字形排水沟相沟通，避免自山坡上冲刷的泥土堆积在此段平台上，使雨水在短时间内迅速排至伊河内，并保证雨水不再冲刷下部洞窟与石刻（这个工程方案要加以论证实施）。

（5）建议在对植被规划和实际日常维护、除草工作中做到：石窟附近 10m 内不见草本类，30m 内不见灌木类，50m 内不见乔木类。

第七节　人文与社会环境

进行石窟保护和研究工作，首先应认清石窟所处的自然环境和社会环境，这是我们开展石窟保护、研究和管理工作的前提；其次才是针对石窟文物本体的保护研究。这两者相辅相成，缺一不可，是文化遗产保护工作的关键所在。

龙门石窟具有独特的地理条件和自然环境。龙门石窟文物保护区包括龙门石窟、

① 国土资源部组织编：《水文地质工》，地质出版社，1999 年。

香山寺、白园三个著名旅游景点，以石窟人文景观为主，与伊阙自然景观相结合，文化气息浓厚，自然风景秀丽。石窟交通便捷，距离洛阳城较近，只有5千米。自然环境优美，气候宜人，石窟所在地龙门东西两山对峙，松柏葱郁，伊水中流，垂柳拂水。

龙门石窟始凿于北魏孝文帝迁都洛阳之际（公元493年），历经北魏、东魏、西魏、北齐、隋、唐、五代、北宋诸朝，断续营造达400余年。现存窟龛2340多个，造像10万余尊，碑刻题记2870余块（通），佛塔70多座，其窟龛造像数量之多，规模之大，堪称全国之冠。其中“龙门二十品”和褚遂良的“伊阙佛龛之碑”，分别是中国书法艺术史上魏碑体的珍品和唐楷的典范，堪称中国书法艺术的上乘之作。龙门石窟的北魏和唐代造像达到当时艺术顶峰，以匠心独具的皇家风范、中原风格而异于中国早、晚期石窟。其碑刻题记数量为世界石窟之最而被誉为“古碑林”。其造像内容广涉佛教信仰的众多宗派甚至含有道教的题材，在石窟艺术中也非常罕见。龙门石窟大量的实物形象和文字资料从不同侧面反映了中国古代政治、经济、宗教、文化等许多领域的发展变化，对中国佛教石窟艺术的创新与发展做出了重大的贡献。其历史、艺术、科学和鉴赏价值是石窟艺术行列中不可或缺的，是世界现存最伟大的古典艺术宝库之一。

居伊河东岸的香山寺始建于北魏熙平元年，唐垂拱三年印度来华高僧地婆诃罗安葬于此。天授元年，武则天在洛阳称帝，建立武周王朝，经梁王武三思奏请，敕名“香山寺”。史载香山寺“危楼切汉，飞阁凌云”，蔚为壮观，武则天常车驾游幸，御临香山寺石楼坐朝，留下了“香山赋诗夺锦袍”的千古佳话。唐宋名人骚客多造访香山寺，有颇多关于香山寺的诗词歌赋传诸后世。

伟大诗人白居易也为龙门浓厚的佛教文化气息和秀丽的自然风光所倾倒，晚年深居香山，与友人吟咏于山前林下，后长眠于龙门香山寺如满禅师塔侧。位于龙门东山北端的白园就是这位伟大诗人的栖息之处，这里绿树成荫，环境优美，曲径通幽，步移景异，是凭吊先贤的理想之所。

龙门景区为佛寺集中之地。北魏至唐宋时期龙门周边佛寺林立，唐代时伊阙东西两山有：香山寺（今东山南端轴承厂疗养院处）、乾元寺（在乾元山上）、广化寺（在龙门镇北）、宝应寺（在今寺沟）、敬善寺、天竺寺、崇训寺、奉先寺（龙门西山南端）、胜善寺、护法寺、菩提寺、潜溪寺、西天竺寺、皇觉寺、龙华寺等等，其中最有名的有十寺，以奉先、香山寺最为著称。唐代大诗人白居易说：“龙门十寺，观游之胜，香山首焉。”

东西两山现存的寺院遗址有：香山寺、乾元寺、奉先寺、广化寺。香山寺在龙门伊阙左，香山半腰之翠微中，清康熙年间重修。有山门、九老堂、佛殿、乾隆御碑，风景秀丽，可登高远眺西山窟龛。

名人墓有白居易墓园、贾岛墓、唐时印度高僧金刚智墓、神会墓等。

白园，1985 年重新修建的香山琵琶峰白居易墓园，有唐代建筑风格的乐天堂、道时书屋、诗廊、听伊亭、百亭、石乌头门、碑庐、自然石卧碑和墓等。建筑和自然环境溶融相得，是龙门风景名胜区中一组重要的人文景观。

古建筑遗址有唐香山寺遗址、奉先寺遗址和 2008 年考古发掘的擂鼓台三洞窟前建筑遗址等。其他还有传说武则天游幸过的古战场台——擂鼓台（在龙门东山南端），以及白居易捐钱主持疏浚河道、开凿暗礁以利舟楫通行的八节滩旧址等。

由于历史原因，龙门石窟申报为世界遗产之前，周边社会环境状况复杂，修建北入口仿古建筑群、南门外中华龙宫等旅游设施，加之摆摊设点等，无秩序开发经营使石窟景区脏乱差，与佛教圣地极不协调，给龙门石窟带来了严重的威胁。过境交通道路、公路桥、铁路桥穿越重点保护区，带来震动、噪声、废气等污染问题。据测震资料，机动车行驶引起的地动位移为 0.02μm/ 次。公路车辆的行驶对东山石窟区的影响十分严重。路面的扬尘大量飘落东山石窟之内，同时通过的机动车辆还排放大量尾气污染环境，成为石窟区酸雨形成的污染源之一。城镇居民区扩建，各类违章建筑和商铺饭馆在空间上蚕食着石窟环境。附近放炮震动和工业生产带来的空气污染、地下水变化严重威胁石窟安全。石窟保护区内企事业单位分布较多，与石窟保护区十分不协调。

龙门石窟周围有大中小规模的水泥厂 7 家，一座中型煤矿，大大小小的石料厂、石灰窑、石英砂厂几百家。这些污染企业纵横交错重重叠叠包围着龙门石窟东西两山。到 1996 年底，石窟区内建有大小饭店 50 余个，乡镇企业近 80 个，村办企业 900 多个，个体、联合体企业 6000 余个。这致使该区域内废水年排放量达 1.9 万吨，废气排放量近 8000 万标立方米（不包括火车、汽车带来的流动尾气）。工业固体废弃物 8000 余吨，加上各种工厂、矿山排废，加剧了龙门石窟各环境要素的污染程度，危及石窟文物的安全。无论是烧石灰还是采石业，都以龙门山上所产的碳酸盐岩为原料。周边这些小工业的兴起是以破坏地质环境为代价的。开山采石不仅破坏了岩石结构，还引起大面积的水土流失，而且由采石爆破引起岩石新裂隙的出现，为大气降雨的排泄提供了新的路径。

调查表明，当时石窟环境空气中 TSP、PM_{10} 均达不到一级标准，超标率 100%，SO_2、TSP、PM_{10} 等指标最高超标倍数分别为 0.86 倍、4.67 倍、3.56 倍。主要污染因子为 TSP、PM_{10}，其次为 SO_2，影响空气质量的主要污染因素为过境汽车排放尾气和扬尘[①]。

① 王红霞、王建美：《龙门石窟环境综合整治工程景观环境影响回顾分析》，《黑龙江环境通报》2006 年第 4 期。

为消除社会生活、生产建设等人类活动带来的不利影响，龙门石窟坚决彻底地进行了环境治理（表 2-23）。通过关闭大量污染企业、对景区进行封闭管理等措施，改善了龙门石窟保存的自然环境。

表 2-23　1999～2000 年龙门石窟周边环境整治项目一览表

拆除或关闭项目		改造或新增项目	
采石场	538 家	通信线路	2200m
石灰窑	92 座		10 余万 m^2
石英砂厂	7 家	复耕土地	300 余亩
上游污染企业	91 家	改造泵房	7 个
违章经营	720 户	平整河床	20 万 m^2
砖瓦厂	3 个	铺设路面	1 万余 m^2
公墓	5 处	植树	2 万多棵
水泥电杆	302 根	绿化面积	420 余亩
中华龙宫等不协调建筑	93 处	垒砌护坡	2600m^2
500m^2 渡槽	1 座	生态停车场	1.4 万 m^2
沿河码头	5 个	环保电瓶车	35 辆
架空电线	49200m		

自 20 世纪 90 年代以来，洛阳市不断加大对龙门石窟周边环境的整体治理和保护。为减少火车震动对石窟文物的影响，1995 年焦枝铁路龙门隧道废弃，东迁 700 米另辟新隧道。1999 年 7 月洛阳市政府下令成立“龙门石窟环境治理指挥部”，专门治理龙门石窟社会环境问题。其治理工作可分为两个阶段：

第一阶段：自 1997～2000 年间，先后投资 2 亿多元整治龙门石窟区内外大量违章和不协调建（构）筑物，拆除中华龙宫、环幕影城等 93 处不协调建筑及附属物 3.4 万平方米；拆除水泥电杆 302 根，架空电线 49200m，开挖供电线路沟槽 12000m，铺设电力电缆 12180m；改造通信线路 2200m，有线电视线路 2200m；拆除正在运行的移动通讯塔 1 座，拆除大型广告牌 6 个、沿河码头 5 个；拆除横跨洛卢公路 500m^2 渡槽 1 座；取缔石窟南门外及龙门桥东、西两头个体工商户 120 多家；拆除石英砂厂 7 家、石灰窑 21 座；关闭公墓 5 处；改造泵房 7 个、护林房 2 座；清理河道 10 余万 m^2；复耕土地 300 余亩。同时，清除店外经营 600 余户，清理乱贴乱画 1 万余处，粉刷墙体 1 万 m^2；关闭采石厂 538 家、石灰窑 71 座、伊河上游污染企业 91 家，平整河床 20 万 m^2，清淤 15 万 m^3；铺设路面 1 万余 m^2，垒砌护坡 2600m^2，植树 2 万多棵，新增绿化面积 209 亩，安装路灯 20 盏。通过治理，龙门石窟道路平整，水光山色，面貌焕然一新，顺利通过 UNESCO 的评估验收，确保了申报工作一次成功。

第二阶段：自2000～2004年，按照龙门石窟景区发展规划，对龙门石窟北入口进行改造。为此，搬迁16家国有单位和716户农民和城镇居民；拆除建筑物12万m^2；建成1.4万m^2的生态停车场1座，1万m^2的青石广场1个，解决了旅游高峰期的人流集散问题；新铺彩砖人行道4万多m^2，方便了游人观光。新增环保电瓶车35辆，为病老体弱者提供了高档代步工具。新增绿地210亩，美化了窟区环境。新建高档水冲厕所和垃圾中转站投入使用。新建的1.2万m^2的商业步行街正常营业。新增20万m^2水面的二级橡胶坝也投入使用。2000年秋季，由市区通往龙门石窟的专线——龙门大道全线竣工。2002年龙门南北伊河大桥开工建设，2003年4月建成通车，对龙门石窟景区实行封闭式管理，禁止车辆过境，使原来每天穿行石窟中心区的上万辆机动车绕行。2004年彻底关闭水泥厂3个、石灰窑140多处，杜绝了采石爆破震动对石窟的危害，减少了空气污染。利用国家退耕还林政策，在龙门东山退耕还林1300余亩，使龙门山清水秀，人文与自然和谐一致，景区整洁有秩。

大规模的拆迁治理彻底改善了龙门石窟保护区的环境质量和环境面貌，石窟文物的保存环境得到明显改善。保护区内火车、汽车振动，二氧化硫、氮氧化物、粉尘等空气污染以及噪声等大为减少，空气中有害气体二氧化硫和氮氧化物的含量降低了一半，大气总悬浮颗粒下降了25%，噪音降低了30%，环境震动也大为减少，造成石窟崩塌、风化病害的环境因素得到抑制，减缓了石窟风化，从而有效减小了环境对石窟的危害。

第三章　地质环境对龙门石窟选址、开凿与保护的影响

石窟寺是我国文化遗产的重要代表，一般依附于自然山崖修建而成。与普通寺庙建筑（砖木结构）相比，石窟寺因其材料（山岩、石材）更加坚固耐久而易于长存。石窟寺多选择在依山傍水、环境清幽之处开凿。其开凿需要一定的岩石空间，最适宜在直立陡壁的特殊地貌环境里营建。一般而言，丹霞地貌、喀斯特地貌和河谷地貌易形成陡峭崖壁。尤其丹霞地貌，大多由红色砂岩、砾岩等陆相碎屑岩构成，多呈中厚层，产状平缓且垂直节理发育，在长期地质作用过程中，由于遭受侵蚀而剥落崩塌，形成以“顶平、身陡、麓缓”的方山、石墙、石峰、石柱等为特征的奇险的丹崖赤壁，为开凿石窟提供了良好空间和环境。同时，丹霞地貌还能满足佛教徒心理需要，“丹山碧水”被佛教徒视为“灵岩仙境”，是开凿石窟的理想环境。所以我国许多著名石窟均位于这类地貌环境中，如甘肃麦积山石窟、炳灵寺石窟、北石窟寺、马蹄寺石窟，宁夏须弥山石窟，陕西万佛洞、大佛寺，重庆大足石刻，四川广元千佛崖造像、乐山大佛，云南剑川石窟等，多分布于西北和西南地区。分析发现，我国石窟寺大多开凿在依山傍水的崖壁上，组成崖壁的岩层大都未经过强烈的构造变动，岩体完整性较好，地层产状多接近水平或缓倾状。

我国石窟寺分布位置、岩石组成等特征表明，古人建筑石窟是很有智慧的，其选址是经过地质考察和慎重考虑的，一般选择在完整性好、岩层厚度大、岩性较均一的岩体中开凿或雕刻。此外，岩性相对较软，适宜开凿。具有良好的自稳能力，未经构造变动，岩层厚度大且均一性好的砂岩、灰岩、砾岩等最适于石窟的开凿和修建。

雕木难，雕石更难！古代能工巧匠们为雕好每一件艺术品，无不从选雕部位、岩层厚度、成分结构、可塑性、抗风化能力等多方面作周密细致的考察和研究，如此才能因材施雕，开凿出举世闻名的石窟艺术宝库，显示其纯熟手法和高超技艺。

在关注历史文化遗产的社会属性的同时，我们也必须认识到其所赋存的自然属性，这一特点可表现为两方面：

一是历史文化遗产的制作材料在当时的历史条件下多是天然材料或以天然材料简单加工而成的，如石器、陶器、瓷器、青铜器等，这些材料的初始原料全部来自于我

们所生活的地球表层或浅层。这些天然材料的性质、结构、物理化学性质等会给古代器物的制作和后期的保存带来最为直接的影响（文物材质特征是影响文物保护的最直接内因）。

二是历史文化遗产的建造地点位于地球表层，多赋存于天然的岩土体之中或坐落于岩土体之上，如石窟寺、摩崖造像、摩崖题刻、摩崖石刻、岩画、岩墓，同时大量的历史遗迹所选用的建造材料和原料也多取自我们所生活的地球表层或浅层，如石质结构的建筑、砖石结构的建筑等。

作为历史上人类活动的遗物，古代遗迹本身表现为一种主动的建设和生产行为，在它的完成过程中，古人不可回避地将面对他们生活所赋存的自然地理环境和地质条件。通过对大量中国古代历史遗迹文献记载的研究和科学调查表明，古代人们的许多行为和地学问题是紧密相关的，并且许多实例也证明了他们在完成建设行为时，具备了一定的地学概念和思想，具体表现在以下三个方面：

第一，中国古代人类工程建造选址中对地学问题的应用，包括建造场地地形条件、建造基址岩土条件和建造工程周边环境条件的选择问题。通过大量研究表明，古人在进行石质文物雕刻时，是经过详细地质勘察的，一般多选择在完整性好、具有自稳能力、未经构造变动的区域，且地层产状多近水平状或缓倾状、成层厚度大、岩性均一的岩体中进行开凿或雕刻。这一点充分证明了在当时的社会生产力水平下，我们的祖先已经懂得采用工程地质、地貌学的有关知识或经验来指导石质文物的选址和修建。因此我国的石窟寺、崖墓、摩崖造像、摩崖题刻等大多开凿在这些区域内。由于岩性较软的砂岩、灰岩、砾岩等最适合于石质文物的开凿与雕刻，所以保存至今的相关遗存数量最多。

第二，中国古代人类工程建造材料的选择问题。对于处于野外环境中的古代遗迹，其材料的敏感性直接决定了其主体存亡。中国古代最具民族特色的木构建筑，其现存遗迹的最早年代仅在唐代，这主要因为木材对环境敏感性强，在潮湿环境中不易保存，而且水火等外力足可导致其结构毁灭性的破坏。而作为地质单元组成部分的岩土体与其他材料相比，其环境敏感性弱，因此遗留至今的岩土类文物，年代久远可推至史前，并且以该种材料为依托保存了大量的历史文献资料。其在我国历史文化遗产的保护和研究中占着举足轻重的地位。而石质文物又大多赋存于地质体中，或以地质材料作为基本建材，它们与地质环境的关系更为密切，因此实际上我国石质文物艺术发展史就是一段祖先利用自然地质条件进行地质工程活动的历史。

第三，中国古代人类工程与赋存地质体及地质环境的关系。对中国古代一些大型工程技术方法的研究，我们发现中国古人在实施建设工程时，已初步具备了地质学的概念，而且在许多工程中通过工程处理手段，既解决了环境地质问题，又使人类工程与其赋存的环境完美地连为整体[①]。可以说，中国石窟寺是人工构筑物与自然地质体结合的文化景观，既具有人为建造、艺术创作的特点，又具有自然地质体的构造、结构特征。与欧洲石质文物相比，中国石窟寺具有文化景观的独特性[②]。

龙门石窟像大小蜂房似的密布于伊河两岸的峭壁上，南北延绵约一千米。东、西两山现存大小窟龛二千三百多个，造像十万余尊，石刻佛塔八十多座，造像题记碑文刻石二千八百多品。龙门石窟石质之优良，窟龛、造像及造像题记之多，自然山水环境之优美，都居全国石窟之冠。龙门石窟以其规模之宏大、内容之丰富、造像之精美、技法之纯熟，与敦煌莫高窟、大同云冈石窟并称为我国三大石窟艺术宝库。除龙门石窟外，在北魏洛阳城周围还分布有十多处中小石窟，如众星拱月，成为龙门石窟的“卫星”窟，有西部陕县的温塘石窟，义马市的鸿庆寺石窟、千秋镇石窟，新安县的西沃石窟，宜阳县的虎头寺石窟；南部嵩县的铺沟石窟，伊川县的吕寨石窟、鸦岭石窟；东部的巩县石窟，伊滨区的水泉石窟；北部黄河北岸吉利区的万佛山石窟等[③]。这些石窟所在地，在古代均属洛阳管辖。这些“卫星”窟，开凿于北魏和唐代，艺术风格与龙门石窟一脉相承，是洛阳龙门石窟艺术的有机组成部分。

作为不可移动石质文化遗产，龙门石窟处于露天的自然环境中，规模宏大、价值突出、野外环境条件复杂，其保护工作难度大、精细化程度高，是一个多学科交叉的系统工程[④]。石窟寺保护工作的具体开展，需要联合攻关石窟保护难题（如防风化、洞窟渗漏水治理等），牵涉到多学科知识交叉，比如地质地貌、气象、水文、环境、生物，还有人类活动影响。因此，认识石窟所处的自然环境是做好石窟保护的前提。地学是保护工作的基础，物理、化学、检测等学科是科研手段和方法，工程设计与施工则是实践石窟保护的技术和治理措施。在石窟保护修复工作中，认识和研究其赋存的地质环境是有效开展保护工作的重要前提和基础工作。

第一节　龙门石窟选址原因

石窟寺源自印度，是印度早期佛教建筑的一种形式。石窟寺沿着丝绸之路，历经万里大漠，传到中国，到达新疆、甘肃，落地生根，又逐渐延伸至黄河流域，其中最有名的当属敦煌莫高窟、大同云冈石窟和洛阳龙门石窟。古人曾这样描绘石窟寺：“青云之半，峭壁之间，镌石成佛，万龛千窟，虽自人力，疑是神功。”石窟寺就这样选择

① 李宏松：2004 中意合作文物保护修复培训班讲义，中国文化遗产研究院，2004 年，内部资料。

② 王金华、郭桂香：《守护石窟：石窟人诉说石窟保护的奉献》，上海古籍出版社，2019 年，第 2 页。

③ 杨超杰：《洛阳周边小石窟全录》，外文出版社，2010 年。

④ 杨刚亮：《龙门石窟的日常维护》，《中国文物报》2004 年 9 月 3 日第 8 版。

着自己的归宿，并最终在洛阳选择了龙门[①]。

石窟寺是一种特殊的建筑，它以整座山为材料，用减法挖空间，除去无用之石，留下精华，它是建筑的山，也是山的建筑，山与建筑融为一体，是人类创造与大自然的奇妙结合。龙门石窟自北魏以降，几乎历代均有刻凿，其集中开窟造像时间长达四百余年之久。皇室贵胄或文武重臣，一到龙门就变成了虔诚的佛教徒。作为"发愿人"，他们把自己的愿望付诸流形，恭敬焚香祷告，认真勘察龙门东西两山，仔细选定一面山崖，在此开凿石窟、雕凿佛像。如此经年累月，一座普通的石山变成了佛国世界。

纵观我国和世界其他国家石窟的分布，可以看出如下四个特点：

（1）都是开凿或雕刻在硬度为5度以下的岩石上；

（2）都是坐落在孤立的单斜山体上，均属较大的山体余脉；

（3）窟龛距地面高度一般不超过200米；

（4）一般都分布在临河一面的陡崖立壁处。

洛阳地处洛河、伊河、黄河冲击出来的三川河谷小平原，因地处洛河之北而得名。它三面阻山，西有中条山、崤山，南有熊耳山、伏牛山，东有嵩山，北有黄河天险。所以洛阳所处位置是三河四塞，可依靠三川河谷周围地势来布置防守。函谷关拒其西，扼崤函之险；虎牢关（汜水关）阻其东，扼嵩山北麓与黄河之间的通道；伊阙（今洛阳龙门）阻其南，扼嵩山与熊耳山之间伊河河谷通道；孟津阻其北，扼黄河渡口。另有广成关控制汝河方向来的通道，轩辕关控制颍河方向来的通道。这些关隘营建于不同的历史时期，具体位置多有变迁，最典型的是东汉末年的八关校尉，形成的洛阳八关。

洛阳号称九朝古都，位居"天下之中"，八方辐辏，"四面环山、六水并流、八关都邑、十省通衢"。它北临邙山，南系洛水，东压江淮，西挟关陇。它有群山环绕，东据虎牢关，西控函谷关，北通幽燕，南对伊阙，"山河拱戴，形势甲于天下"。风水先生认为洛阳是龙脉集结处。李思聪在《堪舆杂著》论洛阳龙势时说："洛阳，即今之河南府也。从嵩山而来，过峡石而北，变作冈，龙入首后，分一枝结北邙山托于后。山虽不高，蜒蜿而长顿。起首阳山，远映下首，至巩县而止于黄河之中。蒿山抽中干，起皇陵山，分出一枝至黑石关为水口，中扩为堂局，而四山紧拱，前峰秀峙，伊洛济瀍涧，汇于前龙之右界水也。稠桑弘农，好阳诸涧，乃左界水，流入黄河，绕于北邙之后。洛河悠扬，至巩县而与黄河合，一大聚会也。"嵩山为其主山，龙势由此而北，蜒蜿而长顿，一支结于北邙山，另一支结于龙门山，中扩为堂局，四山紧拱，前峰秀峙，伊河、洛河、涧河等河汇于明堂之前，山水翕集，形胜万千。

① 《洛阳晚报》编辑部编：《经典洛阳》第一卷，河南人民出版社，2014年，第95、96页。

早在西周初年，周公以都城的规模对洛阳进行勘测。《尚书》记载周公摄政的第五年，以占卜的形式相洛邑。“予惟乙卯，朝至于洛师。我卜河朔黎水，我乃卜涧水东、瀍水西，惟洛食；我又卜瀍水东，亦惟洛食。”《尚书》又记载：“成王在丰，欲宅洛邑，使召公先相宅，作《召诰》。”洛邑是当时世界上最早按照事前周详规划而建筑的城市。公元前770年，周平王迁都洛邑，这是洛阳作都城之始。洛阳有伊、洛、瀍、涧四条河流贯穿其间，它在洛水之北，从战国开始，人们称洛邑为洛阳。

东汉至北魏，都城建在今洛阳以东的白马寺一带。隋唐时，洛阳大加扩建，隋炀帝、武则天以洛阳为东京，常住洛阳。据说，隋炀帝对洛阳地形很欣赏，李吉甫《元和郡县图志》记载：“初，炀帝尝登邙山，观伊阙，顾曰：‘此非龙门邪？自古何因不建都于此？’仆射苏威对曰：‘自古非不知，以俟陛下。’帝大悦，遂议都焉。”

可见伊阙龙门地理位置重要。郦道元在《水经注》对伊阙关塞、道路的修建历史有明确记载：

> 伊水出南阳鲁阳县西蔓渠山。《山海经》曰：蔓渠之山，伊水出焉。《淮南子》曰：伊水出上魏山。《地理志》曰：出熊耳山，即麓大同，陵峦互别耳。伊水自熊耳东北径鸾川亭北，蕿水出蕿山，北流际其城东，而北入伊水。世人谓伊水为鸾水，蕿水为交水，故名斯川为鸾川也。又东为渊潭，潭浑若沸，亦不测其深浅也。伊水又东北径东亭城南，又屈径其亭东，东北流者也。
>
> 东北过郭落山。阳水出阳山阳溪，世人谓之太阳谷，水亦取名焉。东流入伊水，伊水又东北，鲜水入焉，水出鲜山，北流注于伊。伊水又与蛮水合，水出卢氏县之蛮谷，东流入于伊。
>
> 又东北过陆浑县南。《山海经》曰：滽滽之水，出于厘山，南流注于伊水。今水出陆浑县之西南王母涧，涧北山上有王母祠，故世因以名溪，东流注于伊水，即滽滽之水也。伊水历崖口，山峡也。翼崖深高，壁立若阙，崖上有坞，伊水径其下，历峡北流，即古三涂山也。杜预《释地》曰：山在县南。阚骃《十三州志》云：山在东南。今是山在陆浑故城东南八十许里。《周书》武王问太公曰：吾将因有夏之居，南望过于三涂，北瞻望于有河。《春秋》昭公四年，司马侯曰：四岳、三涂、阳城、太室、荆山、中南，九州之险也，服虔曰：三涂、大行、轩辕、崤、渑，非南望也。京相璠著《春秋土地名》，亦云：山名也。以服氏之说，涂，道也。准《周书》南望之文，或言宜为轩辕、大谷、伊阙，皆为非也。《春秋》晋伐陆浑，请有事于三涂。知是山明矣。有七谷水注之，水西出女几山之南七溪山，上有西王母祠，东南流注于伊水。又北，蚤谷水注之，水出女几山之东谷，东径故亭南，东流入于

伊水。伊水又东北径伏流岭东，岭上有昆仑祠，民犹祈焉。刘澄之《永初记》称陆浑县西有伏流坂者也。今山在县南崖口北三十里许，西则非也。北与温泉水合，水出新城县之狼皋山西南阜下，西南流会于伊水。伊水又东北径伏睹岭，左纳焦涧水，水西出鹿髆山，东流径孤山南。其山介立丰上，单秀孤峙，故世谓之方山，即刘中书澄之所谓县有孤山者也。东历伏睹岭南，东流注于伊。伊水又东北，涓水注之，水出陆浑西山，即陆浑都也。寻郭文之故居，访胡昭之遗像，世去不停，莫识所在。其水有二源，俱导而东注虢略，在陆浑县西九十里也。司马彪《郡国志》曰：县西虢略地，《春秋》所谓东尽虢略者也。北水东流，合侯涧水，水出西北侯溪，东南流注于涓水。涓水又东径陆浑县故城北。平王东迁，辛有适伊川，见有被发而祭于野者曰：不及百年，此其戎乎。鲁僖公二十二年，秦、晋迁陆浑之戎于伊川，故县氏之也。涓水东南流，左合南水，水出西山七谷，亦谓之七谷水。阻涧东逝，历其县南。又东南左会北水，乱流，左合禅渚水，水上承陆浑县东禅渚，渚在原上，陂方十里，佳饶鱼苇，即《山海经》所谓南望禅渚，禹父之所化。郭景纯注云：禅，一音暖，鲧化羽渊而复在此，然已变怪，亦无往而不化矣。世谓此泽为慎望陂，陂水南流，注于涓水。涓水又东南注于伊水。昔有莘氏女采桑于伊川，得婴儿于空桑中，言其母孕于伊水之滨，梦神告之曰：白水出而东走。母明视而见白水出焉，告其邻居而走，顾望其邑，咸为水矣。其母化为空桑，子在其中矣。莘女取而献之，命养于庖，长而有贤德，殷以为尹，曰伊尹也。

又东北过新城县南。马怀桥长水出新城西山，东径晋使持节、征南将军宗均碑南。均字文平，县人也。其碑，太始三年十二月立。其水又东流入于伊。又有明水出梁县西狼皋山，俗谓之石涧水也。西北流径杨亮垒南，西北合康水，水亦出狼皋山，东北流径范坞北，与明水合。又西南流，入于伊。《山海经》曰：放皋之山，明水出焉，南流注于伊水是也。伊水又与大戟水会，水出梁县西，有二源，北水出广成泽，西南径杨志坞北，与南水合，水源南出广成泽，西流径陆浑县南。《河南十二县境簿》曰：广成泽在新城县界黄阜。西北流，屈而东，径杨志坞南；又北屈，径其坞东，又径坞北。同注老倒涧，俗谓之老倒涧水，西流入于伊。伊水又北径新城东，与吴涧水会，水出县之西山，东流南屈，径其县故城西，又东转径其县南，故蛮子国也。县有鄤聚，今名蛮中是也，汉惠帝四年置县。其水又东北流，注于伊水。伊水又北径当阶城西，大狂水入焉，水东出阳城县之大苦山。《山海经》曰：大苦之山多㻬琈之玉。其阳，狂水出焉。西南流，其中多三足龟，人食之者无大疾，可以已肿。狂水又西径纶氏县故城南。《竹书纪年》曰：楚吾得帅师及秦伐郑，围纶氏者也。左与倚薄山水合，水北出倚薄之山，南径黄城西，又南径纶氏县故城东，而南流，注于狂水。狂水又西，八风溪水注之。水北出八风山，南流径纶氏县故城西，西南流，入于狂水。狂水又西，得三交水口。水有三源，各导一溪，并出山南流合舍，故世有三交之名也。石上菖蒲，一寸九节，为药最妙，服久化仙。其水西南流注于狂水。狂水又西径岳高山北，西南与湮水合。水出东北湮谷，西南流径武林亭东北，又屈径其亭南，其水又西南径湮阳亭东，盖藉水以名亭也。又东南流入于狂。狂水又西径湮阳城南。又西径当阶城南，而西流注于伊。伊水又北，土沟水出玄望山西，东径玄望山南，又东径新城县故城北，东流注于伊水。伊水又北，板桥水入焉。水出西山，东流入于伊水。伊水又北会厌涧水，水出西山，东流径郯垂亭南。《春秋左传》文公十七年，秋，周甘歜败戎于郯垂者也。服虔曰：郯垂在高都南。杜预《释地》曰：河南新城县北有郯垂亭。司马彪《郡国志》曰：新城有高都城。今亭在城南七里，遗基存焉。京相璠曰：旧说言郯垂在高都南，今上党有高都县。余谓京论疏远，未足以证，无如虔说之指密矣。其水又东注于伊水。伊水又北径高都城东。徐广《史记音义》曰：今河南新城县有高都城。《竹书纪年》梁惠成王十七年，东周与郑高都利者也。又来儒之水出于半石之山，西南流径斌轮城北，西历艾涧，以其水西流，又谓之小狂水也。其水又西南径大石岭南，《开山图》所谓大石山也。山下有大石岭碑，河南隐士通明，以汉灵帝中平六年八月戊辰于山堂立碑，文字浅鄙，殆不可寻。魏文帝猎于此山，虎超乘舆，孙礼拔剑投虎于是山。山在洛阳南，而刘澄之言在洛东北，非也。山阿有魏明帝高平陵，王隐《晋书》曰：惠帝使校尉陈总仲元诣洛阳山请雨，总尽除小祀，惟存大石而祈之，七日大雨。即是山也。来儒之水又西南径赤眉城南，又西至高都城东，西入伊水，谓之曲水也。

又东北过伊阙中，伊水径前亭西。《左传》昭公二十二年，晋箕遗、乐征、右行诡济师，取前城者也。京相璠曰：今洛阳西南五十里伊阙外前亭矣。服虔曰：前读为泉，周地也。伊水又北入伊阙，昔大禹疏以通水，两山相对，望之若阙，伊水历其间北流，故谓之伊阙矣，《春秋》之阙塞也。昭公二十六年，赵鞅使女宽守阙塞是也。陆机云：洛有四阙，斯其一焉。东岩西岭，并镌石开轩，高甍架峰，西侧灵岩下，泉流东注，入于伊水。傅毅《反都赋》曰：因龙门以畅化，开伊阙以达聪也。阙左壁有石铭云：黄初四年六月二十四日辛巳，大出水，举高四丈五尺，齐此已下。盖记水之涨减也。右壁又有石铭云：元康五年，河南府君循大禹之轨，部督邮辛曜，新城令王琨，部监作掾董猗、李褒，斩岸开石，平通伊阙，石文尚存也。

又东北至洛阳县南，北入于洛。伊水自阙东北流，枝津右出焉。东北引溉，东会合水，同注公路涧，入于洛，今无水。《战国策》曰：东周欲为田，西周不下水，苏子见西周君曰，今不下水，所以富东周也，民皆种他种，欲贫之，不如下水以病之，东周必复种稻，种稻而复夺之，是东周受命于君矣。西周遂下水，即是水之故渠也。伊水又东北，枝渠左出焉，水积成湖，北流注于洛，今无水。伊水又东北至洛阳县南，径圜丘东，大魏郊天之所，准汉故事建之。《后汉书·郊祀志》曰：建武二年，初制郊兆于洛阳城南七里，为圜坛八陛，中又为重坛，天地位其上，皆南向，其外坛上为五帝位，其外为壝，重营皆紫，以像紫宫。按《礼》，天子大裘而冕，祭皞天上帝于此，今衮冕也。坛壝无复紫矣。伊水又东北流，注于洛水。《广志》曰：鲵鱼声如小儿啼，有四足，形如鲮鳢，可以治牛，出伊水也。司马迁谓之人鱼，故其著《史记》曰：始皇帝之葬也，以人鱼膏为烛。徐广曰：人鱼似鲇而四足，即鲵鱼也。

瀍水出河南谷城县北山，县北有替亭，瀍水出其北梓泽中。梓泽，地名也。泽北对原阜，即裴氏墓茔所在，碑阙存焉。其水历泽东南流，水西有一原，其上平敞，古替亭之处也。即潘安仁《西征赋》所谓越街邮者也。

由此可知，龙门石窟所在的伊阙，是洛阳往南的门户，自古就是重要的关塞要道，也是洛阳南出交通干道所经之地。汉代“斩岸开石，平通伊阙”，扩展阙口道路，对岸边崖壁进行一定程度的修整。至北魏于此开凿石窟，在这狭隘的V形山口，利用斩修道路所形成的崖壁，进一步斩山开窟，石窟及摩崖龛像均面向道路一线分布，往来行人皆能观赏、礼拜①。

唐代在此续凿石窟，营造环境一直延续，开元五年魏收谦像龛铭载：“前临大道，行李之所往来，密迩名都，众生之所回向。”②

龙门石窟周边寺院林立，其修建并不晚于石窟开凿。温玉成先生在《唐代龙门十寺考察》中明确论证了伊阙之山寺，当在公元三世纪间，可知早于山下石窟的开凿。

早期石窟主要为僧团服务，功能多样，在距道路较近的山体开凿礼拜窟，礼拜供养，宣传佛法，而在距道路较远的山体开凿禅窟、僧房窟、储藏窟等，供应日常生活，不同功能的石窟相互结合，形成石窟寺院。至北魏云冈石窟、龙门石窟，禅窟、僧房窟、储藏窟原来承载的功能均由地面寺院代替，山下石窟、山顶寺院并置，形成整体

---

① 彭明浩：《云冈石窟的营造工程》，文物出版社，2007年，第37页。

② 刘景龙、李玉昆：《龙门石窟碑刻题记汇录》，中国大百科全书出版社，1998年。

空间与布局的分化。表现出几点变化：一是洞窟选址趋于外向，紧邻交通干道。二是洞窟功能趋于单一，以礼拜窟为主。三是石窟与地面寺院的功能趋于分化，由从属关系转变为并列关系[①]。

石窟与周边寺院在选址环境、功能方面都不相同：石窟位于山脚下临河两侧，面对伊阙古道，因其为皇家石窟，不单服务僧众，更多面向世人，彰显功德、宣传教化、礼拜祈福；而寺院位于周围山顶，院里大道，供僧众居住、禅修等日常活动。可见，山下石窟与山顶寺院结合，才是一个完整的宗教场所。

佛教石窟寺开凿的地点选择，与佛教徒修禅有着必然的关系，修行者需要在环境清净之处进行禅思，因此要选择远离城市喧嚣的幽静山林、水边崖际之处。佛经《禅秘要法经》云："出定之时，应于静处，若在冢间，若在树下，若阿练若处。"《付法藏因缘传》亦明确指出："山岩空谷间，坐禅而龛定，风寒诸勤苦，悉能忍受之。"中国古代石窟寺的开凿，也基本是在这样的前提下进行的。龙门石窟的选址，既符合佛教徒修禅及僧俗信徒拜佛以修功德的特定环境要求，同时也体现出中国传统山水观的选址理念。

龙门石窟位于河南省洛阳市城南5km的龙门口，东经112° 27′ 54″，北纬34° 33′ 24″。东西两山对峙，东山为香山，海拔371.8m，西山又名龙门山，海拔307.6m，伊水由南向北穿流而过，形成龙门峡谷。龙门峡谷地处北亚带秦岭东西复杂构造带，洛阳盆地的东南部，峡谷走向略呈南北向（N10° E），南北长约1200m，东西宽约150～250m，谷深约120m。龙门石窟就开凿在这样的地理环境中。

为何选择在洛阳伊阙关修建龙门石窟？大致有以下几个方面的原因：

第一，洛阳盆地周围群山环绕，岩石多样，峡谷陡崖地形丰富，为石窟开凿提供了物质载体和适宜的环境。北魏鲜卑人有浓郁的石室情结、洞窟之缘，北魏佛教多元化融合、洛阳为中心的汉晋佛教文化传统，使洛阳出现石窟开凿热潮成为必然。

第二，洛阳13个王朝的建都史表明，洛阳在军事上进可攻、退可守，军事地理位置非常重要。历史上多在洛阳周围设置关隘，如东汉置八关守卫洛阳，成为进出洛阳的险关要隘。在它们附近多有石窟开凿，龙门石窟位于伊阙关，水泉石窟在大谷关内，万佛山石窟位于孟津关附近，巩县石窟距小平津30km等。龙门的三则题记直接表明，守卫伊阙关的功曹直接参与了石窟的造像活动。

第三，洛阳位于天下之中，"九省通衢"，自古交通发达。佛教僧人为弘扬佛法，往往选择交通要道旁开凿石窟。自洛阳向西，在两京故道旁刻有义马鸿庆寺石窟、宜阳虎头寺石窟等；城北沿黄河南岸，分布有新安西沃石窟、孟津谢庄石窟、巩县石窟

① 彭明浩：《云冈石窟的营造工程》，文物出版社，2017年，第43页。

等；城南通往荆楚之地，则有伊川鸦岭石窟、吕寨石窟、嵩县铺沟石窟等，而位于关隘附近的龙门、水泉、万佛山石窟等也与水陆交通有直接关系。

第四，在历史与社会人文因素方面，鉴于洛阳优越的历史及人文地理环境、重要的都城地位，北魏皇室由平城迁都洛阳成为龙门石窟开凿的直接因素。作为关口、交通要塞、洛阳的南大门，龙门重要的地理位置吸引着皇室贵胄达官贵人前来祈祷、修建石窟[①]。在自然环境因素方面，龙门是山水胜景之处：山水相连、风光秀丽、僻静幽深；得水藏风之所，符合传统风水的选址原则。龙门位置上与洛阳都城距离适中，邙山、青要山、首阳山均不可比，后者多为丘陵黄土不宜雕像；龙门石质优良，适宜精雕细琢；龙门天然溶洞众多，利用溶洞开凿石窟，“顺其自然”，省时省工，如古阳洞、莲花洞、火烧洞等。

一、地形地貌条件的选择问题

风水学在我国的建筑选址、规划、设计和营造中几乎无处不在，成为我国传统建筑文化的灵魂，是古人建筑文物法的一个重要思想。风水学是我国古代文化中一个重要的术数类别，是集地质地理学、生态学、景观学、建筑学、伦理学和美学于一体的中国古代建筑与环境选择理论学说。风水学在实用层面上，蕴含着前人对地理环境的认识与建筑经验的概况和总结；在理论层面上，吸收了易学哲学的理念。中国古代风水学认为，大地遍行自然灵气，山水风景皆有生命。所谓风水，是古代中国人对具有超自然力神秘“气”的寻求与经营的法术，风水其实就是“天人合一”的学问。寻找建筑景观吉地，风水是关键，只有藏风得水的地方，才能得以行气，才能产生灵气，因此石窟寺的开凿依山临水是很普遍的。自然环境要达到这些要求，进到人性层面上，就是注重人所活动的区间：建筑布局和空间结构的组合是否适宜，是否符合寻找的要求。天人合一的好风水，古人认为就是人与天与自然能和谐沟通之宝地[②]。要想实现这种愿望，选址是至关重要的。

按照传统“风水”学的观点，龙门石窟具备了中国传统“风水”学选址的基本要素。中国古代的城市建设、村落宅第以及墓葬选址，均依照“风水”观进行。佛教艺术传入中国，在带来外域文化的同时，也逐渐融入中原本土文化，形成了具有中原特色的造像样式及建筑风格。建造佛寺庙宇，更是要选择自然环境中的“风水宝地”。“风水之法，得水为上，藏风次之。”[③]而得水最佳之处，首先要选择水口。《青乌经》

---

① 杨刚亮：《伊阙的形成与传说》，《中国文物报》2012 年 6 月 1 日第 6 版。

② 王天銮：《岩 · 时 · 空：云冈石窟空间艺术》，文物出版社，2013 年，第 46 页。

③ （东晋）郭璞：《葬经》。

云："水口宜山川融结，峙流不绝。"《葬经翼·水口篇》"水口乃地之门户"，更强调水口的重要性。龙门石窟的环境选择，正是符合了传统风水学"藏风得水"的原则，伊水穿流于龙门西山与东山之间，形成山口把门之势，可谓得水最佳之处。龙门石窟环境不仅是得水的最佳选择，而且基本体现了"负阴抱阳"、"背山面水"的选址理念。龙门山近东西走向，但石窟集中选择之处，大多位于偏西南向的水口之处。这样就达到了既"得水"又"藏风"的最佳环境选择[①]。

关于建造龙门石窟时对地形地貌条件的选择，可以用"依山傍水、得水藏风、临崖而建、因岩结构"来概述。明末清初学者沈镐（1649～1726年），在《雷水论》中言道："凡作邑者，负山而临水。"意即但凡一地的治所，一般都选址在靠山临水的地方。张朋川在《中国石窟寺艺术设计》[②]中对石窟寺选址原则论述主要包括五点：一、坐落位置与城镇距离远近适中。二、环境清幽，可常住修炼之地。三、景观奇特，山崖怪异。四、生活便利，离水源较近。五、从风水学上看，是风水宝地。

在汉代，神秘之学盛行，成仙升天成为许多人的梦想。因而，"阙"也成为凡世入天界的门户和象征，谓之"天门"。孝文帝在伊水边修建佛教石窟寺，是要营造一个与凡世不同的净土道场。因此，天然形成的"伊阙"成为凡世通往佛教净土道场的天门。龙门石窟位于天然形成的两山夹一水的伊阙峡谷，伊阙是水口，但关键因素在于"阙"的含义，在此开窟造像可使"伊阙"成为由凡世进入佛教净土世界的标志。伊水过伊川后水势渐缓，穿过伊阙，宛转而东北入洛河，汇至黄河。伊水形态秀美，东西两山矗立两旁，成护卫之势。这一形势就形成了风水学中所谓的"水口"。水口者，乃"一方众水所总出处"[③]，水口即"天门"。《入地眼图·水口》中讲"凡水来处谓之天门，若水来不见其源流，谓之天门开；水去处谓之地户，不见水去谓之地户闭。夫水本主财，门开则财来，户闭则财用不竭"。因此，水口多选择在山脉宛转、犬牙交错或两山对峙、清流环绕之处。而在水口处多修建桥梁、楼阁、庙宇等，以增水口锁钥之势。从这一角度出发，龙门石窟所处位置可谓不折不扣的水口，即《入地眼图》中所谓的天门。白居易"雨添山气色，风借水精神"，即是对龙门作为水口的形象描述（图3-1）。

龙门石窟地理位置较为特殊，清水缓流，两山对峙，符合中国传统选址观念中的"山环水抱"之格局（图3-2），也符合中国石窟寺选址的一般原则，便于因山就势、理顺自然、理景成趣，从而满足佛教建筑对意境的追求。除此之外，北魏孝文帝还有意利用伊阙所具有的神秘文化含义，使得龙门石窟在未开凿之前就已具备了清静神圣的意味。这充分体现出鲜卑族在选址方面对汉文化的借鉴和运用。

---

① 沈琍：《浅谈龙门石窟与环境》，《雕塑》2008年第1期。

② 张朋川：《黄土上下——美术考古文萃》，山东画报出版社，2006年。

③ （明）缪希雍：《荆葬翼》。

图 3-1　龙门山偏西南向的水口之处

图 3-2　伊阙龙门——风水吉地

中世纪中国的佛教徒认为，石窟寺这个与世隔绝的佛国世界既是静心修炼的圣地，也是与超自然力交流的佳所，因为山石可以附着灵性，水流可以带来真气。古人还认为影响或改变人生命运的，不仅仅是自身的努力和外在环境，而更重要的是由该环境可能引发的、神秘的超自然力的助推和帮助①。人们虔诚相信，因而趋于选择风水吉地。

二、工程地质条件的选择问题

龙门石窟的开凿，与龙门山岩石的特性有着内在的必然关系。龙门峡谷的山体岩

① 王天銮：《岩·时·空：云冈石窟空间艺术》，文物出版社，2013 年，第 77 页。

石基本属于中上寒武系石灰岩、下寒武系紫色夹灰绿色页岩和下、中奥陶系石灰岩。此类石灰岩石质细腻坚硬，可雕刻出不同于北魏迁都之前石窟造像的造型语言特征。如甘肃永靖县炳灵寺石窟群，所在的小积石山一带的石质为红砂岩；云冈石窟所在之地为侏罗纪厚层砂岩，岩石的主要成分为长石和石英。龙门石窟雕刻的石灰岩佛造像细腻精致的造型语言特征，表明了材质本身，成为当时外来的佛教艺术融入本土文化更为适宜的形象载体。这种特征，似乎也更符合当时中原地区文人士大夫的审美心理需求。

龙门石窟所在山体的岩石属于寒武系石灰岩和白云岩，岩体质纯而完整，硬度适中，约在3～3.5，但其强度却很高，可承受100MPa以上的压力；岩层整体未受大的构造运动扰动，呈近水平的缓倾状。这样的岩石性质和结构特征，开凿起来难度不高，用小刀即可刻划，开凿成型后的佛像却可以承受较大的外力破坏和自然风化，也就是抗风化能力很强。这样的岩石非常适合雕凿石窟造像，精雕细琢，凸显艺术之光。

龙门石窟岩体结构特征也决定了西山石窟的洞窟要比东山石窟密而多，这受岩体结构的影响最大。西山属于逆向坡，岩层向崖壁内里倾斜，结构稳定，开凿洞窟后受内部岩层顶托，一般不会发生位移和滑塌。而东山向河一面为顺向坡，岩层向临河方向倾斜，没有依靠和顶托作用，本易发生滑坡和塌落，开凿洞窟后伴生裂隙发育，更容易引起岩体位移和滑坡崩塌，所以洞窟数量要少得多，主要集中于万佛沟南北两侧。

龙门石窟价值突出的重点洞窟、大中型洞窟基本分布在西山中段以北至潜溪寺一段，这受岩石性质的影响较大。极南洞下部以南分布有许多小型洞窟（图3-3），大多

图3-3 极南洞下小型洞窟

没有造像或风化殆尽，有些洞窟只有窟形尚未完工，说明开凿之时即被工匠放弃。由于岩层薄而破碎、岩性脆弱、泥质含量高，在开凿时很难进行精雕细琢，甚至中型造像都不可得，更勿论小型造像。想象一下当时开窟造像时工匠们的踌躇满志被一点一点磨掉，正所谓“巧妇难为无米之炊”，一个个洞窟在开凿雏形尚未打磨即被无奈放弃，费工费时不出活！太难了！

东山香山寺下分布有较为密集的一些洞窟（图 3-4），编号为 2275～2345，总数 70 个，这些洞窟几乎没有造像，原因尚不明确，可能与功能性质有关，比如瘗窟的功能；也可能是禅窟加瘗窟的性质，也有可能原来里面放置有可移动的圆雕像，后期遗失[①]。它们与对面西山的敬善寺一带的位置基本相对应，敬善寺一带就有很多洞窟内没有造像，放置有可移动圆雕像。还有一种可能，也许与该段岩石的性质和工程结构有一定关系。

图 3-4　东山香山寺下洞窟

三、环境条件的选择问题

僧人习禅，要进行禅思，需要安静的环境。《坐禅三昧经》卷上云：“闲静修寂志，结跏坐林间。”说明僧人习禅，应在郊外山林处。汤用彤先生在《汉魏两晋南北朝佛教》中也有叙及：

> 《观佛三昧海经》卷七《观四威仪品之余》：“摩诃迦叶，徒众五百，化作琉璃山，山上有流泉浴池，七宝行树。树下皆有金床银光，光化为窟。摩诃迦叶，坐此窟中，常坐不卧，教诸子弟，行十二头陀。”《付法藏姻缘传》卷一云：“于是迦叶即辞如来，往耆阇崛宾钵罗窟。其山多有流泉浴池，树林蓊郁，华果茂盛，百兽游集，吉鸟翔鸣……迦叶在斯，经行禅思，宣畅妙法，

① 这是龙门研究院李晓霞的观点；杨超杰教授认为这些洞窟大多数为瘗窟，没有造像是因为洞窟功能性质。

度诸众生。”这种环境，正和北魏开凿石窟选择环境清幽处的地点相同。“夫坐禅者，宜山栖穴处，则凿窟以为禅居，亦意中事。”

经文不仅说明坐禅要山居，还明确指明应在石窟中坐禅。《魏书·释老志》：“高祖践位，显祖移御北苑崇光宫……建鹿野浮图于苑中之西山，去崇光右十里，岩房禅堂，禅僧具其中焉。”《高僧传·宋伪魏平城释玄高传》：“高乃杖策西秦，隐居麦积山……高徒众三百，位居山舍。”《续高僧传·魏嵩岳少林寺天竺僧佛陀传》、《齐邺西龙山云门寺释僧稠传》，以及《名僧传抄·伪魏敦煌释道韶传》均有与此相关的记述。

因此，北朝时期，石窟寺作为僧众进行禅思的主要场所，大多选在郊外依山傍水环境僻静处。如莫高窟，在敦煌东南二十五里处，大泉西岸鸣沙山麓；云冈石窟，在平城西十余千米处的武周山麓，前临十里河；龙门石窟，开凿在北魏洛阳城西南二十五里处的伊阙山，伊水从窟前流过。这种环境正与北朝开凿石窟选择环境清幽处的特点相符①。

佛教石窟寺开凿的地点选择，与佛教徒修禅有着必然的关系，修行者需要在环境清净之处进行禅思，因此要选择远离城市喧嚣的幽静山林、水边崖际之处。佛经《禅秘要法经》中云：“出定之时，应于静处，若在冢间，若在树下，若阿练若处。”中国古代石窟寺的开凿，也基本是在这样的前提下进行的。根据对洛阳周边中小石窟的环境调查可以发现，绝大多数都开凿于依山傍水的环境中。这种清幽僻静的山林，是僧众进行禅思的理想场所。这些石窟大多开凿在依山傍水、临河的悬崖峭壁或山麓，充分说明了古人开凿石窟对其环境是做过充分调查并且有明确要求的。龙门石窟的选址，既符合佛教徒修禅及僧俗信徒拜佛以修功德的特定环境要求，也体现出中国传统山水观的选址理念。

“龙门的环境是独一无二的。与雅典和罗马一样，历史和传统在这里非常重要。”②

龙门不仅战略地位重要，其山水形胜，被誉为洛阳“八景”之首。白居易对龙门有“洛都四郊，山水之胜，龙门首焉；龙门十寺，观游之胜，香山首焉”的赞誉。韦应物在《龙门游眺》中有“凿山导伊流，中断若天辟。都门遥相望，佳气生朝夕”的颂扬。龙门东、西两山之间的伊水，发源于河南卢氏县的熊耳山闷顿岭，伊水上游多盛产竹木，沿至下游仍水流清澈。唐代韦述《晚渡伊水》中有“悠悠涉伊水，伊水清见石”的描绘；崔日知有“岩前窥石镜，河畔踏芳茵”的写照。龙门多处有温泉，泉水由山崖巨石中涌出，形成龙门山上的天然景观。《水经注·伊水》中记载：“西侧

① 王亮、王银田：《试论晋冀豫地区北朝石窟寺的地理分布》，《石窟寺研究·第六辑》，科学出版社，2016年。

② 〔美〕查尔斯·兰·弗利尔著，李雯、王伊悠译：《佛光无尽——弗利尔1910年龙门纪行》，上海书画出版社，2014年，第192页。

灵岩下，泉流东注，入于伊水。傅毅《反都赋》曰：‘因龙门以畅化，开伊阙以达聪也。’”“龙门山色”的胜景和独特魅力，使得历代寓居洛阳或游历此地的文人墨客，多在此留下诗歌辞赋。

四、岩石材质的选择问题

石窟的艺术风格与岩石材质的关系密切。中国石窟与印度石窟相比，由于赋存山体的石质和硬度不同，石窟的构建形式及壁画、雕刻的情况也不同。阿旃陀石窟雕凿在玄武岩上，质地坚实，建筑空间跨度大，窟室规整，雕像端庄，壁画美妙。莫高窟在敦煌鸣沙山砂砾岩上开凿，疏松岩层是砂砾胶结而成，质地松软，无法进行精雕细刻，现存雕像多是用鸣沙山前河流里沉淀的胶泥，结合草木，通过雕琢及彩绘而塑成的泥塑，壁画给洞窟内容做了良好的补充。这两个石窟一个是因为岩石坚硬雕刻有难度，大量的佛教教义、佛教故事就只有通过壁画来表现，另一个是因为砂岩结构疏松不易成型，也只好用壁画来表现，因而留下的壁画很多。两个石窟的壁画虽然风格不同，但都是以线条和色彩闻名于世，而且线条和色彩都成了情感的化身，神秘莫测与精湛唯美是这两个石窟壁画的共同特点。云冈石窟岩体则由黄色砂岩构成，较为适宜粗犷雕刻，故整个洞窟为全石雕凿而成，壁画较少。

根据艺术风格差异，可将石窟寺概括为三类，即壁画彩塑类、石胎泥塑类和精雕细刻类。这种分类与岩石有着直接的关系。比如，壁画彩塑石窟是指开凿于成岩性不好的半胶结的砂砾石层中的石窟。岩层松散粗糙，不宜精雕细刻，也不宜石胎泥塑等技法，而采用了壁画和彩塑的艺术形式，敦煌莫高窟是这类石窟的典型代表。石胎泥塑石窟是指开凿于红色砾岩中的石窟。砾岩虽然坚固，但质地粗糙不宜精雕细刻，这类石窟多采用石胎泥塑为主的表现手法，如麦积山石窟在 194 个洞窟中共荟萃有 19 个朝代的泥塑，被誉为我国历代的一个大雕塑馆。精雕细刻石窟开凿多见于砂岩和石灰岩质，云冈石窟和龙门石窟等都是精雕细刻的代表。

龙门石窟赋存的寒武纪石灰岩质地软硬适中，适宜精雕细琢，雕凿出来的石窟造像细腻精致感人，其造型艺术特征明显区别于之前的云冈石窟。由南向北漫步龙门石窟西山观光石道，可发现西山南段古阳洞以南的洞窟佛龛，大多是雕在层厚在 10～30cm 的鲕状灰岩和含泥质夹层的灰岩，最大厚度一般不超过 50cm，特别是这一段有些小型规模的佛龛沿岩层布局而雕凿，极富层次感。从古阳洞至万佛洞一带的中段石窟，地层厚度变大，薄者 50cm，厚者达 1m 以上，岩性为鲕状灰岩，雄伟的卢舍那大佛就雕凿在这里。北段的摩崖三佛至潜溪寺一段，雕凿于厚度 1m 左右或更厚的白云质灰岩上，其中以宾阳三洞为代表。此段岩石质地坚硬，适宜精雕细凿，工匠们多采用圆雕手法，将佛像的细部刻画得细腻感人，衣褶层次丰富多变，使人物造型显得丰满、健美，富有弹性。龙门石窟岩石材质本身即为佛教艺术传入中原、融入本土文化特征十分适宜的形象载体，其造像风格、造型特征，也就更符合当时中原地区文人大夫的审美心理需求。

历史有记载地质岩性对龙门石窟开凿工程带来的重大影响。据《魏书·释老志》记载："……灵岩寺石窟，于洛南伊阙山……营石窟二所。初建之始，窟顶去地三百一十尺。至正始二年中，始出斩山二十三丈。至大长秋卿王质，谓斩山太高，费工难就，奏求下移就平，去地一百尺，南北一百四十尺。永平中，中尹刘腾奏为世宗复造石窟一，凡为三所。"这里所说的三所石窟即为今龙门石窟的宾阳三洞。根据该文献记载，由于刚开始开凿时位置较高（图 3-5），山坡陡峭，岩石硬度高，斩山开崖工程太大，后下移至今宾阳三洞的位置进行开凿，减少了工程量[①]，可见地形地貌及岩石材质对洞窟开凿关系重大。

图 3-5　宾阳三洞原址（赵淑梅提供）

岩石经过古人的雕凿和触摸，经历了天地洗礼，浸透了历史岁月，更具有了灵气。质朴粗放的品质，好像北魏先人一样自然浑厚。特定环境与特殊材料，在这里除了被人利用，更多的被体现为人与自然之间的缘分[②]。石窟建筑是一个灵动的活体，因为它倾注了无数人们的情感。

五、窟龛排列与地质岩性之关系

龙门石窟的开凿与布局，早期窟室基本"利用天然溶洞、崖罅开成，不具特定规划意图，后期窟室多数未经统一部署，只有少数重要洞窟经过成组规划"。古阳洞成为

① 即便如此，宾阳中洞仍然用工 248346 个，耗时 24 年始成。

② 王天銮：《岩・时・空：云冈石窟空间艺术》，文物出版社，2013 年，第 51 页。

最早开创的石窟。古阳洞开凿的方式，是以天然溶洞为依托进行雕凿。这种方式，也体现了当时“顺其自然”的传统文化理念。当然，也存在有石窟造像雕凿难度的因素。这种理念及形式，一直到隋唐时期石窟造像的不断增加，龙门石窟逐渐形成随山体形势而大小排列不等、前后空间错落的布局特征①。

龙门东西两山的岩体主要为碳酸岩体，其硬度在 5 左右，而且两山均属秦岭余脉的单背斜构造。西山距地面高约 120m 以下，东山距地面高 150m 左右。石窟造像的分布主要集中在临伊河的立壁处。从龙门石窟的窟龛及造像的分布，可以看出有以下几个特点：

（1）西山的窟龛及造像年代较东山早，而且数量多，分布更密集；

（2）就西山来说，中部和下部石窟及造像较上部为多；

（3）从西山北部往南，除摩崖三佛——万佛洞一段外（此段为古滑坡，几乎没有开窟造像，仅锣鼓洞泉上方有几个洞窟存在且多无造像），洞窟或龛内的造像呈较多—密集—较少的发展趋势。西山北段窟龛造像基本分布在中下部，中段偏北几乎没有洞窟分布，中段偏南和南段窟龛密集，分布范围更高；

（4）窟内造像由北至南，总体表现为较多—密集—较少的发展趋势；

（5）东山洞窟总体较少，大型洞窟更少，主尊缺少或是可移动的；

（6）精华洞窟主要分布在西山的北段和中段偏南。

造成这种分布现状的主要原因就是岩石地质基础。具体而言，是由构成龙门东西两山山体岩石的岩性、层理、节理、破碎带等地质因素决定的。

首先，龙门西山大规模开凿石窟和造像的时代大致从北魏开始，并延续到唐代武周时期。龙门东山开凿石窟的时代大致从唐代武周时期至宋代。西山开凿石窟的时代不仅比东山早，而且延续时间长，因此石窟和造像的数量也比东山多。为什么北魏时期的工匠艺师们不选择东山营造石窟呢？这是由东山的地质条件决定的。从东山的整个地质情况看，和西山有较大的差异。虽然东山的岩性基本上和西山差不多，但是东山大多数地方岩体层理较薄，构造节理发育，临河崖壁处于顺向坡（不稳定坡）（图 3-6），且有多条大断裂破碎带存在，如郜庄断裂斜穿擂鼓台，因而在建造石窟时，经常会发生崩塌、断裂现象，给石窟的建造带来极大的困难。同时，较薄的层理和发育的构造节理，使开窟或在龛壁雕凿佛像几乎不可能。因此东山部分较大石窟内的造像均是活动的，如擂鼓台三洞、看经寺等。可能在外面选择优良的石材雕凿后，再移入洞内。这种情况几乎不见于西山。西山崖壁坡面属于逆向坡（稳定坡），开凿洞窟后岩体结构稳定不易断裂倒塌。

① 沈琍：《浅谈龙门石窟与环境》，《雕塑》2008 年第 1 期。

图 3-6　龙门东山顺向坡，不适宜雕凿石窟

正由于东山岩体的这些缺陷，北魏时期选择了龙门西山作为开凿石窟的最佳区域。从北魏开始到唐武周时期，均在西山营造石窟。武周时期，由于龙门西山可营造石窟的地方均已被占用，而山南端的岩石材质不好及构造影响，不堪利用，因此，才转移到东山部分可营造石窟的区域。但唐武周时期以后，大规模营造石窟的活动已经在中国结束，因此东山的石窟数量相对要少得多。

其次，龙门西山北段上部岩层主要以石英砂岩或石灰岩与薄层页岩互层组成。这种岩性组合很不适宜雕凿石窟。因为石英砂岩较硬且易碎裂，而薄层页岩又无法造像。同时，由于西山上部高而陡峻，给开窟造像也带来极大的不便。龙门西山中部和下部（除了火烧洞以南地区）的岩体主要以灰岩和白云岩为主，这两种岩石都是开窟造像的良好石材，因此石窟多集中在这一区域。

再次，龙门西山石窟的分布，大致可以分为三段。第一段从潜溪寺至摩崖三佛，第二段从万佛洞至火烧洞，第三段从火烧洞到极南洞。在第一段内，大、中、小型窟或龛均有，且造像内容丰富，题材较广泛。空窟或空龛数量较少。第二段内有特大型石窟，如奉先寺，也有中、小型石窟或龛，石窟或龛的数量最多，且非常密集，空窟或空龛的数量很少。在第三段内除少数中型洞窟外，其余均为小型窟龛。数量不少，但有些是空窟或空龛，尤其是路洞以南的低处洞窟，多数没有造像，仅存窟龛外形。

龙门西山石窟及造像题材纵向分布的格局，也是由于地质作用而形成的岩性及岩体结构在上述三段分区的差异造成的。

从潜溪寺至摩崖三佛之间的岩性均由细晶或极细晶白云岩组成，这种岩石较灰岩稍坚硬，且耐风化。而且这一段内线裂隙率在0.75～1.42之间，面积裂隙率在0.270～0.648之间，这说明本段内裂隙少，而且岩层比较厚。不论在石材上，还是地层构造上，都比较适宜开凿石窟和造像。同时由于厚层白云岩的存在，也为大型石窟的开凿提供了优越条件。当然较硬的岩石在一定程度上又限制了石窟大规模的发展。

第二段是营造石窟的最佳区域。本段的岩石主要是亮晶鲕粒灰岩。这种岩石从硬度上来讲，稍软于白云岩，易于雕凿。此段线裂隙率在 0.986～4.73 之间，面积裂隙率在 0.124～1.003 之间。大型石窟和数量众多的中、小型窟龛均密集分布在奉先寺以北，也就是裂隙率较低的地区。这一区域岩层厚度较大，大约在 50～100cm 左右。因此，这一区域成为营造石窟和雕刻造像的理想之地。

第三段岩石以白云化泥晶灰岩为主。这种岩石易风化和溶蚀。且该区段构造裂隙密集，例如极南洞附近裂隙率高达 5.707，面积裂隙率为 2.8。同时，这一区域的岩体受构造运动的影响，破碎断裂带甚多，而且每层岩石之间的间距很小，约在 10cm 左右。因此大型石窟在这一区域无法开凿，较大的造像因岩层较薄也无法雕凿或半途而废。许多小型窟龛虽已开好，但因石质差而无法雕刻造像，因此造成大量的空窟、空龛。部分造像因裂隙过多，很快因风化和雨水的蚀剥而漫漶不清。上述情况，导致了龙门石窟的营造中心在唐代中后期移向东山。

龙门石窟岩石材质复杂，虽质地优良，但不同区段洞窟在岩体结构、岩石成分、地形地貌特征等方面存在不小的差异，有些区段甚至存在古滑坡、岩层薄、岩体破碎、裂隙交切等问题，这些因素对龙门石窟的开凿和窟龛造像的排列分布带来很大的影响。如古阳洞正壁主尊基座由于溶洞的存在只能在北侧雕刻一只石狮（图 3-7）；洞窟的岩体结构还对古阳洞内窟龛的排列布局产生一定影响；莲花洞南壁窟龛排列整齐，但北壁下层由于天然存在的大溶槽（溶蚀带）致使下部岩体破碎、淘空，无法雕刻窟龛造像（图 3-8），下部悬空不仅不能造像，还对上部岩体和雕刻品的稳定性构成一定威胁。

图 3-7　古阳洞单侧狮子

图 3-8　莲花洞北壁下部大溶槽带

有些洞窟开凿后由于内部裂隙密布、岩体破碎，无法完成完整造像，工匠们就洞窟壁面雕凿整齐后，采用在外部雕刻可移动佛像后放置于洞窟内的方式来完成工程，同时在壁面上对裂隙和凹陷处利用石膏、石灰等物质作涂抹粉平，然后因地制宜地采用壁画等艺术形式来完成洞窟题材创作，解决了洞窟开凿后岩体破碎无法造像的难题（即使如此，仍有不少洞窟在开窟成形后因裂隙和结构等问题被废弃，殊为可惜）。这在龙门石窟留下了为数不少的例子，如高平郡王洞内地面上留存了安置雕刻的圆形孔洞 24 个（图 3-9），是目前发现龙门石窟放置可移动雕像最多的洞窟。另外在敬善寺等区域也有可移动佛像存在（该洞窟位于陈抟碑南边的栈道旁）。潜溪寺南侧崖壁上凌空放置了一座圆雕楼阁式四层方形佛塔，该塔为石灰岩质地，高 298cm，是由三组构件拼合而成，是龙门石窟 80 余座佛塔中唯一雕刻完毕后放置上去的，已成为龙门西山北端一处风景。还有一种洞窟内壁面镶嵌小型佛龛的现象，在龙门石窟也有一定数量存在。这些可移动雕刻是完工于龙门石窟现场，还是在龙门周边雕刻完好后搬运至此，尚有待于从岩石成分等方面深入研究。

图 3-9　高平郡王洞地面圆形孔洞

还有少量佛龛内没有雕刻佛像，而是在壁面上利用线刻方式表现佛教艺术，应是受岩石性质和结构的影响。在少量窟龛内粗糙的壁面上尚存有壁画地幛层痕迹，可辨白色地幛层表面有用绿色、黑色、红色颜料以壁画形式描绘的精美藻井、飞天和佛像等，龛内过去还有可移动佛像安置。这种壁画和雕刻结合的特殊形式在龙门石窟数量极少，弥足珍贵[①]。

岩石材质对龙门石窟开凿和保护带来很大影响，也给龙门石窟留下了不同形制、丰富多彩的石窟艺术。

六、洞窟开凿与场地选择问题

我国石窟寺艺术在发展过程中，受区域地理地质条件、气候等自然因素的影响，开窟过程中主要形成了有中心柱的平顶洞窟和无中心柱的穹隆顶洞窟两大类洞窟形制，并结合石窟载体的岩石性质、地貌特点、地质构造等特征，创造了丰富多彩、华丽精美的窟龛和造像。

在石质相对软弱、强度偏低的砂岩类和砾岩类地区，如云冈石窟、敦煌莫高窟等，大多采用中心柱平顶形制。而随着石窟艺术和开凿工艺的逐步发展，到龙门石窟时开始采用无中心柱的穹隆顶洞窟和平顶洞窟，扩大了洞窟空间表现力，丰富了造像的表现形式，提升了艺术表现力和感染力。中心柱窟在中国发展出可同时满足右旋和叩拜的两种礼佛方式的空间，在一定意义上满足了汉族的要求，在北魏盛极一时。云冈昙曜五窟（第16～20窟）是早期的代表，是云冈开凿最早的石窟，在云冈石窟开凿历程中意义重大，也是佛教传入中华传到大同，能否全面兴盛的一个关键。这五个洞窟设计布局严谨统一，基本是按“礼佛即拜皇帝”的构想建造的。它使佛教传播从此得到皇家支持，得以迅速发扬光大。从现有遗存仍可以看出当初设计者的精心策划，通过大像气势宏伟、规模巨大给人以强烈的震撼，来表现“人神合一”的皇权与神权的不可侵犯，来宣传佛教的万世永存[②]。

龙门石窟最早的洞窟是位于西山南段低处的古阳洞。北魏自平城迁都洛阳后开始在伊阙峡谷劈凿岩石、开凿洞窟，首先就充分利用了伊阙的地质地貌特征。这里属于石灰岩出露峡谷，在伊河和地下水的作用下，发育有大中型溶洞、落水洞等喀斯特地貌。北魏王朝在对天然溶洞做基本处理后，开凿了龙门石窟第一个洞窟——古阳洞。该洞窟雕刻内容最为丰富，著名的龙门二十品中，十九品位于该窟，但其窟龛雕刻和布局也受到天然溶洞和地质结构的限制和影响。比如，该窟地面北侧有一道深沟，系开挖北壁下部窟龛时取下岩石留下的空间。为什么没有把整个地面都处理成一个平面高度？主尊释迦牟尼基座底部至今仍留存一个水平延伸的溶洞，深达数十米，对基座和主尊的稳定性是否带来长久影响或潜在威胁？这些还需要深入调查和研究。

迁都洛阳后改用汉制，汉族的礼拜方式成为宾阳洞石窟改制的唯一理由。中国的

① 马朝龙：《地质、地形等因素对龙门石窟开窟造像的影响》，《雕塑》2008年第3期。

② 王天銮：《岩•时•空：云冈石窟空间艺术》，文物出版社，2013年。

传统中，叩拜的方式就是三跪九叩，封建社会跪拜是对皇帝行拜的大礼，在佛教传入中国前早已根深蒂固。佛教双手合十、作揖、鞠躬和五体投地等礼拜方式与中国传统的礼拜方式基本一致，故被接受和发展，而右旋礼拜在中国传统中是没有的，且不太符合汉族的礼拜习惯，所以，在宾阳洞的窟制设计上没有北魏较为流行的中心柱窟，是特别强调汉族礼仪——叩拜行礼，强调汉族传统的结果①。

石窟寺雕塑与绘画的首要功能，是为了宣扬佛教教义，配合变文讲法，是为了营造整个石窟说法道场庄严氛围，以便信众在瞻礼、观佛过程中，了解佛陀出生、成道的整个经历。石窟寺建筑空间的一个重要功能，就是满足广大民众观佛、礼佛，这一直是设计者坚定不移的追求。石窟寺也是为了虔诚的信徒禅定、修行、做功德。早期石窟洞窟空间有限，没有宣传教义的更多图像，巨像之下更适合朝拜，五体投地的朝拜，那种建筑空间的气势，让人无法长时间停留于此，洞窟空间也无法容纳更多的人。这样，建筑空间所营造的氛围就成了关键②。

龙门现存的北魏石窟主要有古阳洞、宾阳洞、莲花洞等洞窟的门都很高大，门上已没了明窗，窗和门合二为一，光线很亮，洞窟从外面就可以一目了然。洞窟空间基本是三个壁面围合，建筑形制和云冈石窟不同。洞窟内主尊佛像基本都贴在后壁上，佛像虽然高大，但气势并不压人。建筑空间的感觉比较适合朝拜、坐念。龙门石窟避免了云冈早期洞窟空间狭窄的弊端，继承了云冈中期石窟空间的适中与稳定，也许更适应北魏南迁之后的汉文化及礼佛习惯③。

溶洞的利用。龙门石窟开凿、后期渗水病害发育均与岩溶关系非常密切，部分大型洞窟均在溶洞基础上开凿而成。中国地质大学潘别桐等在龙门地区进行地质调查后认为，东西两山存在着三层溶洞，伊河两岸存在着三级阶地。溶洞对龙门石窟的开凿和保护有十分重要的影响。

龙门地区的伊河河床高程为148m左右，第一层溶洞的平均高程为150m，第二层溶洞的平均高程为170m，第三层溶洞的平均高程为200m。上述三层溶洞中，第一层溶洞距伊河水面2m左右，第二层溶洞距伊河水面22m左右，第三层溶洞距伊河水面42m左右（图3-10）。

溶洞对洞窟的选址和开凿十分重要，省工省时，且由于溶洞形成后结构相对稳定，成为洞窟开凿的首选场所。早期北魏时开凿石窟大多利用溶洞，将喀斯特溶洞拓宽扩大后开凿石窟和造像，这在北魏洞窟屡见不鲜，其中代表的洞窟有古阳洞、莲花洞、火烧洞等。古阳洞主尊基座下部至今仍有一个深达数十米的溶洞。东山万佛沟北侧洞

---

① 石窟寺功能的实现与追求，应该是洞窟空间格局变化的重要原因。

② 王天銮：《岩·时·空：云冈石窟空间艺术》，文物出版社，2013年，第174页。

③ 王天銮：《岩·时·空：云冈石窟空间艺术》，文物出版社，2013年，第192-194页。

图 3-10　龙门石窟三层水平溶洞分布位置

窟自东向西一线分布，基本沿着高程约为 170m 的水平溶洞发育区分布，正是在溶洞的基础上扩展和开挖而成。

但溶洞往往是山间裂隙水的集中排泄处，造成洞窟渗漏水加剧。高平郡王洞内外小型溶洞甚为发育，不少造像身上出现孔洞、溶穴、溶槽、溶沟，带来风化剥落问题。

看经寺是东山规模最大的方形洞窟，根据地质勘察发现，在看经寺上部和下部均存在较大规模的溶洞，洞内南北壁西侧、南壁东侧也有明显的溶洞出露，成为该洞裂隙渗水的排泄通道。雨季时观测到看经寺内溶洞有明显的渗水流出，汇集于洞窟地面。

2019 年 9 月开展东山万佛沟区修缮工程，在对千手观音像龛背后进行垂直钻孔取岩芯时发现，该龛背后约 2m 处存在规模较大的溶洞，深约 2m、充填有泥质堆积物（因未打水平钻孔，对其详细规模尚不清楚），千手观音龛很少遭受裂隙渗水的侵蚀，与该溶洞的存在应有一定关系。

溶槽的避让。莲花洞、老龙洞、老洞窝泉一线存在较大规模的溶槽（图 3-11），延伸发育，造成莲花洞北壁下部没有窟龛造像，至今仍留存下规模较大的空白区域，对上部岩体也带来安全稳定性问题。老龙洞南壁及窟门外壁也存在岩体缺失和不连续面，没有造像，一直延伸至老龙窝泉，后发育有溶洞并有泉水上升出露，成为一泓泉水景观。

裂隙的避让。龙门很多洞窟内壁面上的造像和小龛，都尽量避开明显的裂隙密集带，比如莲花洞主尊南侧，小龛位于上下两个密集的层面裂隙带之间，壁面裂隙穿过造像和小龛（图 3-12）。这个现象在石窟外崖壁也同样存在，比如在唐字洞附近的崖壁

图 3-11　莲花洞—老龙洞—老龙窝一体发育的溶蚀带

上，存在较为明显的大层面裂隙，附近的洞窟和碑刻基本都避让了这明显的三条大层面，防止其切割破坏洞窟造像。

滑坡段的舍弃。摩崖三佛至双窑洞一段很少有洞窟壁龛，仅存的一些窟龛也鲜有造像，多具雏形，没有完工。因为地质调查表明该段崖体存在明显的滑坡痕迹，应为古滑坡（图 3-13）。坡面岩体有擦痕，岩石较破碎，无法营窟造像。

东山看经寺北一个较大型空龛（图 3-14），沿着断层开凿，岩层明显有位移，窟顶已坍塌。这与西山锣鼓洞泉上方滑坡体上所开洞窟有些相似。根据现状调查，应是在卸荷裂隙形成之后进行的开窟造像活动。

图 3-12　敬善寺附近小龛避让层面裂隙

图 3-13　摩崖三佛至双窑一段几乎没有石窟造像

图 3-14　看经寺北侧大型空龛，窟顶已坍塌

七、地质地貌因素对洞窟形制的影响

古人在开凿时首先要考虑地形地质及岩石材质的选择问题，然后才是结合时代宗教特征设计洞窟形制，因此地形地貌和岩石材质状况对石窟选址和洞窟形制影响很大。因龙门石窟所处山岩为石灰岩，坚固致密，开凿大型洞窟难度较大，因而比起云冈石窟，龙门大窟的大像要少很多，但适合精雕细琢，加之龙门地层为缓倾斜状，东西两山基本没有大的断裂构造发育，岩体完整性较好，因此龙门的洞窟、造像数量为中国之最，这也是为什么古人在龙门山开凿石窟时没有采用砂岩地区普遍存在的平顶中心柱窟的形制，而是根据龙门山岩石结构特征顺势而为，开凿成了以穹隆顶洞窟为主的洞窟形制风格，并因地制宜开凿了更多丰富的窟龛形式、雕刻样式。其根本原因就在于，第一是岩石材质问题，龙门石灰岩硬度大，雕刻难度较砂岩砾岩地区要高很多。第二是岩体结构特征，龙门山岩体走向为东西方向，倾向为北北西方向，形成的西山向河崖壁属于工程地质范畴的逆向坡，且易形成崖壁陡峻的高边坡。垂直于这样的逆向坡开挖洞窟，岩石结构稳定，洞窟内室不易倾覆、倒塌，在洞窟基础上进行开龛造像时安全稳定。第三，更新潮的艺术审美和更高超的开凿技术。中心柱洞窟不单开凿难度大，施工强度高，且窟内采光严重受到影响。而穹隆顶马蹄形平面洞窟形制具有更好的力学结构和稳定性，因而自古阳洞始，龙门山普遍出现了以穹隆顶洞窟为主导地位的洞窟形式，形制简单，结构稳定，空间充裕，立体感、可视感甚强，可谓开石窟之先河，仰巍巍之大观。

（一）穹隆顶马蹄形平面洞窟

龙门石窟岩石硬度较大，雕刻难度高，开凿大型洞窟尤其困难，如采用中心柱结构将增大开凿难度和施工强度，采光也不佳。因此舍弃中心柱窟这种结构形式，选择更适合龙门石窟岩体结构的穹隆顶洞窟，其中以马蹄形平面洞窟为最多。从第一个洞窟古阳洞开始多采用这种具有良好力学结构的洞窟形式，占据了主导地位。龙门石窟主要穹隆型洞窟包括潜溪寺、宾阳三洞（图 3-15）、敬善寺、老龙洞、莲花洞、破窑、魏字洞、火烧洞、皇甫公窟、路洞、擂鼓台中洞等。

（二）平顶方形洞窟（无中心柱）

平顶方形中心柱结构洞窟在龙门得到了创新，中心柱被去除，这对于规模较大的洞窟来说，稳定性问题至关重要。如东山看经寺是唐代最大的一个洞窟（图 3-16），进深 11.7m，宽 11.2m，高 8.3m，四壁直立，呈方形平面，为典型的平顶方形洞窟。该洞容积巨大，虽无中心柱支撑，但历经千年洞窟结构依旧稳定，窟内大多数造像保存较

图 3-15　穹隆顶马蹄形洞窟的宾阳中洞

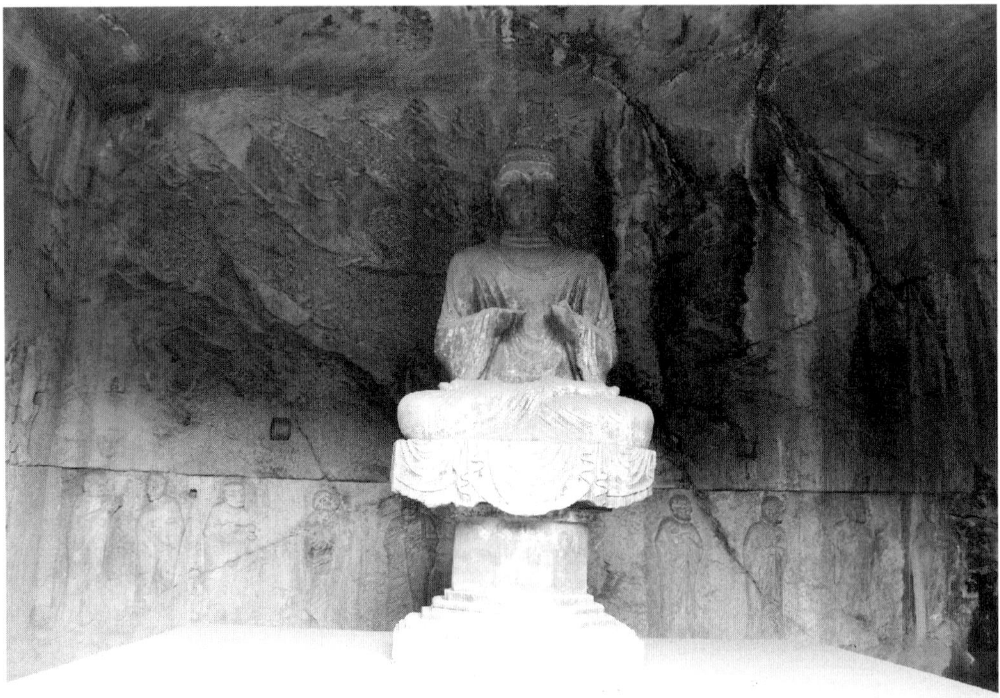

图 3-16　平顶方形洞窟的看经寺

好，没有明显的风化现象。这与该窟选址合理，窟顶上部有一水平发育的大溶洞关系密切，溶洞结构稳定，空间上又使得下部的看经寺洞顶减少了巨大荷载，同时窟门前两侧有前室结构，南北两壁向河伸出达近十米，较好地支撑了崖壁的稳定性，因此看经寺虽无中心柱而依然结构稳定。加之洞窟窟门高大，敞开度好，洞窟内外空气、水汽流通交换畅通无阻，温湿度变化对洞窟雕刻影响较小，这些也是洞窟雕刻保存较好的原因。另一个平顶方形洞窟是西山中段的万佛洞（图 3-17）。该洞窟布局严谨，雕刻精美，保存完好，是龙门石窟的一个经典洞窟。窟顶很薄，即为伊河 170m 侵蚀阶地平台，因此洞顶承重较小，而与该窟位置、岩石均甚为接近的莲花洞、老龙洞等，因位

图 3-17　平顶方形洞窟的万佛洞

置较低，窟顶岩层厚度太大、承重过高，因此采用了穹隆顶洞窟形制，这都是古人精确选址、巧妙设计的表现。平顶无中心柱洞窟在龙门石窟数量不多，主要包括万佛洞、极南洞、净土堂、看经寺等。

（三）覆斗型洞窟和斜坡型洞窟

这是在穹隆顶和平顶洞窟基础上的一种变形设计，具有同样的力学稳定性，在龙门石窟数量较少，东山擂鼓台南洞为覆斗型洞窟。

（四）摩崖造像龛

龙门石窟除了数量庞大、密集的洞窟外，在东西两山还广泛分布了露天或半露天保存的摩崖像龛，一般规模不大，进深浅，受外界环境状况变化影响大，一般保存状况不如洞窟内的雕刻，风化剥落、溶蚀、微生物病害现象要严重得多。比如敬善寺附近的小千佛龛、摩崖三佛等。而大卢舍那像龛（奉先寺，图 3-18）则是龙门石窟规模最大、最具代表性的摩崖像龛。该像龛南北宽 35m，进深 35m，主佛卢舍那大佛高 17.14m，两侧八尊立像（二弟子、二菩萨、二神王、二力士）像高均超过 10m 以上。该像龛位于龙门中寒武系残余鲕粒灰岩层中，岩石质地良好，细腻坚硬，是龙门石窟最适宜开窟造像的区段。但该处山体陡峭，地势较高，开凿大型洞窟、雕凿大型巨像

图 3-18　奉先寺摩崖造像龛

殊不容易。然而古人睿智，充分利用该处小地形特征及南侧水平发育的大型溶洞，劈山开崖，镌刻佛像，蔚为壮观。设计上对造像采用半露天处理的方式，在大像龛三壁顶部均留存有数米宽的天然岩石遮护顶棚，可防止阳光直接照射和雨水冲刷淋蚀，对下面的九尊大像起到了很好的保护作用。另一个例子摩崖三佛龛，位于西山北段的山崖高处，此处崖壁陡峭，斩山困难，古人顺势而为雕凿了直立的摩崖像龛，虽未最终完工，却为研究龙门石窟开凿工艺留下了难得的实物资料①。

八、影响选址的其他因素（政治背景、交通位置、佛教政策、经济人口等）

洛阳地处暖温带南缘向北亚热带过渡地带，四季分明，气候宜人。不同于敦煌石窟和云冈石窟，龙门石窟所在地的河洛地区，是华夏文明重要发祥地之一，早在公元前 21 世纪，这里便成为夏王朝的中心区域。春秋时代的周平王迁都之始，洛阳就相继成为中原地区重要的政治、文化中心。《史记·周本纪》称洛阳为“此天下之中，四方入贡道里均”的国都地位。《元和郡县图志》有“禹贡豫州之域，在天地之中，故三代皆为都邑”的记述。洛阳四面环山，张华《博物志》中云：“周在中区，西阻崤谷，东望荆门，南面少室，北背太岳，三河之分，雷风所起，四险之国也。”鉴于洛阳优越的历史及人文地理环境，北魏孝文帝于太和十七年由平城迁都洛阳，成为龙门石窟开凿的直接因素，并由此形成了以洛阳为中心的中原石窟寺群，北魏迁都洛阳与龙门石窟的开凿，的确有着直接的关系。

与莫高窟、云冈石窟类似，龙门石窟在建造时也选择在河流切割山地而成的峡谷崖壁上。这里风光秀丽、山水相连、僻静幽深，加上石质良好、适宜精雕细琢，成为龙门石窟开窟造像的最终选址。具体而言，龙门石窟的建造选址主要受到历史和社会人文因素以及自然环境因素的影响。

在历史和社会人文因素方面，北魏孝文帝迁都洛阳为龙门石窟的开凿带来了最直接的影响。其次，洛阳当时重要的都城地位，既是政治中心也是佛教中心，上层建筑大力支持和保障佛教建寺凿窟等功德活动。再次，龙门作为交通要塞、洛阳的南大门等因素，最终使得在龙门建造石窟。

开凿龙门石窟的社会条件包括政治环境，如北魏孝文帝迁都洛阳，推行汉化改革，接受中原汉文化。北魏王朝为缓和阶级矛盾与民族矛盾，竭力提倡佛教，开窟造寺。举国崇尚佛教，帝室、王公、贵族的狂热奉行佛法，是北魏时期洛阳及周围地区石窟

---

① （1）至（4）部分，在马朝龙《地质地形等因素对龙门石窟开窟造像的影响》基础上有改动和扩展。

开凿的重要因素之一。经济环境，孝文帝实行均田制、三长制和新的户调制直接促进了农业生产的发展和社会经济的进步。有了雄厚的经济为基础，才能支撑得起石窟开凿工程的巨大费用。

北魏僧尼外尊国典，内奉戒律、僧制，享有一定的独立权。北齐承袭魏制，设“昭玄寺，掌诸佛教……亦置功曹、主簿员，以管诸州郡县沙门曹”。除此之外，北齐还设立“甄官署，又别领石窟丞”，作为掌管石窟开凿事务的专门机构。主管机构的设立和功能的加强，为石窟开凿创造了便利条件。

在自然环境因素方面，龙门向为洛阳山水胜景之处，历代都有诗词赞誉。这里符合传统“风水”的选址原则，实乃得水藏风之所。这里石质优良，适宜精雕细琢，无论大小造像，皆可栩栩如生；山体内天然溶洞众多，顺其自然，省时省工，诸如古阳洞、莲花洞、火烧洞等均在溶洞基础上开凿而成。此外，龙门与洛阳都城的距离适中，仅十余千米，具有洛阳其他地方不可比拟的优越性。

交通为空间发展的重要条件，交通畅达直接关系到政令推行、军事进退、经济发展和文化交流。古人对交通甚为重视，秦灭六国，始皇颁布“驰道于天下，东穷燕齐，南极吴楚”，又北开直道至九原。至汉武帝时派张骞出使西域，恃河西走廊为孔道，“列四郡，据两关”，“自敦煌西至盐泽，往往起亭”。可见古人对交通位置的重视。洛阳作为当时的都城，龙门作为洛阳的南大门，这些重要的因素都是成为开凿石窟的选址依据。

《洛阳伽蓝记》记载，西晋时期，洛阳已有四十二寺。晋室倾颓，洛阳残荒，故在东晋时期洛阳无一僧载僧传。但孝文迁都，洛阳复兴，孝文帝及其后诸帝多崇佛法，故洛阳佛寺渐立。北迁邺城前夕，《洛阳伽蓝记》卷五云：“寺有一千三百六十七所”，而郭外之寺仍不在此数。根据严耕望先生估计，北魏都洛末期，洛阳僧徒应超十万。而信奉佛教的民众数量应更多，张伟然通过梳理《广弘明集》、《北山录》等言及北朝僧侣寺院的史料后得出，北魏正光年间（520～525 年），僧尼大众二百万，其寺三万有余。正是在这种上下崇佛的热烈气氛中，洛阳周边开始了如火如荼的石窟开凿活动。《魏书·释老志》载：景明初，世宗“诏大长秋卿白整准代京灵岩寺石窟，于洛南伊阙山为高祖，文昭皇太后营石窟二所。……永平中，中尹刘腾奏为世宗复造石窟一，凡为三所。从景明元年至正光四年六月以前，用功八十万两千三百六十六。”是为龙门石窟开凿的真实写照。龙门石窟周边分布着的诸多中小型石窟寺，如巩县大力山石窟、新安石沃石窟、义马鸿庆寺石窟、偃师水泉石窟等，根据造像风格和洞窟形制特点分析，也大多开凿于同期或稍后时期。

宿白先生认为，云冈石窟能够在武周山麓得以顺利开凿，与拓跋鲜卑东征西讨，着眼于虏获财物、人口后，聚集至平城有关。可见经济和人口也是石窟寺开凿的基础。《魏书・释老志》记龙门石窟“从景明元年至正光四年六月以前，用功八十万两千三百六十六”，开凿石窟必须有国家整体的经济实力作为保障，才能得以顺利进行。

佛教的发展最终要看信众多寡，佛教争取信徒，壮大势力，必向人口稠密地区发展。石窟寺开凿用功颇巨，也需要大量人力作为保障，因此石窟寺地理分布与人口分布有正相关性。

选择龙门东、西两山，尤其是西山，作为石窟开凿的地点，不仅因其具备一定的人文历史沿革，同样也因有着不可或缺的环境特征，而成为洛阳周边可首选的佛教石窟寺胜地。唐代之前龙门称之为“阙塞”或称“伊阙”。《水经注・伊水》云：“伊水又北，入伊阙。昔大禹疏以通水，两山相对，望之若阙，伊水历其间，北流，故谓之伊阙矣。”《春秋左传》昭公二十六年（公元前516年）有“晋知跞、赵鞅帅师纳王，使女宽守阙塞”的记述。战国时期，龙门即成为重要的战略要地。东汉时期，龙门成为保卫洛阳的八关之一，《后汉书・灵帝纪》载：“三月戊申，以河南尹何进为大将军，将兵屯都亭。置八关都尉官。”可见当时龙门的地理位置已相当重要。北魏时期，伊阙属当时的新城县，仍为进出洛阳的重要关口。由此可知，龙门由于其独特而重要的地理方位，与洛阳都城之间有着密不可分的直接联系。

龙门石窟的选址与逐渐形成的布局，体现出依附自然山水，与环境和谐统一的布局特征，也是传统“风水”选址原则在龙门的完美体现。于是，在伊水两岸的崖壁上，自北魏以至唐宋，大规模开凿达400余年，雕凿出如蜂巢般密布的石窟，南北长达1km，至今保存有2345个洞窟，造像近11万尊，碑刻题记2800余品，佛塔80多座，成为我国北方三大佛教石窟艺术宝库之一。“精舍绕层阿，千龛邻峭壁”“万穴列岩壁，三龛独雄夸”“谁穷造化力，空向两崖看”。它们与龙门山色相映交辉，成为洛阳最负盛名的山水人文胜地①。

第二节　地层岩性对龙门石窟的影响

龙门石窟主要开凿在寒武系的白云岩和石灰岩地层上。它们硬度适中（2.5～3），适宜精雕细刻，造像精美，但由于是可溶岩，其保存受到岩溶作用的威胁。岩溶作用（碳酸钙和碳酸镁与二氧化碳、水化合反应）可以改变石窟岩体和文物造像的外表形态，进而产生深层破坏。龙门西山现存的三层溶洞是明显的例证。火烧洞、古阳洞、奉先寺、莲花洞、老龙洞等重要洞窟内都存在溶洞。龙门石窟所在岩层产状基本一致，仅在摩崖三佛脚下有局部褶曲变化（图3-19），倾向变化和倾角都小（倾向340°～10°，

① 杨刚亮：《伊阙的形成与传说》，《中国文物报》2012年6月1日第6版。

图 3-19　摩崖三佛下局部褶曲

倾角 25°～30°），这样的岩石产状有利于石窟的长久稳定保存，大多可避免开挖边坡带来的滑塌、大型石雕的崩塌等现象，但这种产状对于开凿在南部薄层徐庄组岩层的石窟造像而言，是很不利的。南部石窟造像保存状况差、病害类型多、风化严重与此密切有关，主要体现在差异风化上。

古人选择不同的岩石承载条件，开凿修筑了龙门石窟，但各石窟之间又是一个整体，彼此相互联系，所以对石窟岩石的矿物成分、化学成分、力学性质、水理性质等的研究，不仅包括石灰岩、白云岩这两种主要岩石，还应该包括二者之间厚度不同的各种过渡型岩石或者夹层，这些矿物成分复杂、物化性质迥异的夹层是形成石窟病害的重要甚至是关键因素。在以往保护工作中，由这些单向因素提供的相关数据或参数是有碍治理材料的全面研制和开发的。

龙门石窟的赋存岩石，主要是寒武系中统徐庄组、张夏组和上统崮山组地层。主要有薄层状泥质页岩、花斑状豆鲕泥晶灰岩、薄层～中厚层花斑状鲕粒灰岩、厚层状白云岩化灰岩和中厚层细晶～极细晶白云岩组成。由于氧化钙含量高，化学性质活泼，岩溶作用比较发育，尤其石窟濒临伊水，泉水涌泄，在地壳新构造运动引起的地面升降、潜水面不断变化的情况下，岩溶作用对石窟危害也在不断加剧。沿伊河水面洞窟中的石灰华质沉积物，实际上是地下水岩溶作用的产物，而石窟和岩壁表层的溶洞、溶沟、溶槽、溶孔和伴有苔藓的钙华垢膜，又是岩溶作用在地表的具体破坏性表现。

寒武系地层岩石，形成于约 5.4 亿年前的海进浅海—稳定深海—封闭浅海的地质环境中，属浅海相。地壳经历了由下降、海侵到后期的抬升、海退的重复沉积多旋回过程，形成了寒武系浅海相岩石地层，其内容相当丰富，代表了从下统到上统的一套比较完整的石灰岩—白云岩地层。虽然这套地层由碳酸盐岩组成，但它们之间的岩性差异和化学成分的不同，是影响窟区石质文物抗病害能力的重要因素。下面作以三类分述。

寒武系上统崮山组白云岩，以细晶～极细晶白云岩为主，厚度巨大，矿物成分单一，石质优良，但岩石性脆，受力后产生不规则线型裂隙，局部地段裂隙规模巨大，延深较远。同时这套岩石承载着重要的石窟雕刻艺术品，是窟区裂隙比较发育和地下水涌出量较大的主要潜水构造带（如禹王池、珍珠泉）。

寒武系中统张夏组石灰岩，以薄～厚层花斑状鲕状灰岩为主，岩石结构均匀，抗物理风化能力较强，但岩石拆离层节理发育，往往形成地下水潜流，加之岩石化学性质活泼，岩溶作用强烈。岩溶作用指的是在石灰岩地层分布区，含有 CO_2 的地下水对岩石的溶蚀破坏作用。化学性较纯的岩石和具有一定温度的地下水溶蚀破坏作用较强，而岩石中发育的裂隙网络，诱导加剧这种破坏作用。在地质演化史中，随地壳抬升，产生了三层不同的岩溶面和溶洞。该套岩石是石窟的主要载体。

寒武系中统徐庄组泥晶灰岩，由薄层状泥质页岩、花斑状泥晶条带灰岩和鲕状条带灰岩互层，岩石成分比较复杂，泥质、方解石含量高，质地松软，吸水率高，溶解度大，机械强度低，条带厚度较小，抗风化能力差，加上这一带崖壁边坡缓，易存水造成干湿交替、冻融等现象，所承载的石质雕刻品崩塌、风化病害严重，主要分布在石窟南部古阳洞至极南洞一带（大多分布在火烧洞以南区域）。

一、地层、岩性对窟龛排列布局、造像艺术特征的影响

龙门石质的岩石性质和结构特征使龙门石窟窟龛形制的形成成为可能。此类石灰岩石质坚硬细腻，不易开凿。《魏书》中提到宾阳洞开凿时，窟顶距地面三百一十尺，到了正始二年才凿山二十三丈。“斩山太高，费工难就”，于是降低了开凿高度，在这样的情况下修建中心柱窟似乎更为困难。而舍弃了中心柱的支持，窟室仍然不会塌损，因此龙门的石质和岩层结构从另一方面说明了取消中心柱的理由。同时材质本身对佛教造像也很重要，龙门细腻精致的造像语言，无不与其石质有关。正如王子云先生所言：“由于龙门石窟是石灰岩，比较坚细，所以在雕塑的制作上，较云冈更为精致。”

不同地层及岩石组成对石窟有重要影响，岩石内部尤其是夹层中泥质含量多少对龙门石窟造像风格和后期保存有十分重要的影响。龙门石窟三段岩层矿物成分见表 3-1。

表 3-1 龙门石窟三段岩层矿物成分

区段	岩石名称	百分含量（%）				
		白云石	方解石	生物碎屑	泥质	铁质
北段	中～细晶白云岩	90～95	1～3	—	1～5	1～2
中段	鲕状灰岩	10～15	75～85	5～10	—	—
南段	泥晶灰岩泥质条带灰岩	4.39	49.99		7.24	

在对西山垂直钻孔（4 号钻孔）岩芯样品 4-3（孔深在 60.26～61.61m）徐庄组第二段的角砾状灰岩检测中，发现其泥质成分含量较高。其对应洞窟高度约与火烧洞一致。整体上，古阳洞火烧洞一线以南区域为徐庄组地层，其岩性为泥晶灰岩和泥质条带互层，泥质、方解石含量高，本区缺少大型洞窟及宏伟造像，应与岩石成分复杂有密切关系。尤其路洞以南多数洞窟，规模较小，造像稀少，甚至开窟后仅残存空窟和

空龛，更无造像。保存至今的造像，往往风化剥落严重，尤其呈现条带状差异性风化剥蚀现象非常突出，导致造像面目全非、斑驳不一。

二、岩石硬度对石窟开凿及保存的影响

岩石硬度对龙门石窟造像开凿有明显的影响，最典型的例子是宾阳三洞更改原址，降低开凿高度。另外，由于硬度较大，龙门石窟巨型造像（15m 以上）较云冈石窟少很多，虽也有卢舍那大佛、潜溪寺、宾阳三洞、古阳洞等大型洞窟和造像。而且龙门石窟还雕凿有 1cm、2cm 高的微小型造像，尤其万佛洞南北两壁雕凿有 15000 多尊 4cm 高的小佛，其形象鲜明，是其他石窟所少见的。这充分说明龙门石窟岩石材质适宜精雕细琢，既有 17m 高的宏伟巨像，也有 2cm 的微小佛像，其选址得当，技法流畅，造像精美，栩栩如生，从侧面也反映了岩石材质承载了北魏和唐代造像的高超艺术水平。

三、溶蚀带来的差异性风化、结垢覆盖问题

由于龙门石窟岩石属于可溶的石灰岩和白云岩，其洞窟及造像溶蚀病害较为突出。这种溶蚀病害一方面表现为造像表面差异性溶蚀风化，形成条带状、空洞状的缺损和破坏，可称之为减少型病害，是最为常见的病害类型；另一方面，溶蚀会带来一些钙质、泥质的二次凝结沉淀，在洞窟壁面和造像表面形成厚薄不一、硬度不同的淀积层，称之为结垢，属于增加型病害。龙门石窟一些著名的洞窟大多都有这种结垢覆盖层，遮蔽了部分造像和雕刻，比如莲花洞、老龙洞、皇甫公窟、路洞等。由于岩石比溶蚀度差异，龙门南北不同区段溶蚀特征表现出较大的区别。根据对龙门石窟各种岩层比溶蚀度试验结果，北段凤山组（细晶白云岩）、崮山组（残余鲕粒白云岩）地层比溶蚀度在 0.32～0.44 之间，张夏组（鲕粒灰岩）0.98～1.10 之间（局部位置的白云化残余鲕粒灰岩达到 1.90）。龙门石窟保护中心曾对这些结垢层进行过清除试验,效果良好[①]（图 3-20）。保护中心认为，结垢层应形成于石窟遭受大规模人为破坏之前，客观上保存了雕刻品的完整。这种结垢层覆盖雕刻的情况，在龙门石窟比较常见，随着清理工作的开展，应该会出现更加丰富的雕刻品，为石窟研究和保护提供直接的物质资料。

四、石窟崖面外观颜色、风貌与岩石性质、矿物成分的关系

石窟造像外貌颜色与岩石成分关系密切，而大气污染、生物因素等也会带来影响。

---

① 陈建平、杨超杰：《龙门石窟莲花洞凝浆清除物新获》,《中原文物》2003 年第 5 期。

图 3-20 莲花洞结垢层清除试验

岩石物质成分和结构对石窟造像的外观影响很大，主要对颜色和纹路层次有影响。可以说，石雕造像的外观风貌就是岩石材质的外在表现。影响因素除了岩石矿物成分决定外，石材的加工方法和后期的保存环境也很重要。大气污染带来黑色结壳及风化侵蚀。生物聚集与覆盖及其颜色季节变化。崖面水流的影响，造成表面易溶物质流失、吸附粉尘、污染物等引起微生物滋生，从而引起外观颜色变化。

外观颜色主要由石材所含的各种矿物的种类、分布和含量决定的，也因为矿物种类的不同，在后期保存过程中受环境影响而发生一定的变化。比如，宾阳洞外崖壁上部颜色发红，应与含铁质氧化物以及后期的氧化变色而斑驳不一有关。破窑至唐字洞一带地处岩壁局部呈现黄色，可能与后期伊河洪水形成草酸钙膜有关（图 3-21）。

图 3-21　火烧洞、六座塔附近黄色草酸钙薄膜

纹路层次则受岩石成因和构造类型的控制。比如受原生裂隙、构造带、气孔构造等影响，在石窟及造像上表现出不同的纹路和层次感①。北段宾阳洞一带由于岩石层厚大，开凿后崖壁没有明显的层面裂隙展现，整体上纹路、层次感就不明显；唐字洞到破窑一段岩石层厚适中，层面突出，该段崖壁的层次感就很强，也是认识龙门岩石层面的最佳区段；古阳洞以南层厚小，差异性风化强烈，沿层面剥蚀严重，呈现出来的更多是残破病害状态，也失去了石灰岩原生纹路和层次感。

沉积岩的颜色按成因可分为原生色和次生色。原生色来源于两方面：一是由碎屑物质的颜色所决定；二是沉积成岩过程中的混入物质所决定。例如，含铁质的区段宾阳洞一带呈现褐黄色或红褐色。原生色在较大的范围内或一定的层位内分布均匀而稳定。次生色是岩石在风化过程中，原生成分因氧化作用或环境变化的影响而引起，这种颜色在岩石中分布不均匀，常沿裂隙、层面或风化带分布。

沉积岩的原生色和次生色大多由有机质或铁、锰离子引起。当含有机质时岩石呈黑色，含二价铁时成绿色，含三价铁时呈红色，含三价铁、四价锰时呈紫色。

沉积岩的颜色还决定于沉积岩成岩时的氧化还原环境。铁锰含量高时岩石在后期露天环境下易呈现褐红色或褐黄色。

龙门石窟不同区段岩石外观颜色有关的部分因素列入表 3-2：

表 3-2　龙门石窟外观颜色差异

颜色	岩石类型	颜色成因	代表区段或洞窟
灰白色	白云岩	铁锰钛等色素离子及碳质、有机质含量极低	宾阳中洞内几尊大型造像
灰色	灰岩、少量白云岩	含少量有机质、碳质	万佛洞、双窑
黄色	灰岩	含少量氧化铁	老龙洞、破窑
褐色	灰岩	含氧化铁较高	奉先寺、唐字洞

① 张皓、虞跃、崔春龙，等:《影响石材质量的因素分析》,《石材》2007 年第 8 期。

续表

颜色	岩石类型	颜色成因	代表区段或洞窟
淡红色	灰岩、白云岩	氧化铁、氧化锰含量较高	宾阳洞外壁面
黑色	灰岩	含有机质、碳质较高	

其中，奉先寺一带岩石材质十分典型。根据相关研究，奉先寺顶部至唐字洞底部一段岩层可划分为11个小层（图3-22）：

图3-22 奉先洞顶部至唐字洞底部地层立面图

第1层：巨厚层状灰岩，深灰色，细晶结构，位于奉先寺最底层，厚2～3m，风化面呈暗绿。

第2层：薄层状鲕粒灰岩，灰白色，厚50cm，细～中晶结构，风化面呈土黄褐色。

第3层：巨厚层状灰岩，深灰色，细晶结构，鲕粒发育，厚1.5m，风化面呈红褐色。

第4层：薄层状灰岩，灰白色，细～中晶结构，鲕粒发育，厚0.5-1m，风化面呈黄褐色。

第5层：巨厚层状灰岩，深灰色，细晶结构，鲕粒发育，厚5～6m，风化面呈土黄色。

第6层：薄层状灰岩，灰白色，细晶结构，厚度约1m，层理厚1-3cm，风化面呈深灰色。

第 7 层：巨厚层状灰岩，深灰色，细～微晶结构，厚度 2～3m，风化面呈土黄色。

第 8 层：薄层状灰岩，浅灰色，厚 1m，层理厚 1～3cm，夹泥质条带，风化面呈土黄褐色。

第 9 层：巨厚层状灰岩，深灰色，中～粗晶质结构，鲕粒发育，内含少量生物化石，风化面呈红褐色。

第 10 层：薄层状灰岩，岩石呈灰黑色，薄层状，细晶质结构，层理发育明显，此层岩石内有白色条带，连续分布，底部条带发育明显，条带向下逐渐变密，条带大约为 10cm，下部沿层理有溶蚀发育。岩石破碎，风化后呈白色与灰色夹层，层间有泥质、铁锰质胶结，此薄层状灰岩的层厚为 90cm。

第 11 层：巨厚层状灰岩，岩石呈黄灰色，细晶结构，内有黑色条带断续分布，细晶质结构，竹叶状、椭球状构造，由于下层岩石较破碎，造成该层岩体底部悬空，形成多处大的危岩体[①]。

五、岩石特性对石窟开凿和雕刻营造的影响

岩石的某些特性可能导致雕刻过程中出现问题，比如成分、构造。有不同的矿物成分、纹理、颗粒大小等，有时会造成开凿和营造过程中出现突发情况。这是因为岩石对敲击类工具的反应有可能差异很大，可能层层脱落或者鳞片状脱落，甚至断裂，主要看岩石层厚及胶结成分、致密程度。层厚大、硅质铁质胶结、矿物成分单一的区段，抗风化侵蚀能力强，对外应力反应不敏感，脆性大，不易发生层状、片状脱落，如宾阳洞一带。层厚小、钙质泥质胶结、矿物成分复杂的区段，易形成差异风化和剥蚀槽带，在敲击工具作用力下，易发生层状、片状剥落。相比而言，双窑—唐字洞一带更易产生层状脱落，古阳洞以南更易出现鳞片状脱落。这里主要指雕刻品的表面开凿与雕琢过程中可能发生的现象。

岩石的缺陷可分为原始缺陷、雕刻过程中产生的缺陷、由于后来退变造成的缺陷等。面对岩石缺陷，雕凿时要对岩石初始平面凹凸不平及与所做的与之相适应的装饰浮雕进行相应处理，例如表面深度下陷、有较宽裂隙等。可能有如下情况：在凹凸不平的岩石表面有绘画层；通过填充灰浆或石块进行可能的修整，之后再雕刻。这种情况在云冈石窟比较常见，龙门石窟也存在，比如奉先寺南壁力士、天王的位置处于溶洞发育地带，在开凿佛像时面临局部岩石空缺，必须进行补配填平处理后再进行细部雕刻，这可以从南壁力士、天王腰部的溶洞痕迹得到证明。

---

① 中国地质大学（武汉）:《奉先寺保护工程地质勘察报告》，2011 年，内部资料。

第三节　地质构造对龙门石窟的影响

龙门地区地质构造典型，裂隙发育，对洞窟造像的保存状况带来较大影响。对这些病害因素的认识，是将其防治工作引向深入的关键。

一、承载石窟的岩石裂隙系

裂隙属岩石受力后的一种脆性形变，同一应力场中因形变而形成的不同方位、不同性质的裂隙组合称裂隙系，亦称节理系。石窟区发育着多组构造节理，形成空间格子构造网络，相互交叉、相互切割、相互贯通，是远程水或近程水的搬迁、运移、渗滤的必然通道，也是石窟造像各种病害的根源。

窟区裂隙包括构造裂隙、风化裂隙、卸荷裂隙等，多分布在顶板或两个壁面的交线处，个别位于壁面的中部，通常均为贯通顶板或壁面的裂隙。裂隙的切割加速了岩体的风化进程，降低了岩体的质量。裂隙发育程度不同，对岩体的破坏程度不同，对石窟围岩及石窟内顶面、侧面的影响也不同。在坡度较陡的崖壁上，节理裂隙发育并相互切割以及石窟开挖的卸荷作用，使岩体呈卸荷状态，在重力作用下，极易出现岩石块体的崩塌、垮落现象。

除了自然因素产生的裂隙破坏外，植物根系的物理作用，也导致裂隙发育。窟顶岩石中生长的植物，其根系牢牢地扎入岩石中。随着植物的生长，根系将使岩石裂缝扩大，直至岩石开裂。

（一）与褶皱形变伴生的裂隙系

在区域构造上，石窟区地层属嵩箕台隆的西延部分，为万安—龙门背斜的一翼，地层呈单斜状，属缓倾斜，走向近东西，倾向西北，倾角：23°～30°。岩石受力后形成压性、张性的横节理和纵节理，同时由于掀斜作用改造拆离岩石层面的构造，产生平行岩石层面的拆离节理，这组裂隙在石窟区非常发育。

（二）与区域断裂伴生的裂隙系

成因与石窟区周边地区发生的较大规模断裂活动有关。最明显的特征是石窟区地层、构造受北西西向断裂带控制，形成了在构造应力作用下，石窟区非常发育的、规模较大的张性裂隙带及其与之伴生的低序次裂隙网。这类裂隙一般延伸距离较远，波及范围较广，水文地质条件复杂，对石窟区环境影响巨大。

（三）松弛或卸荷裂隙

属于岩石在外部失衡状态下，由于重力和其他因素诱发的裂隙系，这类裂隙一般在立壁或边坡上的一定深度内发育，一般接近平行于崖壁坡面，往往是石窟造像崩塌、滑落、形成危岩体的“头号杀手”，严重危害石窟的稳定性。

（四）风化裂隙（微裂隙）

发生于岩层表面，在温差应力的作用下，以物理风化为主，表现为微型爆裂，层状脱落。风化裂隙垂直或基本垂直岩层层面，延伸、切割多个层理发育，具有密度大、多组性、可重复性的特点，对不同岩石具有较强的选择性，是石窟局部病害的重要诱发因素，也可以称为“隐形杀手”，直接破坏雕刻造像的表面特征，降低其艺术价值，危害巨大。

裂隙对于露天石雕的保存危害深重。岩石本身存在的结构性裂隙，比如构造裂隙、层面裂隙，对石雕影响很大，后期在自重力作用下形成的卸荷裂隙是造成石雕岩体发生崩塌的罪魁祸首。

风化现象的发生一般都是从微裂隙开始逐步展开的。这些微裂隙逐渐发育，延伸至层面裂隙、构造裂隙形成交切，造成大小不等的分离体，导致石雕一层一层剥落破坏并向深处发展，最终导致石雕风化残损越来越严重。

因此，需要对裂隙进行修复处理。一般采取封堵裂隙、裂隙注浆加固的办法来增强其整体性和稳定性，避免雨水、泥土进入带来的裂隙深层次发育问题。对于雕像本体存在的裂隙，要认真进行修复，并达到美学外观的协调。

二、三组裂隙的不同表现

龙门石窟东西两山主要存在三组裂隙，即原生的层面裂隙、后期地壳运动形成的构造裂隙以及岩石在自身重力作用下形成的卸荷裂隙，它们对龙门石窟洞窟及石雕造型影响较大。

（一）层面裂隙对石窟开凿及造像保存的影响

龙门石窟属于单背斜山，层面裂隙在东西两山分布广泛，倾向为北北西，倾角在25°～30°之间，线密度率南北差异很大。整体而言，西山北段潜溪寺至宾阳南洞区段，岩体层厚大，属于巨厚层（一般层厚大于50cm），完整性比较好，开凿而成的雕刻造像完整性受层面裂隙影响较小，洞窟受层面裂隙的影响，在窟内壁面出露为比较明显的直线或弧形裂隙，成为渗漏水排泄口，尤其是南壁上的层面裂隙，受层面倾向的影响，往往成为渗漏水出露的地方。敬善寺至摩崖三佛区段层面裂隙分布相对稍密，对洞窟造像的影响主要也表现为渗漏水方面。万佛洞至奉先寺区段也是这个特点。奉先寺南至极南洞区段由于岩体层厚小，为薄层白云石化及泥质灰岩互层，层面裂隙非常发育，裂隙率高达？，对造像的开凿带来明显的影响，对其表面风化影响严重。该区段以中小型洞窟和造像为主，洞窟壁面和造像风化往往沿着层面裂隙展布，带来的差异性风化问题最为突出。

（二）构造裂隙对石窟的危害及影响

多次地质调查表明，龙门石窟周边有两组正交的大型断裂构造，呈棋盘格式分布（图 3-23），使龙门石窟所在的龙门山成为一个断块山。草店断裂对石窟保存和病害发展的影响最大。由于草店断裂是豫西地区的一条大构造，又具有推覆性质，它在龙门地区产生的影响意义非凡。草店断裂在形成过程中，由于拉引带动了现在的龙门山产生位移，从而形成了多组（6～8 组）羽状破碎带，这些破碎带大致呈东西走向，基本平行分布于龙门山，从而对石窟保存带来极大的威胁。其威胁主要表现在：一、带来西山坡面的不稳定性。西山坡面是石窟营造的主要载体，它的不稳定直接决定了石窟保存的状态。二、从现在的负地形可以看出，这些破碎带多已剥蚀夷平进而形成小的

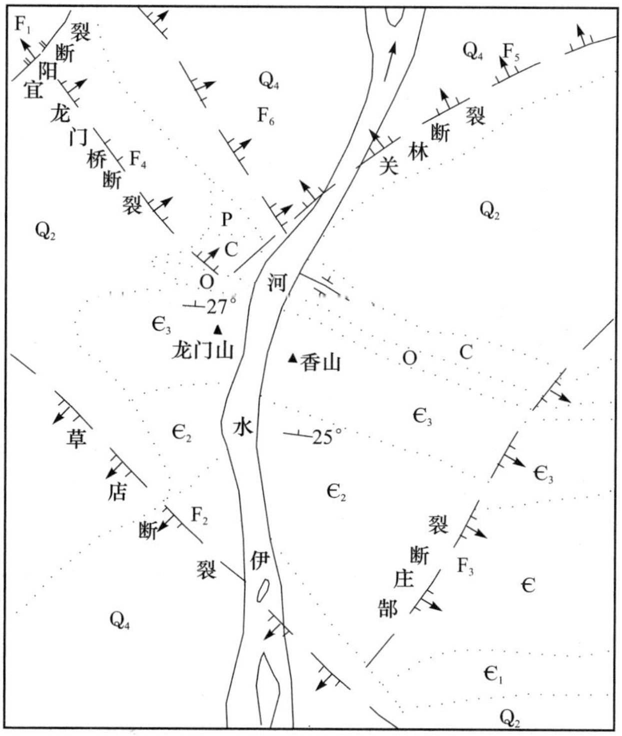

1∶50000

图 3-23　龙门石窟区域地质图

沟谷，成为大气降水后的地表排泄途径。同时，由于它们与层面裂隙和卸荷裂隙之间良好的连通性，构成了洞窟渗漏水的径流通道，给石窟带来严重的渗水威胁。大气降水的主要下渗通道即为这些破碎带和层面构造。三、破碎带的存在加剧了石窟岩体的风化进程。破碎带周缘发育有不同程度的裂隙，很多穿过造像，使石窟岩体被切割成大小不等的分离体，成为风化作用的首选场所。现场可以看到这些破碎带附近的造像保存状况明显较差。

郜庄断裂对东山石窟影响较大，主要表现在对万佛沟南北石窟的洞窟渗漏水、岩体稳定性以及石雕造像表面风化等方面。郜庄断裂整体控制了高平郡王洞、看经寺、二莲花洞、擂鼓台三洞的渗漏水病害特征，以及擂鼓台三洞岩体完整性和稳定性，尤其南北向斜穿擂鼓台三洞（图 3-24），带来的洞窟稳定性和渗漏水问题非常严重。

图 3-24　郜庄断裂在东山及擂鼓台洞顶的表现

（三）卸荷裂隙的影响

卸荷裂隙一般出现于自然形成的摩崖、河谷两岸以及人工开挖后的边坡和立壁。龙门石窟所在的河谷两岸及开挖洞窟等特征，符合卸荷裂隙的发育条件。这些卸荷裂隙广泛存在，成为威胁石窟保存的致命因素。它们一般平行于边坡或立壁表面，上下连通性极好，可蔓延几十米甚至上百米，不少穿过洞窟和造像，比如在珍珠泉旁边，可以清晰地看到卸荷裂隙的存在（图 3-25）；清明寺附近小龛的佛像下部整体崩塌缺失，主要是卸荷裂隙造成的（图 3-26）。它们与层面裂隙和构造裂隙交切连通，使石刻完整性下降、稳定性降低，带来崩塌等严重问题。同时三者共同组成洞窟渗漏的通道网络，给洞窟渗漏水病害治理增加了难度。

图 3-25 卸荷裂隙造成的巨型岩体滑移

图 3-26 清明寺附近卸荷裂隙造成的佛像残缺

龙门石窟大多为露天或半露天的洞窟和摩崖造像，由于山体岩层切割强烈，小断层众多，尤其是节理、裂隙发育，风化作用显著，岩石层理发育。这造成龙门石窟历史上发生过大规模的崩塌，如卢舍那大佛的佛手和腿脚，南壁神王、力士及石牛溪南面多层佛龛的自然崩落等。龙门地下水发育，溶洞多，窟龛内常有渗漏水，佛像被泥质、钙质沉淀物覆盖、污染，造成艺术价值损失。南段中小石窟佛龛造像大多风化、冲蚀，漫漶不清。

伴生裂隙与造像保存状态及风化问题关系也十分密切，这在西山南段强风化区、东山擂鼓台三洞等区段表现明显，造像风化比较严重。西山南段沿构造裂隙伴生发育的羽状裂隙，对窟龛造像带来很大危害，加重了其风化和病害程度，比如古阳洞内重要造像题记受卸荷裂隙切割影响，风化比较严重（图 3-27）。有些伴生裂隙直接穿过窟龛和造像本体，后期风化带来很大的稳定性问题。东山擂鼓台外崖壁造像风化问题比较突出，局部造像受层面裂隙影响风化剥落比较严重（图 3-28）。

图 3-27　古阳洞造像题记受卸荷裂隙切割风化剥落严重

图 3-28　东山擂鼓台外造像龛受层面裂隙切割风化严重

裂隙出现与洞窟开凿的早晚问题，也是值得探讨和研究的。在西山锣鼓洞泉上方的崖体上开凿有十几个中小型洞窟，大多没有造像。有几个洞窟直接受卸荷裂隙切割（图 3-29）。是开窟在前，还是卸荷裂隙已经存在，洞窟在裂隙上开凿？根据考古调查，这些洞窟大多是瘗窟（安放遗体，没有造像），是否与该崖体卸荷裂隙存在有一定联系？有待进一步研究。

图 3-29　锣鼓洞泉上方洞窟受卸荷裂隙切割

第四节　工程地质与水文地质条件带来的影响

工程地质条件对龙门石窟洞窟造像稳定性影响很大，包括岩土体性质、岩体结构面网络、地块抬升、滑坡体等带来的损害和影响。水文地质条件也有不小的影响，包括包气带水引起的裂隙渗漏、洞窟暂时性渗水、裂隙渗漏网络，泉水带来的积极和消极影响，岩溶发育对龙门石窟选址开窟营造的影响以及对洞窟形制、稳定性的影响，以及对石窟造像后期保护的影响等。

一、地块抬升、滑坡对龙门石窟洞窟造像的损害

（一）地块抬升等地质因素对龙门东西两山泉水的影响

根据调查，龙门东西两山共发现有较大泉 10 眼，它们的出露点一般高出伊河水面 2～5 米。关于龙门东西两山的泉水之美，古人多有诗赋赞之。到了 20 世纪七八十年代，龙门东西两山的泉水依然很多，但是近年来龙门两山大部分泉水已干涸，残留的泉水流量也很小。

这主要是由于在龙门石窟区发现的泉眼均属于岩溶泉。这种泉一般发育在可溶岩与不可溶岩的交界处。作为可溶岩，它的裂隙成了地表水渗流的通道，由地下水形成的水平溶洞则成了地下水蓄集流动的管道。作为不可溶岩层，它的水平岩层形成了隔水层，阻止了通道内地下水的流失。在溶洞通道的出口处，则形成了泉眼。龙门石窟区的泉均属于常年涌泉，泉水的来源主要应来自水平循环带的层间含水层，其流量大且稳定。同时，地表渗流通过岩溶裂隙，汇集补给了地下水流，加大了泉水的流量。如果上述的两个泉水来源中断的话，那么泉水自然就会断流。

从岩溶泉的成因，可以推断，龙门石窟泉水断流的原因主要是地下水位抬升和地

表渗水道被堵。地下水位抬升主要是由龙门山—香山地块的抬升造成的。根据潘别桐等的调查，龙门西山三层溶洞的垂直高差由上往下平均为30m（第三层和第二层之间）、20m（第二层和第一层之间）、2m（第一层和伊河水面之间）。地下溶洞是在地下水平流动带内形成的，当地块抬升，地下溶洞超出水平流动带后，地下水对水平溶洞的溶蚀作用便停止了，因而形成了一层溶洞。地下水平流动带的位置大致与河水面持平或稍低。因此，我们以伊河水面作为计算龙门山—香山地块抬升速度的标尺，并以每层溶洞间的平均垂直高差，计算每一时期该地块抬升的速率。

伊河水面的高程为148m，而龙门西山的高程为263m，二者之间的高差是115m，也就是说龙门西山自晚更新世以来的20万年之间，共上升了115m。其中晚更新世早期上升了63m（第三层溶洞距西山最高点63m）；晚更新世晚期上升了30m（二层溶洞的垂直间距为30m）；全新世早期到现在共上升了22m。从上升速度来看，在20万年中平均每100年上长了5.75cm。其中晚更新世早期，平均每100年上升4.2cm；晚更新世晚期时，每100年上升7.5cm；全新世到现在，平均每100年上升22cm。统计数字表明，从晚更新世到现在，龙门山—香山地块的抬升速度逐渐加快，间歇时期逐渐缩短[①]。

地块的抬升，必然造成地下水位的下降。当地下水位高出水平循环带后，供给泉水的深部层间含水层也就随之抬升，因而层间含水层的水量减少，甚至断流。从人为因素来说，由于工业用水和民用水量的增长，造成过量抽取地下水，因而也引起地下水位下降。

地下渗水通道被堵塞，主要是因为在对龙门石窟文物进行加固保护时，为了防止已成溶洞或裂隙的扩大，从而造成对洞窟及窟内雕刻品的进一步损害，文物保护工作者对石窟区内的主要裂隙通道进行了防渗堵漏的工作。这些工作的开展，无疑对龙门石窟区文物保护起了巨大的作用。不过，由于大量石窟裂隙被堵塞，在客观上对地表水的渗流造成一定的阻碍，主要可能影响包气带等浅层地下水，对于承压水来说影响很小。

（二）滑坡对龙门石窟的影响

斜坡上大量土体或岩体，由于地下水或地表水的渗入，在重力作用下沿一定的滑动面整体缓慢下滑的现象，称为滑坡。滑坡速度每年一二米至数十米，少数情况下才有急速滑坡。由于滑坡可产生大面积岩体滑动塌落，危害极大。

根据中国地质大学王建峰等的研究，龙门西山摩崖三佛至双窟一段为古滑坡（见

---

① 周军、曹社松：《龙门地区地质地貌考——兼谈地质作用对龙门石窟的影响》，《龙门石窟一千五百周年学术讨论会论文集》，文物出版社，1996年。

图 3-15）。该段与周围岩体相比较，岩体明显破碎，产状不稳定，山体前缘多处泉水出露。其两侧地貌特征呈圈椅状，存在双沟同源现象，且植被特别发育。由于该段岩体破碎，构造裂隙发育，造成本段内无石刻造像存在。如果龙门山—香山地块内发生地震或其他构造运动，可能会诱发此段古滑坡的重新运动，影响石窟文物的安全。因此，有必要对该段古滑坡进行长期监测，并进行加固保护。

由于长期的风化营力作用、强烈的地下水岩溶作用和其他外部因素（如爆破、地震、洪水、环境失衡、雷暴等）诱发的重大地质灾害，往往造成突发事件，直接威胁景区环境的稳定性，对石窟的破坏将是巨大的。

窟区内残留多处巨形滑塌岩块的分离体，在水文站附近和香山寺下面的公路旁边，均可看到大型滑落岩体，边部有强烈擦痕，岩层产状有较大变化，残存在近东西向的破碎带中。

泥石流。分布于窟区岸边，为黄土胶结的石灰岩碎块，杂乱堆积，棱角清晰，标志着历史上曾发生过较大规模的泥石流灾害，发生此类灾害的诱因必须彻底搞清楚，及早着手，采取措施，防患于未然。在擂鼓台东北地段及西山珍珠泉附近，均可看到泥石流的残留物。

重力位移。由不同方向发育的裂隙，构成空间格子构造网络切割岩体，使岩石彼此分离，形成三角脱落之势。在岩体重力或围岩应力作用下，沿层状节理面产生滑落位移或位移趋势。巨型滑块见于东山万佛沟南侧。

二、水文地质因素的影响

根据目前已开展的水文地质调查工作，得到的主要结论包括：龙门石窟洞窟是由于大气降水在地表入渗后形成的包气带水，沿岩体内部裂隙网络运移至洞窟出露形成的暂时性渗水，以洞窟南壁和顶壁为主。渗水与二氧化碳结合可对龙门石窟碳酸盐岩体造成溶蚀破坏，侵蚀破坏洞窟造像，带来风化剥蚀。景区泉水出露高程总体上在石窟造像之下，对洞窟造像影响很小。

地下水的地质作用主要表现机械冲刷、化学溶蚀以及搬运沉积作用。冲刷和溶蚀造成洞窟岩体和造像出现空洞、溶槽、溶沟等病害，甚至出现一定规模的溶洞。同时，地下水还把溶解的物质携带到其他地方，并在适合的位置沉积下来，这就是搬运沉积作用。它会导致洞窟造像表面被溶蚀模糊、漫漶不清，且会使洞窟壁面和造像表面被钙质、土质等沉淀物覆盖起来，影响其艺术价值和外观形貌。这在龙门石窟莲花洞、老龙洞等比较明显。

龙门石窟赋存的水文地质条件，在以下方面还需要做深入的专项调查工作。

一是钙质上升泉及地下溶洞。沿山麓和河床发育的大部分泉水多为上升泉，出水点在伊河河床或高出水面 3m 左右，涌水量大，持续时间均衡，说明下部或附近地段有充足的补给源。相当一部分泉水附近，积聚着大量成岩后生作用的产物或未成岩的碳酸氢钙沉淀物。说明地下水溶蚀作用强，在地下一定深度内，极有可能已形成具有较大规模的溶洞。

二是裂隙水。无论地表水或地下水、远程水或近程水，裂隙是它们渗滤、迁移、周转、涌出的必然通道。对裂隙渗滤水状况的观察，可以判断裂隙的规模和涌水流向，判断裂隙的导水性作用和储水性作用。研究裂隙中沉淀物的化学成分和物理性质，搞清裂隙中软质夹层的发育程度，进一步确立岩石发生滑移的可能性及其治理方法。

三是深井抽水。窟区或附近地区分布有多处深水井，地下水的过量开发抽取，必然使其潜水面不断下降，漏斗不断扩大。窟区潜水面降低，将危及窟区泉水的涌水量。有些泉眼有时涌水量大，有时涌水量很小，甚至出现突发性涌水或突然干涸，这种泉水多属虹吸式类型，与地下溶洞储水不足有极大关系。

第五节　气候水文条件带来的影响

大气环境包括气温、空气湿度、光辐射、大气运动等基本因子，它们影响着气候类型的基本特征。一个地区的光、热、大气降水条件，是决定气候类型的主要因素，这也构成了文物基本的保存环境特征。由于所跨经纬度大，我国气候类型多样，其光热条件的差异性给遍布全国的石质文物带来了不同程度的影响，而表现出不同的类型特点。在干旱地区，如新疆、甘肃，水的吸收和蒸发作用、盐分的结晶与潮解，对石质文物的长期保存起着决定性的作用。在南方潮湿地区，植被的生长、化学侵蚀表现突出。而在寒冷地区，冻融作用明显。

水文环境由各种水体及其分布、运动形态组成，主要包括地表水体、地表径流、地下水及地下径流等基本因子。渗水、凝结水、地下水是引起岩石风化的重要因素。这些水体的存在，诱发了石质文物的许多病害类型。例如，静水压力、水化学作用和冰劈效应会导致岩体裂隙扩张；水的溶解和水化作用又会导致岩石胶结组分的破坏；洞窟渗漏造成雕刻表面长期遭受侵蚀，从而导致文物价值及艺术表现力的降低。

在自然营力作用下，龙门石窟岩体和雕刻品均已遭受不同程度的风化侵蚀。影响岩石风化的主要因素是岩性、气温变化、湿度、降雨、渗水等。由于构成石窟立壁的岩石成分单一，结构致密，加上地形等因素影响，龙门石窟主要以岩溶作用的化学风化和物理风化为主。

区域上的物理风化作用，在东、西山岩体顶部普遍形成了风化带。据地面调查及钻探资料可知，石窟区岩体强风化带厚约 0.2～0.5m，弱风化带厚约 1.5～2.5m，微风化带及卸荷松动带厚约 8～15m。

水的三相变化带来的影响：冷热循环、干湿循环、冻融循环、可溶盐运移与结晶循环、喀斯特水对灰岩的溶蚀、微生物滋长等。一方面形成钙质沉淀物覆盖雕刻品，降低其艺术价值；一方面长期冲蚀、溶蚀使雕刻品形成溶孔、溶隙或溶槽，造成岩体的空架结构，破坏岩体的完整性。

一、气候对石窟造像保存的影响

从文物环境化学上讲，任何文物都处于一种开放的热动能体系之中。文物的保存与大气环境密切相关，尤以暴露、半暴露的石窟寺、石刻为甚。龙门石窟地处中原，属于温带大陆性气候，多年平均降水量 580mm，夏季炎热多雨，冬季寒冷干燥，春秋大风多。温差大，降雨丰富，这种气象条件对石窟的保存非常不利。常年盛行南风和北风，风力强劲，伊阙峡谷客观上加强了风的吹蚀作用。监测表明，龙门峡谷内风速年平均在 2～5m/s，曾达到 19m/s 的纪录（1991 年 8 月 1 日）。风的这种机械性的吹蚀、磨蚀、掏蚀作用，对西山南段的含软弱夹层（泥质）有很强的侵蚀效果。这也是其岩体风化层较厚的主要原因之一。

温差所产生的应力是石窟造像自然劣化的最大杀手。夏季时的炎热多雨往往造成石窟岩体的崩解风化，冬季的冻融作用也使文物造像产生裂隙和断裂。洞窟常年持续的渗漏水来源于大气降水在山体内部形成的暂时性渗水（包气带水），对石窟造像进行溶蚀破坏，不少造像及周围岩体被溶蚀作用掏空。多年来龙门石窟已采取分区治理的方式，对洞窟渗漏水病害进行重点防治，潜溪寺、擂鼓台三洞、万佛洞区段等均已取得明显的效果，洞窟渗漏水大为减轻。

另外，空气凝结水在龙门石窟普遍存在，在潜溪寺（图 3-30）、宾阳南洞等洞窟内表现突出。它的形成与微地形、微大气循环运动等因素有关。在炎炎夏季，洞窟内雕刻品表面、侧壁上有明显的凝结水珠存在，呈点状分布。它们通过毛细作用进入裂隙或在表面被粉尘吸附，富集有害气体，造成复杂的石窟病害。夏季洞窟内湿度过大，造成的凝结水危害也是需要逐步研究治理的问题。2006～2008 年曾经对潜溪寺凝结水危害和治理进行定量试验研究，提出了具体的防治措施建议，可作为治理凝结水病害的方法依据，详见第五章第三节龙门石窟凝结水危害机理及其防治研究。

除了大气运动的机械侵蚀外，有害气体如 SO_2、NO_x、H_2S 等和粉尘对石窟危害严重。自然大气中 SO_2、NO_x 的浓度很低，对石窟影响不显著，但近几十年来由于经济发展，龙门石窟区周边的工矿企业和交通流量迅猛增长，大气和粉尘污染骤增，直接增

图 3-30　潜溪寺内雕像凝结水现象严重

加了窟内外雕刻品粉化、损失病害的程度。据直观观察，卢舍那大佛脚下的碑刻题记，20 年前清晰可辨，但今天已模糊不清。随着环境污染的加剧，有害气体和粉尘在龙门石窟病变的发展中起着至关重要的作用。

有害气体以 SO_2 和 NO_x 的侵蚀作用最为突出。SO_2 侵蚀龙门石质文物的机理可分为两种类型：

（1）SO_2 在气态下的均匀氧化

对文物起主要侵蚀作用的机理是通过反应媒介导致 SO_2 的氧化，反应媒介是光化学烟雾产生的 OH、OH_2、RO_2 等自由基，其机理为：

$$OH+SO_2 \longrightarrow HOSO_2$$

$$HOSO_2+O_2 \longrightarrow H_2O+SO_3$$

SO_3 的产生导致气态硫酸的形成。在大气压力很低的情况下（10^{-10}atm a 25℃），同雾中水滴发生聚合作用，液态硫酸稳定性大大加强。它与液态的亚硫酸共同存在于大气中。亚硫酸在水溶液中产生两种酸类分解作用：

$$H_2SO_3+H_2O \longrightarrow HSO_3^-+H_3O^+$$

$$HSO_3^-+H_2O \longrightarrow SO_4^{2-}+H_3O^+$$

H_3O^+的生成是酸雨危害石质文物的根本原因。酸雨在降雨后 10 分钟内危害最大，pH 值有时可达 3，甚至 2。龙门石窟石质主要成分是碳酸钙和碳酸镁，它们与 H_3O^+反应后生成钙镁的可溶性硫酸盐，在水作用下造成石质淋失，其反应式为：

$$CaCO_3+SO_4^{2-}+2H_3O^+ \longrightarrow CaSO_4 \cdot 2H_2O+CO_2+H_2O$$

$$MgCO_3+SO_4^{2-}+2H_3O^+ \longrightarrow MgSO_4+CO_2+3H_2O$$

（2）SO_2 在石质文物表面上的不均匀氧化作用

这个过程可分为 3 个阶段：

① SO_2 在被石质文物表面的固体粒子吸附的初始阶段；

② SO_2 在 H_2O 存在的情况下形成 H_2SO_3；

③ H_2SO_3/SO_4^{2-} 的侵蚀氧化作用。

作用机理可用下式来表示：

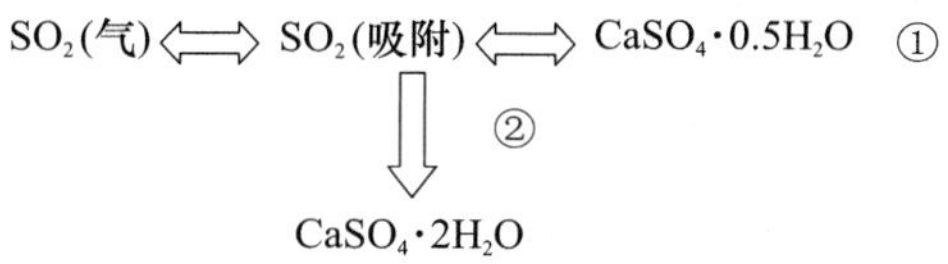

①式反应过程较缓慢；②式反应速度很快，尤其当 NO_2、O_3、Fe、Mn 等存在时速度明显增快。其结果是，生成的含水石膏与原石质 $CaCO_3$ 的热膨胀性能大为不同，从而引起石材外壳发生分化，直到石材裂开、粉化。作用示意图可如下表示：

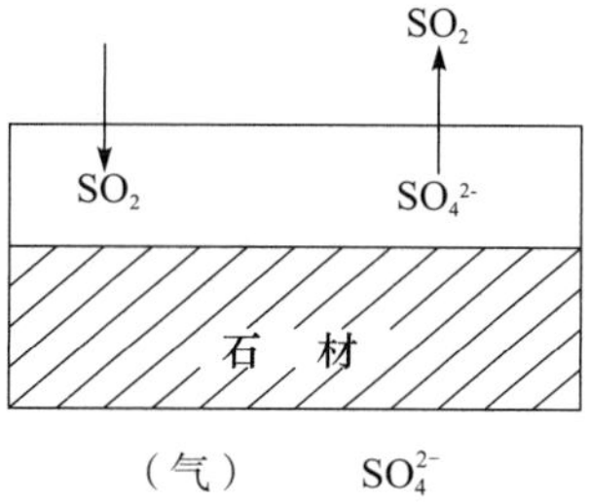

NO_x 的作用机理与 SO_2 类似，生成的 HNO_3 也会破坏碳酸钙。但在石质材料的成分检测中发现的 $Ca(NO_3)_2$ 浓度很低，证明 NO_x 的危害性不比 SO_2 强烈。

粉尘也是危害文物寿命的有害气体成分之一。粉尘的规格以总悬浮（TSP）来表示，指大气中粒径在 10um 以下的固体颗粒污染物。粉尘在风力或生物因素下，通过静电、范德华力、分子吸引力等黏附在石质文物表面，既阻止了石质内水分的蒸发，又可吸附有害气体和水汽，同时传播真菌孢子，扩大了霉菌等有害物质对石材的损害范围。

正常大气中的 CO_2 含量很低，只有 0.03%，但随着工业发展等人类活动排放的 CO_2 气体在逐年增加，龙门石窟的溶蚀病害不断加剧。其作用机理称为碳酸化作用，以下式表示：

$$CO_2 + H_2O + CaCO_3 \longrightarrow Ca(HCO_3)_2$$

由于 $Ca(HCO_3)_2$ 的溶解度很大，造成雕刻品和围岩的碳酸钙石质成分不断流失，雕刻表面形成蜂窝状孔洞，甚至形成溶沟、溶洞等，雕刻表面粉化后模糊不清，一定时间后，重新结晶的碳酸钙成分在雕刻表面形成凝浆或结垢，覆盖了雕刻品，降低了文物的美学价值[①]。

① 陈建平、杨刚亮：《龙门石窟石质文物病变的环境影响与对策研究》，《2004 年龙门石窟国际研讨会论文集》，河南人民出版社，2006 年。

1998 年龙门石窟申报世界遗产之前，龙门石窟保护区建设控制地带内共有企事业单位和村庄 22 家，常住居民 1.5 万人左右，以石窟为中心 5 千米范围内有中型水泥厂 5 座，白灰窑多处，保护区北部有炼油厂、橡胶厂，且处于主导风上风向。龙门作为洛阳市的南大门，有洛伊、洛偃、洛临三条公路和焦枝铁路过境。龙门石窟附近的火电厂、炼油厂、水泥厂等企业生产用燃料燃烧和生产过程的废气排放，当地企事业单位和居民的生活用煤等是龙门石窟区域 SO_2 污染的原因。NO_x 的污染源主要来自工业排放、交通运输的汽车尾气排放，此外还有交通运输、煤矿、水泥采矿场、石灰窑等企业的固体物料的运输、机械化处理。交通扬尘和工业企业排放的烟尘造成大气污染中的粉尘类污染。参照国家大气环境质量标准 GB3095-82，龙门石窟区大气中 SO_2、NO_x、总悬浮颗粒（TSP）的年均值在国标的二至三级之间，大气污染程度已相当严重。2000 年龙门石窟列为世界遗产后，周边环境治理效果显著，污染状况大为降低。如今的龙门石窟景区山清水秀，风光怡人，多年不见的鸟类也重回龙门，印证了龙门石窟环境质量不断改善与提升。

二、水文条件对石窟造像保存的影响

龙门地区年降水量在 580mm 左右，地上、地下水资源丰富。龙门的水文环境主要包括河流、大气降水形成的暂时性渗漏水与出露的泉水。水的存在使龙门石窟地区风景秀丽，但同时也对龙门石窟的文物病害有着巨大的影响。泉水对石窟造像基本没有威胁（仅老龙窝泉水对附近的小龛造像有威胁）。河流只有在汛期才有可能威胁洞窟和造像（图 3-31）。对石窟文物破坏最大最持久的，是大气降水形成的暂时性裂隙渗漏水。这种渗漏水每年可以持续七八个月之久（4～11 月），对洞窟内部的造像危害是长远和深重的。降水带来的对造像的冲刷、溶蚀、洞窟渗漏等，一直是龙门石窟保护关注的重要问题。针对此问题，龙门石窟从工程地质角度进行了一些有益的研究和探索，取得了比较好的成效，详见第六章第二节潜溪寺渗漏水治理工程。

对于露天雕刻品，降雨的危害表现在雨滴的溅蚀和地表坡流的冲刷磨蚀作用。这种作用在西山南段表现突出，主要原因是该段斜坡坡角在 70 度以上且石质含有泥质条带的软弱夹层，成为雨水优先侵蚀的对象。

洞窟内部的水害成因是由降雨引起的暂时性渗漏水沿着山体内部的各种裂隙（层面、构造、卸荷裂隙等）下渗造成。下渗水流在洞窟内壁面上出露，形成暂时性或常年渗水点。同时，壁面上的渗流由于含有大量泥土、盐分，在水分蒸发后重新固结，并黏附在雕刻品或洞窟壁面上，破坏了文物原有面貌，降低了美学欣赏价值。

伊河洪水对石窟造像冲刷、溶蚀、淤积及水质污染等都对石窟安全带来威胁。伊

图 3-31　伊河洪水淹没观光石道（2011 年 9 月）

河在龙门山一侧为凸岸，河水侧向侵蚀可顺层面直接溶蚀河岸，形成地表不易察觉的地下凹槽或溶洞，久而久之，受重力影响，遇到地震或人工放炮，岩体受地下水的润滑，有可能出现崩塌和滑坡。摩崖三佛至双窑北一段在历史上即发生过滑坡事件，造成此段岩石支离破碎，无法雕凿窟龛造像，因此此段岩体中极少有洞窟分布①。

在伊河上进行的人类工程行为加大了伊河对石窟的威胁。1985 年修建的龙门石窟南口漫水桥，因桥墩方向设计问题，导致洪水主流面向西北，直接冲刷西山路洞北侧低处洞窟，增加该区段溶蚀程度。后来在龙门桥北修建橡皮坝蓄水，形成面积高达 100 万 m^2 的水面，造成河床堆积淤积，抬高河床。一方面直接带来汛期洪水更大的威胁，另一方面，蓄水导致小气候的改变、增加湿度加剧凝结水的问题。其危害表现在：①抬高潜水面，加快岩溶作用；②增大小区域湿度，降低伊河自净能力；③上游的污染源在龙门石窟富集浓集，加大环境污染；④造成低处洞造像被长期掩埋。

当然，伊河对山水秀色景观形成具有一定的塑造作用。

龙门石窟位于伊河两岸，伊河水质的好坏直接关系着龙门石窟的长治久安及游客的身心健康。很长一段时间，伊河水携带着上游沿岸矿产厂、造纸厂、化肥厂、热电厂等排放的生产废水和生活污水，混合着石油类、COD、重金属等多种污染物，终年冲刷着西山石窟的底座沿岸。这种现象基本在 2004 年彻底杜绝，这是洛阳市重视龙门石窟保护并加大伊河流域环境保护和生态治理的结果。多年的记录表明，龙门段伊河

① 屈茂稳：《龙门石窟与地质》，《地球》1984 年第 6 期。

只要水位达到150m，就会漫过栏杆进入石窟观光石道，甚至进入低处的石窟，淹没佛龛造像，比如老龙洞附近。后来修建的橡胶拦水坝，使伊河水位人为抬升了5～7m。这将引起河床淤积升高，增大空气中的含水量，不断增加对石窟的冲刷溶蚀程度，加大石窟遭受伊河洪水的侵袭概率①。

三、从气候水文角度对龙门石窟保存环境的划分

对洞窟和石刻所处环境分类讨论，是为了针对不同环境产生的不同病害确立相应的保护方法和保护材料。从这个角度将龙门石窟石刻所处环境分为以下三大类型（北京大学胡东波教授的观点②），并就此探讨相应的保护对策。

（一）受温度和酸雨侵蚀为主的风化环境

1. 环境及风化表现形式

主要暴露在开放露天的环境。其病害产生主要原因是受早晚温差、季节温差、降水冲刷溶解的影响。不受或者很少受内部水的影响。

其表现为：岩石表面变得疏松、开裂和表面溶蚀。

2. 保护对策

针对这类情况，要做的研究和保护就是对疏松岩石进行渗透加固，以增强岩石的表面强度；对开放缝隙加固填补，防止污染物或植物等侵入，以免进一步扩大缝隙；再就是表面的防水（憎水）保护，防止降水对石刻的进一步溶蚀。

（二）常处于半干半湿状态环境

1. 风化表现形式

这一类石窟岩石的风化最为复杂，几乎包括了所有的风化形式，钙沉积、溶蚀、盐碱、霉菌等等。在龙门石窟，这类洞窟主要集中在西山南部。危害最大的是片状剥落和粉化脱落。

2. 保护对策

这类环境条件下的石刻保护，在洞窟水不能完全隔绝的情况下，大部分努力几乎都是徒劳的。首先龙门石窟的水不可能完全隔绝，现在不行，将来的可能性也比较小。

---

① 周悦先、张丽聪：《洛阳龙门石窟环境污染及防治对策》，《科学中国人》2000年第9期。

② 参考胡东波教授在2004年龙门石窟国际学术研讨会上的发言，有删节。

其次即使做了渗透加固和表面防水措施，有可能只是暂时解决问题，随着盐类的富集和干湿不同所形成的膨胀不同，甚至会造成更大的破坏。所以在没有进行充分的研究之前，对于这类环境条件下的病害最好不要贸然使用化学保护材料。

那么有两个问题：其一，石窟经历了千百年，近几十年的破坏（指自然的）似乎加剧了；其二，是否有可靠的保护方法。

对于第一个问题，为何近几十年病害有加剧的感觉？首先任何事物的发展都是一个由量变到质变的过程，石窟的病变也是由缓慢的量变积累而后加速发展。从时间与病变的关系曲线图看是一条抛物线。随着经济发展，出现了环境污染问题，这也是造成近几十年风化加剧的原因之一。其次，历朝历代对雕塑的涂绘，不管是出于何种目的（出于宗教信仰等），客观上保护了石质部分，因为大部分的风化是由表及里的（像溶蚀、盐结晶、冻融破坏等等）。发生破坏的时候，首先受到破坏的是这些位于最外边的涂层，因此这些涂层起到了牺牲性保护的作用。而古代不断地重复涂抹使得石刻不断得到保护。

由此回答了第二个问题，就是目前有没有比较可靠的保护方法，如果有的话，我认为就是上述经过时间考验的牺牲性保护涂层。但这涉及另一个问题，就是“文物保护原则”以及已经接受石窟现状的民众心理承受力的问题。

（三）大量渗水和凝结水的环境

龙门石窟中比较靠北边的洞窟处于这一环境中，其灰岩质地比较好，主要病害是渗漏、沉积、结露，小块片状剥落和粉状剥落比较少或者没有。也就是说水的问题为主，分为几种情况。

一是远程水。通常远程水含钙离子比较高，甚至达到饱和或过饱和，对石窟的危害主要是产生沉积物。沉积物虽然影响外表，但目前对石窟不构成威胁，可以不列为首位处理。而且，这类水封堵起来比较困难，成本也比较高。

二是近程水。直接渗入的雨水，pH 值低（酸雨），会溶解石灰岩，必须加以封堵。而且，相对比较易于做到。

三是凝结水。凝结水无法封堵，虽然通过憎水处理可以解决，但在没有证据证明其无害之前，要小心处之。另外，凝结水的危害到底有多大，也可以通过分析研究来加以确定。

然而这些流动的液态水也不是全无益处，它可以带走多余的盐分，减少盐对石头的危害。即使将水封住了，但有可能造成新的危害，水被封堵之后会使洞窟处于半干半湿状态。通常情况下，石窟石刻在半干半湿状态比完全潮湿的情况受到的危害更大。

第四章　龙门石窟主要病害及特征

历史遗留下来的珍贵文化遗产，尤其是石质文化遗产，代表了一定历史阶段人类生产力水平及生产方式，同时凝聚了这一时期人类文明的诸多信息（政治结构、审美标准、文化交流等），通过这些信息，可以追溯历史，了解当时人类的生存状态，从而对现今人类的社会行为具有指导意义。这部分研究工作更需要考古学家和人类学家来完成，但在一些跨学科的研究项目中，地质学家的参与和研究是不可或缺的，主要研究应包括两个方面：一是研究其病害及治理方法和措施，保护珍贵的文化遗产；二是研究石质文物的分布规律及其历史渊源，为其科学合理的活化利用提供科学指导。

了解文化遗产的重要性是保护和利用的关键。首先要认识到保存和保护是第一位的，然后才谈得上修复、管理与利用。《准则》[①]强调了对遗址重要性进行现状调查的必要性和首要性。而文化遗产保存现状、病害状况则是现状调查的重要内容。评价石窟寺当前保存状态，对其进行危险等级划分，然后根据等级程度高低区分保护工作的轻重缓急，从而制定保护工作计划，采取最合适的干预措施来防治病害。

几十年来对石窟寺地质病害的研究方法主要是采用基础地质、工程地质和水文地质的一些勘察和研究方法。大概包括几个方面：

第一，查明石窟寺所处的地质环境。进行详细工程地质测绘，查明石窟寺所处的地形地貌、地层岩性、地质构造、物理地质现象、水文地质条件等，收集水文气象资料，调查人类工程引起环境条件演化及其对石窟寺的影响。

第二，常规地球物理勘探方法。这在近十几年来的保护工程中应用得越来越广泛，并取得了可喜的成果。目前常用的有直流电阻率法探测洞窟渗水途径、窟顶基岩埋深；声波法测定岩体风化程度、化学灌浆效果；微测深法探测风化深度、保护材料渗透深度等；浅层地震法探测石窟寺岩体深部裂隙发育情况以及窟前考古；水声仪测定地下洞穴；地质雷达探测掩埋洞窟、隐伏溶洞、地下暗河等；核子水分密度仪可对石雕的密度与含水量等进行无损检测。

第三，采用动测的方法。利用各类测震仪对动力荷载的震动效应进行实测，为石窟的动力稳定性评价提供可靠依据。边坡稳定性评价与洞窟相结合的三维空间问题，

---

① 国际古迹遗址理事会：《中国文物古迹保护准则》，2003 年。

如对龙门石窟的高边坡岩体稳定性评价，曾用二维空间有限元方法进行分析计算。为评价爆破震动对龙门石窟边坡岩体稳定性的影响，采用了动态离散元分析方法。为建立岩体结构模型，分析渗漏通道，在岩体节理实测基础上，进行结构面几何参数和统计分析。建立概率模型，进行结构面网络的计算机模拟，得出岩体结构面发育的网路耦合联通网络系统，为石窟岩体稳定性分析、渗漏通道确定和防渗处理提供了依据[①]。

第一节　关于病害调查的若干思考[②]

文物保护修复工作的一个重要环节是病害调查，这是不可或缺的一项内容。然而，对“病害调查”的具体内涵，互联网以及国内外大量文物保护修复方面的政策、法律法规、管理办法，包括《保护世界文化和自然遗产公约》、《国际古迹保护与修复宪章》、《中华人民共和国文物保护法（2002 年版）》、《中国文物古迹保护准则》等在内的法律法规和公约准则，都没有明确的说明与阐述。

最早提出“病害”这个术语的，是中国地质大学（武汉）潘别桐教授。1986 年到 1987 年，他在龙门石窟为综合治理工程进行前期勘察工作时，为了表述石窟表面存在的问题，首次使用了“环境地质病害”的概念。1992 年，由潘别桐教授和中国文物研究所（现中国文化遗产研究院）黄克忠先生主编的《文物保护与环境地质》一书中，正式明确了“环境地质病害”这一概念。而在官方文件中，“病害”一词最早出现在国家文物局发布的《全国重点文物保护单位记录档案工作规范（试行）》的通知（文物保发［2003］93 号　2003 年 12 月 3 日）》的“第十一条　文物保护工程及防治监测包括以下内容：（二）文物监测、病害防治记录及成效报告等”。这里虽然出现了“病害”一词，但只提到“病害防治记录”，并没有出现“病害调查”这个专有名词。包括 2006—2008 年国家文物局重点科研基地陆续完成的各种材质的“病害分类与图示”等标准（国家文物局 2008 年 2 月 29 日《关于发布〈古代壁画病害与图示〉等 9 项文化遗产保护行业标准的通知》），也没有对“病害调查”进行明确的定义、定性与阐释。比如，什么是病害调查？病害调查的属性、目的和意义是什么？病害调查属于文物保护工作程序六步骤中哪一步？如果属于文物调查，病害调查应该属于其中的什么等级？这些都还是十分模糊的。近些年来陆续颁布的法律法规文件和管理办法中，也一直没有对“病害调查”做详细解释。与此同时，业内人士一直在使用“病害调查”一词，并且针对这个环节的工作，已形成默认的工作程序与规范要求。

---

① 姬琦：《石质文物性地质景观的环境地质问题研究》，《中国西部科技》2007 年第 14 期。

② 杨刚亮：《关于“病害调查”的若干思考》，《中国文物报》2010 年 9 月 17 日第 4 版。

一、“病害”与“病害调查”的界定

潘别桐教授等前辈率先使用并明确了“环境地质病害”这一概念和术语。然而，对于现象及问题的描述应尽可能的客观，以“病害”这一不掺杂任何主观推断成分的词汇来界定文物破坏的表象总称更为合适①。由此，病害的定义应该是，物质材料在自然和人为作用下所发生的表面破坏现象。这个定义有如下内涵：第一，病害发生的客体是物质材料的表面，不包含内部（结构内部另当别论）。这同时限定了应以肉眼能辨识为标准，而不包括使用仪器等观测分析技术手段所了解的内部以及表面微观的信息。第二，总括了病害产生的根源，是自然和人为作用。

在《关于〈中国文物古迹保护准则〉若干重要问题的阐述》中，对保护工作程序中的第一步“文物调查”有如下注释：“5.3.1 文物调查是保护程序中最基础的工作。调查分为普查、复查、详细调查和专项专题调查等。要按照各类项目要求的深度，制订相应的调查提纲和规范化的记录格式……”但没有对普查、复查等做进一步的详细注解。据此，笔者认为，“病害调查”应该属于文物调查中的“专项专题调查”。不妨尝试下个定义——病害调查，就是对物质文化遗产本体及其附属结构等残存状况和所存在的病害及其破坏因素的专门调查和综合评价，包括针对病害分布、等级划分、分布集中情况等所开展的现场拍照、病害甄别、手工绘制病害图、电脑转绘病害分布图、文字描述（对图像呈现的描述与补充），以及最后建立完整的病害档案。这个定义至少涵盖有如下信息：第一，调查对象不单是物质文化遗产本体，还包括其附属的建筑、支撑结构等；第二，调查内容包括总体上的残存状况、结构特征、表面存在的病害以及造成这些病害的破坏因素；第三，明确了病害调查的工作程序，包括前期准备图纸、现场拍照、病害甄别、绘制草图、电脑转绘病害分布图，最后建立完整的病害档案。当然，在对病害综合评价上，应结合应用一些科学检测分析手段（比如 XRD、XRF、三维视频显微镜等）来进行，如果能再做一些概率分布、统计上的分析，就更加完善。

二、病害调查的局限性

众所周知，病害调查是文物保护修复工作程序中的一个组成部分，对于前期调研、收集资料、建立档案乃至对后期的实施保护修复方案都具有重要意义，尤其体现在对总结主要病害的类型、分布特征、严重程度等方面。然而，困扰我们的一个实际问题是，病害调查到底能为后期的保护修复工作提供多少依据和帮助。通常的做法是，把

① 李宏松：《石质文物岩石材料劣化特征及评价方法》，文物出版社，2014 年，第 19、20 页。

病害调查作为总体修复工作的一个环节来完成，最后成为结项报告的一个组成部分，所占篇幅较多。在修复一件文物时，很少有人对照已完成的病害图进行修复。哪种病害应该怎样修复，边界如何处理；同种病害，其严重程度不同时该怎样处理，所用试剂浓度如何调整等等，这些都还不能体现在修复方案和操作人员的施工计划中，更多依赖于修复操作人员的经验和主观判断。这其实体现了病害调查意义的局限性。

不是所有的病害类型都一目了然，其发育程度更是很难用语言来准确描述。但病害认识贯穿于文物保护修复全过程，它是设计图—施工图—竣工图的基础和依据。

龙门石窟的保护修复工作，曾遇到不少难题。完成一个洞窟的病害档案不难，甚至完成整个龙门石窟的病害档案也只是时间问题，真正难的是如何利用这些病害档案对后期的保护修复工程进行指导和支持。这是保护信息档案建设的根本。事实上，目前龙门石窟已实施的保护修复工程中，病害调查只是其中一个独立的工作环节，尚不能与修复方案施工设计有机结合，因此未能对修复工作起到明确的指导和借鉴作用。就目前状况而言，病害调查更多是实现了收集资料、建立保存现状档案的目的，而作为完整体系的目的和意义，还有些模糊和欠缺。尤其从长远的保护目标和传承意义考虑，病害调查还应该在佛像残破、盗凿情况调查以及流失文物回归的国际化进程等方面起到更为积极的作用，这需要结合数字三维技术来进行长期、持续的综合研究。

三、病害术语的标准化问题

说到病害术语的标准化，不能不提意大利的 Norma（标准）。意大利是文物大国、强国，率先在世界上制定出通用的石质文物病害术语规范 Norma。在修复师资格考试中，病害术语体系 Norma 是必考项目，包括理论与现场考试。我国文博行业近十几年来在立足国情的基础上，也沿用和改进了意大利的这套病害术语词汇系统，目前大多数文博工作者也基本认同这种分类和定义标准。

到目前为止，全世界尚无组织机构发布世界通用的病害术语规范文件。ICOMOS（国际古迹遗址理事会）和 ICCROM（国际文物保护与修复研究中心）等权威机构也只是宣传和推广意大利、英国等国家的先进做法，并没有下发和统一执行某个标准化病害术语系统。究其原因，主要是岩石材料、文物类型和环境气候类型这三个因素存在差异性[①]。这在某种程度上制约了病害术语在全世界的通用与推广。

2008 年 2 月 29 日国家文物局发布了由西安文保中心承担编制的《石质文物病害分类与图示》（WW/T 0002-2007）等三个石质文物行业标准。这是我国石质文物保护领域第一次发布的标准化文件，对提高我国石质文物保护工作水平具有积极的推动作用。

---

① 李宏松：《石质文物岩石材料劣化特征及评价方法》，文物出版社，2014 年。

该标准化文件在对全国石质文物进行广泛调研的基础上，结合许多保护工程案例的成功经验，通过全国著名的石质文物保护专家的共同努力而形成，凝聚了我国文物保护前辈们的心血和智慧。

应该说，这个标准化词汇系统在大多数地方和科研工作中是具有普适性的，但应允许个别情况下的变通。病害术语系统应该是动态和允许个别更新的，而不是一成不变的。因为我们对客观世界的认识总是在不断发展与变化之中，应该承认我们认识上的时代性和局限性。

在石窟病害调查中曾经遇到一些现象难以用该标准中的术语来表述，尤其是对龙门西山南段进行表层风化病害调查时，在病害的甄别和称谓上存在着一些困惑。比如，经常出现的条带状风化、差异性风化、板状风化等现象，无法套用标准中的病害分类。而差异性风化在意大利 Norma 中对应于“差异病变”，这个病害术语是否应该应用到“石质文物病害分类与图示”中？还有变色、分离、脱落等病害现象，标准中也没有列为专有病害术语。这些都值得商榷。

2015 年国家文物局发布了《石质文物保护工程勘察规范》（WW/T 0063-2015），明确了石窟寺及摩崖石刻等不可移动石质文物保护工作方法和规范标准。其中详细界定了石窟寺病害调查的标准，主要包括结垢失稳、渗漏、表层劣化三大类。对表层劣化病害的分级分类进行了更为详细的定义和描述，主要包括表层完整性破坏、表层完整性损伤、表层形态改造、表面颜色变化、生物寄生等 5 大类 17 种病害[①]。这是石质文物保护工程勘察和病害调查的重要行业文件标准。

建立行业标准，实现规范和整齐划一，是行业发展的趋势，对于提高行业发展总体水平大有裨益，但标准不应一成不变，应该呈现动态发展和接受更新。标准的实施和认可也是个长期积累的过程。实际工作中，我们应该结合客观情况，仔细观察、深入思考、对比研究，真正使工作的各个环节达到科学、严谨，这是文物工作者应持有的积极态度。

四、分组测绘在石质文物病害调查中的应用案例[②]

病害调查是文物保护修复中的一项基础性工作，归属于保护工作程序六个步骤中的第一个步骤“文物调查”。作为病害调查的主要成果之一——病害图，其绘制的重要前提是对病害的现场甄别和病害草图的绘制。要完成这个工作程序，不能随意地标注病害，而应该提前进行现场踏勘调查，确定病害种类并进行分类分组，最后在现场把

① 国家文物局：《石质文物保护工程勘察规范》（WW/T 0063-2015），2015 年。

② 杨刚亮：《石质文物病害调查中分组测绘的一种尝试》，《中国文物报》，2011 年 3 月 25 日第 8 版。

病害分组分类标注在不同的图纸上。这就要求我们在开展此项工作时要综合考虑文物的实际保存现状，把病害科学分类后绘制到草图上，尽量避免出现较多的病害分布上的交叉、重叠或覆盖，否则会带来识别以及电脑转绘时的困难。2009 年 6 月，在对威尼斯圣马可广场西侧的威尼斯博物馆东壁进行保存现状调查时，我们采取了一种分组测绘病害图的方法，针对性强，实测效果好，最后仅用了四张病害图就涵盖了所有的病害类型，并且几乎没有出现两种病害分布上的重叠与混淆。这是一次有益的尝试。

在两次现状调查的基础上，通过对比分析，把保存现状分为两大部分来描述，一是组成材料 / 历史干预，二是保存状况。其中，针对组成材料 / 历史干预一栏，只使用一张图纸即可全部标注；针对保存状况，则细分为石材表面沉积 / 色彩变质、石材表面状况 / 材料缺失和结构状况共三种类型，需要三张图纸来标注全部病害类型。具体分组见表 4-1。

表 4-1　分组测绘病害调查分类

现状调查			
Ⅰ组成材料 / 历史干预	Ⅱ保存状况		
	A 石材表面沉积 / 色彩变质	B 石材表面状况 / 材料缺失	C 结构状况
1. 石块划分	1. 黑色沉积	1. 鳞片状脱落	1. 裂缝
2. 石质类型	2. 结垢	2. 层状脱落	2. 断裂（有明显位移）
3. 石块插入或更换	3. 鸟粪	3. 微孔	3. 疏松或分离体
4. 金属（针、铁箍）	4. 白色沉积	4. 微裂隙	4. 开口接合
5. 水泥填充	5. 植物存在	5. 膨胀	5. 宽口接合
6. 薄膜 / 表面旧处理	6. 斑迹	6. 差异病变	
7. 古锈色	7. 色彩变质	7. 渗水	
		8. 缺失	
		9. 侵蚀	

其中，Ⅰ大项中的石块划分指石块材料的分界线。一般而言，在使用石材构建墙体结构时，单个建筑物或建筑单元很少使用多种石材的，所以，石块划分的分界线标注比较简单，石材类型一般做个统一说明即可。石质类型中不单要说明三大类岩石归属，还要详细说明具体类型，比如石灰岩中的伊斯特拉石灰石、结核碳酸盐岩等等。薄膜类则包括保护膜、保护层、草酸钙锈色等。古锈色则指表面局部应用彩绘颜料。

ⅡA 栏目中，黑色沉积包括污物、致密黑色结壳、树枝状黑色结壳共三类。植物存在包括高等植物 / 苔藓、微生物生长共两类。斑迹属于氧化铁、铜盐、木质装饰等外因造成的表面污染。

为保证病害的现场甄别和病害图的绘制尽量达到客观、准确，我们每组至少保证有三名工作人员协作完成。此外，病害图图例也非常重要，简洁明快的图例对于保证病害图的美观、协调都至关重要。因此，对Ⅰ大项，我们采取比较简单的线条型图例来表示，而对于Ⅱ大项中的A类则采用不同的点状组合来表示，B类采用相对复杂的交叉线、阴影区、折线等图例来表示，C类则采用点线结合的图例来表示。

这次尝试仅仅使用了4张图纸，就完成了现状调查的2大项4小项共31类病害现状的分组绘制，达到了预期目标，较好完成了现场病害的甄别、病害图的绘制，从而为建立完整、美观的病害档案，以及为后期保护修复方案的制定与实施提供了重要依据。

第二节　龙门石窟保存现状与病害调查研究

精湛的窟龛雕塑，驰名的碑刻题记，高超的绘画艺术，加上山清水秀、林木葱茏的自然环境，使得龙门石窟成为洛阳地区的一处文化胜地。然而，由于经历了1500多年的风雨沧桑，不少佛龛造像发生变形、崩解、断裂甚至缺失，有些碑刻斑驳陆离、漫漶不清，产生了许多不同类型的病害，它们分布广泛、程度不一，持续威胁着佛龛造像的长久保存。

病害调查始终伴随着保护维修工作在开展。对于石窟寺的保护维修，其实就是同自然环境中的破坏因素做斗争，具体讲就是治山工程和对雕刻表面病害的修复。石窟寺病害主要是洞窟开凿后带来的应力变化，破坏了原有的岩体稳定性，形成了新的裂隙，岩体受裂隙切割致使洞窟造像和围岩崩塌，随着岩体裂隙的发育带来洞窟渗漏水，造成雕刻品产生溶蚀病害，加速雕刻及其岩体风化剥落。因此，治山工程其实就是治理危岩体和崩塌病害及洞窟渗漏水病害，对雕刻造像本体病害的加固修复就是防风化治理。这两者涵盖了石窟寺病害治理的主要工作内容。

龙门石窟位于洛阳市南的伊河两岸的崖壁上，是典型的石灰岩质的田野石窟寺遗址，属于大型露天不可移动石质文物，长期受到自然因素和人类活动的双重威胁。

自然因素和人类活动在不同历史时代、不同社会发展阶段有着不同的威胁因素和特征。环境背景的威胁以20世纪50年代洛阳市大型工矿企业的建立为界限来划分，之前为农业时代，之后为工业时代。

农业时代威胁主要来自自然因素和人类活动的直接破坏。

（1）自然因素的威胁

① 地质。龙门石窟受两组构造裂隙、一组层面裂隙和一组卸荷裂隙交切影响，造成岩体结构不稳定，产生崩塌、掉块病害；贯通性裂隙网络是造成洞窟渗漏水的内因；石灰岩性的化学特性造成溶蚀病害。

② 气象。龙门近几年冬季最低气温达到 -11℃，夏季岩体最高温度可达 70～80℃，温差变化导致岩体开裂，产生新的裂隙和扩大原有裂隙；龙门风力强劲，吹蚀、磨蚀作用强烈；龙门年降水量约 580mm，个别丰水年曾一度达到 1000mm 以上。大气降水是龙门石窟病害的主要水源；降水后形成的包气带暂时性渗水是产生溶蚀病害和洞窟渗漏的直接原因；

③ 水文。上游水库的修建使伊河龙门段河水流速降低，沉降作用加强，河床不断抬高，造成低处石窟掩埋；雨季时有洪水威胁龙门石窟。这是对龙门石窟的直接损害和威胁。

④ 生物。鼠、鸟类危害；龙门山上植被密布，其根系可扩张裂隙，分泌的有机酸可对岩石产生化学破坏作用；植被蓄存大量降水，对石窟形成中远程补给水；由于环境条件适宜，微生物活动频繁，对石质产生巨大危害。

（2）人类活动的威胁

① 由于宗教信仰改变导致的毁法灭佛活动，导致龙门石窟在历史上遭受三次大规模的人为直接的破坏。

② 由于历史上无管理机构，石窟安全得不到保障，盗凿贩卖现象猖獗，尤其是 20 世纪二三十年代，致使龙门石窟雕像大量流失到世界各国。

③ 人们在洞窟内住宿、烧火做饭、取暖等活动，对洞窟危害严重，造成不少黑色油烟渍覆盖在雕刻品表面，降低了石刻的美学价值和历史价值；同时这些活动产生的有害气体对雕像有腐蚀作用。

④ 采取不适当的维护措施，修建窟檐建筑、窟门等，凿毁了雕刻，对石窟产生二次破坏，同时增加了洞窟内湿度；民间对残破佛像的修补等由于技术粗糙，工艺水平有限，使雕刻品产生新的破坏。

⑤ 依托石窟建寺院，长期居住生活和佛事活动。

工业时代威胁主要来自社会发展、工业建设、盲目旅游开发等间接破坏，同时造成了与文化遗产的不协调性。20 世纪 50 年代至今，由于社会发展，工矿企业、城市建设飞速前进，环境污染日益加剧，直接导致自然因素威胁的加剧。

（1）自然因素的威胁。与农业时代相比，气象、水文、生物因素因受人类活动影响变化较大，其他因素影响基本相同。

（2）人类活动的威胁。由于管理机构的不断完善，农业时代的人类活动威胁基本消除。但同时产生了一些新的威胁。

① 社会发展。20 世纪 60 年代建焦枝铁路从东山穿过，50 年代垫高路基修东山公路，60 年代建龙门石拱桥，带来震动、尾气、粉尘、噪音严重威胁龙门石窟，产生多方面、多层次的危害。

② 工业建设。龙门水泥厂、香山水泥厂、洛南水泥厂、李屯炼油厂，周边有百座小石灰窑、几百个石英砂厂、龙门煤矿、砖厂、关林炼钢厂以及伊河上游造纸厂、化工厂、电厂等企业的建设，产生的有害气体及大规模的炸山取石直接或间接危害龙门石窟。

③ 社区发展。龙门村几百户村民，十几家 / 支企事业单位、部队、医院，十几座公墓车水马龙，各类建筑及电线排污等公用设施杂乱无章。

④ 盲目旅游开发建设。北入口仿古建筑群、南门外中华龙宫等旅游设施，加之摆摊设点等，无秩序开发经营使石窟景区脏乱差，与佛教圣地极不协调。

自然和人类威胁因素不断增多，而随着社会发展和工业化进程的加快使得威胁因素更加复杂，严重地危及龙门石窟的生存和发展。

一、龙门石窟病害调查研究开展情况

20 世纪七八十年代开展保护维修工程时，曾经对龙门石窟的围岩崩塌和洞窟渗漏等病害进行过多次专门调查，积累了大量图文资料，促进了 90 年代基础研究的深入开展。90 年代开始对雕刻品表面风化病害进行研究，尤其针对表面黑色油烟结壳病害开展了科学分析和清洗实验，取得了良好效果，申请了专利。2000 年申报世界遗产成功以来，开展过两次大型国际合作保护修复项目，其中针对双窑洞的修复工程，系统调查了洞窟表面病害，进行了整体洞窟修复的首次尝试。这次病害调查沿用意大利病害术语系统，详细勘察了洞窟造像表面的所有病害类型和分布特点，制作了病害分布图，进行了样品检测和病害成因分析，揭示了龙门石窟表面病害的典型特征，起到了很好的示范作用。

这一时期开展的病害调查工作，主要是为个别洞窟或区段的保护修复工程服务，缺乏系统、全面的专题调查。2010 年以后，为全面认识龙门石窟病害现状，龙门石窟研究院积极组织病害调查专项工作。2012 年龙门石窟启动保护规划编制工作，开始对龙门东西两山洞窟造像进行全面摸排调查，不遗漏但突出重点，围绕大中型洞窟、小型洞窟和前期调查充分洞窟（如潜溪寺、皇甫公窟、路洞等）三大类开展。调查组织了四次进场，基本查清了龙门石窟存在的主要病害类型、特征、分布及发育程度和变化趋势，于 2017 年底完成调查报告，2018 年 8 月通过验收。2020 年 6 月启动龙门石窟地质灾害调查研究工作。

二、龙门石窟保存现状及病害概述

龙门石窟开凿在中寒武纪石灰岩岩层上，自北魏开凿至今已有 1500 多年，由于地质条件等自然营力的不断作用，以及人为因素的影响和破坏，龙门石窟存在着围岩崩塌、洞窟漏水和雕刻品风化等多种病害。按石窟环境病害成因，将龙门石窟环境病害分成两大类：一是由自然地质环境引起的病害，如石窟（包括雕刻品）的溶蚀、裂隙，以及由裂隙引起的围岩及雕刻品崩塌、脱落等病害，称第一类环境病害；二是由于人类工程活动引起自然环境改变，从而造成对石窟的影响和破坏，如影响立壁岩体长期稳定性等，称第二类环境病害。

（一）第一类环境病害

第一类环境病害是自然地质因素作用的结果。这类病害包括：裂隙、渗水、崩塌、风化、溶蚀等等。

1. 石窟岩体（包括雕刻品）的裂隙病害

石窟区位于龙门山—香山断块地块，地块内岩体无断裂发育。主要发育有与地块周界断裂近似平行的两组构造节理，一组层面节理和一组卸荷节理。两组构造节理的产状分别为：走向近东西，倾角近直立；走向近南北，倾向西，倾角 65°～70°。构造节理的间距、延伸长度、张开度等与距地块边界断裂的距离和岩性有关。例如奉先寺以南的火烧洞至极南洞一带，由于距草店断裂较近，这一带构造节理的密度相对较大，延伸长度也较长。又如灰岩中的构造节理规模大，层面节理的发育程度与成层厚度和岩性有关。一般而言，薄层条状灰岩，层间节理发育，而厚层、巨厚层的灰岩和白云岩，层间节理不发育。卸荷节理走向与边坡走向近似一致，倾向与坡向相同，倾角随坡面形态而略有变化。调查表明，卸荷节理仅在立壁面 8～15m 范围内发育，其密度也随距立面的距离增大而逐渐减小。

构造节理、层面节理、卸荷节理相互交切（图 4-1～图 4-3），构成岩体纵横分布的裂隙。龙门石窟东西两山岩体及雕刻品中普遍都存在裂隙病害，从而造成不稳定岩体的滑动及崩塌。

潜溪寺至摩崖三佛区内洞顶裂隙发育，破损严重。莲花洞以北、万佛洞附近洞窟裂隙平均每米 1～2 条。火烧洞上方至奉先寺南壁，裂隙宽度 1～10cm 不等，一般上窄下宽，深度 8～10m。奉先寺南壁像壁间裂隙达 15cm 以上。极南洞中岩体面裂隙率达 3%～5%，平均每米内有裂隙 5～6 条。

图 4-1　层面与构造裂隙交切

图 4-2　层面与卸荷裂隙交切

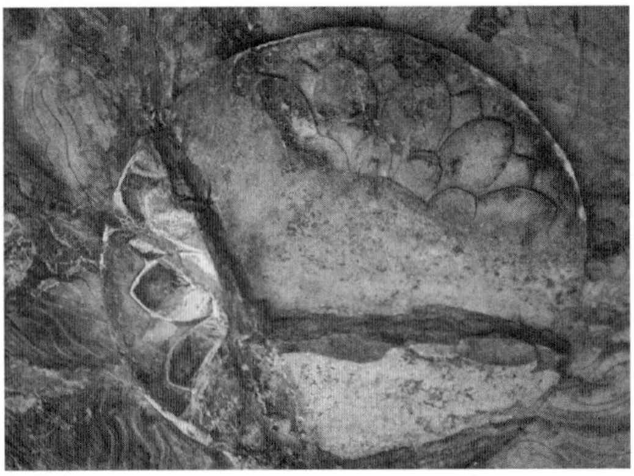

图 4-3　卸荷与构造裂隙交切

2. 裂隙交切引起的石窟围岩及雕刻品崩塌病害

构造节理、层面节理及卸荷节理纵横交切，引起立壁、洞窟围岩和雕刻品动崩塌。龙门石窟的绝大部分洞窟洞顶及立壁、窟门、龛檐、雕刻品等都受到不同程度的裂隙病害，部分围岩立壁及雕刻品出现滑动、崩塌及掉块现象。崩塌多发生在夜间、雨后，崩塌岩体间有植物根系生长。

1974 年 9 月火烧洞和石窟寺中围岩崩落约 $2m^3$。1975 年 8 月净土堂窟檐崩塌。1982 年 2 月药方洞北侧弟子左脚部分脱落，同年 10 月，破窑上方大片雕像崩塌。1983 年极南洞附近和奉先寺东北角等多处雕刻品崩塌损坏。1987 年 10 月，摩崖三佛北壁岩体错落滑动。2011 年 7 月皇甫公窟下部临近观光石道附近岩体出现局部崩塌（图 4-4），后粘接归位。上述均是节理交切形成分离体的破坏。

图 4-4　皇甫公窟下方路面附近岩体崩塌

根据典型大洞窟裂隙交切调查，大部分大型洞窟力士像都存在不同程度的崩塌，如宾阳中洞、火烧洞、看经寺、二莲花洞等。部分洞窟内部大像及像龛也存在严重崩塌现象，如路洞大像龛、擂鼓台北洞南壁主佛、奉先寺迦叶像、二莲花南洞南壁菩萨像，等等。

3. 裂隙交切引起的渗水（漏水）病害

节理裂隙交切的结果，是在石窟围岩形成良好的渗水通道。大气降水在地表径流过程中沿这些裂隙通道渗入洞内。龙门石窟所有的大中型洞窟几乎都有不同程度的渗水病害存在（图 4-5）。调查表明，主要渗水通道为卸荷节理和层面节理。

图 4-5　万佛洞、莲花洞渗漏水状况（2015 年治理前）

以火烧洞为代表的奉先寺以南的立壁岩体，在平面上主渗透道近东西向，并具有明显的向异性的渗透性，在剖面上主渗透通道是垂直地面方向。以莲花洞、万佛洞为代表的奉先寺以北至双窑地段，在平面上，主渗透通道亦为近东西向，在剖面上的主渗透通道是西南—东北向，剖面上为地面垂直或与地面成 20° 角的方向。结合各段的微地形条件，上述三段有明显不同。奉先寺以南，山体边坡陡，地形上没有会水条件。因此，降雨后地表径流迅速，雨水直接由与地面相通的卸荷节理渗入洞内，雨后渗水点很快消失。奉先寺以北至双窑一段，由于立壁顶部是二级基座阶地面，阶地地面后缘与山坡相接，因此，除洞顶渗水外，还有南壁和西壁上的层面渗水，洞顶渗水在雨后很快消失，而洞壁渗水在雨后持续一段时间才消失。

上述分析，已经为专题调查的 37 个洞内的渗水状况所证实。潜溪寺洞内渗水裂隙共 25 条，其中出现在洞顶的 10 条，在南壁的 9 条，在西壁的 2 条，在北壁的 4 条。25 条渗水裂隙中属层面裂隙的 8 条，其余均为卸荷裂隙。而处于奉先寺以北的赵客师洞内渗水调查表明，洞内共有渗水裂隙 14 条，其中位于洞顶的有 8 条，南壁有 4 条，西壁有 1 条，北壁有 1 条。按出水裂隙成因分，属卸荷裂隙渗水的为 11 条，属层面渗水的 3 条。位于奉先寺以南的八作司洞，洞内渗水裂隙共 6 条，位于南壁的 2 条，洞顶上 3 条，北壁上 1 条，所有渗水裂隙均为卸荷裂隙。

（1）摩崖三佛至潜溪寺段。立壁顶部地面地形为上陡下缓的自然山坡。山坡上植被和树木茂盛，因此有利于水分保存，雨后地表水不易流失，而有利于入渗，入渗的水流沿层面流入洞内。由于渗透较长，补给源较好，沿层面入渗与洞内的暂时性渗水可以保持较长时间。此外，本段内的几个主要大洞窟的顶壁较薄，植物根系可沿洞顶裂隙生长，使裂隙扩大，所以降雨后渗水现象较严重。随着潜溪寺防渗层的铺设和洞窟裂隙加固工程的完工，洞窟漏水现象得到极大改善，但是随着时间的推移，原先灌浆过的裂隙又重新出现漏水现象，成为新的问题。奉先寺至双窑段的万佛洞、莲花洞也存在同样的问题。

（2）奉先寺以北至双窑段。立壁顶部地面为伊河 2 级基座阶地面，地形平坦，阶地面后缘与龙门山山坡相接。降雨开始后，地表径流较缓。因此，雨水可以沿地表卸荷节理入渗，而下渗的雨水，碰到岩体中层面时，则可沿层面倾斜方向自南向北地渗入洞内。因此，本段主要渗透通道是卸荷节理和层面。沿卸荷节理直接渗入而导致的洞内渗水点或渗水线，大都位于洞顶，且渗水时间延滞较短。而沿层面经过自南而北的渗透之后，在洞壁上的出水点或出水线主要分布于每个洞的南壁。

（3）奉先寺以南至极南洞段。立壁岩体顶部没有积水区，地形为较陡的山坡。降雨后，大部分雨水很快以地表径流散失，仅有少量的雨水沿卸荷节理直接入渗到洞内，因此洞内的主要渗水点是由远程渗流来的水，渗流时间长。路洞、药方洞、古阳洞中有几个常年渗水点，属于此种类型漏水。

（4）东山洞窟中擂鼓台中洞、南洞、北洞、高平郡王洞、看经寺等主要洞窟。内卸荷裂隙发育明显，下雨时雨水沿卸荷节理入渗，渗水持续时间较短。但是雨后很短时间就开始漏水，并且擂鼓台中洞、南洞、看经寺几个洞窟漏水现象严重，漏水沿洞顶及壁面渗出，漏水量很大。

4. 渗水（漏水）引起的溶蚀病害

石窟位于中、上寒武纪碳酸盐岩体中。这种可溶的碳酸盐岩体在渗水作用下产生溶蚀。溶蚀病害除直接破坏石窟雕刻品造成缺失、孔洞之外（减少型病害），还在石窟雕刻品表面沉淀钙质沉积物（增加型病害），覆盖雕刻品，使石窟艺术丧失价值（图 4-6）。

在地质环境分析中已经断定，地下水与石窟的溶蚀关系不大。溶蚀病害主要是大气降水入渗引起的渗水导致的一种岩溶作用。降水入渗的水流在渗流过程中，溶蚀裂隙通道两壁的岩石，而在岩体中开凿的洞窟成为这种入渗的渗透水流的出水点。在洞窟的洞顶、侧壁和雕刻品所在的岩体形成溶孔、溶沟，而在洞壁的出水口附近形成较大面积的钙质沉淀物覆盖区。

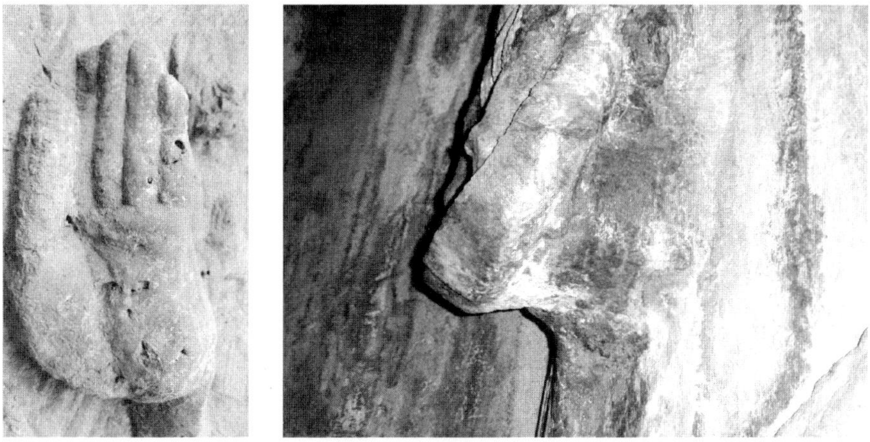

图 4-6　溶蚀病害（孔洞状溶蚀和结垢层）

调查表明，主要溶蚀通道为层面和构造节理及卸荷节理面。层面为近水平向的通道，而卸荷和构造节理为垂直入渗通道。由于地层产状是近似北倾，所以在洞窟南壁的溶蚀比北壁严重。

潜溪寺有 9 条平均间距 35cm 的层面节理，由西南壁切入，沿节理溶孔、溶槽分布，南壁溶蚀较北壁严重。宾阳南洞南壁溶蚀较重，主要有 3 条层面裂隙渗水。莲花洞层面节理发育北壁外侧底层有大面积溶沟。北壁菩萨及南壁菩萨里侧有常年的渗水点，石灰岩凝浆覆盖严重，苔藓发育。魏字洞南壁溶蚀较强，凝浆覆盖面积达 40%。奉先寺大佛南侧溶孔分布，有三组节理发育并有少量凝浆覆盖。古阳洞可见渗水溶蚀、凝浆覆盖的六个严重区。极南洞溶蚀严重，层面节理发育，大部分壁面为凝浆覆盖。大万伍佛洞贯穿南、东、北壁有 1 条强涌水裂隙，顶部渗水，凝浆覆盖严重。看经寺北壁渗水严重，顶部靠北 1 条裂隙渗水严重，东南壁 1 条层面裂隙上溶洞发育。高平郡王洞西壁和顶壁西部有强渗水裂隙，西壁凝浆覆盖较重。

5. 风化病害

龙门石窟岩体风化对雕刻品破坏明显，调查表明龙门石窟雕刻品受物理、化学、生物风化的综合危害。物理风化对石刻的破坏主要有太阳紫外线的辐射、温湿度变化导致石刻表层水与气体体积的热变化，水冻结时体积膨胀，在石刻内产生压力，造成岩石颗粒空间加大，使石刻开裂，同时降低了石刻的强度，加大了水的渗透性。另外，石刻表层富集含结晶水的盐类，在干燥环境下失去全部或部分结晶水，体积收缩，形成粉末，当处于低温或高温环境时又吸水膨胀，重结晶同时产生压力，加速了岩石表层颗粒间的连接的破坏和裂隙的扩张。化学风化主要是石刻内的水与气态的氧气、二氧化碳、二氧化硫、氮氧化物等共同进行水化、氧化、还原、酸化等综合作用，逐渐使岩石中的胶结物、碳酸盐溶蚀，造成石刻表面风化解体。生物风化是指各种植物和动物有机体对石质文物的化学分解和机械破坏，如植物根系的根劈作用，使裂隙扩大。死亡的生物有机体微生物迅速繁殖，形成的有机酸腐蚀石质和雕刻品，使雕刻品表面疏松剥落、碑刻题记字迹模糊。

目前，龙门石窟石雕风化最严重的是露天雕刻，受日晒、雨淋、大气污染的直接作用，劣化速度呈加快趋势。伊阙佛龛之碑、极南洞外碑刻等等漏天石碑字迹已模糊不清。多数佛塔、窟檐文饰及洞窟外力士等雕刻品开裂、剥落、掉块、溶蚀、粉化严重。主要风化病害见图 4-7。

图 4-7　龙门石窟风化病害

西山火烧洞以南及东山万佛沟以南的石窟，岩石风化、起壳、剥落严重，由于层理交错形成的较规则的碎片不断都有剥落，而且这一情况还在持续加剧，亟待采取措施，保护处理。处于这一区域的路洞，窟顶片状、块状剥落严重，窟顶莲花及小千佛像大部分已残缺不全，剩下的部分多数已仅存轮廓，南壁浮雕多数空鼓、起壳，有些呈片状剥落，风化严重。极南洞主佛及二弟子头部风化严重，面目已模糊不清，窟顶呈层状剥落，窟外南侧立士身体多处受到溶蚀，片状剥落严重，南北壁及雕刻品被石灰岩凝浆覆盖。龙华寺窟顶片状剥落严重，高浮雕莲花仅存遗迹，主佛、弟子及菩萨受风化破坏，片状、块状剥落严重，有些轮廓已模糊不清。内部通风条件差的洞窟如擂鼓台北洞等受温湿度变化的影响，雕刻表面风化严重，呈酥解状剥落。大万伍佛洞南、北及正壁小千佛风化剥落、起翘严重。千手千眼观音像龛受严重风化破坏，大部分壁面已起翘剥落。

（二）第二类环境病害

第二类环境病害是指由于人类活动引起自然环境变化，从而导致第一类环境病害加剧或诱发新的环境病害。

1. 绿化造林对石窟保护的影响

从美化环境、水土保持的观点来看，绿化造林是合理的，但不当的绿化对石窟保护却是有害的。因为树木根系沿裂隙生长使裂隙加宽，导致岩体完整性的进一步丧失，更加有利于雨水入渗，加剧了洞窟渗水病害。同时，树木根系使雨水在岩体中得到了保持，增加了石窟岩体的湿度，从而加剧了溶蚀病害。此外，树木根系分泌的腐殖酸增加了入渗水的酸度，加速了水对岩体的溶蚀。

2. 废气、废液等环境污染对石窟保护的影响

工矿企业排放废气、废液，以及过往车辆的尾气除污染石窟区的环境外，还会加剧地质病害。大气污染物化学分析资料表明，大气中含有较高的NO_x、SO_2等，使水中酸度增加，会加快石窟雕刻风化及溶蚀病害的发展，使其表面强度降低，风化程度加剧，不利于石窟的保护。

3. 环境振动对石窟保护的影响

龙门石窟区周边环境的震动因素也是石窟安全的潜在威胁之一。这些震动因素主要包括自然地震、交通运输（火车、汽车）、采石爆破以及游客参观等。震动环境加速了石窟开裂崩塌的过程，促进了其他病变的发展速度。震动带来的常见病变有雕刻品和围岩产生的裂隙、断裂、脱落等。

自然地震的破坏性极大，但对处于非地震构造带的龙门山所属的熊耳山系而言，地震危害性较小。根据1977年国家地震局武汉地震大队对河南省所做的烈度区划，洛阳地区的地震烈度为VI度。因此，自然地震对石窟安全的危害基本可忽略不计。

对龙门石窟安全危害严重的震动因素主要是交通运输和采石爆破。1970年通车的焦枝铁路，穿过石窟区中心，电气化复线1994年通车，货运量增加，铁路机车每年有一万多次对列车引起重复振动。车速加快，对石窟的振动破坏加剧，已对石窟造成了多次的振动崩塌。2003年4月，在看经寺测量的火车振动位移0.018μm，宾阳洞测量的火车振动位移0.076μm。紧靠东山石窟的一条洛阳公路主干线汽车日流量万余辆次。在看经寺测量的汽车振动位移，水平分量最大值为0.098μm，垂直分量最大位移为0.012μm；在宾阳南洞测量的汽车振动位移，水平分量最大值为0.196μm，垂直分量最大值为0.021μm。上述车辆的振动效应是对石窟岩体不断地、反复地施加冲击荷载，致使石窟所在的多裂隙岩体结构不断趋于松动，严重破坏了石窟岩体的稳定性。

焦枝铁路在距离龙门西山约1km处通过，铁路隧道改道前距离东山千手千眼观音龛仅300m。每天单线行车对开15对列车。洛临公路2003年以前穿过石窟中心区，各种机动车日夜行驶，流量高达10000辆次每日。测震资料显示，每对列车行车引起石窟中心区地动位移为0.04μm，震动延时6～8分钟/对；机动车辆引起的地动位移为0.02μm/次。龙门石窟周边有水泥厂、采石厂、石灰窑多处，这些工矿企业开山采石的震动危害极大。单是距离石窟中心区3km的洛阳水泥厂，每年要进行30余次的装药量为3吨的采石爆破。根据位于石窟区内的洛阳地震台测震记录，1984年上半年，平均每日记录到地动位移大于2μm的地震十余次，其中大于20μm的地震为3～5次，测到的最大地动位移量可达400μm。测震表明，采石爆破引起奉先寺、万佛洞一带的地动位移为12μm。

游客参观在石窟近旁的栈道上行走时，产生的震动，也会对石窟岩体的稳定性和安全造成一定的影响。

这些震动使得龙门石窟岩体长期处于附加的动力荷载环境中。中国地质大学水文地质工程地质系调查研究发现[①]，这些附加的震动荷载虽然不会直接引起立壁岩体的变形塌落，但是，震动引起岩体或结构体的微小位移，将诱发立壁岩体自重应力的作用，其结果是立壁岩体首先在坡脚发生沿结构面分离、转动位移。如果震动荷载反复作用，岩体变形逐渐向立壁上部发展。假设卸荷裂隙是完全贯通的，只要20次的震动，就可导致立壁表面岩体溃坏。而立壁表面岩体正是雕刻品所依附的最重要载体。当然，龙门石窟卸荷裂隙并非完全贯通，因而其变形速度并非如此迅速。但可以肯定，动力荷

① 潘别桐、黄克忠：《震动对龙门石窟保护的影响》，《文物保护与环境地质》，中国地质大学出版社，1992年。

载环境会使岩体结构的强度逐年消弱，并使立壁岩体以极小位移和缓慢位移速率向不稳定方向转化，且这种转化是恶性的。

目前龙门石窟已经实现了封闭管理，过往车辆都从新修建的南北两座大桥通行，车辆不再从东山道路经过，所以汽车振动对龙门石窟的影响已经基本消除。但火车震动影响依然存在。据洛阳市对龙门发展规划，计划未来将焦枝铁路龙门段往北移，避开龙门石窟文物保护区，这将彻底解决车辆震动对龙门石窟的影响。

4. 石窟的烟熏危害

龙门石窟所在地区，自古以来就是洛阳南部的交通要道。在过去，过往行人多有在路旁的洞窟内栖息者，他们在洞内生火取暖或做饭，长期的烟熏火燎，导致很多洞窟受烟熏危害严重。根据调查，龙门石窟受烟熏危害的洞窟，西山有 40 多个，东山有 30 多个。东山几乎全部大中型洞窟都受到不同程度的烟熏危害。受烟熏危害严重的典型洞窟有四雁洞、二莲花洞、看经寺、大万伍佛洞、擂鼓台南、北洞、路洞、药方洞、双窑，等等（图 4-8）。

图 4-8 路洞烟熏病害

5. 采矿采煤引起地面塌陷导致石窟周边环境生态破坏

近些年来，由于龙门石窟周边的龙门、常村煤矿采煤和长期大量排水，造成周边地下水位普遍大幅下降，附近农村地面下陷、农田破坏、路基被毁、房屋出现裂缝等生态环境破坏事件时有发生，龙门石窟景区泉水发生间歇断流并于 2008 年 10 月以来长期处于断流状态，在社会上造成了恶劣的影响。详细情况在第七章有介绍。

三、病害形成原因和机理

引起石窟寺损坏的主要环境地质问题（或者灾害）涉及范围很广，类型多样，其成因复杂。大概可分为两大类：一类是由于自然地质作用引起的地质病害，如由于裂隙交切及风化地质营力作用，引起石雕崩塌脱落、岩石粉化、洞窟渗漏水、岩体溶蚀、冲沟切割、风沙危害等。这类病害称为第一类环境地质病害。另一类是由于人类生产或工程活动引起自然环境改变，进而导致原有地质病害加剧或诱生新的环境地质病害，如爆破震动及采煤采矿引起地面沉降或边坡岩体变形、坍塌破坏；修建水库引起小气候环境变化而造成岩石风化加剧、凝结水加重，甚至造成地下水位抬升破坏石雕；酸雨、煤尘、粉尘等引起石雕侵蚀和退变；改变河道引起洪水淹没低处石窟造像等。这类病害称为第二类环境地质病害。

造成这些病害的原因主要包括：岩石性质（石灰岩）是石窟病害发生的内因。山体裂隙水是风化的主导因素。降水下渗、地表冲刷，造成雕刻溶蚀等，形成洞窟渗漏水，冬季结冰带来冻胀破坏，等等。

重复振动是石窟现代风化的重要外因。厂矿开山采石、铁路公路交通等都产生振动。地震的潜在威胁不容忽视。洛阳历史上的地震主要是北西向及纬向活动断裂带造成的。

日趋严重的大气污染，是洞窟风化的新因素。人类活动对石窟的破坏，自古至今没有停止。毁法灭佛、盗凿，历史调查达 720 多处。烟熏、触摸、刻划等。

下面对龙门石窟存在的两种典型表面病害的形成机理进行分析论述。

（一）双窑洞结垢层形成机理

龙门石窟双窑洞在 2004 年修复之前，其壁面和造像表面存在多种颜色的结垢物，有黑色、黄色、白色、棕色、褐色等。它们有不同的结构，有单层的，也有多层次的，有的层数达到十几层；有的结合紧密，有的却很疏松；有的层次感较好，易于剥离，有的各层之间结合也相当紧密。

从表面看这些结垢的分布有如下规律：

（1）黑色和较坚硬的结壳多出现在洞窟顶部，其中 521 窟的黑壳较厚也更致密，黑壳下有土黄色的层，表面粗糙，有类似钟乳状的突起。有少量新鲜岩石或风化后的岩石出露，分布在渗水裂隙的渗水区域里。并且这些壳具有较为简单的层理，即使分层也结合非常紧密。所以我们认为顶部黑壳形成时间较长，不是裂隙渗水引起的。结合《龙门石窟洞窟雕刻品表面黑色油烟渍清洗实验报告》的研究成果，推测这些黑壳是由于凝结水和油烟的作用而形成的。

（2）黄色、褐色结壳多出现在黑色结壳的下层，说明结壳在先，而油烟侵蚀在后，它是黑壳的过渡层。

（3）底层结壳多为土黄色、灰绿色、白色，夹有泥质，并且常出现在渗水区域的下部，一般是多层结构，层厚 0.1～1mm 之间，泥质层厚度可达 5mm，底层还常有无法确定年代的彩绘。

我们依据这些形态的不同，在双窑的前室和 521 洞内先后取样 29 处，通过 XRD 和 XRF 分析其物相含量（表 4-2）。

表 4-2　取样检出物相含量比

样品号		物相一	物相二	物相三	物相四	物相五	物相六	物相七		特点
L-2	名称	伊利石	绿泥石	石膏	石英	钾长石	斜长石			表面粗糙的黑色硬壳
	含量比（%）	5	8	34	35	7	11			
L-3	名称	伊利石		石膏	石英	钾长石	斜长石			表面粗糙的黑色硬壳
	含量比（%）	8		19	37	17	19			
L-4	名称	石膏	石英	方解石	白云石	斜长石				白色粉末状结垢
	含量比（%）	3	5	83	7	2				
L-6	名称	石膏	方解石	白云石	石英	斜长石				土黄色硬质结壳（怀疑是草酸钙）
	含量比（%）	0.3	27	71	0.9	0.8				
L-7	名称	石膏	石英	方解石	白云石					
	含量比（%）	1.2	0.3	84	14.5					
L-8	名称									表面是起伏不平，颜色红（黄）褐色
	含量比（%）									
L-9	名称	伊利石	石膏	石英	钾长石	斜长石	方解石	白云石		
	含量比（%）	1	1	4	2	2	56	34		
L-10	名称	石英	方解石	白云石						褐色流淌物
	含量比（%）	1	45	54						
L-13	名称	伊利石	透闪石	石膏	石英	方解石	白云石			黑壳 521 顶
	含量比（%）	2	1	15	5	14	63			
L-14	名称									黑色薄膜
	含量比（%）									
L-15	名称	石英	方解石							
	含量比（%）	1	99							
L-16	名称	伊利石	透闪石	高岭石	石英	钾长石	斜长石	方解石	白云石	特点
	含量比（%）	2	0.6	0.4	11	3	4	78	1	521 窟 3 号主尊左腋下袈裟灰色结壳
L-17	名称	石膏	石英	方解石	白云石					
	含量比（%）	1	6	89	4					
L-18	名称	石膏	方解石	白云石						
	含量比（%）	0.5	37.5	62						
L-19	名称	石膏	石英	方解石	白云石					
	含量比（%）	8	5	45	42					
L-20	名称	伊利石	高岭石	绿泥石	滑石	石膏	石英	钾长石	斜长石	方解石
	含量比（%）	9	3	2	26	1	5	2	2	50
L-21	名称	方解石	白云石	石膏						
	含量比（%）	99	1	0.2						

续表

样品号		物相一	物相二	物相三	物相四	物相五	物相六	物相七	特点
L-22	名称	石膏	方解石	白云石	石英				
	含量比（%）	0.8	97	2	0.2				
L-23	名称	方解石	白云石	石英					
	含量比（%）	93	4	3					
L-24	名称	伊利石	石膏	石英	钾长石	斜长石	方解石	白云石	
	含量比（%）	3	1	5	27	4	56	4	
L-25	名称	滑石	石膏	石英	钾长石	方解石	白云石		
	含量比（%）	3	0.6	3	5	84	4.4		
L-26	名称	石英	钾长石	方解石	白云石				
	含量比（%）	1	2	35	62				

从表 4-2 可以看出绝大多数样品的主成分是方解石（碳酸钙）、白云石（碳酸镁）或硫酸钙，反映出这些结壳有相同的矿物来源——岩石本身，较薄的壳可能是岩石表面直接演化而来。部分样品主成分是石英，说明这些结壳中的主要物质来源是大气环境中的悬浮微粒（如样品 L-2、L-3）。

双窑开凿于寒武纪、奥陶纪和石炭纪地层，是石灰岩，主体矿物系方解石和白云石，其力学强度适中，既具有较强抗风化能力，又宜于开凿。而石灰岩的可溶蚀性，决定了石窟溶蚀病害的发展。这一特性也使得石窟渗水中的钙质含量较高，因而易于发生重结晶过程，形成结垢层。

溶蚀病害作用机理称为碳酸化作用，以下式表示：

$$CO_2 + H_2O + CaCO_3 \longrightarrow Ca(HCO_3)_2$$

结垢或重新结晶过程用下式表示：

$$Ca(HCO_3)_2 \longrightarrow CaCO_3 + CO_2\uparrow + H_2O$$

在石窟寺这一特定环境条件下，结垢物还受如下因素制约：

（1）水

水的活动情况直接影响到结垢的分布情况。水的大小、渗流速度、持续时间决定了结壳的位置和形态。洞窟中水的来源有裂隙水、毛细水、洪水和凝结水。

裂隙水的影响：降雨引起的暂时性渗漏水沿着山体内部的各种裂隙（层面、构造、卸荷裂隙等）下渗到洞窟内，渗水量较大速度较快的地方，不宜结壳，通常发生溶蚀作用。水量较小、渗流速度较慢的地方，由于渗流含有大量泥土、盐分，在水分蒸发后重新固结，易于生成结垢。持续时间较长的渗水点，结垢物是较纯的碳酸钙。

龙门地区年降水量在 580mm 上下（2003 年曾达到历史记录 1050mm），地上、地下水资源丰富。水对龙门石窟的文物病害有着巨大的影响。伊河在每年雨季时流量大增，对石窟威胁严重。中国地质大学的调查表明，对龙门石窟造成危害的水源主要是降雨和大气凝结水。

洞窟内部的水害成因是由于下渗水流在洞窟内壁面上出露，形成暂时性或常年渗水点。空气凝结水在龙门石窟普遍存在，在潜溪寺、皇甫公窟等洞窟内表现突出。它的形成与微地形、微大气循环运动等因素有关。在炎炎夏季，洞窟内雕刻品表面、侧壁上有明显的凝结水珠存在，呈点状分布。它们通过毛细作用进入裂隙或在表面被粉尘吸附，富集有害气体，造成了复杂的石窟病害。

（2）大气污染物

石灰岩本身石英含量很低，但检验样品中 L-2、L-3 的石英含量较高，且石膏含量也很高，说明其物质来源主要是大气降尘。

（二）黑色油烟形成机理

1. 环境因素

龙门地区属于暖温带大陆性气候，其特点是：冬季寒冷雨雪少，春季干旱大风多，夏季炎热雨集中，秋季日照时间长。

气温：年均气温 14.5℃，最热月平均气温 27.4℃，最冷月平均气温 -0.5℃，极端最高气温 44.2℃，极端最低气温 -18.2℃，年最大温差 55.9℃。

湿度：多年平均湿度位 64%～70%，最热月 75%，最冷月 63%。

降雨量：年均总降雨量 593.8mm，其中 60% 集中于夏季，冬季仅占全年降雨量的 5%。

（1）二氧化硫、氮氧化物及降尘污染

龙门地区是洛阳南部的交通要道，平均每天有 70 余列火车、7000 余辆汽车通过，给龙门地区大气造成极大的污染。20 世纪 90 年代以来，龙门石窟研究所同洛阳市环境监测站对龙门石窟区域的大气环境进行了监测。二氧化硫、氮氧化物、总悬浮颗粒（TSP）每季采样一次，降尘、硫酸化速率每月采样一次。样品分析方法采用国家标准分析方法。SO_2 为盐酸副玫瑰苯胺比色法，NO_x 为盐酸萘二胺比色法，TSP、降尘、硫酸化速率为重量法。

监测结果如表 4-3、表 4-4 所示。

表 4-3　龙门石窟大气污染物监测结果统计表

污染物＼年份	1990	1991	1992	1993	1994	1995
SO_2	0.025	0.02	0.036	0.04	0.044	0.064
NO_x	0.015	0.024	0.035	0.031	0.032	0.027
TSP	0.536	0.441	0.489	0.214	0.152	0.29
降尘	13.16	8.82	10.21	17.45	13.34	16.33

注：SO_2、NO_x、TSP 单位为 mg/m^3；降尘单位为吨 /km^2 月。

表 4-4　大气污染物负荷系数统计表

年份	1990	1991	1992	1993	1994	1995
SO_2	0.09	0.09	0.13	0.21	0.28	0.28
NO_x	0.06	0.10	0.13	0.16	0.20	0.12
TSP	0.65	0.65	0.60	0.38	0.31	0.42
降尘	0.19	0.16	0.14	0.25	0.21	0.18

从以上两表可以看出：

一、龙门石窟大气中 SO_2、NO_x 含量呈逐年上升趋势，1995 年 SO_2 含量是 1990 年的两倍多；同各种大气污染相比，其负荷系数逐年增加，1995 年是 1990 年的三倍多。

二、龙门石窟大气污染负荷系数最大的是 TSP，说明龙门石窟大气中的主要污染物是 TSP；1994 年以前降尘是第二位的污染物，1994 年以后，SO_2 上升为第二位，成为仅次于 TSP 的重要污染物。

1998 年 12 月和 1999 年 3 月，对龙门石窟部分洞窟内外温湿度及二氧化硫含量进行了测定，结果如表 4-5、表 4-6 所示：

表 4-5　1998 年 12 月龙门石窟窟区二氧化硫含量分析及窟内外温湿度数据表

采样日期	采样地点	采样时间	温度（℃）	相对湿度（%）	露点（℃）	SO_2 含量（mg/m^3）
30 日	奉先寺	14：26～15：16	11	51	3	0.0722
29 日	206 窟内	10：00～10：50	7	60	0.5	0.159
29 日	206 窟外	10：00～10：50	7.5	56.5	0	0.0119
29 日	29 窟内	11：15～12：05	7	60	0.5	0.1043
29 日	29 窟外	11：15～12：05	7.5	56.5	0	0.03823
29 日	双窑北洞内	14：50～15：40	10	55	2	0.0587
29 日	双窑北洞外	14：50～15：40	7.5	56.5	2.5	0.01471
29 日	1034 洞内	16：00～16：50	10	55.2	3	0.3142
29 日	1034 洞外	16：00～16：50	7.5	56.5	−0.5	0.02152
29 日	436 洞内	17：25～18：15	10	56	1.5	0.06251
29 日	436 洞外	17：25～18：15	7.5	56.5	0	0.04753
30 日	莲花洞内	09：30～10：20	8	64	0.5	0.1029
30 日	莲花洞外	09：30～10：20		56.5		0.02647
30 日	唐字洞内	10；40～11：30	10	61	2.5	0.09358
30 日	药方洞内	15：44～16：34	11	51	3	0.0107
30 日	药方洞外	15：44～16：34	12			0.04524
30 日	火烧洞内	16：52～16：42	11	49	0	
30 日	火烧洞外	16：52～17：42	10	50	−0.2	0.01177

续表

采样日期	采样地点	采样时间	温度（℃）	相对湿度（%）	露点（℃）	SO_2 含量（mg/m^3）
30 日	四雁洞内	09：30～10：20	4	69	−2	0.07352
31 日	无名洞洞内	12：50～13：40	8	63	2	0.02647
31 日	高平郡王洞内	14：00～14：50	9	61	2.5	
31 日	高平郡王洞外	14：00～14：50				0.1000
31 日	大万伍佛洞内	15：30～16：20	9.5	62	3	0.05588
31 日	大万伍佛洞外	15：30～16：20				0.11765

表 4-6　1999 年 3 月龙门石窟窟区二氧化硫含量分析及窟内外温湿度数据表

采样日期	采样地点	采样时间	温度（℃）	相对湿度（%）	露点（℃）	SO_2 含量（mg/m^3）
17 日	206 窟内	09：45～10：35	14	71	9	0.017
17 日	206 窟外	09：45～10：35	10	79	6	0.029
17 日	双窑北洞内	10：55～11：45	11	79	7	0.017
17 日	双窑北洞外	10：55～11：45	13	75	8	0.028
17 日	四雁洞内	15：50～16：40	13	72	8	0.072
17 日	四雁洞外	15：50～16：40	9	79	7	0.015
17 日	大万伍佛龛内	17：00～17：50	12	74	7	0.005
17 日	大万伍佛龛外	17：00～17：50	11	78	6	0.0133
19 日	药方洞内	14：20～15：10	13	61	5	0.0651
19 日	药方洞外	14：20～15：10	6	75	3	0.1028
19 日	莲花洞内	15：55～16：45	3	88.5	−1	
19 日	莲花洞外	15：55～16：45	9	70	3	0.1017
20 日	东山无名洞内	14：00～14：50	9	71	3	0.0141
20 日	东山无名洞外	14：00～14：50	11.5	65	7	
20 日	高平郡王洞内	15：00～15：50	11	67.5	5	0.057
20 日	高平郡王洞外	15：00～15：50	9.5	69	5	
22 日	药方洞内	15：00～15：50	11.5	52	3	0.045
22 日	药方洞外	15：00～15：50	6	18	−3	0.022
22 日	火烧洞内	11：10～12：00	10.5	52	3	0.0345
22 日	火烧洞外	11：10～12：00	9	54	0	0.075
22 日	唐字洞内	12：20～13：10	12	51	3	0.033
22 日	唐字洞外	12：20～13：10	9.5	54	2	0.0476
23 日	1034 洞内	09：55～10：45	13	61	5	0.0406
23 日	1034 洞外	09：55～10：45	12.5	63.5	5	0.059
23 日	29 窟内	11：35～12：25	14	59	6	0.044
23 日	29 窟外	11：35～12：25	17	54	5	0.052

从表 4-5、表 4-6 可以看出：

龙门石窟大气中 SO_2、NO_x 以及降尘是洞窟雕刻品表面油烟渍形成的重要因素之一，更确切地说，它们是洞窟雕刻品表面油烟渍的主要成分，即石膏形成的主要因素。

空气中的 SO_2 有极强的吸附作用，固体表面积越大，吸附的二氧化硫越多。二氧化硫一旦吸附在固体表面，就无法通过净化空气排除，因为它是不易挥发的。龙门石窟的岩体，无论石灰岩还是白云岩，表面都有微孔和裂隙，这大大增加了岩石的表面积，从而增加了二氧化硫在岩石表面的吸附量。

另外龙门石窟大气降尘量很大，远远超过了国家规定的标准。这些降尘对岩石有极强的吸附作用，它们通过范得华力、静电引力同岩石表面结合在一起。降尘由于具有很大的比表面积，对二氧化硫同样具有很强的吸附力，大量降落在石刻表面而沉积，使石刻表面二氧化硫吸附量迅速增加。

（2）岩石表面风化形成石膏的机理

二氧化硫在相对湿度较大，有颗粒物（例如飘尘）存在时，可以发生催化氧化反应；在太阳紫外光照射下，并有氮氧化物存在时，可以发生光化学反应。以上两种反应产物都是三氧化硫。三氧化硫一旦生成，立即与水化合生成硫酸。硫酸和岩石表面的碳酸盐发生反应，释放出二氧化碳的同时生成硫酸盐。这是龙门石窟表面风化形成石膏的主要原因，也是石刻表面油烟渍主要成分石膏形成的原因。

上述转化过程是非常缓慢的。降尘在这一转化过程中不仅提供了二氧化硫，而且部分降尘颗粒会夹杂在新生成的硫酸盐晶体的晶粒间，从而组成石刻表面油烟渍的一部分。这也是石刻表面油烟渍中二氧化硅成分的主要来源。表 4-7 为东山看经寺内降尘的分析结果。

表 4-7　东山看经寺内降尘的分析结果

成分	水分	石膏	Fe_2O	脂肪酸	碳酸钙	SiO_2、TiO_2
数量（%）	3.26	8.29	10.40	0.11	20.03	57.91

（3）水对油烟渍形成的影响

水是龙门石窟洞窟表面黑色油烟渍形成的重要因素，它是碳酸钙向石膏转化过程中不可缺少的条件。龙门石窟水源充足，来源包括雨水、大气水以及地下水。

洛阳是暖温带大陆性气候，季节变化明显，降雨量集中。年最大降水量 1063.2mm，日最大降水量 110.7mm，小时最大降水量 49.5mm。雨量四季分布悬殊，集中降雨不仅对石窟岩体及雕刻品冲刷破坏，而且造成洞窟渗水和漏水。龙门石窟所在的岩体有一组构造节理和沿边御荷节理，两组节理相互交错贯通，在岩体内形成网状裂隙，并同洞窟雨面连通。1987 年以前，每逢雨季，这些裂隙便成了雨水的通道，整个石窟几乎无洞不渗水和漏水。长期渗水和漏水不仅在洞窟壁面上形成碳酸盐凝浆，而且会加速岩石表面风化形成硫酸盐。

大气水是大气中固有的水。龙门石窟不仅濒临伊河，而且有大量的泉水，河水和泉水的蒸发以及大量游客呼吸排出的水汽，使龙门石窟区大气含水量常年保持在较高的水平上（表 4-8、表 4-9）。

表 4-8　洛阳气象记录蒸发量

项目	数量（mm）	年份
年平均总量	1829.1	1952～1984
年最大蒸发量	1988.6	1971
年最小蒸发量	1296.7	1984
日最大蒸发量	20.7	

表 4-9　1990 年 10 月 ~ 1991 年 9 月龙门石窟区蒸发量

时间	年	1990		1991						
	月	10	11	3	4	5	6	7	8	9
蒸发量（mm）		130	96	87	174	234	243	234	160	157

通过对龙门石窟有代表性的两个洞窟（宾阳北洞、药方洞）及东山露天大气的温湿度情况进行分析，可以看到，虽然实际气温曲线与露点温度曲线相交的情况很少，但这并不能说明在岩石表面就不能形成结露。首先，我们对岩石和空气的导热系数（材料的导热系数是表示其导热能力的大小，主要指的是截面为 $1m^2$，长度为 1m 的材料，在其两侧的温度相差 1℃时，1 小时内，从温度高的一侧向温度低的一侧传递的热量，单位是 kcal/m·h·℃）进行比较：空气的导热系数很小，只有 0.02kcal/m·h·℃，属于隔热效果很好的材料，而岩石的隔热系数一般为 0.2kcal/m·h·℃左右。因此，岩石一般会维持一个比较恒定的温度。实际上，在夏季某些洞窟内可以看到凝结水不断滴落。同时我们从绝对湿度的变化曲线上可以看到，绝对湿度的突然降低其实也反映了结露现象的存在。由于结露的存在，被污染的空气才得以侵蚀岩体。

（4）温湿度变化对污染物形成的影响

龙门石窟温湿度的变化非常明显，变化速度比较快，幅度也较大。这一方面对石窟安全造成了影响，另一方面也为洞窟表面形成结露准备了条件，间接导致洞窟表面污染物的形成。空气温湿度的变化是形成污染物表层不纯石膏的一个原因。温湿度的变化使岩石表面处于一种极不稳定的状态，导致形成的石膏晶体不纯，疏松多孔。

2. 人为因素

人为因素是龙门石窟洞窟雕刻品表面黑色油烟渍形成的主要原因。龙门石窟地处洛阳的南大门伊阙，这里自古就是洛阳的南北交通要道。开凿于两山崖壁上的石窟，历史上成了过往行人和逃亡难民的休息之所。直到20世纪60年代，还有人在洞窟中住宿。他们在洞窟中生火取暖、做饭。燃料燃烧一方面生成大量的二氧化硫气体，加剧了岩石表面向硫酸盐转化的速度；另一方面，没有完全燃烧的碳粒和有机质极易被吸附在风化产物硫酸盐的晶粒之间。在上述变化中，岩石表面风化形成硫酸盐是一个不间断的过程，烟熏则是一个间断性的多次重复过程。烟熏和降尘不断在硫酸盐晶粒间吸附和填充，使石刻表面的油烟渍层不断加厚。

第三节　主要病害类型、特征与分布

一、龙门石窟主要病害类型

第一类环境地质病害：降水、河水、地下水造成的石窟渗漏水和积水。

这是石窟寺最常见、危害严重的病害。大气降水通过窟顶裂隙入渗进到洞窟内，导致石窟渗漏、岩石软化、溶蚀石雕，这在龙门石窟十分普遍。龙门石窟属于碳酸盐岩体，在我国大型石窟中属于渗漏水较为严重的一处，包气带中暂时性渗水常年在洞窟渗流，持续溶蚀洞窟造像，同时在岩壁和雕刻表面形成石灰华沉淀层（结垢层），覆盖石雕造像，大大降低了其美学和艺术价值。

由于大部分石窟依山傍水而建，河流丰水期时洪水倒灌、淹没石窟的现象屡有发生，导致石窟积水，浸没石雕，污染佛像，损害石窟文物。每次洪峰过后，清理洞窟和佛像表面的污泥都是一个繁重的工作。

天然地震造成石窟寺大面积坍塌，这是致命的。龙门石窟历史上也受到过地震的危害，所幸震级和烈度不高，没有造成严重的灾难。

物理、化学和生物风化作用，时刻在侵蚀石雕文物，形成了复杂的风化病害，持续危害着石窟的长久保存。一般来说，干旱、半干旱地区的石窟寺如云冈石窟、克孜尔石窟等岩石风化以温差应力、冻融作用引起的物理风化为主。在中东部半湿润、湿润地区的石窟寺如龙门石窟、驼山石窟等，因含有盐类的地下水入渗，产生盐类沉积、结晶、潮解、膨胀等作用，使岩石矿物成分产生病变的化学风化作用也很普遍。而位于高温高湿的南方地方，如大足石刻、乐山大佛等，除了化学风化之外，植物根系腐殖酸侵蚀石雕的生物风化作用十分明显。

结合龙门石窟保存的实际情况，将其主要地质病害划分为如下几类：

（1）渗水及衍生病害。渗水是龙门石窟最为严重的病害现象，许多其他病害实际上是渗水病害的衍生现象。渗水病害调查主要通过渗水裂隙、渗水痕迹、渗水点、生物发育等进行。按发育形态将渗水类型分为点状渗水、裂隙线状渗水、溶蚀洞穴渗水等几类。岩溶堆积物（结垢）也是渗水病害的衍生病害。堆积物根据表面形态可以划分为新（现代沉积）、老（历史沉积）两大类；根据厚度可以划分为薄膜状（＜0.5mm）、帘状（0.5～2mm，有一定起伏）、厚帘状（＞2mm，具体厚度一般难以确定，长期堆积形成）。洞窟内部溶蚀现象一般与渗水关系不大。渗水区往往有生物发育，如绿色新鲜的苔藓、灰黑色霉菌等。

（2）烟熏及积尘。龙门石窟很多洞窟均存在烟熏病害，形成于新中国成立前。烟熏（油烟）多呈黑色，厚度不等。积尘主要为空气中灰尘在造像表面及洞窟壁面上堆积。

（3）风化。龙门石窟属于碳酸盐岩，抗风化能力比较强，目前出现的风化现象主要有：顺层差异风化、砂糖状风化、薄片状开裂风化等。顺层差异风化主要发育于层理面比较密集地段（如徐庄组分布区），砂糖状风化主要在鲕粒灰岩、粗粒灰岩洞窟内，而片状风化主要出现在均匀、细到微粒灰岩地区。

（4）缺失。缺失原因分为自然脱落和人为破坏两大类。主要有头、双手、双脚、身体部位等残缺。按缺失的程度分为整体缺失（如一个造像缺失）、部位缺失（头部完全缺失、手部完全缺失）、局部缺失（头部的耳朵缺失、手部手指缺失等）。

（5）危岩体。主要为洞窟内部及周边围岩的危岩体发育。危岩体的不稳定性、发育趋势对文物本体带来很大影响。

（6）可溶盐。可溶盐在龙门石窟比较常见，为洞窟及造像表面白色或灰白色析出物。

（7）人为修补。历史上对破损佛像及洞窟进行过多次修补，包括裂隙填补、缺失补全、重涂彩绘等，而大范围的修补需要对材料、现状及效果进行分析评估。

二、龙门东西两山分区病害特征

下面分区段陈述龙门石窟病害分布及类型特征。分区根据地形地貌、地层及水文地质单元来划分。

（一）潜溪寺—宾阳三洞区段

本区段位于西山最北端，是游客最先参观的洞窟群（图 4-9）。山体岩石属于厚层白云岩，质纯坚硬。主要发育有层面、卸荷和构造裂隙。其中潜溪寺发育有 44 条裂隙，分别为一组层面裂隙、两组构造裂隙和一组卸荷裂隙。层面裂隙延伸规模较大，受风化溶蚀影响，沿层面裂隙容易形成风化凹槽，深约 1～2cm，张开 2～3cm。构造裂隙多为张剪性裂隙，平直紧闭，构造裂隙间距较大。部分构造裂隙受溶蚀作用，隙宽达 2～30cm，窟顶沿裂隙形成漏斗状溶蚀洞穴，内中有碎石杂土充填。在层面和构

图 4-9　潜溪寺—宾阳三洞段

造裂隙交切处常有渗水现象。卸荷裂隙平行于崖面，连通性好，隙宽较大，是洞窟渗水的主要通道，多为近处水源渗水，渗水快，停得也快。

宾阳三洞整体上保存较好，尤其中洞几乎很少渗水。南、北洞造像局部存在一定数量的缺失现象，渗水相对较为严重。前室南北两侧洞窟受卸荷裂隙切割，多有崩塌或坍塌造成窟门及造像缺失严重。南侧洞窟存在泛盐、粉化剥落、裂隙贯穿、缺失、溶蚀、结垢及结壳等多种病害，程度较为严重（图 4-10、图 4-11）。

图 4-10　宾阳洞前室南壁洞窟泛盐

图 4-11　宾阳洞前室南壁洞窟片状剥落

（二）宾阳洞以南至摩崖三佛区段（图 4-12）

该区位于西山北段的陡崖上，海拔在 156～170m 间。宾阳洞和摩崖三佛渗漏少，属于缓慢远程的水源。敬善寺等洞窟上部有一冲沟（沿着东西向的构造节理发育），具

图 4-12　宾阳洞南至摩崖三佛段

备良好的汇水条件，降雨后坡面径流多汇集于此处，冲刷下部坍塌洞窟，直接快速入渗形成较为严重的洞窟渗漏，坡面汇水面积约为 $50m \times 30m = 1500m^2$（图 4-13～图 4-15）。敬善寺周围洞窟多有崩塌，造像受渗水影响严重，风化剥落病害突出。局部存在较为严重的微生物病害。下部有些洞窟壁面没有雕刻，放置有圆雕像。本区由于栈道临近洞窟造像，局部有游人触摸痕迹，造像头部及身上发黑油亮。

图 4-13　敬善寺区段坡面水流

图 4-14　敬善寺南壁渗漏

图 4-15　敬善寺北壁渗漏

（三）摩崖三佛南—双窑北（石窟造像分布很少）

该区段分布洞窟很少，主要原因是岩体破碎、裂隙切割，据调查为一古滑坡，岩石擦痕明显。仅珍珠泉和锣鼓洞泉上方分布有几个洞窟，且基本没有造像。沿观光石道一线分布有众多溶洞，为龙门石窟三层水平溶洞的最下层。崖面植被丛生，岩石稳定性受一定影响。

（四）双窑—奉先寺北区段

分布有双窑、万佛洞、惠简洞、老龙洞、莲花洞、魏字洞、唐字洞等重要洞窟（图 4-16）。它们均不同程度受到渗水影响，病害类型多样。万佛洞顶板较薄（不足 1m），雨水可迅速进入洞窟，渗水点多达 20 处，灰白色碳酸钙结垢覆盖面积约 30～40%。莲花洞渗水裂隙较为发育，渗水点多达 40 多处，溶蚀结垢覆盖约 30%，且有大量苔藓生长。莲花洞南侧发育有大型溶洞石牛溪，成为雨水泄水通道。魏字洞渗水病害比较突出。唐字洞内有渗水裂隙 12 条，渗水点 20 多处，北壁顶部渗水严重，溶蚀结垢层覆盖面积达 60%，龛楣小龛及岩壁粉化剥落严重。整体上该区段洞窟渗漏水病害比较严重，由此带来的溶蚀、结垢覆盖、生物病害等长期威胁洞窟造像安全。2015 年后该区段实施了治理工程，渗漏水状况大为改观，如今万佛洞、莲花洞等几个大中型洞窟渗漏水现象已减少大部分，治理效果良好。

（五）奉先寺区域

奉先寺又叫卢舍那大像龛，是龙门石窟规模最大的摩崖像龛，著名的卢舍那大佛就位于这里（图 4-17）。奉先寺依山而建，位于西山石窟区南段，高差较大，底部高程

图 4-16　双窑—奉先寺北区段

图 4-17　奉先寺区域

为 150m，中部参观平台高程约为 169m，顶部高程为 195.48m，其上部为坡度约 50°的大斜坡[①]。石雕造像赋存的岩层主要是寒武系中统张夏组鲕状白云石化灰岩，岩性完整

① 中国地质大学（武汉）:《龙门石窟奉先寺保护工程地质勘察报告》，2011 年，内部资料。

致密。奉先寺整体上保存状况较好，其中正壁和北壁保存相对完整，南壁神王力士崩塌较为严重。整体上，奉先寺尤其是九尊大像都不同程度存在裂隙切割、渗漏水和危岩体等病害。卢舍那大佛所在的西壁发育有规模较大的溶洞，裂隙切割明显，渗漏水现象突出。壁面出现的结垢覆盖、渗水痕迹、结壳等病害较为普遍。大佛双手崩塌缺失，迦叶头部崩塌大半，大佛头光、身光雕刻局部有崩落缺失现象。北壁受大型卸荷裂隙切割明显，西侧渗漏水相对较为严重，神王、力士除了局部表面存在风化剥落外，整体保存完好。南壁受水平溶洞和卸荷裂隙影响，神王、力士的头部、身体崩塌严重。2006年、2007年开展奉先寺保养维护工作，对表面病害进行了修补加固，对渗水裂隙进行了灌浆堵漏，目前奉先寺整体状况较好。

图 4-18　卢舍那大佛头部裂隙切割

奉先寺区域整体上裂隙较为发育，形成了不同体量的危岩体及碎裂块体（图 4-18）。首先是窟檐危岩体，处于悬空状态，失稳后直接危及下方文物本体和游人的安全，甚至危及整个窟檐的稳定性。其次是檐顶排水沟上方局部危岩体，松动、错位现象非常明显，稳定性差。此外，崖顶排水沟与窟檐之间也存在一定规模和数量的危岩体。这些都是潜在的威胁因素。

（六）药方洞—极南洞区段

该区段位于西山南段，延伸长度超过 230m。洞窟开凿在临空面陡峭崖壁上，坡度超过 70，海拔在 150～200m。其中自奉先寺—六座塔段的顶部崖壁边修造有排水沟。本区汇水条件不良，洞窟渗漏水源属于远程水。渗漏水比较严重的洞窟有药方洞、皇甫公窟、八作司洞、路洞、龙华寺等。本段地层属于徐庄组薄层泥质条带灰岩，岩性不均一，单层内成分也复杂多样，加之受南边草店断裂的影响明显，各种裂隙十分发育，造成洞窟及造像整体上风化剥落和崩塌现象严重，属于目前龙门石窟风化病害最严重、治理最困难的区段（图 4-19）。代表性病害包括洞窟渗漏水、溶蚀、裂隙、风化剥落、粉化、泛盐、油烟覆盖等。

图 4-19　极南洞下方洞窟风化严重

（七）擂鼓台三洞区段

擂鼓台三洞（图 4-20）位于龙门石窟东山万佛沟南侧的崖壁上。它们开凿在中寒武系徐庄组厚层泥质条带灰岩中，窟顶往上的崖面上有第四系砾石土层堆积，松柏、连翘等乔灌木生长旺盛，形成良好的坡面汇水条件。这里石质强度中等，适宜雕刻，但由于含有泥质条带夹层，抗风化能力弱，造成其保存状况差，尤以外壁面的露天雕刻

图 4-20　擂鼓台三洞区段

风化最为严重，有的已呈空鼓、粉状剥落、片状剥落等状态。北东向的部庄断裂形成的一条大裂隙斜穿北洞北侧的三个洞窟。由于卸荷裂隙、构造裂隙和层面裂隙交错分布，形成网状通道，三个洞窟都有明显的渗漏水现象。擂鼓台三洞于20世纪80年代的综合治理工程中曾经进行过灌浆加固、修补窟顶等保护措施。2015年施工完成的擂鼓台三洞综合治理工程，较好地治理了洞窟渗漏水和崩塌病害。五年来降水跟踪观测，三洞渗漏水不再有明显的渗漏现象，表明治理基本上已取得成功。然而外崖壁窟龛造像的风化剥落问题还比较严重（图4-21），亟待进行抢救性防风化保护工作。

图4-21　擂鼓台北洞北侧龛风化严重

（八）千手观音像龛—万佛沟口（万佛沟北坡崖壁）

位于东山万佛沟北侧东段崖面上，整体上崖面坡度陡，窟顶盖板薄。高平郡王洞顶部崖面有个缓坡沟谷，成为该洞渗漏水源的主要汇水条件。渗水点集中于顶壁前段卸荷裂隙，有17处明显渗水点。高平郡王洞往东的几个佛龛均为摩崖造像，修造有保护檐，渗漏量很少。2158窟区段至万佛沟最西口分布有十几个中小型洞窟，经2019年东山万佛沟修缮工程后大多已不渗水。

（九）看经寺—四雁洞区段

位于东山万佛沟北侧崖体上，面西，窟顶盖板薄，裸岩，坡缓，有较好的坡面汇流地形。降雨后沿层面节理和构造节理渗漏迅速，渗漏量大，主要沿层面节理入渗。看经寺渗漏水一直较严重，渗水裂隙主要是层面裂隙和卸荷裂隙，渗漏水量较大。以2014年9月18日洞窟渗漏调查日志为例，之前一周连续中到大雨，降水量超过100mm。渗水点集中于顶壁南北两侧东西方向的层面裂隙，呈线状分布，分别有滴水点30个、27个。其中顶壁西南角溶洞四周分布有15～17个滴水点，滴速较快，顶壁东北角附近有20个滴水点。90%以上的地面被滴水浸湿，局部有积水。从渗水面积看，正壁南侧最大，西侧次之，北壁中等，其他渗水区域较为分散。再以2020年7月22日降雨后调查日志为例，看经寺顶壁西南角卸荷裂隙渗水多达10个，顶壁西北角构造与卸荷交切，有6个明显渗水点，滴水量较大，滴落至洞窟地面积水区约350cm×250cm。北壁东侧底部有明显渗水，约50cm×50cm。北壁东二罗汉右臂有一横向裂隙，共 5 个渗水点，溶蚀物覆盖东三、四罗汉，有长期渗水点痕迹。这是在东山万佛沟修缮工程结束后的雨季调查结果，对比 2014 年时渗漏水点数量、渗漏水量、地面积水面积等明显减少，反映了该修缮工程采取的顶部防渗和裂隙注浆是有效的。

二莲花洞渗水也比较严重，也是卸荷裂隙与层面裂隙引起的渗水，北洞比南洞更甚。窟内渗水主要出现在南北两壁的高处和中部，以 2020 年 7 月一次降雨洞窟次日调查为例，多达 23 处（南洞 9 处、北洞 14 处），窟外力士身上层面裂隙也有渗水。外立面力士左侧有明显渗水，达 150cm×25cm，绿色苔藓旺盛。

三、洞窟形制完整性统计分析

2015 年至 2017 年龙门石窟组织了病害调查专项研究工作。对此次调查的洞窟进行统计可知，龙门石窟主要的病害为渗水及渗水形成衍射病害、风化病害及危岩体病害（表 4-10、图 4-22）。龙门石窟约 45% 的洞窟具有渗水病害，渗水病害是长期危害洞窟本体完整性的一个重要病害。风化病害比例约为 50%，相对于渗水病害，比例更高。从统计看，仅有 1/5 的洞窟本身具有危岩体问题，但危岩体对游人和本体的威胁最大，且具有偶然性、突发性。

表 4-10　龙门石窟风化病害统计结果表[①]

病害类型	岩溶	渗水病害	危岩体	风化病害
洞窟数	60	744	354	803
占比（%）	3.60	44.60	21.22	48.14

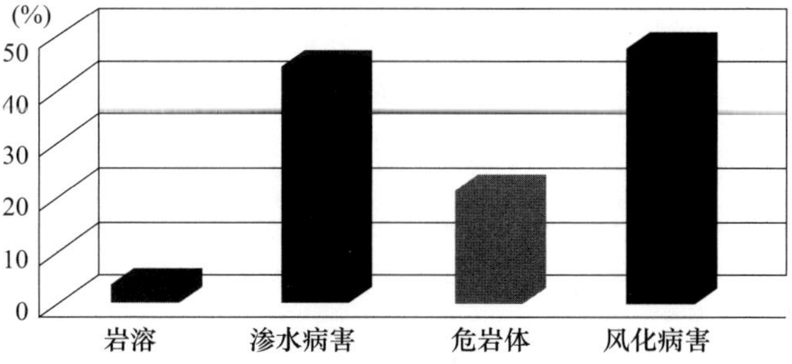

图 4-22　龙门石窟洞病害统计结果

岩溶本身并不太发育，大部分渗水病害是通过裂隙流实现。风化病害与渗水病害具有明显的相关性，一般渗水病害范围内，主要为岩溶堆积、生物病害等，而在渗水病害周边，往往伴随着比较严重的风化病害。另外，风化病害与洞窟崖壁朝向有明显

① 中国地质大学（武汉）工程学院：《龙门石窟病害调查研究报告》，2018 年，内部资料。

的相关性，凡是能遭受太阳直射部位，往往是风化病害较为严重之处。

龙门石窟洞窟形制保存比较完好的约占总数的 42%（表 4-11），有 42% 存在着局部破损（以一壁局部缺失、顶板部分坍塌等现象为主），将近 84% 的洞窟形制还是清晰易辨别。有 16% 的洞窟存在着比较严重的缺失问题，造成洞窟形制缺失，其中有一部分目前已经难以辨认，如第 1000 号龛。造成洞窟形制破损缺失的主要原因为洞窟坍塌破坏，一些小型浅龛、雕刻受风化作用影响，形成自然风化破损而模糊不清。

表 4-11　龙门石窟洞窟形制完整性统计表

类型	完整	局部破损	大部缺失	缺失
洞窟数目	700	699	197	72
占比（%）	41.97	41.91	11.81	4.32

除了人为无规律的破坏外，洞窟形制的破坏主要还是受洞窟本体岩石载体的控制，而岩性是控制洞窟形制破坏的一个最为关键的因素。从岩性的调查结果分析，潜溪寺至摩崖三佛段为寒武系凤山组白云岩、万佛洞—奉先寺—古阳洞为寒武系张夏组的白云质灰岩（大部分见鲕粒）、古阳洞以南路洞及黄普公窟段为寒武系徐庄组泥质条带灰岩。而相应的洞窟形式统计结果如表 4-12～表 4-14。

表 4-12　凤山组（潜溪寺区）洞窟形制统计结果表

类型	完整	局部破损	大部缺失	缺失
洞窟数目	85	165	38	16
占比（%）	27.96	54.28	12.50	5.26

表 4-13　张夏组（奉先寺两侧）洞窟形制统计结果表

类型	完整	局部破损	大部缺失	缺失
洞窟数目	484	309	42	10
占比（%）	57.28	36.57	4.97	1.18

表 4-14　徐庄组（路洞皇普公窟段）洞窟形制统计结果表

类型	完整	局部破损	大部缺失	缺失
洞窟数目	118	220	123	38
占比（%）	23.65	44.09	24.65	7.62

从统计结果可以看出，凤山组（潜溪寺区）洞窟形制完整的数量一般，低于龙门石窟的平均值，且局部破损的比例较高，这与该区岩性主要为厚层、巨厚层白云岩有关，而且该区域构造比较发育，导致洞窟容易出现局部破损开裂。

张夏组是龙门石窟主要的开凿地层，著名的洞窟，如奉先寺、万佛洞、古阳洞、药方洞、莲花洞等均在该套地层中，从数量看，龙门石窟约有50%的洞窟均位于该套地层中。该区域的洞窟保存状态也相对要好，这与局部的地质条件密切相关。首先，该套地层主要为厚层状为主的白云岩化灰岩为主，岩性比较均匀；其次，无明显的断层通过，岩体整体完整性好；再次该处位于“伊阙”中部，崖壁陡峭，地形条件较好。

张夏组洞窟形制保存完好的约为57%，出现局部破损的洞窟为37%，二者之和约为94%，即该区域的洞窟绝大部分形制清晰，具有很高的价值。当然，也存在部分洞窟风化缺失现象。

洞窟形制完整性保存最差的为徐庄组的地层。龙门石窟南侧主要发育出一套浅海相泥质条带灰岩（部分为滨海相），这套地层层理非常密集，大部属于中厚～薄层状，且含较多泥质成分。虽然该区域构造作用一般，但同样容易出现岩体的局部风化破坏。从统计结果看，该区域大部缺失和缺失状态的洞窟比例最高，二者之和约为32%，即在该区域有将近1/3的洞窟属于残破不全。

由此可知，不同地层岩性对洞窟形制完整性具有重要影响，参见图4-23。

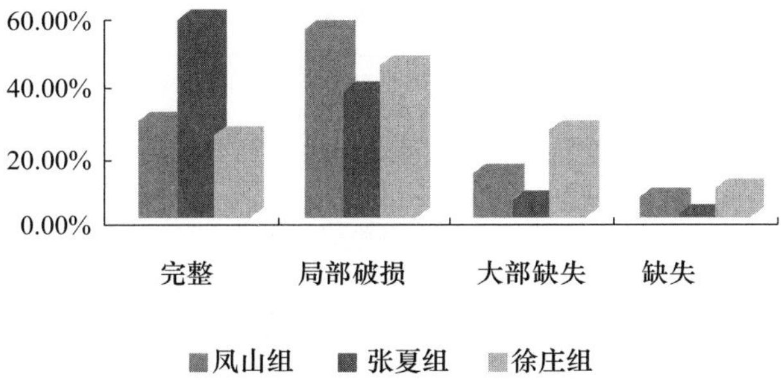

图4-23　不同地层岩性洞窟形制完整性对比图

四、洞窟本体完整性统计分析

洞窟本体完整性主要指洞窟内造像、题刻等完整性评估。洞窟形制完整性与本体完整性具有一定相关性，前者是后者的基础，但部分洞窟形制完整的洞窟，却存在比较严重的本体完整性问题，因此这里将本体完整性也单独列出讨论。

从统计结果（表4-15）可以看出，洞窟本体造像保存完好的洞窟数目在龙门石窟占比并不高，约为9%，即使算上保存基本完好的，也不足一半（40%），大部分洞窟损毁比较严重。龙门石窟的本体损毁主要有如下因素：

表4-15　龙门石窟本体保存现状评估结果统计表

类型	保存完好	基本完好	损毁中等	严重损毁	遗迹
统计用洞窟数	146	528	411	194	388
占比（%）	8.76	31.67	24.66	11.64	23.28

（1）地质条件不好区域，造像本身就存在缺陷。如潜溪寺以南很多小型洞窟均不适合开凿造像，即使勉强开凿，岩石结构破碎导致本体自然破坏。另外，崮山组区域（水文站两侧）更是完全不适合洞窟开凿，开凿后，以移入造像的形式形成完整洞窟。

（2）人为破坏导致本体缺失。龙门石窟很多洞窟均存在人为破坏，主要是本体的头、手等关键部位，缺失比较严重。一些小型洞窟造型存在整体凿除现象。

（3）自然破坏是龙门石窟本体损毁关键性因素。如洞窟形制破坏，必然会导致洞窟本体完整性的缺失。造像本身突出，更容易出现破坏。

从现场调查看，洞窟本体完整性同样受岩石的性质及局部构造作用基本地质条件控制，因为地质条件是风化和破坏基本背景条件。

从统计结果（表 4-16）及本体保存状态对比图（图 4-24）看，凤山组保存完好与基本完好的洞窟比例较平均值稍低，这与该区域岩性及构造比较强烈有密切关系。由于该区域很多地层不适合本体开凿（摩崖三佛附近），因此很多洞窟内本身就没有固定造像，仅有可移动造像基座。

表 4-16　不同地层岩性本体保护评估表

类型	保存完好	基本完好	损毁中等	严重损毁	遗迹
凤山组	7.21%	22.95%	25.57%	7.87%	36.39%
崮山组	0.00%	10.53%	0.00%	0.00%	89.47%
张夏组	13.14%	43.20%	22.25%	5.80%	15.62%
徐庄组	2.60%	18.20%	29.20%	24.40%	25.60%

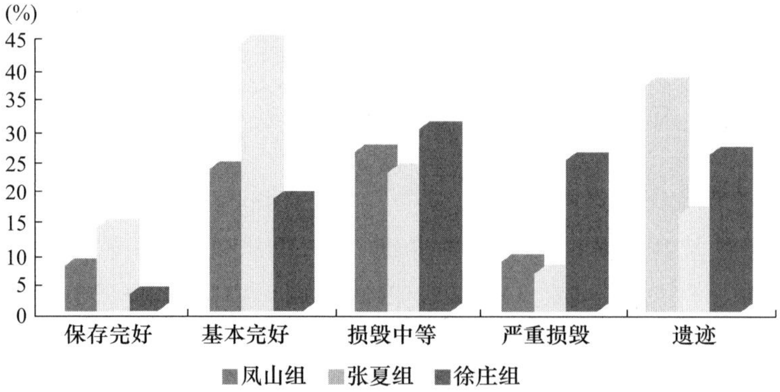

图 4-24　不同地层岩性本体保存状态对比图

崮山组分布于水文站附近，构造作用强烈，地形坡度缓，大部分仅有洞窟，没有造像。

与洞窟形制保存分布特征类似，张夏组是龙门石窟本体保护最为完整地段，有超过一半的洞窟本体处于保存完好和基本完好的状态。即使这样，部分洞窟内也基本上不存在造像（约为 15.6%）。

徐庄组洞窟数量虽然较大，受岩石本身性质较差控制，该区域本体保存完好的比例非常低，完好与基本完好的比例之和约为 20%。但相对于凤山组而言，该处构造不是太强烈，洞窟内本体分布基本可辨，因此划为遗迹类的比例相对要低。另外，该区域破损主要为自然破坏，历史盗凿比例一般。

从本次简单统计初步可以得到如下结论：

（1）石窟保存固然受后期人为作用干预影响（盗凿、破坏、保护工程等），但地质条件是控制龙门石窟保存状态的关键因素。主要控制因素为地层岩性和地质构造条件。

（2）潜溪寺至摩崖三佛段属于层厚很大的白云岩，从岩性有利于岩石抗风化，但是该区域构造影响非常明显，渗水严重，且容易出现岩石碎块状脱落和危岩体。岩石本身抗风化能力高，残留洞窟应加强危岩体治理和渗水治理工作。

（3）万佛洞、奉先寺、古阳洞一带，以张夏组厚层鲕粒灰岩、白云岩化灰岩为主，该区域洞窟形制和本体保存比较较好的比例最高，是龙门石窟的精华所在，但同样存在比较严重的风险：首先是崖壁陡峭，存在比较严重的整体坍塌破坏风险；其次渗水病害比较严重，虽然尝试性开展过一些渗水治理工作，但系统不足，目前很多洞窟存在比较严重渗水病害，如药方洞；最后，本体岩石风化比较特殊，属于鲕粒灰岩一种类似砂岩的风化现象，治理难度较大。

（4）皇普公窟、路洞至极南洞一带主要为泥质条带灰岩，岩石本身很差，洞窟形制和本体保存状况一般，是龙门石窟自然风化破坏速度最快的区域。因此，该区域应尽快开展小型洞窟岩体修补、粘接等材料、泥质条带灰岩风化机理、灰岩表面防风化等研究工作，同时启动部分洞窟渗水病害治理、松动块石加固工程等项目。

第四节　洞窟及造像危岩体病害

我国石窟寺多数开凿于河谷一侧或两侧的陡崖峭壁上。陡峻的边坡岩体，因河流冲蚀卸荷，常常发育岸边卸荷裂隙。这类卸荷裂隙走向平行于边坡崖壁走向，倾向与坡向接近一致，倾角一般等于或稍大于坡角，常常构成石窟寺所在边坡岩体失稳的滑移面或崩塌破坏面。岩体中的构造裂隙、层面裂隙、卸荷裂隙、断裂面或剪切带、风化裂隙以及岩体中软弱夹层等相互交切，不断发育，逐渐成为边坡岩体失稳的各种切割面，使得石窟寺边坡岩体形成可能变形、滑移、崩塌、脱落的各种分离体，导致石窟寺边坡岩体失稳、崩塌，形成重大灾害。这些不同类型的裂隙交切发育，往往为水的入渗、渗流、盐分的运移和积淀提供了良好的通道，深入洞窟危害石窟造像。这种现象在龙门石窟、麦积山石窟十分常见。

一、石窟主要裂隙系

裂隙属岩石受力后的一种形变，同一应力场中因形变而形成的不同方位，不同性质的裂隙组合称裂隙系，窟区主要有3～4组：

（1）与褶皱形变伴生的裂隙系

本区岩层呈单斜状，属背斜褶皱的一翼，岩层受力形成压、张性的横节理和纵节理，同时因掀斜作用改造拆离岩石层面构造，产生平行岩层层面的拆离裂隙。

（2）与区域断裂伴生的裂隙系

成因与窟区周边地区发生的较大规模断裂带有关，最明显的是属于构造应力波及窟区的可见张裂隙及与之伴生的低序次裂隙。这类裂隙一般规模较大，波及范围较广，对石窟环境影响较大。

（3）松弛或卸荷裂系

岩石在外部失衡状态下，由重力和其他因素诱发的裂隙，这类裂隙一般在立壁上发育。

（4）风化裂隙（微裂隙）

发生于岩层表面，以物理风化为主，表现为微型爆裂脱落，对不同岩石的选择性很强，被称为“隐形杀手”。

龙门石窟洞窟开凿区断裂现象比较弱，除了断裂带区域外，主要结构面为层面。构造裂隙面主要包括东西向构造裂隙面、顺伊河走向的构造裂隙面及其他方向的构造裂隙面。另外发育有纯粹的张拉卸荷裂隙、继承性卸荷裂隙。一般来说，洞窟内风化裂隙较少。

层面是龙门石窟的控制性结构面，为了统一标准，在龙门石窟调查中，对于层面与层理区别可明确定义为：二者间有明显的物质差异的不连续面叫层面，如上下层之间仅仅是颜色、结构及碳酸盐钙镁质比有差异的，划分为层理。也就是说，一般无明显的粘接强度的、含泥质、铁锰质等面才定义为层面。这种层面除了物质上不连续外，一般局部形成渗水通道的天然条件。

顺伊河发育构造裂隙，这组裂隙走向基本近南北向，按与伊河走向东西偏一定角度度均划分成该组，即走向为355～35度可划归该组。另外一组为东西向走向结构面，这组结构面在龙门石窟发育间距较大，但具有很强的水文地质作用。对于东西向裂隙控制发育冲沟要在表面调查，并明确洞窟5倍宽度范围内是否存在该组结构面，以及其距离。

窟区裂隙包括构造裂隙、风化裂隙、卸荷裂隙等，多分布在顶板或两个壁面的交线处，个别位于壁面的中部，通常均为贯通顶板或壁面的裂隙。裂隙的切割加速了岩体的风化进程，降低了岩体的质量。裂隙发育程度不同，对岩体的破坏程度不同，对石窟围岩及石窟内顶面、侧面的影响也不同。在坡度较陡的崖壁上，节理裂隙发育并相互切割以及石窟开挖的卸荷作用，使岩体呈卸荷状态，在重力作用下，极易出现岩石块体的崩塌、垮落现象。

除了自然因素产生的裂隙破坏外，植物根系的物理作用，也导致裂隙发育。窟顶岩石中生长的植物，其根系牢牢地扎入岩石中。随着植物的生长，根系将使岩石裂缝扩大，直至岩石开裂。

二、裂隙交切引起的石窟围岩及雕刻品崩塌病害

构造节理、层面节理及卸荷节理纵横交切，引起立壁、洞窟围岩和雕刻品崩塌。龙门石窟的绝大部分洞窟洞顶及立壁、窟门、龛檐、雕刻品等都受到不同程度的裂隙病害，部分围岩立壁及雕刻品出现滑动、崩塌及掉块现象。

1974 年 9 月火烧洞和石窟寺中围岩崩落约 2 立方米。1975 年 8 月净土堂窟檐崩塌。1982 年 2 月药方洞北侧弟子左脚部分脱落，同年 10 月，破洞上方雕像大片崩塌。1983 年极南洞附近和奉先寺东北角等多处雕刻品崩塌损坏。1987 年 10 月，摩崖三佛北壁岩体错落滑动。这些破坏均是节理交切形成分离体的破坏。2001 年火烧洞曾发生过较大规模的壁面岩体崩塌，2003 年、2008 年、2011 年、2013 年等均有不同体量的危岩体塌落，所幸没有引起大的事故。

奉先寺大像龛所在岩体溶洞发育，岩体中不同方向节理互相交切，将岩体及雕刻品切割成大小不同的碎块，破坏了岩体的稳定性。南壁天王、力士像龛的龛檐已崩落无存。几尊大像同立壁间受裂隙切割，极不稳定。大像龛西南角上方有一大型溶洞，洞顶已向下滑动错位，严重威胁下部雕刻品的安全。

根据洞窟受裂隙病害破坏的不同情况，对几个典型洞窟进行了调查，都存在不同程度的崩塌危害，如宾阳中洞、看经寺、万佛洞等。部分洞窟内部大像及像龛有崩塌现象，如路洞大像龛、火烧洞、擂鼓台北洞南壁主佛、奉先寺南壁、西壁、二莲花洞等等。应分区段对危岩体进行专题调查和评估研究，尽快实施加固治理工程，避免出现毁灭性的崩塌事件。

第五节　洞窟渗漏水与溶蚀病害

一、裂隙交切引起的渗漏水病害

石窟区位于龙门山—香山断块地块，地块内岩体无断裂发育。主要发育有与地块

周界断裂近似平行的两组构造节理，一组层面节理和一组卸荷节理。构造节理、层面节理、卸荷节理相互交切，构成岩体纵横分布的裂隙。龙门石窟东西两山岩体及雕刻品中普遍都存在裂隙病害，从而造成不稳定岩体的滑动及崩塌。

节理裂隙交切的结果，是在石窟围岩形成良好的渗水通道。大气降水在地表径流过程中沿这些裂隙通道渗入洞内。龙门石窟所有的大中型洞窟几乎都有不同程度的渗水病害存在。调查表明（表 4-17），主要渗水通道为卸荷节理和层面节理。降雨后，地表径流迅速，雨水直接由与地面相通的卸荷节理渗入洞内，雨后渗水点很快消失。奉先寺以北至双窑一段，由于立壁顶部是一Ⅱ基基座阶地面，阶地地面后缘与山坡相接，因此，除洞顶渗水外，还有南壁和西壁上的层面渗水。洞顶渗水在雨后很快消失，而洞壁渗水在雨后还持续一段时间，不会很快消失。上述这种分析，已经为中国地质大学所作调查的 37 个洞内的渗水状况所证实。

表 4-17　龙门石窟区立壁岩体典型地段结构面几何参数

立壁分段	结构面分组	结构面几何参数									
		倾向（°）		倾角（°）		间距（m）		迹长（m）		隙宽（m）	
		均值	方差	均值	方差	均值	方差	均值	方差	均值	方差
火烧洞	卸荷节理	115.26	4.25	72.0	4.20	0.89	1.95	5.75	33.03	1.80	
	构造节理 1	179.43	11.25	76.04	8.57	1.10	1.87	3.47	1.68	2.07	
	构造节理 2	217.33	11.24	71.90	8.94	0.89	1.91	2.95	1.62	1.52	
	层面节理	354.73	11.60	29.55	3.03	2.05	1.66	30.00	5.00	1.83	
普泰洞	卸荷节理	117.60	8.75	74.10	7.26			2.42	5.03	1.80	
	构造节理 1	190.64	12.67	70.43	1.16	1.49	0.56	2.57	1.65	1.90	
	构造节理 2	12.96	5.89	74.84	7.04	1.16	0.51	2.20	1.41	1.85	
	层面节理	350.00	1.00	25.00	1.00	1.97	1.59	30.00	5.00	1.40	
莲花洞	卸荷节理	111.05	8.13	74.74	7.27			1.87	3.05	1.66	
	构造节理 1	176.80	12.80	73.40	6.52	0.96	0.38	2.69	1.50	1.66	
	构造节理 2	217.06	8.96	71.40	5.51	0.99	1.83	2.88	1.51	1.40	
	层面节理	355.00	1.00	25.00	1.00	1.27	1.61	30.00	5.00	1.26	

续表

立壁分段	结构面分组	结构面几何参数									
		倾向（°）		倾角（°）		间距（m）		迹长（m）		隙宽（m）	
		均值	方差	均值	方差	均值	方差	均值	方差	均值	方差
万佛洞	卸荷节理	118.05	10.47	69.30	9.38					1.46	
	构造节理 1	192.40	11.23	68.63	1.14	1.42	1.43	2.70	1.50	1.00	
	构造节理 2									1.92	
	层面节理	355.00	1.00	28.00	1.00	1.19	1.79	30.00	5.00	2.54	
摩崖三佛	卸荷节理	111.15	7.34	75.85	6.21			1.39	1.93	1.75	
	构造节理 1	202.76	14.56	66.94	5.54	1.15	1.66	2.11	1.61	0.90	
	构造节理 2	345.94	11.95	76.63	9.58	1.61	0.82	2.84	1.19	1.21	
	层面节理	325.00	1.00	30.00	1.00	1.10	2.39	1.24	2，37	5.30	

以火烧洞为代表的奉先寺以南的立壁岩体，在平面上，主渗透通道近东西向，并具有明显的向异性的渗透性；在剖面上，主渗透通道是垂直地面方向。以莲花洞、万佛洞为代表的奉先寺以北至双窑地段，在平面上，主渗透通道亦为近东西向；在剖面上，主渗透通道是西南—东北向，与地面垂直或与垂直方向成20°角。如果结合各段的微地形条件，上述三段也具有明显不同：奉先寺以南，山体边坡陡，地形上没有汇水条件。因此，降雨后，地表径流迅速，雨水直接由与地面相通的卸荷节理渗入洞内，雨后渗水点很快消失。奉先寺至双窑一段，由于立壁顶部是一Ⅱ基基座阶地面，阶地地面后缘与山坡相接。因此，除洞顶渗水在雨后很快消失，由西部山体裂隙与洞窟相通的洞壁渗水在雨后还要持续一段时间。摩崖三佛以北的宾阳洞至潜溪寺地段，窟檐以上地形坡度较缓，而山体的面积较大，因此具有比上述地段更大的泄水面积，所以，雨水除沿卸荷节理直接入渗外，在汇水面积范围内入渗的雨水，沿层面裂隙渗入洞内，在雨后延续很长时间，也有常年的渗水点，且渗水量也较其他类型为大。

通过对西山几个大型洞窟渗漏的现场调查[1]，发现渗漏水量大的洞窟，其卸荷裂隙均比较发育，走向多呈南北方向，如潜溪寺、万佛洞、宾阳北洞等，出露卸荷裂隙

[1] 根据2005年对石窟渗漏水病害调查总结报告，笔者整理。

位于顶壁东侧，南北方向展布，基本位于莲花顶东缘，渗漏水量很大，多个渗水点每分钟滴水达 100 滴以上，滴水量 3 个小时约达 2000ml，地面积水覆盖 100%，深处达 20cm 左右。地面裂隙由于开张度小且有杂质充填，积水无法下渗，又无法自然排至窟外，因此采取人工排水的办法，用导水管把地面积水导至窟外，流到山脚下。此工作需连续多次，持续一周方能奏效。

层面裂隙导致洞窟南壁渗漏明显的例子有：①敬善寺南壁渗水严重，属于层面裂隙出水。②潜溪寺南壁力士头、脖子左侧渗水、贯流而下至地面，渗流区 70～80cm^2。③宾阳中洞顶壁层面裂隙呈弧形，滴水点多位于西北角处。

卸荷裂隙导致渗漏现象的洞窟为数众多，比如：①潜溪寺顶壁莲花东缘大卸荷裂隙，南北展布，滴水点达 20 多个。多个滴水点速度达 120 滴 / 分以上。②宾阳北洞卸荷裂隙主要出露在顶壁与北壁，滴水点多位于顶壁东北角与东南角，渗漏量较大。③万佛洞莲花顶东部被南北向大型卸荷裂隙切割贯穿，西部则被北东向构造节理切割贯穿，其渗漏水点沿这两条裂隙呈带状展布，约有 21 个滴水点，其中洞门上顶壁附近有 7 个大滴水点。④路洞的一条卸荷裂隙主要出露在西壁与北壁，渗水区分布西壁主尊左侧、南壁东侧下部和北壁东侧中下部，地面积水集中于门槛附近。⑤皇甫公窟卸荷裂隙贯穿南、西、北三壁，出水点主要位于南壁礼佛图东侧（地面积水多出自此处）、西壁北侧中部，地面基本被积水全部覆盖。

构造裂隙是影响洞窟渗漏的另一个主导因素，比如万佛洞顶壁莲花西侧被北东向构造裂隙贯穿切割，渗水严重，南壁、西壁基本不渗漏。擂鼓台三洞治理前渗漏水严重，均与构造裂隙切割洞窟有关。

就上述情况，对 37 个洞窟的渗水状况进行调查（表 4-18）。潜溪寺洞内渗水裂隙共 25 条，其中出现在洞顶的为 10 条，出现在南壁的为 9 条，出现在西壁的 2 条，北壁的 4 条。25 条渗水裂隙中属层面裂隙的 8 条，其余均为卸荷裂隙。位于奉先寺以北的赵客师洞内渗水调查表明，洞内共有渗水裂隙 14 条，其中位于洞顶的有 5 条，南壁有 4 条，西壁有 1 条，北壁有 4 条，按出水裂隙成因分，属卸荷裂隙渗水的为 11 条，属层面渗水的有 2 条。位于奉先寺以南的八作司洞，洞内渗水裂隙共 6 条，位于南壁的 2 条，洞顶上 3 条，北壁上 1 条，所有渗水裂隙均为卸荷裂隙。由表 4-18 可知，根据降雨雨水的入渗通道和渗透途径以及立壁顶部微地形特征，可把西山立壁岩体分为三段：

（1）摩崖三佛至潜溪寺段。立壁顶部地面地形为上陡下缓的自然山坡，山坡上植被和树木茂盛，因此有利于水分保存，雨后地表水不易流失，而有利于入渗。入渗的水流沿层面裂隙流入洞内。由于补给源较好，渗透时间较长，沿层面裂隙入渗到洞内的暂时性渗水，可以保持数月不干。此外，本段内的几个主要大洞窟的顶壁较薄，植物根系沿洞顶裂隙生长，使裂隙扩大，所以降雨后渗水现象严重。

表 4-18　主要洞窟渗水情况调查表

区域分段		洞名	裂隙条数	裂隙部位				裂隙分类			
				洞顶	南壁	西壁或东壁	北壁	卸荷	层面	构造 1	构造 2
西山立壁	摩崖三佛至潜溪寺段	潜溪寺	25	10	9	2	4	17	8		
		宾阳北洞	8	4	1	1	2	3	3	2	
		宾阳中洞	10	5	4	1		7	1	2	
		宾阳南洞	18	8	3	3	4	13	2	3	
		敬善寺	8	8				7			1
	奉先寺以北至双窑段	万佛洞	24	6	4	7	7	18	3	2	4
		莲花洞	14	7	1	7	3	11			
		双窑南洞	9	5	4	4		8			1
		双窑北洞	14	5	3		3	14			
		惠简寺洞	10	4	1	3	4	14			
		普泰洞	12	4	5	1	2	9	1		2
		赵客师洞	14	5	4	1	4	11	2		1
		459 号洞	14	4	5	1	4	11	3		
		破窑	15	5	3	1	6	13			
		495 号洞	5		3	1	1	5			
		491 号洞	8	1	2	2	3	7	1		
		魏字洞	12	2	2	3	5	11	1		
		唐字洞	12	3	3	3	3	10	1	1	
		路洞	7	5			2	7			
	奉先寺以南段	药方洞	7	3	3		2	7			
		古阳洞	29	10	6	9	4	26			
		净土堂	9	5	2	2		9			
		八作司洞下洞窟	11	5	3		3	11			
		八作司	6	3	2	1	1	6			
		龙华寺	6	4		1	4	5		2	
		石窟寺	8	4	2	1	1	5		1	
		极南洞	8	1	6	1		4	3	1	
东山立壁		高平郡王洞	9	3	3	3		8	1		
		擂鼓台南洞	7	2	2	3		5	2		
		擂鼓台北洞	5	3			2	5			
		擂鼓台中洞	14	6	5	2	1	13	1		
		二莲花中洞	10	4	2		4	6	4		
		二莲花南洞	10	6	1		3	9	1		
		二莲花北洞	7	1	4		1	6	1		
		看经寺	18	6	2	6	4	15	3		

（2）奉先寺以北至万佛洞、双窑段。立壁顶部地面为伊河Ⅱ级基座阶地面，地形平坦，阶地面后缘与龙门山山坡相接。降雨后，地表径流较缓。因此，雨水可以沿地表卸荷节理入渗，而下渗的雨水，遇见岩体中层面时，则可沿层面倾斜方向自南向北渗入洞内。因此，本段主要渗透通道是卸荷节理和层面节理。沿卸荷节理直接渗入而导致的洞内渗水点或渗水线，大都位于洞顶，且渗水时间较短。而沿层面节理，经过自南而北的渗透之后，在洞壁上的出水点或出水线主要分布于每个洞的南壁。

（3）奉先寺以南至极南洞段。立壁岩体陡峭，降雨后，大部分雨水很快以地表径流散失，没有积水区，仅有少量的雨水沿卸荷节理直接入渗到洞内，因此洞内的主要渗水点是由远程渗流来的水，渗流时间长。药方洞、古阳洞有几个常年渗水点，属于此种类型。

二、渗漏水引起的溶蚀病害

石窟位于中、上寒武系碳酸盐岩体中，这种可溶的碳酸盐岩体在渗水作用下产生溶蚀。溶蚀病害除不继加大渗水量、直接破坏石窟雕刻品外，还在石窟雕刻品表面沉淀钙质沉积物，覆盖雕刻品，使石窟艺术丧失价值。

经地质环境调查分析查明，石窟区地下水、泉水对石窟雕刻品的溶蚀破坏不太明显。溶蚀病害主要是大气降水入渗引起的渗透水导致的一种岩溶作用。降水入渗的水流，在渗流过程中，溶蚀裂隙通道壁面的岩体。而在岩体中开凿的洞窟成为这种渗透水流的出水点。在洞窟的洞顶、侧壁和雕刻品所在的岩体表面形成溶孔、溶沟，而在洞壁的出水点附近形成较大面积的钙质沉淀物（石灰岩岩浆）覆盖区。

调查表明，主要溶蚀通道为层面和构造节理及卸荷节理面，而卸荷和构造节理为垂直渗通道。由于地层产状是近似北倾，层面为南北倾角近35～37度，所以在洞窟南壁的溶蚀比北壁严重。

潜溪寺有9条平均间距35cm的层面节理，由西南壁切入，沿节理溶孔、溶槽分布，南壁溶蚀较北壁严重。洞顶厚不足一米，形似块石堆砌，遇雨即漏。宾阳南洞南壁溶蚀较重，主要有3条层面裂隙渗水。莲花洞层面节理发育，北壁外侧底层有大面积溶沟，北壁菩萨及南壁菩萨里侧有常年的渗水点，石灰岩凝浆覆盖严重，苔藓发育。魏字洞南壁溶蚀较重，凝浆覆盖面积达40%。奉先寺大佛南侧溶孔分布，有三组节理发育并有少量凝浆覆盖。古阳洞可见渗水溶蚀、凝浆覆盖的六个严重区。极南洞溶蚀严重，层面节理发育，大部分壁面为凝浆覆盖。大万伍佛洞贯穿南、东、北壁有1条强涌水裂隙，顶部渗水，凝浆覆盖严重。看经寺北壁渗水严重，顶部靠北1条裂隙渗水严重，东南壁1条层面裂隙上溶洞发育。高平郡王洞西壁和顶壁西部有强渗水裂隙，西壁凝浆覆盖较重。1976 年至 1986 年清除洞顶树木，在洞顶铺设防水层，漏水减少。

主要洞窟溶蚀病害调查见表 4-19。

表 4-19　主要洞窟溶蚀病害调查表

洞名	病害状况			备注
	裂隙（条）	渗水点（处）	结垢覆盖面积（%）	
潜溪寺	25		70	在洞顶 1978 年修排水沟，1991 年盖防水层
宾阳北洞	8		5	1978 年在洞顶修排水沟，1991 年作防雨篷
宾阳中洞	10		20	
宾阳南洞	18		30	
摩崖三佛		25	10	1991 年加钢筋混凝土防雨篷
万佛洞	24	16	30～40	1988 年洞顶做防水层
双窑	23	52	20	
敬善寺	8	密布	80	
莲花洞	14	40	30	
唐字洞	12	22	60	1988 年窟顶作防渗层
魏字洞	12	19	40	同上
奉先寺		11	10	山顶有古代人字形排水沟长 120 米
惠简洞	10	15	80	
古阳洞	29	19	10	1959 年修砖券门洞，1987 年拆除
药方洞	7	15	30	1958 年窟前建封闭房三间，1987 年拆除，改建敞式石檐
八作寺洞	6	9	30	1990 年对崩塌洞门支撑复原
路洞	7	9	70	洞门右上角毁，1989 年修复加固
净土堂	9	22	30	
龙华寺	6	11	30	
石窟寺	8	13	80	
极南洞	8		70	
大万伍佛洞	14	27	40	
看经寺	18	28	40	
二莲花洞	10	27	30	
四雁洞	7	20	20	
高平郡王洞	14	25	60	
西方净土变	7		40	
千手千眼佛	5		90	

根据对龙门石窟已开展洞窟渗漏水治理工程经验的总结和考察，龙门石窟洞窟渗漏水现象受洞窟赋存状态、区域地质条件、周边环境的影响，与大气降水补给源存在复杂的相关联性，特别是对于一些大型洞窟，渗漏水机理绝非简单的现场勘察所能调

查清楚的，需借助一些地质勘探及水文地质试验来深度分析洞窟渗漏水机理。在工程施工中对新发现的问题和病害，需立即开展有针对性的治理措施，减少病害对文物及游人安全的不利影响。可借助现行工程施工队伍的机具、人员等便利条件，开展施工期勘察，为后续大型洞窟渗漏水治理提供可靠、准确的勘察资料，为彻底消除大型洞窟水害提供基础条件。这一点在云冈石窟、大足石刻保护工程中也都得到重视和实施。

龙门石窟开凿及后期渗水病害发育均与岩溶关系非常密切，部分大型洞窟在溶洞基础上开凿而成，有必要在进行专题调查工作的同时，对龙门石窟岩溶水文地质条件开展一次深入调查研究。调查应包括如下内容：岩溶发育位置与几何形体；岩溶发育类型划分为垂直岩溶、水平岩溶，并分别测量溶蚀洞穴的三维数据；岩溶与洞窟关系；岩溶与文物本体关系。

第六节　表面风化病害特征与形成机理

一、风 化 作 用

根据《中国大百科全书·地质学》，风化作用（weathering）指“矿物和岩石在地表条件下发生的机械碎裂和化学分解作用的总称”[①]。《地质学简明教程》[②]给“风化作用”的定义是：“处于地表或地表附近的各种岩石和矿物在水、空气、阳光、生物等的作用和影响下，发生破碎与分解的过程。”

地质学上普遍把所有可以导致岩石、土体发生蜕化、破坏的因素统称为风化因子。以上定义更强调风化作用形成的“岩石或雕刻发生崩塌、掉块或出现裂隙”等现象，比较泛化。

在对石窟寺完成抢险加固工程后，石窟保护中的风化定义就限定在一个较小的范围内，即特指“由于自然因素引起的雕刻品表面形成的空鼓、起翘、片状脱离、粉化、酥碱、变色掉色以及由风化裂隙形成的小型岩石分离体或悬挂体”。

在文物保护领域，并不需要完全按照地质学上的定义和划分来讨论，而只要把危害文物的自然因素详细区分即可。通常把危害石质文物的因素归结为太阳辐射、雨水（包括其物理化学变化）、雷电、火、沙尘暴、地震、风沙、生物因素等对文物造成的破坏。这里强调的是文物与环境的关系，特别强调现代环境对文物造成的损伤。限于篇幅，本文主要研究太阳辐射、雨水、风（沙）的侵蚀作用所带来的石质在物理状态

---

① 中国大百科全书总编辑委员会《地质学》编辑委员会、中国大百科全书出版社编辑部编：《中国大百科全书·地质学》，中国大百科全书出版社，1992 年，第 200 页。

② 苏文才、朱积安：《地质学简明教程》，上海华东师范大学出版社，1994 年。

上的蜕变和破坏。

风化作用主要包括：

（1）物理风化作用——以太阳辐射、重力、冰雪、雨水、风沙、温差等因素为主，对岩石的破坏，造成石窟岩石表层的剥离和脱落。

（2）化学风化作用——具有溶蚀作用的水和水蒸气对可溶性岩石的破坏，在石灰岩地区，主要是酸雨的溶蚀。

（3）生物风化作用——主要是植物根系对岩石的根劈作用、微生物的活动生存及其腐殖质的酸蚀破坏作用，也包括人类生活中的污水、废气和垃圾对岩石的破坏。

龙门石窟石雕风化的原因很多，除了石材自身存在的结构和成分上的缺陷外，外在的环境影响因素十分重要。气温变化、湿度变化、光照、微生物以及人类活动带来的影响，造成石雕表层逐渐产生裂隙、起层、粉化剥落等风化现象。

二、龙门石窟石雕风化特征

岩体风化对龙门石窟雕刻品破坏非常明显。调查表明龙门石窟雕刻品主要受物理、化学、生物风化的危害。物理风化对石刻破坏主要有紫外线的辐射，干湿度、温差变化导致石刻表层水温差、冰冻作用下体积胀缩，在岩体内产生压力，造成岩石颗粒空间加大，使岩体开裂，同时降低了岩体的强度，加大了水的渗透性。此外，石刻表层富集含结晶水的盐类，在干燥环境下失去全部或部分结晶水，体积收缩，形成粉末。当处于低温或高温环境时又吸水膨胀，重结晶同时产生压力，加速了岩石表层颗粒间联结的破坏和裂隙的扩张。化学风化主要是石刻内的水与气态的氧气、二氧化碳、二氧化硫、氮氧化物等共同进行水化、氧化、还原、酸化等综合作用，逐渐使岩石中的胶结物、碳酸盐溶蚀，造成石刻表面风化解体。生物风化是指各种植物和动物有机体对石质文物的化学分解和机械破坏，如植物根系的根劈作用，使裂隙扩大。死亡的生物有机体腐烂、变质，微生物迅速繁殖，形成的有机酸腐蚀石窟雕刻品，使雕刻品表面疏松剥落、碑刻题记字迹模糊。

由于风化，有的洞窟岩体及雕刻品表面形成空鼓、起壳、开裂，有些呈层状、片状甚至块状剥落。内部通风条件差的洞窟受温湿度变化的影响，雕刻表面呈酥解状风化剥落。风化现象最严重的是露天雕刻品及碑刻题记。由于直接受风吹、日晒、雨淋、大气污染的作用，露天碑刻体记表面开裂、剥落、字迹模糊不清；露天雕刻品面目模糊不清，甚至仅存轮廓。多数佛塔、窟檐文饰及洞窟外力士等雕刻品开裂、剥落、掉块、溶蚀、粉化严重，而且这一情况还在不断加剧，亟待采取措施，保护处理。

调查表明，龙门石窟风化病害有如下特点：

（1）岩石以物理风化为主，一般受日照的雕刻品比不受日照的雕刻品风化严重；

（2）泥质含量高的岩石风化比泥质含量低或不含泥质的岩石要严重；

（3）薄层、条带状岩石比厚层、巨厚层岩石风化严重；

（4）粗糙面的雕刻品比磨光面的雕刻品风化严重；

（5）雕刻品形状突变处的岩石风化较其他部位严重。

大万伍佛洞南、北及正壁小千佛风化剥落、起翘严重。千手千眼观音像龛受严重风化破坏，大部分壁面已起翘剥落。路洞洞顶风化剥落极为严重，洞顶莲花大部分呈块状剥落，莲花周围小佛像严重风化、起翘且呈片状剥落。

三、龙门石窟风化等级划分与空间分布差异性

（一）风化的风险等级划分和病变术语的确定

地质学上，把岩石的风化程度分为强风化带、中等风化带、弱风化带和微风化带。这在文物保护领域具有借鉴意义。对石窟文化艺术所依托的山体和岩石进行风化程度和风险等级的划分，将有助于我们尽快明确石窟雕刻所存在的病害特征及其防护的急缓程度，有利于明确防护的工作重心，进而改善防护的工作效果。

文物保护讲究轻重缓急，按《中国文物古迹保护准则》中所述的目标任务，我们应就急让缓，先重后轻。研究表明，风化已成为龙门石窟最为严重的病害，直接关系到龙门石窟石雕艺术的生存和延续。在风化的风险等级划分上，按由急到缓，可以依次划分为：露天碑刻→露天石雕→窟内雕刻→露天围岩→窟内围岩。这显然是由自然环境条件决定的。风险等级可分为Ⅰ、Ⅱ、Ⅲ级，依次为危亡、危急、危险。这种划分只能是外观上定性分析，很难定量研究。

病变术语是描述石窟病害的科学依据。建立石窟病变术语框架，对研究和治理石窟病害具有重要意义。从风化后果上，可划分为围岩上的风化裂隙、雕刻品上的风化裂隙；从风化形态表现上，可划分为层状风化、粉状风化、鳞片状风化、带状风化、板状风化、洞穴状风化、空鼓、起翘（起甲）等。风化形态见图 4-25～图 4-32。

（二）龙门石窟风化病害的时空分布差异性

气候类型基本上决定了风化作用的主要类型及其发育程度。龙门石窟岩体风化经历阶段为：新鲜岩石面物理风化为主，风化后期化学风化加强，风化壳会发生一个富钙—富硅铝阶段的过程演化。龙门石窟风化病害严重，空间总体分布上具有以下特征：碑刻比其他雕刻品风化严重；露天雕刻比窟内风化严重；向阳面比阴暗面风化严重；凸出的地方比凹处风化严重；形状突变处比平缓处风化严重；粗糙面比光滑处风

图 4-25　球状风化

图 4-26　差异性风化

图 4-27　条带状风化

图 4-28　片状风化

图 4-29　穴状风化

图 4-30　粉状风化

化严重；迎风面比背风面风化严重；含泥质夹层的岩石比整体性好的岩石风化严重；深色矿物比浅色矿物吸热、散热均快，故含深色矿物多的岩石易风化。

我们发现，风化在空间分布上的差异性，最明显的特征是露天雕刻比窟内风化严重。而露天雕刻又可细分：碑刻最急，石雕次之，围岩可缓。露天碑刻呈平面状，一旦风化脱落后字迹没有了，也就失去了价值。相比之下，石雕呈立体存在，风化脱落

图 4-31　鳞片状风化、空鼓

图 4-32　起翘、空鼓层状风化

后仍有立体感，但雕刻细纹可能消失。这都会造成石窟外观的变化，带来艺术价值、美学价值的降低。

另一个明显的分布差异是，自北向南，风化逐渐严重。这是由山体岩层地质特征决定的。龙门山属于向北北西方向倾斜的单斜山，岩层自南向北，时代由老到新，石窟所在主体岩层是寒武纪碳酸盐岩地层。在北边尚出露有石炭、二叠纪地层，南边出露有前寒武纪馒头组地层。龙门石窟主要开凿在寒武纪的白云岩和石灰岩上。白云岩分布于北段长山组、凤山组，其白云化程度高，矿物纯度亦高，力学强度大，抗风化能力强，风化病害较轻，石雕保存基本完好。区域划分上，自潜溪寺—摩崖三佛段，岩石属于细晶～极细晶白云岩，硬度可达 3.5～4，抗风化能力强，除了露天碑刻如伊阙佛龛之碑风化较为严重，其他雕刻保存较好；自摩崖三佛—双窑段，基本没有石窟、造像，主要原因是，此段山体立壁有明显滑坡痕迹，属于古滑坡，岩石破碎，无法开凿石窟，我们看到的一些窟龛基本都是半成品，无造像痕迹；自双窑—奉先寺段，属于固山组和张夏组，岩石大多是鲕粒灰岩或残余鲕粒灰岩，其强度适中，硬度在 2.5～3 之间，最适宜雕刻，出现了体量宏大的石窟像龛，如宏伟的卢舍那大像龛，此段岩体风化较北区严重，但主要病害还是洞窟渗露；自奉先寺—极南洞段，属于张夏组和徐庄组，岩石多是含泥质条带夹层的石膏化微晶灰岩，极易产生差异性风化（多种矿物组成的岩石，因各种矿物热胀系数不同而比单矿物组成的岩石易风化），整体上山体外观破碎，裂隙纵横通达，泥质夹层大多内陷、脱落，形成空缺层，这对于岩体稳定性是十分危险的，

窟内风化较严重的主要分布在西山南段和东山万佛沟内。其主要原因是岩石完整性差、含有泥质夹层，洞窟渗漏水的溶蚀作用强烈，易形成差异性风化；其次，风在伊阙南口得到加强，风速强劲，进洞窟内产生掏蚀作用，其携带的沙砾可磨蚀洞窟。

四、龙门石窟风化现状调查与风化特征

龙门石窟整体上风化严重。根据对龙门西山南北不同段落岩体的弹性波速试验对比分析，可看出，北区白云岩风化层波速各向异性系数较小，南区灰岩各向异性系数较大，反映了风化层结构上北区优于南区。根据弹性波纵波值对比，可得出龙门石窟西山围岩风化层结构特征：①南区岩体风化层完整性系数约在0.40～0.60，北区为0.66、0.67；②裂隙系数南区为0.40～0.62，北区为0.33、0.34；③风化层岩体的空隙率，南区为0.02～0.04，北区为0.015，证明北区风化层比南区致密；④风化系数反映了岩体的风化程度，南区风化系数多在0.2～0.4，北区为0.18、0.19，显然，南区岩体风化程度高于北区；⑤南区为碎裂状裂隙发育岩体，北区为层块状裂隙稍发育岩体[①]。

按风化程度，西山可分为三个区：南段强风化区、中段中等风化区、北段弱风化区。

西山南段风化特征为：露天雕刻、围岩已严重风化，表现为差异性风化、层状风化、条带状风化、球状风化、片状风化和穴状风化等；窟内雕刻已不同程度的中、强度风化。西山南段治理风险等级划为Ⅰ级——危亡；西山中段治理等级划为Ⅱ级——危急；西山北段治理等级划为Ⅲ级——危险。东山也可分为三个区：看经寺—二莲花洞区（中等风化区）、千手千眼—西方净土变区（强风化区）、擂鼓台三洞区（强风化区）。千手千眼—西方净土变区（强风化区）、擂鼓台三洞区（强风化区）风化特征为：露天雕刻、围岩严重风化，呈现为起翘、空鼓、粉状风化、鳞片状风化等；窟内雕刻呈中等强度风化。后两区治理风险等级划为Ⅰ级——危亡；看经寺—二莲花洞区（中等风化区）治理等级划为Ⅲ级——危险。目前，龙门石窟强风化区病害危险表现为抢救性保护。

五、风化机理分析

对龙门石窟保护的众多研究表明，龙门石窟雕刻品风化以物理风化为主，化学风化与生物风化作用共同影响。针对化学风化的治理，尤其是水的重要影响，龙门石窟以前曾经实施不少治理工程，如20世纪70年代和80年代曾分别做了洞窟灌浆加固、封堵裂隙以及防渗层铺盖、防水雨篷等，积累了成功经验。但是对于物理风化，治理措施尚十分欠缺，防风化材料的研究和应用也刚刚起步。以下从太阳辐射、雨水、风沙和植物四个要素来阐述龙门石窟石刻风化机理。

① 丁梧秀、蔡丽朋、陈建平，等：《洛阳龙门石窟围岩风化层结构特性研究》，《洛阳大学学报》2003年第4期。

（一）太阳辐射

太阳辐射是自然界中最强大的力量，它对石窟带来的影响无疑是最根本的。就石窟文物本体而言，它可以使石窟文物表里层产生温度的差异分布，造成组成矿物颗粒的松动离解，可以使表层的彩绘和颜色发生变质、变色、脱色等现象。夏季强烈的太阳辐射尤其是紫外辐射，可软化矿物间的胶结物质成分，造成岩石矿物再生、分异、变色，进而降低其粘接能力，有利于风化作用的展开和加强。研究表明，石窟岩体风化主要是由温差应力超过岩石本身抗拉强度而引起的。白云岩和灰岩的温度应力系数一般为 2～2.5kg/cm^2 · ℃，若按年平均温差变幅为 27℃计，则岩石表面引起的温差应力为 54～67.5kg/cm^2 · ℃，而岩石的平均抗拉强度为 58～64kg/cm^2 · ℃。这种温差应力作用的深度一般不超过龙门地区的冻结深度，也就是说除沿裂隙风化较深外，一般风化岩石厚度为 0.12m，而剧风化岩石厚度比此更薄。

2004 年 1 月 31 日至 2005 年 1 月 31 日一年的监测周期里，龙门万佛洞顶气象监测仪器显示，岩石最高温度为 49.50℃，最低温度为 -5.67℃；最高气温 39.07℃，最低气温 -7.47℃，见表 4-20。

表 4-20　龙门石窟西山 2004 年至 2005 年部分环境监测数据

日期	时间	风向（°）	风速（m/s）	气温（℃）	湿度（%）	光强（lux）	岩石温度（℃）	土壤含水率（%）
2004 年 6 月 21 日	16：00	202.5	3.22	39.07	20.83	0.443	45.11	0.0251
2004 年 7 月 24 日	14：00	188.94	3.629	38.31	35.46	0.741	49.50	0.0756
2005 年 1 月 1 日	08：00	175.36	2.982	-7.47	63.86	0.018	-4.96	0.0634
2005 年 1 月 2 日	07：00	223.77	6.009	-7	72.83	0.004	-5.67	0.0628

2004 年多次通过红外照相机拍摄岩石温度照片显示，龙门雕刻品在夏冬两季的温差非常大。年最大温差达 71.15℃。2004 年 1 月 28 日 10 时，气温最低 -8℃：奉先寺南力士身体最低 -5.58℃，最高温度 -1.41℃，温差达 25.06℃。2004 年 6 月 21 日 15 时气温 39.1℃。擂鼓台南洞上部岩石最高温度 65.57℃，最低 28.87℃，温差达 36.70℃。2004 年 6 月 21 日 15 时气温 38℃。擂鼓台中洞前力士身体最高温度 56.6℃，最低 31.54℃，温差达 25.06℃。

（二）雨水

水是万能催化剂。龙门石窟地处中原，温带半干旱气候，多年平均降水量 580mm。龙门石窟所在的山体内部各种裂隙密布，相互贯通，形成良好的渗水网络通道。雨点可以直接危害露天雕刻品，产生溅蚀作用；降落后形成的坡面径流（携带泥土石子颗粒）可以直接冲刷和撞击雕刻，带来很大的危害。2003 年降水量达到 1055mm，形成洪水灾害，伊河水直接进入洞窟，使一些雕像被冲刷和淹没。2004年降水量达到610mm。这种情况下，洞窟渗漏水已成为次要危害。石窟立壁边坡以及裂隙内部长期存在的水分因为温度变化而产生反复的冻融作用过程，使得岩石矿物处于反复的被挤压和舒张状态。我们知道，水结冰后体积膨胀1/11，能产生强大的挤压力，带来裂隙周围岩石的破坏。结冰后悬挂体的重力达到极值时，会造成围岩和雕刻的松动与塌落。

（三）风沙侵蚀作用

龙门气候属于温带大陆性季风气候，常年盛行东南风和西北风，在伊阙河谷产生变向，并且风速得到加强。由于伊阙的走向，风到达龙门后变成南风和北风。洛阳环境监测站常年监测结果表明，洛阳地区大气中含有大量粉尘、颗粒，风携带尘垢、石质颗粒不断吹蚀、磨蚀和掏蚀洞窟与雕刻品，使文物表层不断磨损，石质成分不断损失。2003年牡丹园气象站测到的最大月均风速为13m/s。2004年西山观测站测到的最大月均风速为17m/s。这说明龙门地区风的危害不可忽视。

（四）生物侵蚀与破坏

目前针对龙门石窟的保护主要集中在地质、环境和管理方面，而对于普遍存在于石窟雕刻本体及围岩表面的微生物危害，还没有进行系统深入的研究。调查发现，石窟内藻类、菌类等微生物的滋生与渗漏水关系密切。在潜溪寺、宾阳三洞、药方洞、西方净土变龛等渗水比较严重的洞窟内部，其壁面的低处和主尊的两侧，殖居着大量的藻类、菌类和苔藓，这些微生物既给石雕刻带来外观颜色上的变化，降低其美学价值，还会加固石雕的溶蚀过程，从而产生生物绿锈、裂缝、色彩变质、结壳、斑痕等病害，降低龙门石窟的价值。由于渗漏水治理难度较大，这些洞窟内环境潮湿，湿度很大，为微生物的生长繁殖创造了条件。

在洞窟内部和围岩潮湿处，往往滋生有植物。它们的根系可扩张原有裂隙和产生新的裂隙，导致石头风化程度加剧。风化因素往往相互交织，共同作用，形成复杂的病害。风化作用的直接后果是，石窟岩体的裂隙度增大，渗透性增强，风化碎屑的直径变小而表面积逐渐增大，这为化学风化和生物风化作用的进行创造了条件。

龙门两山地形陡峻，利于水的排泄，元素容易迁移，风化产物不容易保存，因而残积层薄，物理风化比较显著。这是龙门石窟雕刻以物理风化类型为主的根本原因。一旦初始风化层被移走，下层即暴露到最外层，成为次级风化作用侵蚀的对象。这样层层循环，龙门石窟精美的石雕逐渐失去棱角、纹饰等细部特征，甚至整层消失，失去立体感。

调查分析表明，龙门石窟滋生的大量微生物都是常见的类型，主要包括色球藻、黏球藻、念珠藻、绿球藻、小球藻、硅藻、真菌和地衣。其中的藻类属于蓝藻、绿藻、硅藻3个门中的6个科7个属，而真菌疑为地衣发育早期的菌丝体。此外，在很多洞窟中都鉴定出颤藻，其分布范围较广[①]。

藻类的大量繁殖加速了洞窟石刻的溶蚀过程，主要与两方面的原因：其一，藻类呼吸所产生的二氧化碳气体溶于周围的水中生成碳酸，带来石刻腐蚀。它们还会产生一种黏液，其主要成分为有机酸，也是岩石溶蚀的因素之一；其二，藻类附着生长在岩石表面，使得岩石表面变得粗糙不平，储集更多水分，从而形成更多的微小溶蚀形态，带来微环境变化，如光照的改变、温度的改变等。微环境改变又会使生长在岩石上的藻类发生变化。藻类和微小溶蚀形态之间相互作用、相互影响，从而加速岩溶速度，这是藻类溶蚀岩石、石雕文物的根本原因。这种溶蚀破坏作用不容忽视，尤其对于表面十分精细的碑刻、石雕等文物的破坏性更强。通过这种溶蚀机理的研究，可以更好地提供生物病害防治的方法，尽快探索出既能抑制病原体生长，又对石雕文物没有破坏作用且对人体无害的化学或物理方法。或者使用特定的方法改变藻类的微环境，抑制其群体在岩石表面的生长，从而减缓溶蚀速度，更好地保护石刻文物。

第七节　防风化治理的相关问题

露天石雕防风化治理牵涉到方方面面，比如改进小气候、局部地形，防护剂和加固剂的应用；比如碑刻题记的保护，涉及物理方法和化学方法；比如唐字洞、火烧洞、皇甫公窟、路洞、看经寺等窟楣及洞窟顶部风化剥落问题比较严重，其形成机理具有复杂性。因此，龙门石窟防风化治理需要综合考虑，深入研究，并在实践中不断改进。

一、龙门石窟石雕风化现状及对保护材料的需求

龙门石窟露天雕刻众多，一千五百多年来受风吹、雨淋、日晒等自然原因和人为破坏等影响，造像表面风化剥落、缺失、裂隙、粉化等病害普遍存在，尤其以奉先寺以南至极南洞区段风化最为严重，亟待修复加固和保护。

造成龙门石窟石雕风化的原因主要是自然原因。一是石雕赋存的岩石质量状况，这取决于其岩性、物质组成、胶结成分和层理结构等岩石本身所具有的内部特性。一是石雕外部所处的自然环境保存条件，包括日照、降水、温差变化、冻融、盐分结晶

① 祖恩普、郝常艳：《龙门石窟藻类类群调查分析》，《洛阳师范学院学报》2012年第8期。

潮解、氧化水解、生物侵蚀等物理、化学、生物风化因素带来的破坏和影响。这些风化因素共同作用、相互影响，造成了龙门石窟复杂的风化病害。

通过对这些严重风化石雕的现状调查和成因分析，掌握其病害特征和形成机理，有针对地开展加固材料和修复技术的试验研究，研制出适合龙门石窟碳酸盐石雕表面加固与修复技术，逐步加强龙门石窟露天石雕的表面防风化保护工作。

（一）龙门石窟露天石雕风化现状

龙门石窟露天石雕数量众多，表层风化严重，尚未采取相关有效的处理措施加以保护修复，保存状况日趋严峻。开展表层加固与修复技术试验研究，为这些严重风化石雕的长久保存进行积极探索，寻求解决露天石雕防风化保护的关键技术和措施，切实加强其保护工作，改善其保存状态。

石雕表层风化病害类型在本章第三节已有叙述，这里补充一些典型风化照片（图 4-33～图 4-38）。

这些风化病害类型多样，分布广泛，带来了十分严重的危害，极大影响着龙门石窟石雕的长久保存和展示利用。

图 4-33　微生物病害

图 4-34　黑色结壳

图 4-35　片状风化

图 4-36　球状风化

图 4-37　鳞片状起翘、泛盐

图 4-38　粉化剥落、片状剥落、泛盐

（二）龙门石窟对保护材料的需求

结合龙门石窟表面风化病害现状和存在的问题，龙门石窟对表面加固等保护修复材料的需求十分迫切。

1. 表面清洗材料

清洗是石质文物修复的重要环节，目的在于阻止或延缓石材的病变原因，去除病害造成的后果，保留其历史、美学价值，延长其寿命。

清洗应去除石材表面的污染物，又不对石材表面造成任何伤害。因此，清洗应把握好“度”的问题。应用物理、化学或生物方法对石雕表面的污染物进行清除和清洗，恢复石雕外观原始风貌，杜绝病害继续发展、危害石雕长久保存。

2. 表面加固材料

加固的对象主要是很脆弱的文物、内部胶结物受到破坏的文物、风化很严重的文物，或者为了能搬运，需要提高脆弱文物的强度。加固目的是改善石质内部矿物结构间的结合，风化层和新鲜面之间的结合，增强表面的抗风化能力。

加固原则及对加固剂的要求：最小干预，不改变原貌，生态保护。总体要求：深层渗透，可灌性好，防止形成坚硬外壳；黏接力附着力强，提高强（内聚力）；不损害文物，不产生副作用，如颜色与外观改变；耐老化；具有可再处理性。

采用加固材料对石雕表面严重风化层、粉化剥落、脱离、起翘、空鼓等病害采取加固处理措施，增强其表面强度，加大其抗风化能力。

3. 裂隙注浆材料

龙门石窟各种裂隙交切分布，把洞窟造像、围岩切割成大小不等的分离体（图 4-39、

图 4-40），极大影响了石窟的稳定性与安全度。采用无机或有机材料对裂隙进行灌浆加固，提高岩体的稳定系数，避免岩体开裂和崩塌，确保石窟安全。

4. 粘接、修补材料

针对断裂石雕应进行粘接补全操作，针对空鼓、掉块、缺失、宽大裂缝等病害（图 4-41、图 4-42）应进行修补，增强结构稳定性和洞窟石雕的完整性，延长其寿命。

图 4-39　洞窟裂隙交切分布

图 4-40　围岩裂隙

图 4-41　掉块病害

图 4-42　裂缝病害

对断裂石材进行粘接修复时，使用的胶粘剂应与石材性能相适应。总体而言，对胶粘剂的要求体现在其强度、黏度、颜色和透明度以及对环境的适应性和耐久性等方面，同时应易操作，无损伤，无污染。

补全材料常用的有原石材、砖、石膏、水硬石灰、修复灰浆、锤灰、环氧树脂胶泥、低碱水泥等。补全应注意外观颜色、光泽、表面质感、表面起伏、表面层次等方面的协调处理。

5. 石雕表面憎水材料（防风化封护材料）

针对保护修复后的露天石雕，对其表面涂刷、喷洒憎水材料（封护剂），提高其长久防水能力。封护材料应具有较好的憎水性、渗透性和加固作用，不形成表面膜，有透气性，不带来颜色外观上的较大改变。

已在龙门石窟小面积试验应用过的表面防护材料有：有机硅树脂、丙烯酸树脂（B72）、正硅酸乙酯、丙烯酸树脂乳液（AC33）、聚硅氧烷和烷氧基硅烷等。其效果不一而足，尚需做进一步的观察和评估。

二、风化治理的探索与研究

影响风化作用的因素多而复杂，但最主要的是岩石的岩性特性、气候条件和地形三个因素。原岩特性是影响岩石风化程度的内在因素，其矿物组分、岩体结构、胶结成分和类型都直接影响着其物化性质，进而决定着其抗风化能力。气候条件是基本因素，直接决定着风化作用的类型和强度，不同的气候条件下风化类型和表现强度差异很大。地形可影响局部气候条件，从而影响风化作用的表现。

根据对龙门两山山顶上风化壳的调查研究，其特征可用表 4-21 来说明。

表 4-21　龙门两山山顶上风化壳特征

风化壳类型	风化条件	元素迁移特点	标志元素	标志矿物
硅铝—碳酸盐型	温带半干旱气候有机酸起作用	碱金属元素析出，碳酸盐密集，主要是 $CaCO_3$	Ca、Mg、Na	方解石、白云石、高岭土、梦脱石

从治理对策上看，由于我们基本不可能改善岩石特性这个内因，因此只能从气候条件和地形上来着手。

（一）改善气候条件

大气环境的改善难度较大，主要依赖于环境保护法规政策、环保部门的努力。1997～2000 年洛阳市政府先后投资 2 亿多元整治龙门周遍环境，环境质量大大改善。2003 年 4 月对龙门石窟景区实施封闭式管理，提前实现对联合国教科文组织的承诺。

我们可对微气候、小环境有所作为。改善局部微气候环境特征，例如建造窟檐，改变文物雕刻的向阳背阳状况；修造防水雨篷、可移动窟檐等附属建筑，来降低光照时间，避免雨水溅蚀、冲刷危害。

有人认为伊河水面对龙门石窟保存会产生很大影响，但缺乏过去的观测资料，没有科学数据表明伊河水面对微气候的改变程度和对石窟文物的具体影响，这有待进一步的观测和研究。

对于龙门石窟的保存来说，辩证地看待这个问题，也许会更有意义。龙门地区从来都是山水形胜之地，水与石窟的存在有动态的平衡关系。有些专家认为，伊河水面的影响应该很小。它所带来的湿度增大、湿气进入石窟岩体裂隙，可降低温差风化、调整矿物结构，对于岩石可能恰恰能够保存很好的平衡状态。这也有待于进一步深入研究。

（二）改善地形

改造立壁微地形，改变坡面径流的流向；修建排水沟、铺设顶部防渗层；设置挡水墙、抗滑桩等设施，可以排水、降低坡面径流带来的损害。这些措施在最近十几年保护工作中得到了强化和实践，重点通过日常维护来实现。洛阳市大环境的改善如森林覆盖率的提高，可降低风速、风频变幅，减少龙门的风沙危害。

（三）防护剂与加固剂的应用

鉴于岩石的自然特性，对目前风化雕刻品的被动保护，可以通过防水剂和加固剂来进行，这相当于改善岩石的物化特征。现已研究成功的有：PS 防风化涂料、有机硅防风化涂料、有机硅和丙烯酸改性防风化涂料、有机氟树脂类涂料等。

研究表明，在加固过程中加固剂的黏度和岩石孔隙度是关键因素。可以用适当的溶剂调整加固剂的黏度，达到适宜于岩石孔隙的渗透深度，确保强度随深度均匀分布。同时浓度要合适，既满足石质内部水分的自由流通，又保持文物必要的呼吸，起到长久保护的效果。

龙门石窟于 2000 年在西山南段做过有机硅树脂防水剂应用试验，发现涂刷防水剂的雕刻和岩石表面憎水性能很好，水珠呈凝聚态，一年内效果良好。但一年后逐渐失去防水效果。2004 年尝试使用 3%～10%B-72（丙烯酸树脂）加固严重风化的鳞片、层状风化薄层，效果较好。

龙门石窟近年来针对风化主要进行了实验比选工作，但真正的治理工程尚未启动。20 世纪 70 年代曾使用呋喃型环氧树脂来加固洞窟围岩和雕刻品，技术成熟，应加以推广利用①。这种配方价格低廉，施工工艺简单，应用到极南洞区山岩的防护上，会取得良好效果。

（四）风化治理试验研究

在风化治理的具体实施上，应首先进行试验研究，研究风化病害发生的机理、危害程度以及防风化材料的现场试验。

1. 危害的程度、速度监测

分别选取东西两山不同石质、不同环境区位作为测试点，重点观测水和 CO_2 等的影响。对风化产物进行分析，采用 X 射线衍射、X 荧光测试，差热分析，热学分析，

① 1971 年国务院图博口、河南省博物馆、龙门文物保管所借鉴水利工程和隧道工程灌浆加固技术经验，对常用的环氧树脂灌浆加固剂配方进行了改进，通过试验研究出呋喃型环氧树脂配方及低温施工工艺。

红外光谱等综合手段。风化表层还可用偏光显微镜、扫描电镜等仪器进行微观研究。

2. 防风化手段

（1）首先要防治洞内的渗水和凝结水，外壁采用窟檐等附属建筑防止石雕受日晒雨淋。

（2）采用化学材料对石窟进行防治保护，目前国内外对石灰岩这种微孔隙石质还没有理想的防风化材料。希望同国际合作，共同研制一种新型防风化材料。

（3）对于生物破坏，首先应当考虑物理方法，即机械方法清除，而后考虑化学方法清洗，但是清洗材料必须是中性的。

综上所述，建立一个监测网络系统已迫在眉睫，因为它所提供的数据是采取保护修复措施的先决条件。

（五）相关问题的讨论

（1）冷凝水的防治问题。抽湿机 / 除湿机，雨季使用。

（2）可移动防雨篷使用的可能性。轻质木构，涂以灰漆，摆放在露天雕刻前遮光挡雨，雨季使用。

（3）碑刻的冬季防冻。以玻璃密封，充氮气。

（4）坍塌窟顶的补全问题。补全可阻止雨水冲刷洞窟、雕像，可遮光挡风，但面貌设计上要与周围环境相协调。这些年龙门石窟进行过一些尝试，取得了宝贵经验，可在充分论证的基础上推广应用。

三、防风化治理与保护性窟檐建设

要加强石窟防风化保护技术研究应用，对露天雕刻可考虑加盖保护性建筑或窟檐遮护；对洞窟变形、裂隙加宽的地段，可考虑填岩缝、增梯脚、加支柱等措施来减少洞窟溶蚀、崩塌等。我国石窟寺 20 世纪七八十年代普遍增修窟檐建筑，起到了较大的保护作用。最近十几年来，出现了云冈石窟大型木结构窟檐、广元千佛崖钢结构窟檐建设等案例，进行了积极的探索研究，后期监测调研报告表明，均起到了一定的防风化效果。龙门石窟在三十年前综合维修治理时进行洞窟窟檐建筑、防水雨篷、防雨石板、碑檐、挡水檐、排水沟等设施建设，对于下部洞窟造像来说，改善了其保存状态和局部小环境特征，风化程度明显好转。这从和附近区域完全露天保存的造像对比可知。

1976 年在奉先寺顶部发现有长达 120 米的人字形排水沟遗迹，经修整后对石窟保护效果良好，且无碍观瞻，不影响山容林貌。经考证排水沟是奉先寺的同期工程，完成于公元 675 年。

根据史料记载和考古研究成果，国内大部分石窟都曾经建有窟檐。窟檐是石窟寺的组成部分，既可以避免文物与环境直接接触，又可以提供宗教活动场所，美化石窟外部空间。窟檐的广泛建造，一方面体现了石窟在传入中国后，与中国传统寺庙建筑文化的融合，提供了参拜、礼佛的活动空间；另一方面客观上也对石窟本体起到了显而易见的保护作用。因此，在历史上，即使大多数传统木结构窟檐屡次损毁，也总是会不断重建。如敦煌莫高窟九层楼始建于初唐武则天时期，历经多次重建，现存窟檐建于20世纪初；云冈石窟自北魏开窟起就建了大量木结构窟檐，损毁后辽代又进行了大规模重修，《水经注》和《辽史》中有详细记载，石窟崖面上也保存了清晰可辨的建筑痕迹。石窟寺的窟檐建造逐渐发展为一种传统，体现出前人的保护理念和创造力，以及广大信众对石窟的尊重和敬仰，具有非常鲜明的中国木结构建筑特色。

通过对龙门石窟窟檐遗迹的详细调查，分析其形式特征与材料做法、评估其保护效果与展示功能，总结优劣和地方性特征，期望能对将来龙门石窟保护有所裨益。

从建筑学上分析，龙门石窟的保护性窟檐，按照建筑构造形式可分为四种类型：其一，依靠山崖自然岩体形态的出挑部分或开凿岩体，作为窟檐；其二，在窟龛上方营建悬挑屋面形成悬挑式窟檐；其三，在窟龛前营建连续交接屋面，檐柱落地形成廊道的柱廊式窟檐；其四，在窟龛前营建佛殿或楼阁建筑物，整体包覆窟龛的殿阁式窟檐。此外，按照建造材料，可分为木结构窟檐、砖石结构窟檐和钢筋混凝土结构窟檐；按照功能，可分为单纯遮风避雨的保护型窟檐和兼具保护与展示两种功能的复合型窟檐。

（一）关于当前修造窟檐的争议问题①

当前我国石窟界关于是否修造保护性窟檐，存在一些不同的看法。首先，窟檐问题不是技术问题（已解决且技术娴熟），只是观点之争——有的专家和学者认为窟檐改变了石窟寺文物本体和背景环境之间的视觉与美感平衡，带来不和谐之音；有的认为窟檐属于附加于文物本体之上的外来物，违反了《威尼斯宪章》中关于“文物修复中尽量不使用附加物”的原则。这些观点曾一度占据主流地位，使许多文物保护工作者谨小慎微，“宁可无功，但求无过”，导致窟檐这种传统保护工程技术在石窟保护工作中被束之高阁，难以利用。20世纪60～80年代国家和政府对石窟寺进行了抢险加固工程，多数使用过窟檐来保护石雕和碑刻题记，起到了良好的效果。但当解决了石窟的稳定性和安全性问题后，石窟保护界普遍谨慎起来，很少考虑修造保护性建筑的办法。其次，认为窟檐属于修复性工程，要求严格，造价不菲，同时也存在不少施工上的难

① （一）～（四）部分，在笔者《也谈保护性建筑与石窟寺背景环境之关系》基础上有改动。

题，比如洞窟、造像密集的地方，存在施工上的难度和安全问题（不少洞窟顶板只有十几厘米到几十厘米厚，打孔凿槽时存在风险）。

修造窟檐是否归类于日常维护工程，关键看其体量大小、功能和效果。就龙门石窟而言，古阳洞以南不少中小型露天洞窟，由于顶壁崩塌缺失，窟内雕像暴露于光照和雨水之中，保存现状恶劣，采取抢救性修复刻不容缓。对其进行补全性修复，应成为石窟寺日常维护工作的一部分，而关于原真性、价值评估以及外观原貌的深入讨论不应再成为阻止采取实际修复措施的理由——因为，文物本体没有了，也就不存在保护和研究。而对于缺乏保护措施的大型洞窟，完全可使用一些灵活的保护性设施，比如龙门古阳洞上部没有保护性窟檐，降雨时不少雨水被刮进窟内，危害甚大。采用可移动的轻便木构窟檐就可解决这个问题，放在7、8、9月（雨季）使用，不会带来较大的价值评判问题。

（二）修造保护性建筑的必要性与紧迫性

窟檐是我国文物保护修复的传统，应该倡导适宜的修造窟檐。修造保护性建筑非常有必要，对于石窟寺的长久保存而言，具有十分重要的意义。窟檐在历史上曾受到非同寻常的重视（龙门石窟至今留下了大量的窟檐建筑遗迹），曾起到非常明显的保护效果。目前我国众多石窟寺风化严重，亟需修造适当合理的保护性建筑设施。这是当前石窟寺文物防风化的客观要求。洛阳地区夏季炎热，降雨集中，修建窟檐对石窟造像避免阳光直射、雨水侵蚀的作用会比较明显。

根据《中国文物古迹保护准则》，价值评估在文物保护中占有重要的地位，它是采取保护和修复措施的根本前提。在实际工作中，尤其是博物馆陈列和藏品保护等工作，我们通常是按照这个指导原则开展工作的。然而，针对可移动和不可移动文物，在进行价值评估与采取保护修复措施时，并非机械地坚持这一原则。对于不可移动的石窟寺文物，当其处于抢救性保护时，价值评估尤其是背景环境的价值评估不应成为修建保护性建筑设施的障碍。在对化学保护方法比较谨慎的形势下，我们有必要果敢地重拾古代良好的物理保护方法。

龙门石窟目前风化和渗漏水病害严重，急需采取抢救性保护措施。其中，病害最为严重的主要有三大区域：403窟（敬善寺）区、1519窟（火烧洞）—1955窟（极南洞）区、2050窟（擂鼓台三洞）区。敬善寺区相当部分洞窟的窟顶缺失、残破，该区下部陡峭，上部坡度略缓，山顶积水面积大，降雨前后坡面径流的流量流速较大，直接冲刷下部洞窟围岩和造像本体。火烧洞—极南洞区岩性为条带状泥质夹层薄层灰岩，抗风化能力弱，易崩塌、酥解，多数洞窟的窟顶或缺或残，窟内造像直接处于风吹、雨淋、日晒之下，加之大气污染严重，风化速度有加快之势。突出者如地华洞等三层窟龛，上部三层洞窟的窟顶缺乏或大部缺乏（图 4-43），雨时雨后，坡面径流急速冲刷、溅蚀围岩和造像以及下部窟龛，带来很大的破坏性。擂鼓台三洞区岩性属于含泥质夹层的条带状灰岩，直立崖壁，无防护性建筑设施，极易风化侵蚀，表现为层状风化、鳞片状风化、空鼓、球状风化等病害。前面的碑廊能起到一定的挡风作用，但整体风化处于抢救性保护等级。因地制宜地采取补全性窟檐或遮挡性设施，对于消除这些现象将会起到非常明显的效果。

图 4-43　地华洞等缺乏窟顶

（三）保护性窟檐建筑类型及其形制的选择与利弊分析

保护性建筑与石窟本体关系密切，其形制的选择直接影响到石窟本体的长远保护和背景环境的和谐性。根据对龙门石窟的考察，保护性建筑大体可分为石刻窟檐、殿格式窟檐、防水雨篷、栈道型雨篷、防水雨板等几种类型。

1. 石刻窟檐

自然岩体构成的窟檐以石窟本体材料营造庇护空间，位于窟龛上部，形态自然，因地制宜，在效果上与石窟浑然一体。岩石的结构强度和耐久性也远胜木材，许多石窟的木构窟檐已不复存，而最初凿出的石质窟檐历经千年仍保存良好。龙门石窟石灰岩硬度适中，整体强度高，结构稳定，有利于自然岩体窟檐的运用。自然岩体窟檐一般有两种形式：一是每龛独立设置、经后期雕凿而成，二是依照岩体的自然走势、对整面岩壁起到保护作用。前者通常宽度小、出挑深度浅，根据窟龛自身的尺度，出檐通常在 0.5m 至 1m 之间，对分布灵活、体量多变的小规模浅龛有很强的适应性。在保护效果上，在不出现裂隙的情况下，一定程度上可以实现对雨水的阻隔。在结构强度上，虽然整体结构强度较高，能够维持长期稳定，但很难实现长距离的悬挑，保护效果有限。

2008 年前后龙门石窟保护中心进行保养维护工作时，在老龙洞以北一段摩崖窟龛顶部平台的崖边修造了滴水檐，沿崖边自然山体走势分布，有效减少了平台积水沿崖壁流淌带来的侵蚀和破坏作用。

奉先寺九尊大像顶部有自然岩体凿成的窟檐，出挑达 2m 以上，很好地保护了卢舍那大佛等九尊大像。窟檐下方大块岩体整体被凿空，形成与造像尺度相符的庄严宏伟的礼拜空间。窟檐阴影区域主要落在佛像面部和上半身，避免了直射光的强烈对比，使得佛像面部均匀柔和。同时佛像身体前倾和窟檐出檐向前形成的空间感加强了诸佛俯瞰众生的威仪感。此类自然岩体窟檐上表面一般不做人工处理，下表面人工加以平整。

自然岩体窟檐与石窟的选址、构图布局关联紧密，对于礼拜空间的氛围和造像整体效果有重要影响。一般开窟较高的立佛、坐佛像，窟檐较深，围合感较强，窟前也有平坦的礼拜空间。部分自然岩体窟檐有较好的遮阳效果。现代石窟保护性窟檐虽然不能直接采取自然岩体窟檐的建造方式，但可以从其形态和与造像关系、尺度、空间围合方面获得借鉴。

图 4-44　北魏唐字洞石刻窟檐瓦楞下刻有 18 根椽子

依山石凿刻的屋檐，位于窟门上缘或碑刻题记顶上，常带有瓦楞排水，如北魏时期的宾阳洞外力士、褚遂良碑、皇甫公窟、唐字洞（图 4-44）等都凿修有此种窟檐，它们属于文物本体的一部分，又可保护下部洞窟雕刻。此期石刻窟檐出檐较浅。唐代后，屋檐出檐加宽，如双窑、净土堂等，或开窟时分前庭和后室（如万佛洞），前庭屋檐起到保护外壁雕刻的功能。

2. 殿格式窟檐（木构窟檐、石构窟檐）

殿阁式窟檐将摩崖石刻与佛殿或楼阁建筑结合，创造出空间围合感强、内部空间大的全覆盖保护性建筑。殿阁式窟檐主要用于大洞窟和重点区域的石窟群保护，建筑外观具有标志性，作为主体景观与邻近寺庙形成建筑群。殿阁式窟檐一般规模较大，能够较好地体现中国传统建筑特点，与周围环境较为协调，成为石窟寺的标志性建筑。但也正是由于其规模较大、进深较深，在中原及南方地区夏季时湿热的条件下，因通风不畅而造成水在岩体内外的积存，从而威胁造像本体安全。

木构窟檐：在洞窟外壁修造木结构建筑来保护和装饰石窟，如莫高窟九层楼、云冈第 5、6 窟建筑楼阁即为古代修造的大型木构防护性建筑。龙门的看经寺、极南洞、潜溪寺等在清代时建有封闭性单檐，1976 年拆除，至 1989 年一直敞开。龙门奉先寺壁面上的梁孔、乐山大佛身上的柱础，也可证明历史上曾修造过大型木构房屋或楼阁来保护大佛。龙门石窟于 1991 年在潜溪寺原有窟檐的基础上进行论证，新修造大型仿唐式木构窟檐（图 4-45），当时起到良好的保护效果，旅游部门为之叫好，但通过常年观察，发现其影响窟内光线和通风。

石构窟檐：以砖石、水泥砂浆砌成的不同类型的石质建筑。修建于 1989 年的龙门药方洞窟檐（图 4-46）即属于此类型，既保护外壁力士，又保证洞窟的采光和通风。擂鼓台南洞洞顶及外壁面多半系砖石砌成，修造有明窗，透光通风，很好地保持了石窟原有的外观。

图 4-45　潜溪寺仿唐式木构窟檐

图 4-46　药方洞石构窟檐

3. 防水雨篷

防水雨篷属于悬挑式窟檐，是人工窟檐常见的一种形式。一般在小型浅龛、分散的窟龛和地形崎岖不便于窟檐落柱的窟龛使用。该类型窟檐使用简单的单坡木结构屋顶，往往尺度较小，出檐距离也较短。建造方法是在岩体上开凿槽或孔，将木梁搭接在岩体上或插入槽孔中，再于其上起屋架、做檩椽瓦等屋面结构，下方用斜撑辅助支持。

窟檐檐口不设柱也不设墙体，对视线遮挡小，利于采光通风，对于岩体上方的流水和雨水也有一定的阻挡作用，相当于自然岩体窟檐功能的延伸和补充。而因为体量较小，悬挑式窟檐可以根据浅龛的分布灵活搭建，既可以单独存在，也可以连续形成窟檐组合。

在保护效果上，悬挑式窟檐尺度和自重较小，对造像岩体的负担较小，但因为结构基础接触岩体，甚至需要在岩体上打深孔，对岩体有一定破坏性。而木结构与石结构的交接方式则多是搭接或插接，之后用灰泥抹缝，如果几种材料处理不好，常出现从接缝处渗水的状况，在岩壁上留下水渍，从而削弱窟檐对石窟的保护效果。同时，悬挑式窟檐出檐较浅，往往在 0.5～1m 之间，且对侧面的风雨遮蔽能力不强，如果不是在适当的位置、适当的形式，对石窟的保护作用有限。

窟檐采用传统形式，对单个石窟的外观有一定美化作用。但是由于窟檐数量过多，地形局促，建造窟檐的位置不合理。例如上下几层石窟紧密排列的部位，只在最上一排设置了窟檐；石窟顶部高度不同的，只在最高处设置了窟檐，出挑深度无法满足下部窟檐的遮蔽需要。而多个窟檐错落布置的部位不可避免地相互遮挡，影响了屋架放置的位置，尺度不一，显得杂乱。由于窟檐结构外露，固定于结构的电线和监控设施也只能暴露在外。这些都是在石窟群设计多个悬挑式窟檐常见的缺陷，不可避免会对保护效果、展示效果产生一定影响。

此处悬挑造像屋架位于崖顶上，与建筑连续相接，既避免了结构和造像岩体的直接接触又防止了多片窟檐相接的相互冲突，处理手法值得借鉴。对于较大的悬挑式窟檐，条件允许时可考虑设置在崖顶，方便结构基础的设置和屋面的形式处理。

4. 栈道型雨篷

20 世纪 80 年代修建的参观栈道，一方面可以实现参观路线的通达，同时由于悬挑梁出檐足够长（约 1.5～1.8m），能对下部洞窟造像起到很好的遮护作用，可谓两全其美。龙门石窟游览栈道设计合理，选址精妙，错落有致，整体形成了遮风挡雨的屏障，为下部窟龛提供了良好的保护功能。龙门石窟近五十年来修造的台阶栈道，以钢筋铆杆和水泥为原料，功能设计上主要考虑安全性、方便参观游览及调查研究，但局部栈道在设计时又充分考虑了防水雨篷的作用，出檐较宽，达 1.20m 左右，对下部洞窟和外壁面雕刻纹饰起到遮光挡雨的作用，如火烧洞上方栈道（图 4-47）、万佛洞栈道，南部有多达六七处栈道起到了良好的防水雨篷作用。

龙门石窟曾留下来大量的类型多样的历史修复痕迹，证明古人在造像的同时对保护石窟寺建筑也用心良苦。奉先寺在宋代修造有至少十三间木构房屋来保护九尊大佛，至今在崖壁上留有很深的方形梁孔（图 4-48）；宾阳中洞等大中型洞窟窟门甬道壁面上残留有后期雕凿的梁孔和椽眼来安装防护性木门；敬善寺等为数众多的洞窟形制属于嵌入式窟龛，多分前庭和后室，前庭有窟檐覆盖下部壁面上的力士，可遮风挡雨。不少洞窟门楣上保留有古时用来穿插石板或木板的沟槽，粗略统计达 41 处。近几十年

图 4-47　火烧洞上方栈道型雨篷

图 4-48　奉先寺大佛肩上的梁孔

来，龙门石窟受到国家和政府的高度重视，进行过两次大规模的维修治理工程，其中修造了潜溪寺木构窟檐、药方洞石构窟檐、宾阳三洞防水雨篷、摩崖三佛防水雨篷等。总的来说，人们在石窟寺的初期雕凿和后期维护中都充分使用了不同类型和形制的保护性建筑，尤其是窟檐，运用技术娴熟，处理精当，效果良好。

5. 防水雨板（小窟龛上方的插槽、梁板等）

其使用在开窟时即有，结构、原料、规模不同。龙门现存的一块唐代石板雨篷位于东山石窟万佛沟南侧的山石崖壁上，专门保护下部碑刻题记。其他洞窟的雨篷多数已损坏，但沟槽遗迹犹存，可安装石板或木版来遮光挡雨，简单而有效，但限于当时的经济技术条件（无水泥、钢筋锚杆等），雨篷出檐很浅，最多七八十厘米左右。1991年在沿袭古代基础上修造的宾阳洞雨篷、摩崖三佛雨篷、石牛溪雨篷等，扩大和发展了雨篷的规模，出檐宽可达4～5m，皆为钢筋水泥板质地，结构简单，保持了石窟原貌，既起到防止雨水淋蚀雕刻的作用，又保持了石刻的通风、光线。

（四）利弊分析

对于保护性建筑类型的取舍，必然要考虑利与弊的矛盾。修造保护性建筑，对于防止日照、风吹、雨淋等自然危害，延缓石窟本体寿命很有益处，但也会带来一定的弊端。石质建筑坚固耐久，与石窟背景环境和谐统一，但易带来盐分析出、泛白、结晶压力等危害。木构建筑外形美观，有“深山藏古寺”的意境（如龙门潜溪寺木构建筑），但易腐蚀糟锈，耐久性不好。宋代奉先寺修造九间房带来保护性破坏；潜溪寺木构窟檐使得窟内壁面和造像身上存在着每年长达6个月的凝结水危害；西山栈道型雨篷存在栈道积水、泛碱、阻挡紧邻洞窟排水以及本身老化锈蚀等问题。此外，根据现场调查，怀疑部分洞窟顶部塌落系古代修造保护设施时施工不慎造成。因此，对历史上的保护性建筑还存在一个十分重要的工作——后期维护与整修。这是一项持续性工作。可以说，文物保护尤其是大型石窟寺遗址的保护，从来都不是一蹴而就、一劳永逸的事情，需要不断地维护与再处理。这些都要求我们在进行石窟寺保护与管理工作时，一定要坚持《文物保护法》和《中国文物古迹保护准则》中的相关条款，坚持保护工作的六步程序，谨慎而有效地完成各种体量的工程施工。

（五）材料分析

窟檐的结构形式与建筑类型关系密切，决定了窟檐的尺度和空间特点。前述对天然岩体、悬挑式、柱廊式和殿阁式窟檐的分类就体现了窟檐的结构逻辑。顾名思义，悬挑式窟檐即采用了悬挑方式，窟檐通过挑梁和斜撑支持于崖壁。柱廊式窟檐采取梁柱结构，荷载通过屋架和立柱传至山体和地面。殿阁式窟檐的建筑主体以梁柱支撑，部分搭接在山体上和高处沿山体伸展的窟檐也采用悬挑结构。

窟檐中的人工建筑多就地取材，采用当地的穿斗式木构架建造屋架、青砖或石材建造墙体等承重结构。在当代重建的保护性窟檐中也有运用钢构件和混凝土加强结构连接和局部支撑，提高整体性能的例子。

1. 木构架

大部分窟檐实例中，均采用传统穿斗式木构架。其特点为以柱头直接承托檩条，使用比梁尺寸更小的穿枋。穿枋起加强柱子间横向联系的作用，提高了屋架的结构稳定性。木材本身顺纹有较高的抗拉能力，穿枋的尺寸可以做得更小，因此整体用料更节省。在结构布置上，穿斗式结构在开间大小和落柱高度更为灵活。另一方面每榀屋架的竖向分格可以做出不同变化，适应开窗采光和不同标高通道的开洞要求。在窟檐建筑的穿斗木构架中，为避免视线遮挡，多采取两柱三挂等隔柱落地的构架形式，在后檐部位根据出挑距离灵活采用不对称柱。

传统穿斗式木构架工艺简单，取材方便，适应性能力强，非常适合于中小型窟檐。在大型窟檐中由于跨度增大，屋架增高，采用实木构件的效率低于钢结构和复合木结构。

2. 砖石结构

砖石结构作为窟檐建筑的维护和承重结构，具有良好的防潮、防火和耐久性，在靠近地面和山体上易受潮的部位用作木构架的补充。在窟檐建筑中，常见造像岩顶支撑木屋架的砖石矮墙，墙后一般开凿排水沟。部分柱廊式窟檐有砖石砌山墙和立柱。

龙门石窟药方洞石构窟檐采用条石砌墙围合成方形结构，顶部用砖石混凝土做成仿古建盖顶，较好地呈现了我国传统建筑的空间特征。砌法砖柱的承重性能优于木柱，砖砌立柱石是合适的选择。石墙上部采用镂空改变墙体通透性，在局部改善采光和通风效果。在洞窟前方安装钢栅，防盗性能较好。

龙门石窟独特的碳酸盐岩体特性造就了龙门石窟精雕细琢的造像风格，但由于岩石具有可溶性，在雨水作用下雕刻表面容易产生模糊、变色、微生物滋生等病害现象，所以古人在开窟造像时就充分考虑到了防水、排水问题，在利用山形地势方面采取了多种保护措施来防止雨水对雕刻造像的侵蚀和破坏。包括：

（1）修建石刻窟檐来防水，既可阻挡雨水，又能成为洞窟雕刻艺术的组成部分。比如唐字洞、魏字洞的石刻屋檐，老龙洞附近的洞窟有不少开凿有石刻屋檐。

（2）在窟龛顶部开凿石槽安装防雨石板，该法简单实用，至今在东山仍有一处唐代遗存的防水石板，位于东山擂鼓台东侧的崖壁上。

（3）采用前后室结构营造洞窟，主题在后室，前室对后室有很好的保护作用，且防水效果很好。如敬善寺、双窑洞等。

（4）修建防排水工程，如大卢舍那像龛顶部有唐代开凿的人字形排水沟，全长 120m，目前仍在发挥着良好的排水作用，且对上部滚落石块有很好的阻挡和接收效果[①]。

（六）针对窟檐做的局部修复及效果（图 4-49）

图 4-49　窟檐修补效果

第八节　龙门石窟病害防治研究思路

病害防治首先应对病害进行评估，评估需要有相应的标准。结合龙门石窟的具体情况，其病害评估内容主要包括三方面：病害发育现状评估；病害对文物本体影响评估；治理对策评估。对已经发生的机械缺失不做评估，只在洞窟文物本体价值及完整性评估时使用。

病害发育现状评估只是对病害本身发育程度评估，例如关于洞窟内存在的危岩体，可以根据现状及稳定性判定为稳定、欠稳定及不稳定等各种状态；渗水病害可以根据影响范围、持续时间等评估为严重长期渗水、中度短期渗水、轻微短期渗水等。部分病害发育现状评估指标见表 4-22～表 4-25。

表 4-22　危岩体评估指标表

稳定性			规模（m^3）					
稳定	欠稳定	不稳定	微型	小型	中型	大型	地质危岩体
＞1.5	1.5～1.1	＜1.1	＜0.001	0.001～0.03	0.03～0.125	0.125～1	＞1.0

① 马朝龙：《地质、地形等因素对龙门石窟开窟造像的影响》，《雕塑》2008 年第 3 期，有改动和补充。

表 4-23　渗水病害评估指标表

持续时间（天）			影响范围（m^2）		
长期	中期	短期	小	中	大
＞180	180～7	＜7	＜0.05	0.05～1	＞1

表 4-24　岩溶堆积物评估指标表

时间分类（年）		平面规模（m^2）			厚度（mm）		
新	老	小	中	大	薄膜状	帘状	厚帘状
＜1	＞1	＜0.05	0.05～1	＞1	＜0.5	0.5～2	＞2

表 4-25　风化评估表

风化类型	平面规模（m^2）			风化厚度（可采用其他指标 mm）		
	小	中	大	轻	中等	严重
粉状风化	＜0.02	0.02～0.3	＞0.3	＜0.5	0.5～2	＞2
差异风化	＜0.02	0.02～0.3	＞0.3	＜1	1～3	＞3
片状风化	＜0.02	0.02～0.2	＞0.2	＜0.5	0.5～2	＞2

病害对文物本体影响评估主要评估病害对文物本体，如造像、碑刻等影响，如危岩体本身即为文物本体，则病害对文物本体造成直接破坏；如危岩体破坏不会对文物本体损坏则评估为间接破坏。根据破坏程度可以评估为严重、比较严重、一般及较弱（轻微）。风化病害对文物本体影响评估等级判定，参见表 4-26。

表 4-26　风化病害评估等级判定表

类型	严重	比较严重	一般	较弱
渗水病害	长期渗水、中长期带污染物渗水	短期大面积渗水、中长期渗水	短期渗水	\
岩溶覆盖	厚帘状覆盖	薄膜状大面积覆盖	短期旧岩溶	\
粉末状风化	大面积粉末风化	成片粉末风化	局部粉末风化	非本体区粉末状风化
差异风化	大面积或造像差异风化	片状差异风化	局部差异风化	
片状风化	大面积片状或造像关键部位风化	局部片状风化	弱片状风化	非岩石本体片状风化
烟熏	大面积烟熏及烟熏片状风化结合		薄膜状烟熏 岩石质地完好	\
积尘		积尘与渗水同时发育	单纯性积尘	\
苔藓、霉菌	大面积绿色苔藓、长期泛潮霉菌	历史上苔藓后期间断发育	轻微苔藓等	\
植物	根系发达树本、大规模草本	草本	喜水草本	\
危岩体	松动可能造成洞窟形制和本体破坏	以间接方式破坏文物本体的，影响游人安全的地质岩体。稳定性判断为基本稳定性松动岩体。	主要影响山体完整及游人安全中型岩体	其他小型块石

治理对策评估，在对病害发育规律及预测基础上，提出治理对策，可以分为抢险治理、工程治理、研究治理、长期监测、日常维护等。抢险治理主要针对即将坍塌的危岩体、大量表面渗流等。工程治理主要通过过程措施对普通危岩体、洞窟渗水等病害进行整理。研究治理主要针对目前工程措施不成熟，需要进一步研究后予以实施的措施，如污染物清除、凝结水控制、风化层加固等。长期监测主要针对洞窟变形、温湿度及污染物等监测，为后期综合控制提供资料。日常维护如表面灰尘去除、植物清理等。风化病害治理对策参见表 4-27。

表 4-27　风化病害治理对策建议表

渗水病害	山体防渗、裂隙灌浆
岩溶覆盖	渗水源截断、表面清洗
粉末状风化	水害治理、脱盐、表层加固、改善环境
差异风化	水害治理、表层加固、改善环境
片状风化	局部加固、脱盐、水害治理、改善环境等
烟熏	脱有机质、清洗、浅表层加固
积尘	日常清除
苔藓、霉菌	控制水害、杀菌、物理清除
植物	人工清除、封堵裂隙、截断水源
危岩体	清除、锚杆加固、粘接、警示等

有一类病害评估为严重，整体评估为严重。两类及以上评估为比较严重，提高一个等级来评估洞窟整体。大面积一般指占洞窟一个壁（大型洞窟）或整体（小型洞窟）30% 以上。

在对保护理念和原则的尊重上，应该做到坚持全面保护原则、坚持对石窟尽量避免增添和拆除的原则。

坚持全面保护原则，即在空间上保护石窟的平面、立面和窟内外各种元素的位置不变，在时间上保护各个时代的叠加物和遗迹。

坚持对石窟尽量避免增添和拆除的原则。

（1）对石窟只采取最必要措施的原则。即一时找不到最好的方案时，可采取各种临时措施，防止破坏性修复。

（2）可逆性原则，即一切措施都应是可逆性的，保护措施应不妨碍以后采取进一步的措施和使用更好的方法取而代之。

（3）可识别性原则，凡不属于文物古迹本身部分的加固措施或修复补缺部分，均应和原迹有所区别，以保持文物的真实性和可读性。

在保护措施上，做到以下几点：

（1）对石窟区域进行地质勘查、勘探、物化探、地形地貌测绘、水文地质勘测、岩矿测试等详细掌握石窟系统资料。

（2）利用三维技术、数码摄影等技术对石窟进行科学测绘，掌握石窟档案资料。

（3）对石窟内为定期进行多学科观测和研究记录，建立完善的洞窟档案管理系统。

（4）采用窟顶修建防水层、排水沟、防水窟檐，洞窟裂隙灌浆加固、窟内导水等措施，建立完善的洞窟排水系统。

（5）试验利用防风化材料延缓雕刻品的风化速度，加固处理风化严重区域。

（6）定期清理距窟顶 50m 范围内乔木；在距窟顶直线距离 30m 范围内定期清理灌木；距窟顶直线距离 10m 范围内定期铲除草本植物。

（7）建立完善的防火、防盗、自动监控系统和保安系统，保障文物安全。

一、环境影响因素的改善及病变治理的对策

（一）保存环境的改善与控制

从以上的分析，可以知道对龙门石窟造成影响的环境因素多样，有些是自然形成的，有些是人为附加的；有些是局部的，有些是区域性的。要完全消除这些影响因素是不现实的，但是，采取积极的控制措施，来削弱或延缓其造成的影响，则是可能的，也是必要的。

（1）地质环境影响的改善与控制。对地质环境的人为控制通过岩体的加固工程来实现。石窟文物依付的岩体本身存在断裂、裂隙等结构不稳定的问题，加之洞窟的开凿，更加破坏了岩体的完整，应力的改变和重新分布加剧已有裂隙的发展，特别是卸荷裂隙对岩体和洞窟的稳定性影响最大。不完整的、破碎的岩体对环境的改变最为敏感，围岩体倒塌、崩落是各类石窟病害之首，往往对石窟造成毁灭性的破坏。因此，实施岩体和洞窟加固工程，恢复岩体完整性、稳定性是石窟保护的首要工作。龙门石窟在 20 世纪 50 年代以前，岩体、洞窟和雕像开裂、坍塌现象极为普遍，许多大型雕像因为岩体开裂而变得面目全非，整个石窟景象凋零破败。经过 20 世纪 70 年代至 90 年代的大规模加固工程的实施，龙门东西两山的大部分危岩体和洞窟得到加固，工程采用支护、砌筑等传统方法并结合现代的锚杆加固、化学灌浆等技术手段较好地解决了龙门石窟围岩崩塌的问题。加固之后的岩体和洞窟结构完整、稳定，对火车、汽车交通，人为开山采石爆破等引起的环境震动的抵御能力大大加强。

（2）水环境影响的改善与控制。水参与各种病害的发生、发展，实施积极的防水、治水工程减弱水的影响。水是继围岩崩塌之后龙门石窟的又一大环境病害，且随着岩

体稳定性问题的逐步缓解，水的影响成为龙门石窟目前最大的环境问题。调查研究表明，龙门石窟的洞窟高程基本位于地下水位之上，地下水不对龙门石窟的洞窟构成威胁。造成洞窟渗漏、冲淋、溶蚀的水主要是大气降水。由于龙门石窟所在山体裂隙的丰富性和复杂性，大气降水透过地表很容易渗入山体纵横交错的裂隙通道内，最终在洞窟的裂隙处渗出对雕刻品造成侵害。防水、治水的基本思路是洞窟上层覆盖和导、排以阻止水的最初来源，洞内灌浆封堵水的进入，洞窟周边寻找适宜的点位打孔导水。龙门石窟实施防水工程之后，在一定时期内有很好的效果，但目前治理过的洞窟又出现新的渗漏。水治理的难度在于山体裂隙复杂，在经过盖、排、导、堵等措施后仍没有完全解决山体包气带中水的出路，加之覆盖和灌浆材料的适应性、老化等问题，水的治理尚待进一步的研究。

（3）大气与震动环境影响的改善与控制。与博物馆内的可移动文物有别，石窟寺文物是与环境最紧密的结合体，难以对其实施环境控制。一是石窟寺文物不可能做到与有害环境因素的相对隔绝，二是石窟寺环境条件的改善有时依赖于大区域、大环境的改善，而不仅限于保护区的范围。

而我国现有的大气质量标准均以动、植物生长的影响、伤害为依据，均未对文物损伤进行考虑。尤其露天文物，受大气污染物侵害的时间仅几十年，各种病变就表现出明显的加剧趋势。因此评价文物保存环境的质量，应结合文物保存的特殊性，制订文物保存环境的质量标准。目前，国内外许多文物保护学家正在致力于环境因素与文物受损之间的研究，也取得了一些可供参考的定量关系数据。但是文物材料众多，材质不同，其受损速率也不同，这导致科研成果的实用性不强。而且环境因素的多种变量与材质受损的关系均相当复杂，因此要获得各种文物材质与环境多种因素之间的定量关系，目前尚难以办到。

但这并不意味着对石窟环境控制就无能为力。至少，可以从改善保护区的环境状况入手。龙门石窟从 2000 年开始进行大规模的环境整治工程，尤其是 2003 年在保护区外修建绕行公路，保护区实现封闭管理，基本杜绝了汽车交通带来的大气、震动污染。从表 4-28 可以看出封闭前后总悬浮颗粒物、和震动两项指标的明显变化。不过焦枝铁路火车运行带来的震动危害，尚未解决。

表 4-28　龙门石窟景区封闭前后环境监测数据对比表

监测地点	监测时间	大气污染物 SO_2（ppb）	大气污染物 NO_x（ppb）	总悬浮颗粒（mg/m^3）	噪声（dB）
龙门石窟	封闭前	41.3	48.2	1.078	76.6
	封闭后	20.2	21.5	0.769	54.3

（4）生物环境影响的改善与控制。生物因素对文物的影响由于在不同地区表现的程度有较大差异，因而对其重视的程度也不同。对于龙门石窟而言，生物因素是不容忽视的。龙门东西两山植被茂盛，根系发达的松柏植物遍植于洞窟顶部周围，灌木类、草本类植物更是随处生长。对这些植物的控制龙门石窟已经形成规范化的操作方式，即在窟顶 20m 范围内不允许乔木类植物生长，洞窟周围的灌木、草类定期清除或杀灭。同时，洞窟内潮湿部位的地衣、苔藓类低等植物和附着沉积在雕刻品上的鸟、虫类动物粪便也应引起足够的重视，及时对其进行清理。

（二）文物保存状态的改善与控制

与环境的改善和控制相对应的是文物本体保存状况的改善、病害文物的及时修复。石窟寺及其文物对环境的承受是被动的，但我们可以主动地采取必要的保护修复措施，去除已有病变，增强文物对环境的耐受力，达到减弱环境不良影响的目的。这些措施包括清洗、加固、补全、封护等修复手段。

（1）清洗。文物的清洗，首先要明确是对文物表面污染物的必要的直接干预行为，即污染物对石材病变的发生、发展继续施加影响，如果不清洗，病变将会持续发展。或者，表面的污损严重影响了其历史、美学价值的研究和展现。其次，必须对石质上存在的病害类型、范围、程度及其成因和作用机理等进行科学全面的研究、分析。对于石质需清洗的部位与清洗的程度及清洗材料、施工工艺，有一个正确的认识。理想的清洗既能去除石质文物表面的有害污物，又不会对石质表面造成任何伤害。清洗的一般要求包括清洗的每一阶段是可控制的、渐进的、可选择性的，清洗结束后不在文物上留下有害物质，不对文物表面产生痕迹、磨损、冲蚀等损伤。清洗的程序包括检测分析、制定方案、预加固、预清洗、清洗、方案的及时修正补充等环节。龙门石窟近年所做的清洗主要有洞窟油烟结壳清洗、石灰岩凝浆结垢清洗、石质表面盐性结晶清洗等。油烟结壳的形成主是由大气污染物二氧化硫、粉尘加速岩石风化生成硫酸盐和人为烟熏所致，严重影响了雕刻品外观，同时也是岩石进一步风化的隐患。1997 年至 1999 年间，作为国家文物局立项的科研项目，龙门石窟对油烟结壳进行了清洗实验，效果较为理想。石灰岩凝浆结垢的形成主要是洞窟的渗漏水对石灰岩的溶蚀，进而在雕刻品表面结晶覆盖。2000 年，选择莲花洞的小龛进行清除，恢复了雕刻的本来面目，为龙门石窟覆钵式塔造像题材的研究提供了重要佐证。

（2）粘接与补全。由于历史原因，石窟寺石质文物断裂、残损、缺失的现象普遍，不同时期也进行过多种形式的粘接或补全。在今天看来，有一些修复或是破坏了文物本体，或是使用了不当的材料，或是毫无历史根据的臆想。但是，对缺损石质文物的粘接与补全却是必要的，目的在于重建石质文物的结构和稳定性，不仅可以使破碎或缺失的形象重归统一，恢复文物的可读性，供人们更好地研究和欣赏，而且，从保护的意义上讲，稳定的结构可以更好抵御环境的影响、应力改变或环境震动等。龙门石窟在近几十年的维修加固中，不乏成功的实例。奉先寺在20世纪70年代的加固维修工程，成功地解决了九尊大雕像的结构失稳、濒于崩塌的问题，也使卢舍那大像龛群雕这一唐代雕刻艺术的典范之作完美地展现在世人面前。

（3）加固与封护。石质文物表面的风化与环境的关系最为紧密，对于脆弱的风化层如果不采取加固或封护的措施，它可能会逐层分离脱落，导致内部新鲜岩石的继续风化。加固的目的是改善岩石矿物组分的黏合能力，在岩石风化面和完好面之间实现理想黏合，增加石材的机械性能。在材料的使用上，要求加固剂能够均匀地从表层渗透到岩石内部，岩石孔隙减少，同时水的渗透降低，还要求透气性较好，不产生有危害的副产物，如水溶性盐等。至于加固剂的可逆性，事实上，难以实现，很难找到一种加固剂，它既有比较好的渗透性，黏接性强，又不损伤石质品。因此，从风化角度讲，如果加固材料不损伤石质品，也不妨碍以后的保护处理的话，这种材料就可以使用。但总体上，加固剂、封护剂的择用一定要审慎。

（三）保存环境与文物保存状态的维护与监控

维护与监控是直接干预手段的延续，其重要性并不亚于直接的保护工作。维护需要制订科学标准，实施法制化、制度化管理。①国家应尽快制订适宜野外石质文物保存需要的环境质量标准，以利于实际操作。大气、水环境质量标准要在现有的国家环境质量一级标准以上。②按照“文物保护法”和“龙门石窟总体规划”的要求，对保护区内的企事业单位、道路交通进行全面整治，严格控制污染排放和爆破震动。③保护区周围进行绿化，改造保护区小气候环境，减少大气污染物浓度。④保证石窟文物维护设施、技术设备的有效性。如用于洞窟防雨的雨篷或洞顶覆盖层是否发生质量问题，出现开裂、变形、裂缝等；排水沟渠等输水设施是否通畅，各项监测、监控设备是否正常工作等。⑤预防重点区域病变和新的病害发生。监控石窟隐患、脆弱部分，对于出现的可以采取干预措施的问题，及时干预，包括处理松动的岩块，清理杂草、杂木等有害植物，清洗灰尘、生物滋生等沉积物。⑥定期检查，做好记录工作。对洞窟的病害、保存状况定期检查，客观、真实地做好记录工作。所有的石窟监测内容标准化、规范化、制度化，资料及时整理存档等。

二、龙门石窟灾害地质防治措施研究

几十年来，龙门石窟在保护管理上取得了可喜的成绩，在石窟密集区以防坍塌、防渗漏、防风化为主的研究和采取的相关治理措施等方面效果显著，窟区的环境得到明显改善。但是以往的工作范围较小，治理的方法和手段有待进一步探讨。考虑到影响龙门石窟安全的诸多病害因素，并不仅仅限于表生裂隙切割和雨水渗漏，必须从更大的范围和更深的层次来着手思考，治理方法也应该多样，按不同岩性、不同构造、不同地形特征、不同灾害性质，在深度和广度上采用不同的治理方法。

为了将治理工作引向深入，扩大治理的效果，探讨更全面、更合理的治理方法，尤其要提高各种突发性自然灾害对石窟的破坏意识，防患于未然，在治理工作的指导思想上，必须提高到灾害地质的高度；在治理理念上，必须采用源头综治的手段。一方面从地壳区域构造运动、区域岩石特征、内外营力联合作用等多种因素分析，探讨各种地质灾害因素的内在联系，总结它们的发展规律及其危害程度；另一方面从各种灾害的基因源头着手，运用当代科学技术，采取多种保护性治理措施，按照科学的保护程序开展工作。因此治理工作应分阶段分步骤完成。第一步为重大灾害地质调研、防治方案和保护方法的综合研究；第二步是建立在第一步防治方案研究成果基础上的防治工程的实施。

由于存在着上述各种地质灾害因素，随时都可能诱发重大地质灾害，危及龙门石窟安全，所以从保护文物的千年大计考虑，必须从战略角度加以认真研究，取得量化数据，并分清轻重缓急，科学地制订治理规划，分阶段、分步骤地实施，有成效地开展源头综治。这是对石窟文物保护具有重大意义的工作，必须抓住以下几个要点，有层次地开展。

（一）大比例尺构造地质图的编制

在已有地质资料和 1：10000 地形地质图的基础上，扩大工作面积，补充地质测绘路线，实测地层剖面，厘定地层层序，修编补充龙门及周边地区区域地质图。通过实地调研，收集各种地质、构造、岩石、水文、物探资料，按 40～50 平方千米面积，编成综合性 1：10000 地形地质图（包括剖面图、柱状图），形成窟区地灾调查的“母图”或基础图件。建立窟区各类地质因素和外部地质环境的密切联系，建立最基本的地质基础资料库。

（二）物探工作

（1）对伸入石窟区构造进行电测追踪，判定构造规模、产状、深度，储水性和导水性。

（2）对 1：10000 地形地质图中的第四纪覆盖区（包括河床），布设物探测线，运用环境综合电法手段，查明基岩岩性和构造形迹，确保地质图质量和精度，为编制基岩构造地质图，研究主要断裂构造带和次生构造网络提供具体物理性质参数。

（3）对石窟景区周边地热异常梯度带进行综合研究，除科学开发地热资源外，为进一步探索热力场中的岩溶作用提供参数。

（4）广泛收集各种地质参数，综合运用物探手段，寻找地下溶洞，根治岩溶隐患。

物探工作是地质观察的深部延拓，在石窟区要采取一定网度布设测线和测点，加强对物探数据的综合研究，寻求合理的地质解释。

（三）大比例尺裂隙系测量

裂隙系地质测量是源头综治工作的重点。必须搞清楚岩体构造的相互切割关系、相互制约关系，这是治理地灾的最基本工作。地质测量图件因不同工作目的，可以选择不同的比例尺，确保地测工作的精确性。

（1）研究区域性断裂构造体系，可运用“母图”提供的各种构造要素，按不同岩性进行裂隙统计，编制节理玫瑰图，指示并研究形成石窟区域节理系的应力场特征。

（2）对直接危害石窟的裂隙系，分别按石窟群集中区，如奉先寺南、北石窟群区、宾阳洞石窟群区、万佛沟石窟群区等，分别按 1：500、1：1000 比例尺（待定）填图，按图件制作要求，记录裂隙的规模、形态、产状，展布切割规律、力学性质、充填物、溶蚀现象和渗水性，尤其记录其对文物的危害程度，为进一步综合研究提供各种参数。

（3）对裂隙极为发育，对石窟文物危害严重、亟待进行治理的洞窟和石窟群密集区，可以按要求开展裂隙详细编录，采用“地质露头裂隙编录和坑道编录”原理，以平面构造展开图的形式，按三壁、一顶、一底展示其构造发育特征和相互切割关系。

（4）对于在图上不好表示的微裂隙，可以采用数码相机拍照，然后进行放大制图，作为编录图件的局部放大部分。

通过以上不同比例尺的编图，区分不同裂隙系，建立它们之间形成的序次和空间上的内在联系，研究其与不同岩性的关系、形成机理和对文物的破坏程度，分清主次，提出科学的治理措施。

裂隙测量的成果，直接关系着石窟病害的治理方法，必须选用高精度地形底图和精密测量仪器，并与 1：10000 母图统一，运用计算机模拟手段，进行高质量地质制图，分别形成不同比例尺的“母子图”系统，附以数码相片，为窟区建立完整的裂隙系资料库，为实施源头综治提供系列性基本图件。

（四）岩石地层研究

岩石是石刻文物的载体，也是研究各种地质因素的实物基础。从岩石形成到现在，区域上发生的各种地质构造作用和窟区存在的各种地质现象特征，都真实记录在这些岩石上，所以各项地质工作必须重视对岩石的研究，开展窟区地灾的源头综治，尤其要加强岩石地层工作，主要内容为：

（1）测制 1∶500 或 1∶1000 高精度岩石地层剖面，建立石窟区寒武系、石炭系岩石地层柱状图，研究岩石地层层序和组合特征，为判别不同区段的岩层空间位移提供依据。

（2）按不同岩性分别进行岩石的矿物成分、化学成分和物理性质测定，综合不同岩性分布区的裂隙发育程度和岩溶状况，研究不同岩石岩性对裂隙和岩溶发育程度的控制关系。

（3）由专业工程施工部门参与，按不同岩石开展与保护工作程序相关的粘接、隔离、溶蚀、高温、低温、充水等试验，为全面开展龙门石窟的保护工作提供相关参数。

（4）综合收集本区和邻近地段相关、相似岩石的各种测试资料，建立岩石地层测试资料数据库。

（五）水文地质研究

（1）广泛收集区内及附近水井、钻孔的水文地质资料，编制窟区内地下水位等高线图、承压水顶板等高线图以及各种水文地质基础图件，调查地下水活动规律，构筑水文地质资料平台。

（2）在岩石地层实验研究或研究成果的基础上，对比区内各种水文地质资料和观测数据，对不同岩性构造进行储水性、导水性分析。

（3）充分观察不同性质裂隙的涌水、渗水和溶蚀作用，研究窟区地下水的活动规律和破坏性。

（4）采集和收集窟区地下水分析样品，研究窟区地下水的水质变化特点，并结合物探成果，逐步摸清导水构造和岩溶发育的规律。

（5）进一步研究窟区地热和矿泉水资源，充分发挥其使用价值。

三、阶段工作的预期目标

按照新的治理理念，阶段工作预期将获得以下四方面成果。

（一）地质灾害调查研究成果

综合性地质调查是各种地质灾害由认识走向治理的基础。阶段工作将在大比例尺、常规性地面调查的基础上，运用 GPS 定位系统、光电测距系统，引入数字化地质测量先进技术，结合运用环境电法、水工环电法、放射性伽马探测、岩石化学、岩石力学、水化学观测等多种方法，提供如下系统成果和研究成果。

（1）1∶10000 龙门石窟区域地形地质图；

（2）1∶5000 龙门石窟区域构造纲要图（底图为基岩地质图）；

（3）1∶5000 龙门石窟区域水文地质图；

（4）1∶2000 龙门石窟区域地下水位等高线图；

（5）1∶1000 主要石窟群区裂隙分布图（分幅对接）；

（6）1∶500 重点地灾区段裂隙分布图（分幅对接）；

（7）1∶100 重点洞窟裂隙平面展开图；

（8）1∶100 重点洞窟裂隙剖面图；

（9）龙门石窟及周边地区物探工作综合成果报告；

（10）查清隐伏断裂破碎带，掌握窟区的主要构造裂隙分布特征及其危害性；

（11）依据以上调查成果，圈定石窟地灾危险区域及其诱发因素，搞清楚石窟区的储水构造、导水构造，圈定岩溶区域和可能存在的地下溶洞及其发展演化趋势；

（12）查明岩石成因及其后生风化机理，掌握岩石的矿物成分、化学成分在风化过程中的析解、迁移变化特点；

（13）汇总以上成果，提交龙门石窟地质灾害综合调查报告。

（二）提供系统性测试成果，建立数据库

在本次综合调查、采集样品，分别进行各种测试分析，提供系列测试成果的基础上，全面收集、整理以往涉及本区的相关地质成果，建立石窟区地质资料数据库。全面构筑石窟区地灾因素研究平台，为全面进行以石窟文物保护为中心的各项研究工作提供系统资料。这是进一步开展保护石窟文物工作，防治各种地质灾害以及进一步开展相关科学研究的基础，本阶段完成的各项测试成果包括：

（1）石窟区岩石地层层序中不同岩性岩石的矿物成分、化学成分、结构、构造、岩石薄片定名等鉴定成果；

（2）承载石窟雕刻艺术岩石的化学、物理性能测定成果；

（3）石窟区不同类型地下水（泉水）化学成分、水质特征、同位素示踪等测试成果；

（4）主要构造渗水带的稳定同位素、X 射线衍射、岩石成分、水化学及环境电法、水工环电法测试成果；

（5）依据以上各种测试成果编制的相关图件。

（三）地灾治理方法及其防治材料的选择和试验

针对各种地质灾害因素，研究治理措施，选择多种防护材料，是实施石窟病害治理的重要内容，也是从窟区地灾调研到地灾治理的另一个阶段性工作的准备或先导。

该项工作应在配合地灾调研的同时，由专业部门承担，其主要内容包括：

（1）适合于碳酸盐类岩石，无色差，无腐蚀，耐风化，物性接近的特种黏结材料试验；

（2）改善或中和渗漏裂隙水的 pH 值，降低渗漏水的溶蚀作用，研制功能性特种水质改性材料；

（3）研制和试验保持石窟原貌、具有耐久性、不脱落的特种隔离防护材料；

（4）进行地下水堵截、隔离工艺和材料的研究；

（5）运用黏结、改性、隔离等材料，进行防护工程特种专用工具的研制；

（6）多种治理方法的模拟试验；

（7）提交治理方法试验的专题报告。

（四）石窟地灾治理工程方案

开展石窟区域灾害地质调研的最终目的，是编制出更科学、更具实效的石窟地灾治理工程方案，依此指导各项防治工程的具体施工。由于该项工作在石窟保护中的重要性，必须在以上综合地质调查、各项测试数据库、特种防护材料和防护工具研制的基础上，编制石窟地灾治理工程方案，做好工程预算并进行充分论证，以保证治理工作取得理想的成效。

第五章　保护工程中的地学研究专题

文化遗产保护，是一门融多学科为一体的交叉科学。一百多年来文化遗产保护经历了萌芽和不断发展的历程，至今已成为涵盖保护管理、修复、检测分析、监测、评估以及政策法规研究等多门类的相对成熟的系统科学。与其他学科一样，文化遗产保护同样包括微观研究和宏观研究两大范畴。微观研究是基础和支撑，以单体或局部为研究对象，具有精细、深刻、难度大等特点；宏观研究则是框架和舵手，用来把握政策、方向、目的、制度、结构等，具有范围大、涉及面广等特点，有较强的指导性、方向性、综合性、整体性、长远性。在石窟保护管理工作中，微观研究从石窟本体与围岩着手，从石窟内在本质、洞窟或造像局部来寻找石窟保护的技术和手段，实现对宏观研究的技术支撑；而宏观研究主要从石窟外部看问题，从石窟外围环境、历史构架等整体上来把握石窟保护方法和策略，对微观研究进行指导和规划。二者的有机结合构成完整的石窟保护研究。

龙门石窟在最近 30 年来进行了保护研究和管理的积极探索，无论从宏观上把握，还是微观上处理，都取得了明显成就。当然，有些研究工作还有欠缺，需要继续深入和拓展。总体来看，龙门石窟保护中的微观研究包括：①石窟载体地质基础；②基于地质构造与岩性的加固技术；③石窟营造技术与维修历史；④窟龛排列与地质岩性之关系；⑤修复技术（针对单个洞窟或单体造像的修复行为，包括清洗、粘接、加固、封护等环节，尤其针对雕刻品表面风化层的修复加固技术，目前仍是难点）；⑥坍塌窟顶的修复和补全（龙门石窟坍塌窟龛众多，以西山南段最为集中。我们尝试对个别小窟龛的坍塌窟顶进行了局部恢复、补全，技术得当，实施效果良好）；⑦洞窟造像病害调查（这是完善洞窟资料档案的重要途径，其中对病害的现场甄别、描图和后期的电脑转绘、建立病害档案数据库等为重点工作）；⑧洞窟凝结水危害综合研究与治理。

龙门石窟保护中的宏观研究则主要包括：①石窟的地理环境特征；②气象与水文因素的影响及其监测；③日常维护标准化操作规范；④石窟病害术语定义与分类标准（这涉及病害类型与特征的甄别鉴定、病害档案库的建立标准以及采取的修复保护措施）；⑤洞窟渗漏水治理（工程上的防渗、灌浆技术）；⑥石窟监测数据的分析与应用（龙门石窟建立较为成熟的监测体系已有四年，积累了大量的保护信息资料，如何分析与应用，是个重要课题）；⑦应用计算机和数字技术（如遥感、GIS 等）建立石窟宏观调控与预警系统（与“数字龙门”项目相关）；⑧保护修复实例和成果的展示；⑨龙门石窟游客承载量统计研究；⑩龙门石窟保护总体规划（目前我院与中国文化遗产研究院合作已完成此项工作）。实际上，保护规划是大纲，既属于宏观研究，又统领微观研究和宏观研究，是引导石窟保护管理工作的长远大计①。

石窟保护的宏观研究应深植于微观研究之中。宏观上可以布局，微观上则要突破，二者应贯穿于文化遗产保护的始终。有时候，我们在微观研究中的困境，可能正是宏观研究中需要解决的方向问题。比如，洞窟内造像表面病害的修复，如果离开了宏观上的洞窟渗漏水治理，修复的后期维护就陷入艰难境地；特殊病害的防治技术，最终可能要归结到区域环境的污染治理上。而宏观研究中的局部标准可能正需要微观研究中的技术支撑，比如石窟病害档案标准的制定，牵涉到现场描图细节、电脑转绘上图例的系统使用、病害范围面积的圈定和统计分析等技术细节。另外，微观研究还要在考察石窟局部出现问题或技术失灵时，给出宏观研究中干预措施的理论解释，这是非常重要的一点。如此，微观研究内容的组合，最后归结于宏观研究的框架和流程。

其实，没有微观研究，没有对石窟本体微观环境进行深入研究、细致考察分析，就不可能阐明石窟保存环境特征、揭示石窟病害机理、进而提出保护治理的方案，也不可能促进保护科技水平的提高；同样，没有宏观研究，没有对石窟总体面貌、病害特征、影响因素的概括性总结和归纳，对具体洞窟和造像的病害研究和保护修复处理，势必只见树木不见森林，许多微观研究课题就找不到方向，保护管理工作也就很难深入下去。所以，石窟保护的微观研究和宏观研究是互为因果的统一体，两者互为基础，又相互促进。只有把二者深入结合起来，才能真正把握龙门石窟的有效保护，才能真正传承和利用祖先留下的珍贵遗产。

第一节　龙门石窟核心区地质调查研究概况

根据对文献档案资料的考查,龙门石窟历年来开展的地质勘查与测绘包括如下内容：

1960 年文化部古代建筑修整所（现中国文化遗产研究院）请北京地质学院水文工程地质系对龙门石窟进行地质调查。

1961 年，北京地质学院苏良赫、王大纯两位教授分别带学生到龙门石窟进行地质调查。

1963 年，中央美术学院美术史系、北京大学历史系实习生测绘了古阳洞、石窟寺、双窑、唐字洞、魏字洞及极南洞图。

---

① 杨刚亮:《龙门石窟保护的微观研究和宏观研究》,《中国文物报》2008 年 5 月 2 日第 8 版。

1973 年，洛阳市设计院为龙门石窟测绘了 1∶200 西山立面图。

1985 年 1～3 月，工程兵三所调查了龙门石窟洞窟裂隙分布。

1986～1992 年，利用近景摄影测绘技术陆续完成了潜溪寺、宾阳洞、万佛洞、莲花洞、奉先寺、古阳洞、药方洞、石窟寺、路洞、八作司、极南洞、龙华寺、看经寺等洞窟的整套等值线和线图画，并测绘了 150 个佛像。

1986 年 6 月～1987 年 1 月，由中国人民解放军郑州测绘学院承担完成东西两山立面等值线图（1∶20）测绘项目。

1986～1989 年，由武汉地质学院完成龙门石窟保护区范围的地质调查工作，1990 年通过评审。

1986 年 9 月，武汉地质学院潘别桐教授带学生对龙门石窟进行地质调查。这是首次对龙门石窟开展系统的地质、水文、工程地质和土壤等调查，取得了丰富的资料和数据。

1988 年组织中央美术学院、文物出版社等专业人员，对龙门石窟进行洞窟编号，经请洛阳市蒋若是、宫大中等文物专业人员研究进行统编。

1992 年，中国地质大学在龙门做了石窟地下岩溶调查及泉水调查。

2002 年 4～10 月，郑州解放军信息工程大学承担完成龙门石窟保护修复工程测绘项目，主要包括：①航空摄影；② 1∶500，1∶1000，1∶2000 地形图；③ 1∶200 西山立面图；④断面图 73 幅；⑤实验洞窟立面图，每洞 6 幅，共 18 幅。

2002 年 7～12 月，中国地质大学（武汉）完成龙门石窟保护修复工程地质调查研究报告，包括：2002 年 7 月完成 1∶500，1∶2000 地质填图野外踏勘调查，钻孔波速测试及地表波速测试，岩石、土、水样、石雕表面沉淀物样品测试，回弹锤击试验等项工作；2002 年 11 月完成了地表垂直渗水实验和试验洞窟地质病害调查；2002 年 12 月完成了三个洞窟的三维岩体网络结构面模拟，岩石物理力学实验，土、水样实验，岩石薄片鉴定，扫描电镜，X 射线衍射矿物成分分析等项工作。所有工作 2002 年 12 月底以前全部完成。

2005 年 3 月，由中国地质大学（武汉）完成《龙门石窟保护修复工程补充地质调查研究报告》

2004 年 6～8 月，由中国地质大学（武汉）和重庆南江工程勘察公司合作完成三个实验洞窟水平钻孔项目的现场施工工作；2004 年 12 月完成《龙门石窟保护修复工程水平钻孔勘查报告》的编写工作。

2006～2008 年，由中国文化遗产研究院、中国地质大学（武汉）和中铁西北科研院合作完成“潜溪寺防渗综合治理工程”，包括潜溪寺顶部地形测绘、裂隙统计等工作。

最早对龙门石窟进行专业地质考察的是水文地质学家王大纯和地质学家苏良赫。他们于20世纪60年代初到龙门石窟开展地质勘查，发表相关专业论文和技术报告，初步调查了龙门石窟的地质地貌和水文地质特征，为石窟科技保护提供了科学研究的方向和基础。

对龙门石窟进行系统地质调查是在20世纪80年代后期，龙门石窟开展综合治理工程，邀请中国地质大学（武汉）的潘别桐教授、方云教授、王建峰教授等开展专门地质调查和水文地质勘查，发表和出版了一批专业学术论文和专著，包括《文物保护与环境地质》《洛阳龙门石窟区域岩溶系统综合研究》《岩土文物建筑的保护》《龙门石窟地质病害防治研究》等，摸清了龙门石窟区域地质环境特征、水文地质特征、渗漏水来源等关键科学问题，首次提出了文物保护领域的专业术语“环境地质病害”，并对龙门石窟的地质病害进行了分类研究，确定了两大类型环境地质病害，为我国文物保护科学研究奠定了基础，提供了依据。

2001年启动的“UNESCO龙门石窟保护修复工程”，由联合国教科文组织、日本和中国三方合作实施。这是龙门石窟历史上最大的国际合作项目。该项目第一阶段的基础研究工作，对龙门石窟东西两山进行了详细的专业地质勘察和地形测绘，完成了《龙门石窟地质调查报告》《补充地质调查报告》《龙门石窟地形测绘报告和成果》，系统完整地调查研究了龙门石窟区域地质环境、地层地质年代、岩石物理力学、水理性质及特征、自然气候环境、水文地质特征、工程地质特征，完成了东西两山地形测绘图、地质图、立壁等值线图、立面图等基础图件，尤其是与石窟文物雕刻关系密切的岩石分段及性质、岩体结构、裂隙通道网络特征、包气带水等关键因素研究比较深入，为后期的病害治理提供了大量科学依据和设计参考。

2009年开始擂鼓台三洞治理工程和之后开展的潜溪寺渗漏水治理工程，再一次系统地对分区地形地貌、岩石特征、裂隙构造分布进行了详细地质勘查，作为施工勘察，其精度更高，深度更大，直接面对治理难题的解决开展相对应的详细地质调查，有效地保障了工程的进展和施工质量的提高。其中，针对潜溪寺窟顶防渗覆盖层的揭取调查与裂隙注浆加固，确保了渗漏水治理的工程效果。2016年工程结束后组织并通过了专家评审。三年多来的跟踪观测表明，潜溪寺洞窟渗漏水明显减轻，大部分原来渗漏的地方不再渗漏或大为减少，证明其渗漏水治理工程是卓有成效的，起到了很好的示范作用。

2010～2011年委托河南省水文地质工程地质勘察设计院针对龙门石窟景区泉水断流原因，对龙门石窟区域周边尤其是偃龙矿区进行了系统的水文地质调查，详见本书第七章。

2015年开展的万佛洞—唐字洞区段综合治理工程，首次系统、详细调查了万佛洞、莲花洞、老龙洞、唐字洞等六大重点洞窟的地质病害现状和特征分布，对该区段窟顶平台防渗铺盖揭除并做裂隙注浆堵漏处理，针对石牛溪及其上部大溶洞开展了调查和加固支护处理，对平台与上部崖壁间坡趾附近的裂隙清理与注浆加固，同时结合对双窑、万佛洞、莲花洞等重点洞窟内部裂隙进行灌浆堵漏处理，工程顺利通过了验收。几年来观测表明，此段治理效果也比较明显，尤其是渗漏水严重的万佛洞如今已基本不再漏水，证明其治理方法、采取的技术措施是得当和有效的。

2016～2017年针对东山万佛沟区域修缮工程的方案设计，开展了工程地质勘查和钻探调查，这是首次对万佛沟以北区域进行的大范围治理勘察设计工作。由社科院考古所和中国地质大学（武汉）共同承担完成。工程设计最后在专家评审时建议分为两期开展，一期进行地表防渗排水处理和危岩体加固，二期重点进行洞窟渗漏水治理。目前一期工程施工已完成，从治理效果来看，改善了万佛沟北崖壁坡面水流的走向，将大部分水流通过地表截流、排水疏水、坡面引导等方式排泄至没有洞窟的地方；加固了西方净土变、千手千眼龛等窟檐及危岩体；减少了二莲花洞、2058窟周边洞窟的渗漏水状况；通过对2158窟下平台防渗铺盖和排水暗沟处理，把该区域汇水集中排泄至万佛沟底，截断了北部洞窟的一部分渗漏水源头。

第二节　保护工程前期研究中的勘察工作

几十年来我国开展的文物保护工程，尤其是石窟寺、古墓葬等保护工程，基本是在价值评估和保护原则前提下，融合地质、工程、物理、化学、材料等多学科技术方法，按照勘察、设计、施工的程序对文物进行干预的活动，尚未形成系统成熟的方法技术体系，更没有对直观现象做规律性的归纳总结。以往保护工程的无数宝贵经验教训，也缺少上升到理论层面的总结和推广应用。有些保护工程在尚未调查清楚遗产地价值、主要病害以及保护修缮历史的情况下，就盲目布置大量勘察技术手段，看似先进，实则浪费；有些保护修复措施过度拔高使用一些新方法新技术新材料，造成过度干预[①]。

前期调查目的是为了收集基础资料，为后期的工程施工提供依据。因此应有别于一般意义上的地质普查，应结合石窟病害产生的机理，从根源上进行调查研究。在此基础上应研究建立石窟文物保护的地质勘查要点和评价标准，比如调查中的重点地段研究、比例尺精度问题等，从而避免出现重复性浪费、选题偏离、缺乏治理工作的可操作性、与病害治理结合不紧密等弊端。

---

① 黄克忠：《石质文物岩石材料劣化特征及评价方法》序，文物出版社，2014年，第1页。

龙门石窟大型保护工程的前期勘察研究，基本围绕地质、水文、工程地质等方面展开调查研究，并结合材料的现场试验和室内试验来开展，工作重点体现在稳定性研究、工程地质特征、裂隙调查、结构面与渗流场分布调查研究等方面。主要研究内容和方法包括：通过现状调查和资料文献考查，收集梳理治理对象或区段内重点洞窟造像的历史沿革与保护维修历史，为接下来的勘察提供基础资料或依据补充；地形测绘，为治理工程的勘察设计提供立面图、剖面图、地形图以及结构面图，确保方案设计的科学性；应用地学勘察及岩石物理力学测定的方法，对洞窟造像存在的渗漏水、风化病害、危岩体、溶蚀破坏等情况进行综合调分析；利用声波测试技术、电法微测深、高密度电流法等新技术及设备，对洞窟造像的基岩深度、岩体密度及含水量、内部裂隙及溶洞等重要信息进行定性定量探测，并将测试结果反映在图表上，深入了解治理对象的完整信息；对灌浆修补材料进行实验室及现场试验和对比研究，对传统材料进行研究评价，探索筛选适合的、性能好的新材料，应用于治理工程和修缮；通过综合分析研究，对洞窟造像存在的病害和其他问题进行综合分析评估，得出科学明晰结论，提出可行的治理措施和建议。

基本上，这些内容涵盖了大型保护工程勘察设计的基本思路和方法，并对工程施工提出组织设计要求，指导工程施工。

第三节　龙门石窟凝结水危害机理及其防治研究（以潜溪寺为例）①

凝结水现象十分普遍，很久以前即被人们发现并重视。但在文化遗产保护中，近二十年来凝结水的影响才引起注意。2005 年开始，龙门石窟与中国地质大学（武汉）合作进行龙门石窟凝结水病害调查与防治对策试验研究，主要包括：重要洞窟凝结水现象连续观测与记录，2006 年夏季洞窟内凝结水定量测试实验，2007 年夏季凝结水定量测试补充试验，潜溪寺洞窟岩壁温度和窟内气温、湿度的连续监测等，取得了大量数据与试验结果。

项目设计、改进了一套仪器装置，能够定量测定凝结水发生时间、凝结量，洞窟岩壁和大气温度、湿度等因素。在对凝结水形成机理和时空分布特征的调查研究上，主要对龙门石窟重点洞窟凝结水现象进行了为期两年的跟踪观测与调查。在定量试验方面，先在室内进行模拟试验，然后到洞窟内进行现场试验。通过岩壁温度与露点的比较来判断凝结水发生的可能性、发生的时间等。现场试验和理论分析表明：

① 杨刚亮：《龙门石窟凝结水危害与定量测试试验研究》，《石窟寺研究 • 第八辑》，科学出版社，2018 年。

（1）龙门石窟凝结水现象非常普遍、突出，危害严重；

（2）龙门石窟凝结水发生具有季节性，集中于每年的5～9月。其他时间很少发现；

（3）龙门石窟凝结水的分布具有空间地域特点，其动态演变依赖天气状态的实时变化。形成机制上，主要是水汽在相对低温的石灰岩表面冷却后附着，而在岩石内部则很少产生；

（4）在凝结水防治对策上，根据降低岩石表层与窟内大气的温差以及降低窟内湿度的基本思路，得出抽湿和通风相结合的方法，同时在局部辅助使用干燥剂等吸水材料。

试验测定出影响凝结水形成的岩壁温度和窟内大气温度湿度等重要因素以及它们之间的关联性、影响程度，可以用来指导凝结水防治基础试验和实际工作。整个凝结水试验的结果则为未来进行长期治理建立了科学依据。

一、研究概况

龙门石窟自开凿至今，历代都采取了各种各样的保护措施。远在北魏开窟时，窟形设计就多用穹隆顶来增加稳定性。唐代奉先寺卢舍那像龛上修建人字形排水沟，以分流坡面径流。分布在山体壁面一些小型洞窟的防水石板雨罩等，遗迹犹存。宋代为保护卢舍那像龛，建造有十三间宫殿式保护房。以后历代都保存有对龙门石窟维护修复的遗迹[①]。新中国成立后，专门成立了龙门石窟保护管理机构，使其得到了较好的保护和维修。20世纪七八十年代进行过“抢险加固工程”，20世纪80年代中期至90年代初进行了“综合治理工程”，实施了岩体及洞窟加固、修建窟檐、山顶围墙、台阶栈道、防水设施、洞窟漏水治理试验等工程，洞窟渗漏状况得到改善，游览道路通达各主要洞窟，龙门石窟的面貌和周边环境为之改观[②]。90年代以来开展了雕刻品表面黑色油烟渍清除、洞窟渗漏防治、雕刻品防风化实验、洞窟病害监测与调查等研究项目，极大地促进了龙门石窟保护研究的发展和提高。

然而，龙门石窟仍存在亟待解决的问题。环境污染、露天雕刻风化、洞窟渗漏水等，仍然在威胁石窟安全，未能根治。作为龙门石窟申报世界遗产成功后的第一个大型国际援助项目——“联合国教科文组织援助龙门石窟保护修复工程”，对龙门石窟的病害治理和重大疑难问题进行了有益的探索和尝试。目前，该项目已顺利结束[③]。项目实施过程中，中日双方专家和现场工作人员一致认为，龙门石窟不少洞窟内存在普遍

---

① 刘景龙：《龙门石窟保护》，中国科学技术出版社，1993年，第23-27页。

② 李振刚：《龙门石窟保护研究50年》，《中原文物》2004年增刊。

③《UNESCO龙门石窟保护修复工程年度报告书》，内部资料。

的凝结水现象，应引起足够的重视。它所带来的危害与防治，应纳入“UNESCO 龙门石窟保护修复工程”项目的研究计划与内容中来。2005 年 2 月在北京召开的 UNESCO 援助中国文化遗产保护工程的三方会议上，明确提出把龙门石窟凝结水研究与防治项目列入第二阶段的实施计划中。其研究项目——龙门石窟凝结水病害调查与防治对策由中国地质大学（武汉）岩土文物勘察保护中心与龙门研究院石窟保护中心共同承担完成。

二、凝结水研究现状与趋势

（一）国内外研究现状

凝结水现象很早就引起了人们的注意和重视。人们通过观察与发现，在生产实践中积累了丰富的利用凝结水的经验和知识。例如干旱半干旱地区利用温差来获取凝结水作为生产生活用水，湿润气候区为防止侵蚀与霉变而阻止凝结水的发生等。

通过中国期刊网、万方数据库等文献查询，目前国内外有关凝结水方面的研究，主要涉及工业生产上对凝结水的利用与防治、西北地区农业生产生活上利用凝结水技术、凝结水精处理研究、凝结水回收器具研究等。

伴随着交叉学科的兴起与世界文化遗产保护事业的迅速发展，凝结水现象对文物建筑和古迹遗址的影响和评价研究也逐步凸现出来，并走上科学道路，尤其在防结露涂料研究方面，成果颇丰。

在中国湿度网（www.chinashidu.com.cn）和中国温湿度网（www.wsd17.com），介绍有关温度湿度检测仪器和技术方面的文章不少，但检索“文物保护、凝结水”或者“结露”等关键字时，很少有显示关于凝结水对文物保护影响方面的报道与相关研究论文。可见，凝结水在文物保护领域的研究还十分欠缺，有待于深入研究。

在互联网对“condensation”或“cooling water”搜索发现，国外对凝结水方面的研究，环境科学、工业冶炼技术、地理学等方面都有涉及，但其研究文献和论文数量并不可观。在《露水的形成》（*The formation of dew*）① 一文中，对露和凝结水的形成进行了详细的分析和论证。作者 D. 贝森斯（D. Beysens）运用物理学和数学的方法对露滴的成长、形成模式、控制因素等进行了深入分析，认为温度和湿度是露滴微生长过程中的主控因子。他还建议对电场效应影响露的形成进行专项研究。

然而，当搜索 condensation/conservation/heritage 时，结果显示，可咨询的信息量很少。可见，在文化遗产保护领域，世界范围内对其研究也十分有限，且主要集中于大

① D. Beysens, *the formation of dew*, Atmospheric Research 1995(1-3): 215-237.

气湿度的基础理论研究、采集仪器研发、饱和水汽压理论以及测量仪器的研究等[①]，几乎没有关注凝结水防治在古建筑和文化遗产保护中的意义。由此可见，目前国内外对凝结水在文化遗产领域的有关研究还仅仅起步，关注的学者数量少，研究的论文成果少且应用性不高，不能适应历史文化遗产保护事业的发展趋势。

我国三大石窟保护管理单位在这方面的研究成果也乏善可陈。在石窟寺文物保护工作中，对防治雨水、洞窟渗水和毛细水已有较为成熟的办法，但对洞窟凝结水的形成机制和防治措施还认知甚少，原因是目前尚无合适的测量装置来准确测定岩石表面凝结水量，阻碍了凝结水对岩石风化过程影响的定量化认识，以及由此带来的危害机理分析的缺陷，致使相应的研究工作得不到应有的重视。敦煌研究院的研究限于凝结水对纸质文物、壁画、泥塑等非石质文物的影响方面，研究成果亦不多。龙门石窟保护迫切繁重，对凝结水的研究还处于筹划阶段，针对凝结水的发生机理、分布规律、危害分析及防治对策方面都没有做过专题研究和应用研究，相关的工作还没有正式进行。

重点介绍云冈石窟在凝结水防治方面的试验和研究。云冈石窟研究院黄继忠等对凝结水现象进行过试验研究和探索。2005 年 7 月底在大同召开的云冈国际学术研讨会上得知云冈石窟已正式开始对凝结水危害砂岩石雕进行监测、分析与防治研究，并到洞窟现场参观和了解了监测仪器与设备系统。他们与中国地质大学（北京）合作，通过近两年的现场观察与分析，根据不同形制的洞窟，实施了以下研究项目：一、建立洞窟内环境监测控制体系：①在洞窟内建立室内环境监测系统，监测洞窟气温、相对湿度、岩石内部温度、气流速度等环境数据。②选择不同形制的洞窟，在内部建立岩石表面温度、岩石内部温度、气温、相对湿度的监测系统，观测洞窟各个部位不同高度的四个凝结水形成要素，找出凝结水形成的临界点。③用电脑处理观测数据，与除湿仪器系统相连接，建立洞窟自动环境控制系统，对洞窟不同部位的凝结水形成要素进行连续型监测。二、现场物理除湿试验：在 5 号窟、9 号窟设置了一套自动环境监测系统，每个系统由 8 组探测器组成，测量洞窟内主要部位的气温、湿度、气流速度和岩石内部温度。同时在 9 窟内用除湿机进行物理除湿试验，测定除湿机工作期间对凝结水形成环境的影响，最终确定防止洞窟岩石风化的较佳环境指标，进行洞窟环境自动化管理[②]。通过这些项目的实施，云冈石窟研究院在凝结水对砂岩质石窟危害研究方面已实现定量监测、定性分析研究和科学防治于一体，研究水平在国内处于领先地位。他们合作发表了研究成果《凝结水在砂岩表面形成机制的试验研

① Atmosphere，climate，environment information programme，（www.ace.mmu.nc.uk）.

② 曹文炳等：《云冈石窟砂岩凝结水形成机制与防治对策研究》，《2005 年云冈国际学术研讨会论文集・保护卷》，2006 年，文物出版社，第 184-191 页。

究》。该论文主要观点如下：我国有许多列入世界文化遗产的石窟艺术宝库，如云冈石窟、龙门石窟等，近几十年来环境污染日趋严重，风化作用正在使这些艺术瑰宝失去原有的风采。在风化作用中水是最活跃的因子，虽然在文物保护中对洞窟渗水和毛细上升水的防治技术日臻成熟，但对凝结水在风化作用中的影响却认知很少，原因是目前尚无合适的测量手段来准确测量形成在岩石表面的凝结水量。他们采用自己新研制的岩石表面凝结水测量装置，对云冈石窟砂岩表面凝结水量进行测量，两次测量结果表明，凝结水量分别达 70.3、91.2g/m^2，如此高的水量对岩石风化产生的影响不容忽视。在洞窟内岩石内部温度低于岩石表面温度，这意味着凝结水不仅可以在砂岩表面上形成，而且水汽可以通过与外界相通的孔隙网络在一定深度的岩石内部凝结形成，前者仅能引起岩石表面风化，而后者引起的风化深度却要大得多，更具破坏性①。

然而，对于凝结水危害石灰岩石窟造像方面的研究，目前成果还很少。基于此，本工作通过对龙门石窟凝结水现象的长期监测和现场试验，结合国内外相关研究成果，将工业上对凝结水的防治技术运用到石窟保护中，提出合理化防范措施，以期达到良好效果。

（二）龙门石窟凝结水试验研究进程

本研究项目自 2005 年 2 月在北京召开的 UNESCO 援助中国文化遗产保护项目三方会议上确定龙门石窟凝结水防治研究子项目开始，到 2007 年 9 月结束凝结水病害调查与现场试验工作。2006 年 10 月～2007 年 10 月进行监测和试验数据整理与分析、编写试验报告和整理论文等，总共历时近三年。具体工作计划安排见表 5-1。

表 5-1　凝结水研究计划安排

时间	工作内容	备注
2005 年 2 月	UNESCO 援助中国文化遗产保护项目三方会议上，确定开展龙门石窟凝结水防治研究子项目	在北京召开
2005 年 4 月	查找文献；编写开题报告；开题	在中国地质大学（武汉）进行
2005 年 5～10 月	对凝结水病害进行现场观测、记录和拍照；绘制病害分布图；测量分布高度、面积等	主要在潜溪寺、宾阳三洞、万佛洞、双窑等洞窟进行
2006 年 5～7 月	继续进行现场观测记录病害，拍照、绘图；研制凝结水定量测试装置	重点在潜溪寺进行现场调查
2006 年 8 月	现场定量试验和室内率定分析	在潜溪寺进行

① 曹文炳等：《云冈石窟砂岩凝结水形成机制与防治对策研究》，《2005 年云冈国际学术研讨会论文集・保护卷》，2006 年，文物出版社，第 184-191 页。

续表

时间	工作内容	备注
2006 年 9 月～2007 年 10 月	继续进行现场调查；继续对洞内温湿度、岩壁温度进行连续测定	在潜溪寺进行
2006 年 9～11 月	试验数据整理分析；查阅文献资料	在洛阳龙门进行
2007 年 7～9 月	凝结水现场补充试验	在潜溪寺进行
2006 年 11 月～2007 年 10 月	编写报告，整理报告	在洛阳龙门进行
2008 年 7～10 月	现场补充试验，修改研究报告	在洛阳龙门进行

本研究项目具体由中国地质大学（武汉）岩土文物勘察保护中心和龙门石窟研究院石窟保护中心共同承担完成。中国地质大学（武汉）岩土文物勘察保护中心承担凝结水定量测试仪器的研制、现场测试试验的数据处理和分析及最终报告的编写；龙门石窟保护中心主要负责洞窟现场的凝结水病害调查、记录和初步分析，建立凝结水资料档案，配合现场定量测试试验的顺利完成等。

三、龙门石窟凝结水形成机理与分布特征

（一）凝结水发生的基本条件

凝结水的发生主要依赖于大气温度、湿度、饱和水汽压、凝结核等要素的状况及其动态变化。湿度是表示空气中水蒸气的含量的物理量，常用绝对湿度、相对湿度、露点等表示。设定的湿度可认为是湿空气所含水蒸气的重量，即水蒸气重量和干燥空气重量之比。所谓绝对湿度就是单位体积空气中所含的水蒸气的质量，也即空气中的水蒸气的密度。一般用 1 立方米的空气中所含的水蒸气的克数表示。相对湿度是表示空气中实际所含水蒸气的分压和同温度下的饱和水蒸气的分压的百分比。通常，用 RH% 表示相对湿度。露点就是当湿空气在水蒸气分压力不变的情况下冷却至饱和的温度。因为空气只能容纳一定量的水分，如果通过压力或冷却使体积缩小，就没有足够的空气来容纳所有的水分，因此多余的水分冷却析出成为凝结水。离开后冷却器的空气通常是完全饱和的，分离器内的凝结水就显示了这一点，此时空气温度有任何的降低，就会产生凝结水。

当没有更多的水汽能容纳在空气中时，就产生了空气的饱和，任何加压或降温均会导致凝结水的析出。对完全饱和的空气来说，任何降温都会产生凝结水。

（二）龙门石窟洞窟凝结水形成的客观条件与机理

1. 龙门石窟环境与气候特征

龙门石窟位于洛阳市南 5km 处的伊河两岸的陡立崖壁上。基本地貌为两山夹一谷，谷地呈南北走向。东西两山相望，最高海拔分别为 263m 和 303m。气候类型为温带大陆性季风气候。年降水量为 580mm 左右，60% 以上的降水集中于每年的 6～9 月。按照湿润程度的地带性划分，龙门石窟所在地区属于半湿润半干旱地带，每年春冬两季干燥多风沙，洞窟内部雕刻品表面多沉积灰尘、颗粒物等。东西两山之间有伊河穿过，由于人工橡胶坝的拦截，形成了蔚为可观的人工湖面，面积达 100 余万 m^2，这为水汽的产生创造了客观条件。

龙门石窟中粗糙不平的岩壁风化层、岩石表面附着的灰尘颗粒物以及大气中的悬浮灰尘颗粒物质提供了水汽凝结所需要的凝结核。

2. 洞窟形制的影响

龙门石窟洞窟多为穹隆顶、马蹄形平面，大洞窟在进深、高度、宽度等尺寸上比较大，在洞窟深处的岩壁上，由于通风差、黑暗潮湿等因素，容易成为水汽凝结的场所。另外，有些洞窟如潜溪寺、药方洞等修造有大型窟檐，阻挡了阳光的射入和气流的沟通，这些条件都为凝结水的产生创造了基础。而在龙门地区干旱半干旱的气象条件下更有利于凝结水的发生和形成。

3. 形成机理

龙门石窟空气中的粉尘及石窟壁上风化层的微粒提供了大量的凝结核，当空气中的湿度达到一定量时，就为凝结水的产生提供了必要的条件。当岩壁温度低于露点温度时，空气中湿热的水蒸气遇到温度较低的岩壁，就会在岩壁上产生凝结水，对石窟区的雕像产生破坏。

综上，过大湿度的存在是凝结水形成的内因，而洞窟内外的温差变化大、通风状况不良等是凝结水形成的外因。

（三）龙门石窟凝结水的时空分布特征

石窟寺由于其洞窟形制的特征，水汽在适宜的大气条件下，容易在洞窟内壁或洞窟外背阳处或通风不畅处发生与形成，凝聚于文物表面，并产生横向渗透作用。凝结水一旦形成，往往具有覆盖面积大、保存时间长、危害深重等特征。

1. 空间分布规律与凝聚状态

现场观测调查表明，凝结水主要分布在洞窟内四壁的下部和地面上（这与内部空气流通不畅、湿度较大关系密切）。在露天的窟外雕刻或岩石上没有发现凝结水的存在。凝结水形成时，在洞窟三壁的下部挂满水珠，并附有一层水膜。凝结水的分布范围有一定的高度，并在洞壁上形成一条湿线（图 5-1）。随着洞窟进深的增大，洞窟三壁面的湿线明显升高，洞窟尽头西壁的湿线高度最大。现场观察与量测结果发现，洞窟内湿线的最大高度一般不超过 2m。

最突出的一个特点是，由前室→中室→后室，凝结水浸润程度依次变大；在主尊两侧的深凹处，凝结水聚集最为丰富（图 5-2、图 5-3）。

图 5-1　凝结水线

图 5-2　凝结水现状

图 5-3　凝结水现状

凝结水在壁面的悬挂附着状态通常呈现水珠状散布。水珠直径最大可达 4～6mm（豆粒状，图 5-4）。凝结水在局部个别地方呈现面状潮痕状态。壁面附着尘土部位吸附凝结水呈黏结块状。宾阳中洞和南洞主尊两侧的下部小龛表面滋生的大量苔藓霉菌微生物，与该处凝结水的聚集应有密切的关系。

2. 时间分布特点

图 5-4　凝结水珠

在时间分布上，凝结水发生的集中时间为 5～10 月。5 月以前不明显，7 月、8 月最突出，6 月和 9 月其次，10 月以后基本不见。这反映了气候的根本性影响——在干燥寒冷的冬春两季基本没有凝结水现象，而在湿润闷热的夏秋两季则凝结水现象明显。

通常，在有雾天气、阴天和降雨前的湿度较大，凝结水现象比较突出。此时，主佛身上，经常蒙上一层湿气甚至有水珠密布。随着降雨的开始到结束，由于温度降低，凝结水逐渐减少，至晴天慢慢消失，基本可持续 2-3 天。大风的天气，很少发现有凝结水。闷热的天气，雕刻品则会大量“出汗”。

3. 时空动态变化

在时空分布的动态变化上，凝结水持续保存时间随天气状况不等，一般在降雨前 5 个小时内达到高峰（气温骤降）。雨后天晴，随温度升高窟内水分逐渐蒸发，可持续存在 1～2 天（图 5-5）。三壁面凝结水分布区的上部随着水珠颗粒的增大逐渐呈线状流下，中下部将一直保持过饱和浸润状态。另一方面，地面在产生凝结水的同时接收三个壁面凝结水的流入，在地脚线附近的坑凹里形成一定深度的积水。

（四）龙门石窟与云冈石窟凝结水现象的对比分析

云冈石窟属于砂岩质地，不可溶；龙门石窟则属于碳酸盐岩，可溶。二者的岩性不同，其力学强度、空隙度等岩石工程性能和指标存在较大差异，由此带来其抗风化能力的强弱不同。凝结水在夏季时普遍存在，但两地的气候条件存在较大差异。云冈石窟位于山西大同，属于我国温带大陆性气候的最东缘，年降水量约 300mm 左右，夏季时大气湿度超过 70% 的天数比较少，所以凝结水持续时间比较短。危害机理主要表现在溶解胶结物质，造成雕刻品的空洞和疏松，降低岩石整体强度，更易风化；同时由于云冈石窟砂岩属于微孔隙、低渗透性的岩石，凝结水不单可以在砂岩表面形成，还可以通过孔隙进入内部形成，从而溶解胶结物，造成破坏。而龙门石窟位于河南洛阳，属于温带大陆性季风气候，年降水量维持在 600mm 以上，夏季大气湿度超过 70% 甚至超过 80% 的天数相对较多，所以总体上凝结水形成的时间持续较长，危害更加深重。加之龙门石窟岩石的可溶性，使得凝结水对龙门石窟的危害不单体现在溶解胶结物质，更体现在溶蚀雕刻品及围岩的石质，带来雕刻品的模糊不清和局部形状改变，

1　2　3

图 5-5　凝结水动态变化

1. 发生阶段　2. 高峰阶段　3. 消退阶段

产生诸如起翘、析盐、片状风化等病害，极大地降低了雕刻品的艺术和美学价值。

两大石窟出现的凝结水时间比较接近，都是集中在夏季最闷热的时候（7、8 月份）。出现的地方集中在洞窟内部深处的不易通风、阴暗处。两大石窟都把凝结水病害作为石窟寺病害中一种类型来分析和治理，这反映了当今石窟寺保护中对病害类型的研究和防治上的进步和发展。

四、龙门石窟凝结水的现场观测记录与数据分析

根据多年现场调查经验，我们选择潜溪寺作为凝结水病害观测与试验的主要洞窟，同时对宾阳三洞、万佛洞、双窑等洞窟进行了连续观测和记录。通过对风向，洞窟内外温度、湿度，凝结水分布部位、面积、在三壁的湿线高度变化，凝结水分布区的病害状况等进行现场调查和分析，建立科学的监测档案资料。

在观测方法和手段上，主要采用温湿度传感器、现场观察记录、绘制凝结水分布统计图、示意图、拍照等，并使用测量工具如钢尺、卷尺、地质罗盘等。本书引用的

潜溪寺内部分数据来自于 UNESCO 龙门石窟保护修复工程监测系统，该数据采集工作主要由龙门石窟研究院保护中心马朝龙同志完成。

（一）观测时间安排

2005 年 5～10 月，重点以潜溪寺、宾阳三洞、万佛洞等洞窟的现场调查和凝结水状况记录、拍照等工作为主；

2006 年 6 月 28 日～8 月 30 日以洞窟内部现场定量测试试验为主，结合洞窟现场凝结水病害状况的记录描述、拍照等工作。

2006 年 9 月～2007 年 7 月主要是继续利用温湿度传感器对潜溪寺洞内的定点岩壁温度和大气温湿度进行连续监测、采集数据，同时记录该洞内的凝结水现象。

2007 年 7 月 16 日～2007 年 9 月，使用无油泵进行现场定量测试补充试验，对比分析两年夏季的数据，同时记录洞内的凝结水分布和发生现象。

（二）监测数据的提取与整理

图 5-6　自动记录温湿度测定仪

在潜溪寺内南壁西侧下部放置温湿度传感器，连续监测洞窟内的温湿度变化状况。该传感器共有三个探头，可以连续自动记录墙壁温度、空气温度、空气湿度三项指标（图 5-6）。设定该传感器编号为 4。设置自动记录时间间隔为 2 分钟。基本上，一组电池可以连续使用 20 天到 30 天，然后需要充电。传感器一次连续最大记录天数为 20 天左右，因此需要定期下载传感器中的存储数据并清零，重新开始记录。

试验使用的温湿度传感器采用群特科技股份有限公司生产的 CENTER 313，该仪表为四位数液晶显示，三组显示值。测量范围：RH 0～100%；T-20～60℃，精度 0.1。内置有记忆体装置，可以连续自动记忆 16000 笔数据。重约 320g，携带方便[①]。每次试验结束后，用电脑采集和保存温湿度传感器记忆的数据，运用 Excel 表格和其他分析图件，建立基本数据资料信息库，为下一步的现场定量试验分析奠定基础。

在洞窟现场的凝结水病害观测和记录方面，重点记录潜溪寺洞窟，同时兼顾其他重要洞窟，遵循每天至少一次现场观测和调查记录的原则。作者在龙门石窟工作，有

① 群特科技股份有限公司生产的 CENTER 313 使用说明书。

条件每天进入洞窟实行现场观察和记录。现场观察和记录的一般步骤是：①整体与局部结合进行多角度拍照；②对洞窟各个壁面的凝结水现象进行基本测量与描述，包括丰富程度、分布区域、分布高度、凝聚状态、流动状况等要素；③特别注意地面有无积水，其来源的推论。针对现场的观测工作，作者根据日常记录，专门整理了一个文件，名称为龙门石窟洞窟凝结水观测记录档案。

（三）洞窟现场监测数据的初步分析

通过 2005 年 6 个月（5～10 月）以及 2006 年、2007 年夏秋季节的连续观测与比较研究，发现龙门石窟的凝结水病害严重，普遍存在，并且具有一些比较明显的特征和规律。

1. 监测数据所显示的凝结水形成特点

通过对监测数据的分析比较发现，在夏秋季节洞窟内岩石表面的温度与窟外气温之间存在较大的温差，温差可达到 10℃以上。窟内岩石表面与窟内大气之间的温差可达 1～5℃（图 5-7）。窟内岩壁的温度低于气温，形成低温区，从而使过饱和的水汽层冷凝，造成水汽在窟壁产生凝结。冬春季节窟内外温差较小，即使湿度较大也不会产生凝结水。因此，洞窟内外的温差是形成凝结水的主控外因。

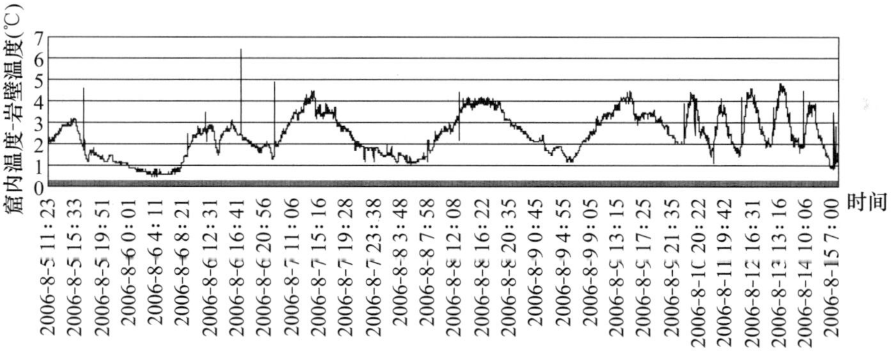

图 5-7　2006 年 8 月 5～15 日窟内温度与岩壁温度差值曲线图

在较大的湿度下，洞窟内存在过饱和水汽是凝结水形成的控制内因和必要条件。夏季时潜溪寺窟内湿度很大。凝结水丰富的 7～9 月，洞窟湿度都在 85% 以上，有时甚至达到过饱和。我们对 2006 年 6 月的数据进行分析并制成图件，图 5-8 为 6 月 16～20 日潜溪寺窟内、窟外温度对比图，图 5-9 为 6 月 16～20 日潜溪寺窟内、窟外湿度对比图。可以很清楚地看出，洞窟内的温度和湿度变幅都要小于窟外，窟外的气温绝大多数时间比窟内高（冬季相反），而窟外的湿度绝大多数时间则比窟内低。

这些都为凝结水的发生创造了有利条件。

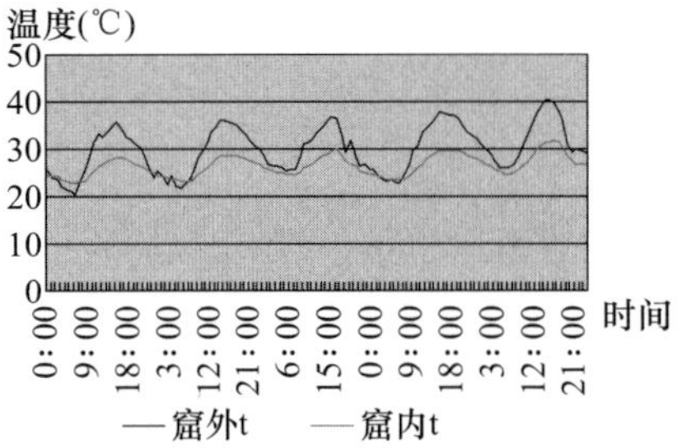

图 5-8　2006 年 6 月 16～20 日窟内外温度对比

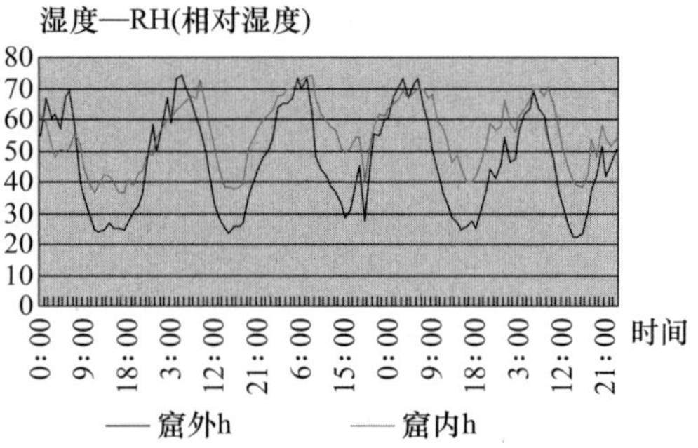

图 5-9　2006 年 6 月 16～20 日窟内外湿度对比

根据潜溪寺监测仪器纪录的数据，我们对比分析露点温度与岩壁温度后发现，2006 年 9 月下旬至 2007 年 4 月底这段时间内，露点温度基本上都比岩壁温度大，也就是说基本不具备产生凝结水的条件，现场观察也没有发现凝结水存在，这表明二者是相符的。从 2007 年 5 月开始，到 2007 年 9 月初结束的这段时间内，陆续出现凝结水，尤其在 7、8 月份成为凝结水发生的高潮期。

以 2007 年 5 月的露点温度与岩壁温度对比图（图 5-10）为例，大部分时间都没有出现凝结水，但在 5 月 20 日下午、23 日全天、30 日下午、31 日全天露点温度大于岩壁温度（即具备凝结水产生的条件），表明满足了出现凝结水的条件，而实际观察结果和现场记录与这一理论分析是一致的。

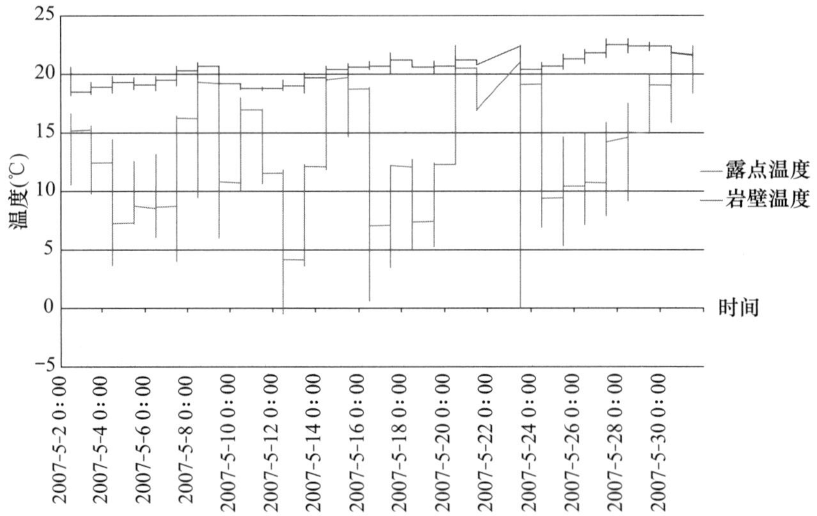

图 5-10　2007 年 5 月潜溪寺露点温度与岩壁温度对比图

下面重点对潜溪寺洞窟下部和上部凝结水形成与变化特点进行对比分析。

2. 潜溪寺下部凝结水的变化规律

在潜溪寺南壁弟子与菩萨之间距离地面 120cm 的凝结水富集的岩壁处安装岩壁温

度传感器，并在洞窟中安装温湿度传感器。自动采集监测点的岩壁温度、洞窟大气温度与湿度。

当空气中水汽含量一定、气压一定时，只要空气温度冷却至空气饱和时的温度，水汽就开始凝结，这个温度称为露点温度①。因此，可以根据岩壁温度是否低于露点温度来判定水汽是否凝结，而露点温度可以根据饱和水汽压公式计算得出。

通过在岩壁安装传感器采集数据，而得到的露点温度可以比较准确的判断凝结水开始凝结的时间。露点温度可通过一组简化的饱和水汽压公式计算。

（1）首先计算洞窟内的饱和水汽压：

$$e=[1.0007+P\times 3.46\times 10^{-6}]\times 6.1121\times \exp\left[\frac{17.502\times t}{240.9+t}\right]$$

式中：e 为饱和水汽压（mbar）；P 为综合压力（mbar）；t 为温度（℃）。

（2）再根据饱和水汽压和相对湿度计算水汽分压：

$$e_w=e\times E$$

式中：e_w 为水汽分压（mbar）；E 为相对湿度（%）。

（3）最后得出露点温度 t_d：

$$t_d=\frac{243.12\ln(e_w/611.12)}{17.62-\ln(e_w/611.12)}$$

根据采集的数据，运用上述三个公式可以计算出岩壁的露点温度。然后用露点温度与岩壁温度进行比较。当岩壁温度低于露点温度时，壁面上产生凝结水，反之则不产生凝结水。

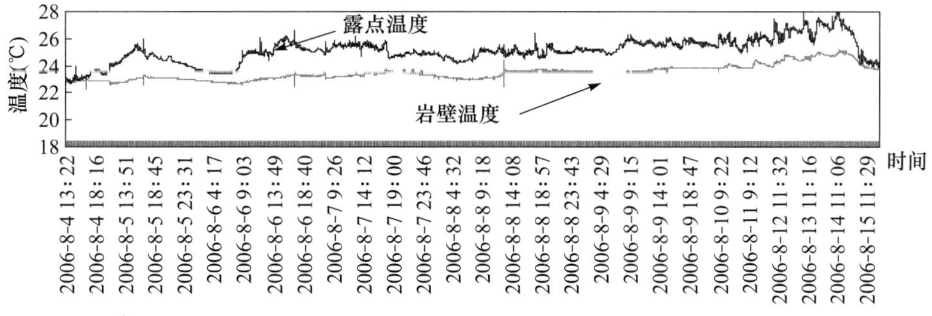

图 5-11　2006 年 8 月 4～15 日露点温度与岩壁温度比较图

图 5-11 为 2006 年 8 月 4～15 日潜溪寺洞窟下部露点温度与岩壁温度随时间变化曲线。8 月 4 日下午 13：22 至 18：27，岩壁温度接近露点温度，基本不产生凝结水。8 月 4 日 18：27 以后，岩壁温度明显低于露点温度，岩壁上开始产生凝结水，说明这段

① 周淑贞，《气象与气候学》，高等教育出版社，1985 年，第 58-60 页。

时间是凝结水逐渐生成的阶段。之后大部分时间段岩壁温度低于露点温度，温差有高有低，这一时段为凝结水保持阶段。最后至 8 月 14 日，岩壁温度又从低于露点温度趋于接近露点温度，凝结水逐渐消失。现场观测的结果是：8 月 4 日 13：00 到 8 月 5 日 8：00，窟内未出现凝结水。8 月 5 日 11：00，观测发现窟内已经开始出现凝结水，水线在离地面 1.1m 处。8 月 5 日 13：50，水线高度升高了一点，但范围扩大了很多。到 8 月 5 日下午 17：00，水线已上升到了 3.4m 的位置。8 月 5 日是凝结水逐渐生成的一天。从 8 月 6 日到 8 月 14 日，窟内一直有凝结水，只是凝结水的面积有升有降，基本和理论计算的结果一致。从 8 月 14 日到 8 月 15 日，洞壁上凝结水逐渐消失。观察的现象与理论计算结果一致。这说明用露点温度判断凝结水病害发生情况是可信的。

3. 潜溪寺窟顶的凝结水现象

我们现在对潜溪寺窟顶的凝结水进行分析。通过对 2005 年 6 月的窟内顶部岩石温度和窟内大气温度的对比，我们发现，整个 6 月份，窟内大气温度都高于窟内顶部岩石温度（图 5-12）。通过岩石温度与露点之间的比较，可以清晰地看出，在 6 月、9 月，岩石温度低于露点温度的日期很少。而当时的现场调查记录是，仅在下部发现部分凝结水现象。而在 7 月、8 月，可以发现不少日期，岩石温度都低于露点温度，可以充分证明凝结水的发生。

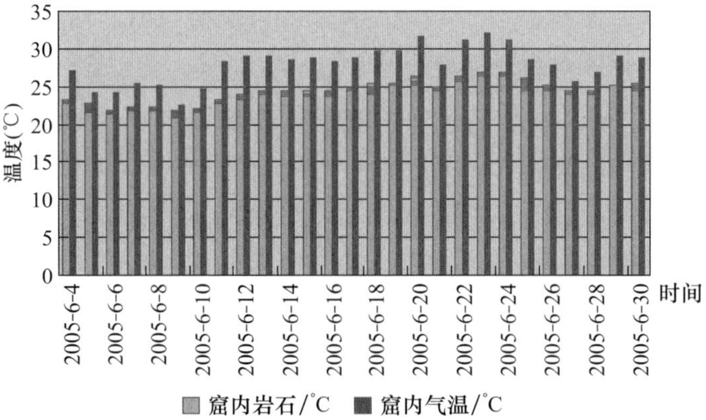

图 5-12　2005 年 6 月潜溪寺窟顶岩石温度与窟内大气温度对比

另外，我们取凝结水比较集中的 2005 年 7 月和 8 月采集的数据进行分析，该数据来源于 UNESCO 龙门石窟保护修复工程项目。图 5-13 为 7 月和 8 月的露点温度（大部分在下部的曲线）和岩壁温度（大部分在上部的曲线）随时间变化曲线。由图可知：潜溪寺窟顶也有凝结水产生，但产生的频率和强度均低于凝结水富集的洞窟下部。

由图 5-13 可知，在 7～8 月期间，仅 7 月 23～25 日、7 月 27 日～8 月 1 日二个时段岩壁温度低于露点温度。凝结水产生的时间很少，程度较弱。实际观察的结果也

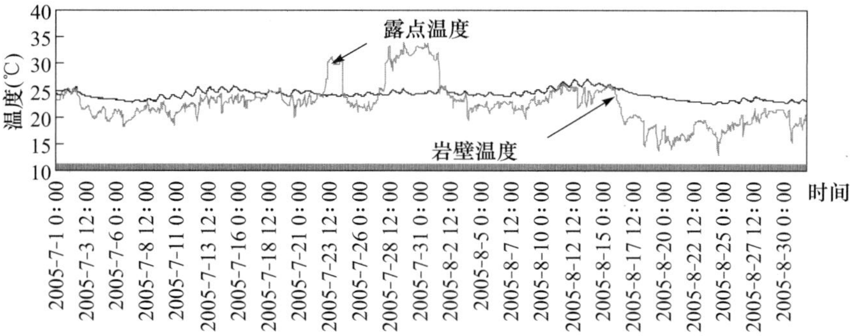

图 5-13 2005 年 7 月、8 月份潜溪寺窟顶岩壁温度与露点温度

表明窟顶极少出现凝结水。

我们再取 2006 年 7 月 1～25 日潜溪寺窟顶监测数据进行分析（图 5-14）。可以看出，绝大多数时间，窟顶的岩壁温度都高于露点温度，也就是说，产生凝结水的时间很少。而同期对于潜溪寺下部凝结水的现场观察记录则存在比较多的凝结水。这形成了鲜明的对比。似乎可以得出一个结论：由于洞窟比较高，造像稀少，通风较好，水汽不容易在高处凝结，还需用更多试验来证明。

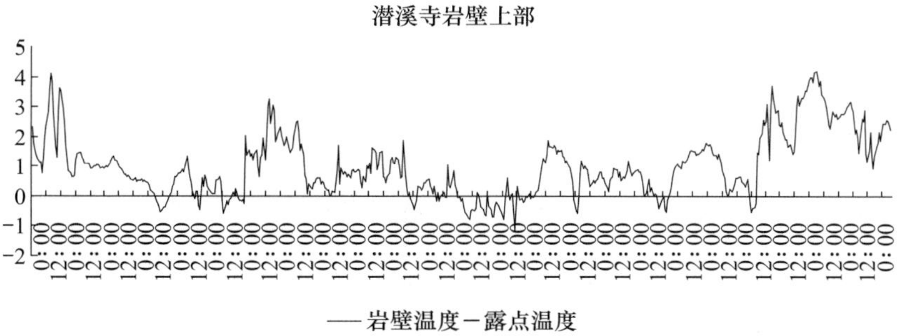

图 5-14 2006 年 7 月潜溪寺窟顶岩壁温度和露点温度对比图

4. 其他洞窟的凝结水现象与分析

在重点对潜溪寺洞窟的凝结水现象进行观测和试验的同时，我们对其他洞窟也进行了连续观测，以建立不同洞窟之间的横向比较。主要对宾阳三洞、万佛洞、双窑、路洞等洞窟进行了比较性的观测。结果表明，这些洞窟也存在程度不等的凝结水病害。

具体说来，由于宾阳洞位置靠近北边，洞窟进深大，内外温度变幅高，为凝结水的产生创造了客观条件。其岩性属于致密的白云岩，岩石空隙率小[①]，凝结水很难渗透进去，往往附着在岩石和佛像的表面，并逐渐聚集、汇流，最后流到地面上，形成积水。宾阳三洞总体而言，其凝结水病害程度不等，南洞最严重，北洞次之，中洞轻微

① 潘别桐、黄克忠：《文物保护与环境地质》，中国地质大学出版社，1992 年，第 174-179 页。

（图 5-15）。初步分析其原因是南北二洞不如中洞通风条件好，南洞接受日光照射的条件不如北、中洞。由于宾阳三洞位置接近潜溪寺，洞窟规模接近，两者的凝结水病害发生的时间、部位也存在许多共同点。通常，在凝结水丰富的时间，宾阳南洞的地面上往往存在较大面积的积水。经仔细观察和分析，此积水应为凝结水汇集而成，其他特点与潜溪寺非常接近。

万佛洞位于西山中段，海拔约 156～162m，属于残余鲕粒灰岩，洞窟高 533cm，宽 496cm，进深 343cm。在现场调查中发现，此洞西墙壁主尊两侧下部的雕刻表面存在一定的凝结水分布。总体发生时间短，频率低，分布面积小。双窑位于万佛洞下，规模中等，洞窟显得较深。同样在主尊头部南北两侧发现了凝结水的存在，但面积比较小，且凝结水量很少。

位于西山南段的路洞，规模中小，洞窟敞开度好，很少发现凝结水的存在。同样，在位于南段的皇甫公窟里，只有在特别闷热的天气才能发现凝结水。这可能与此段洞窟岩石属于强风化类型、空隙度比较大、凝结水渗透到内部而很难在表面附着等因素有关。

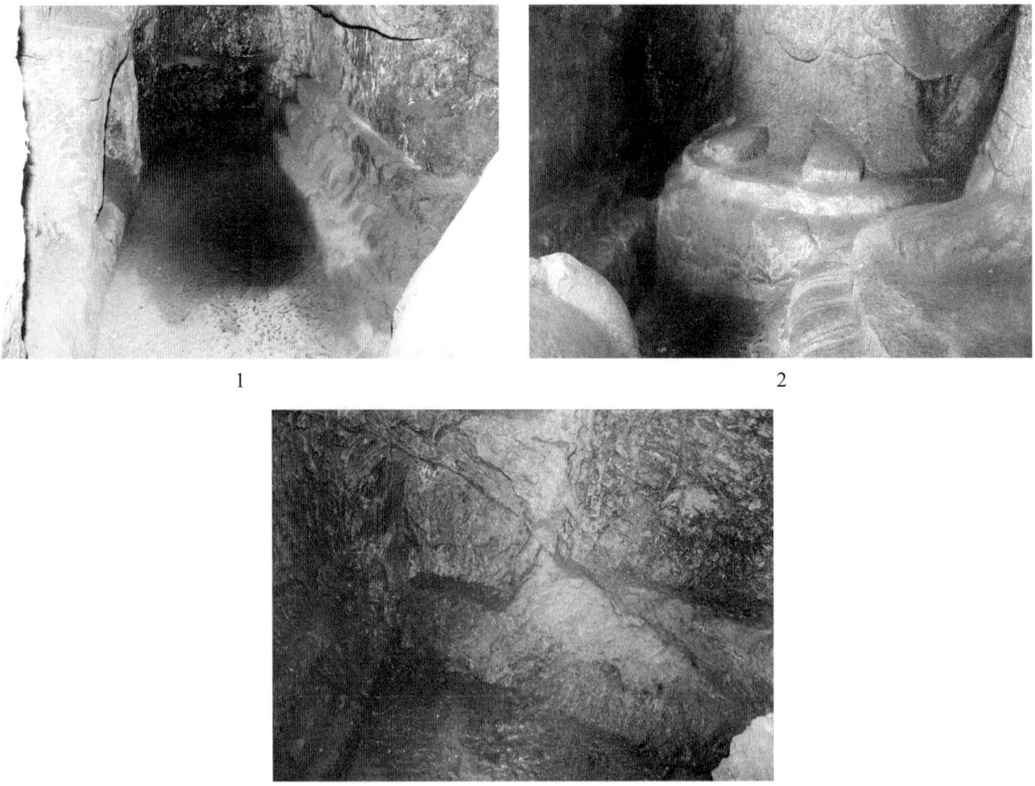

1　　2　　3

图 5-15　2005 年 8 月 11 日 10：20 左右三洞凝结水对比

1. 宾阳南洞　2. 宾阳中洞　3. 宾阳北洞

五、凝结水定量测试试验研究

（一）试验仪器与试验步骤

2006年7月底，中国地质大学（武汉）与龙门石窟研究院保护中心合作开始进行凝结水项目的现场工作。持续时间为一个月，其中半个月左右在室内进行率定分析，半个月在潜溪寺洞窟内部进行现场定量测试。总体上试验进展顺利，试验结果符合预期目标。

1. 试验装置与原理

龙门石窟凝结水定量测定装置如图5-16所示，主要包括密封容器、干燥管、流量计、真空泵、温湿度仪和塑料管路、三通阀等，其中，干燥管2个，温湿度仪3个，三通阀3个。其基本过程是，在密封条件下，让干燥气流通过测定位置，再将带出的湿气流经过干燥剂干燥之后重新进入测定位置，如此反复，直至进出气口的相对湿度与开动气流循环系统之前进出气口的相对湿度一致时，就可以认为本次试验完成。将吸湿之后的干燥剂称重，并将此称重结果减去干燥剂未吸湿前的重量就可得到凝结水量。其原理是，用一容器把岩壁上测试区封闭，通过闭合的管路系统，使水汽在干燥管中吸收，前后干燥剂重量之差，即为某段时间内该测试区的凝结水量。三个温湿度传感器仪表分别实时测定管路中不同位置的温度、湿度值，其中1、2号湿度差可反映容器进出口的水汽含量高低。流量计可显示真空泵的鼓风速度。3号仪表则显示气流通过干燥管后的湿度值。当最后发现1、2号湿度差稳定在5%以内，且3号仪表湿度读数趋于稳定时，此时岩壁上的水分基本已经蒸发完毕，可以关机结束试验。

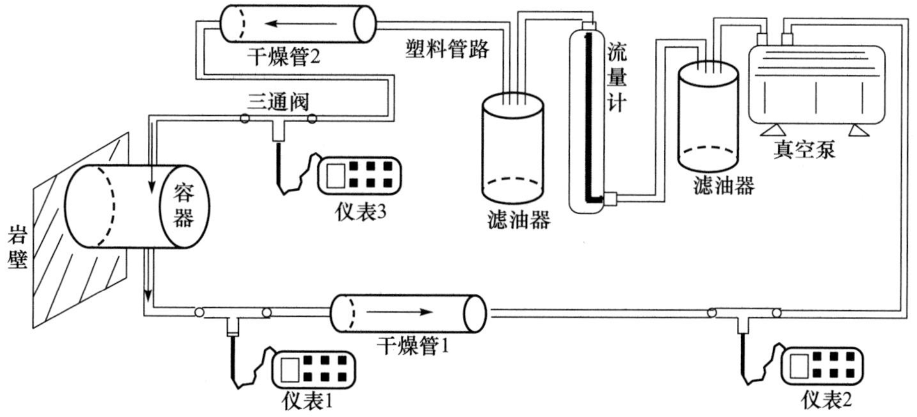

图5-16　龙门石窟凝结水定量测试仪器示意图

将数字相对湿度仪（附带测温功能）、空气流量计、空气循环泵及干燥剂瓶用管路和阀门连接，构成一个完整的密闭测量系统。在此对不同仪器及阀门的作用进行说明：空气泵使整个循环系统的气流按顺时针方向流动；分流阀门使循环系统中的气流以稳定的速率流动；1 号相对湿度仪测定流入测定位置的空气湿度；2 号相对湿度仪测定流出测定位置的空气湿度；干燥剂瓶对流出测定位置的湿空气进行干燥；3 号相对湿度仪测定干燥后的空气湿度。将 3 号相对湿度仪的测定结果与 2 号相对湿度仪的测定结果对比可判断干燥剂的干燥能力，而与 1 号相对湿度仪的测定结果进行对比，可计算整个循环系统的误差。

此装置中的密封容器的密封性非常重要，是整个试验成败的关键。有两个问题需要重视，一个是密封容器的固定问题，一个是密封容器与洞窟岩壁的密封性问题。我们利用下面设计的固定装置（图 5-17）将圆柱体密封容器固定在凹凸不平的洞窟石壁上可避免对洞窟石壁造成物理创伤。使用此装置须有支撑杆顶住固定装置的支撑面，且固定装置的支撑足与圆柱体底面的圆环相接触。密封容器是底半径为 10cm、高为 35cm 的圆柱体容器。在圆柱体底面，柱体外侧有一圈 5cm 宽的圆环，其目的是为了配合固定装置，使圆柱体容器能够被密封在观测位置上。现场密封效果见图 5-18。

图 5-17　固定装置示意图

图 5-18　密封效果照片

此定量测试装置由中国地质大学（武汉）方云教授和胡学军老师研制、改装而成。塑料管路全部采用德国进口材料，接口处采用三通阀和压力式扣丝。现场检漏表明，该装置具有极好的气密性和易操作性。三个温湿度传感器仪表采用群特科技股份有限公司生产的 CENTER 313，液晶显示，方便读数和存储数据。容器采用有机玻璃制作。本装置最大的改进是对气密性的加强，在所有接口处都采用最先进的扣丝闭合，并用生胶带密封，严防漏气。

由于试验装置中的真空泵在工作时需要加润滑油进行降温，在试验时因油气挥发进入塑料管路中而造成误差。室内试验以校正误差为主，主要测试在不同时间内对真空进行抽气试验时的油气挥发量和水油共存时抽气试验的油气挥发量，以此确定现场试验时的误差来源和定量计算，此过程称为率定试验。率定试验进行了三组，分为3小时、5小时和7小时。分别进行了两次试验，结果基本一致。真空泵工作时平均每小时油气挥发量约为1.4g。水油共存时此值偏高。同时，在率定试验中，对1、2、3号传感器的读数进行对比分析，选择1、2号湿度差在3.1%、2.0%、1.8%、1.6%时关机。依照此湿度差，可以对现场试验时关机时间进行对比控制。试验中曾经对真空泵、滤油器进行了多次改进，使得测定结果更加接近实际。

2. 试验步骤和基本操作

制定严格的试验步骤和操作规程，对于试验的严格执行和顺利完成，具有至关重要的作用。我们通过多次反复试验，比较分析后不断改进试验步骤，最终编制了一个详细的试验步骤和操作规程，作为本次试验的根本性指导程序。详见附件1。

（二）率定试验与分析

1. 率定试验的必要性

任何试验都不可避免地存在误差，本试验的误差主要有以下几方面：真空泵的油挥发量是个重要的误差源。密闭管路中的大气在充分抽干试验中，会带动油的挥发，这必然带来干燥剂的增重偏大。因此，需要根据多次试验进行油挥发量的测试，计算出它的挥发量与时间的关系，即率定标准。此外，干燥剂的吸湿能力对试验的结果影响较大，所以选择品牌过硬、能够多次使用的干燥剂。

2. 率定试验

试验在室内进行。我们首先编制了凝结水定量测试试验记录表格，用以标记每次试验的有关时间、读数等基本数据，见附件2。试验方法同现场试验一样；试验目的是找到油挥发量与抽气时间之间的对应序列标准，以矫正现场试验中的无效试验结果部分，降低整体试验的误差，保证试验的客观性和有效性。率定试验分为抽空试验和抽水试验。抽空试验是针对密封容器中的空气进行抽气循环，最后仪表数据显示稳定后，可以确定油挥发量与时间的一个对应序列标准。抽水试验是针对密封容器中的定量水进行抽气循环，最后仪表数据显示稳定后，可以确定水、油共存时试验中的油挥发量与时间之间的对应序列标准。两种试验方法可以保证该试验的对比性和有效性，在降低试验误差方面有明显的分析效果。试验分为不同时间段来进行，有3h、5h、7h等不同抽气时间，目的是增加试验的多样性，进行对比分析，从而降低试验误差。

本次率定试验共进行了15天左右，除去无效试验，共有13次左右的试验结果比较理想。部分试验结果见表5-2。

表 5-2　率定试验数据

时间（h）	油气和水（g）	水（g）	油气 1（g）
2	7.0052	3.0982	3.907
3.5	11.0991	4.5377	6.5614
5.5	15.9411	5.9347	10.0064
时间（h）	油气和水（g）	水（g）	油气 2（g）
2	5.3612	2.7906	2.5706
3.5	10.2055	4.5763	5.6292
5.5	15.2579	5.2799	9.978
时间（h）	油气和水（g）	水（g）	油气 3（g）
2	5.9219	2.656	3.2659
3.5	8.8193	4.6315	4.1878
5.5	12.5758	5.2726	7.3032

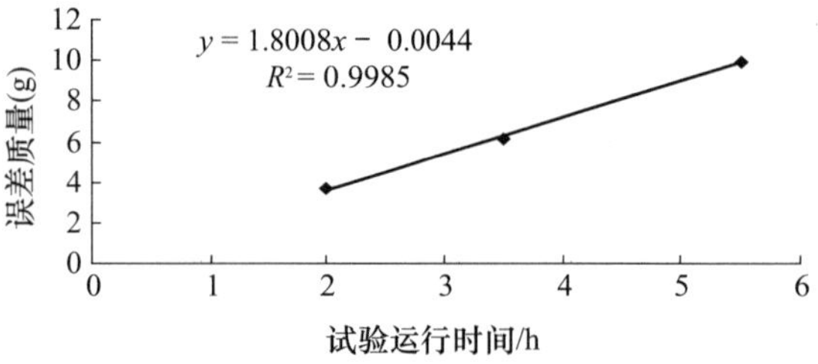

图 5-19　误差标定曲线

表 5-2 显示，率定试验的结果总体上比较理想。无论抽空试验还是抽水试验，试验结果都显示出明显的线性关系。经过分析，我们发现试验结果的率定参数不是完美的线性关系，但其斜率都非常接近。通过插值分析，得出最后的率定曲线，作为本试验的最终率定参数曲线（图 5-19）。

（三）现场定量测试试验

现场试验是在室内率定试验的基础上结合洞窟凝结水实际情况来进行的。试验时间安排在 2006 年 8 月，此期洞窟凝结水显现比较突出。根据以往的经验和实地考察，我们选择了潜溪寺作为试验洞窟。

图 5-20　龙门石窟潜溪寺洞窟

潜溪寺是西山北端的大型洞窟（图 5-20），时代为唐，属于穹隆顶洞窟，分为前后室。前室敞开，于 20 世纪 80 年代末修造有木构仿唐式窟檐，南北两壁面雕刻有小窟龛若干，西壁雕凿有力士两尊，分立于洞门南北两侧；后室雕刻有七尊大规模立像。该洞高 995cm，进深 715cm，宽 986cm[①]。根据现场观察

① 刘景龙、杨超杰：《龙门石窟总录 · 第一卷》，中国大百科出版社，2001 年，第 37-39 页。

发现，该洞窟每年夏季存在有明显且严重的凝结水现象，该洞窟可以作为龙门石窟凝结水试验的代表洞窟。

1. 试验区的确定

首先要确定一块试验区作为现场操作单元。我们选择了潜溪寺南壁下部的一个直径为 20cm 的圆形区作为试验区，位于普贤菩萨和阿南弟子之间的墙壁上，靠下方，距离地面 90cm，前面有足够的空间来开展试验和操作仪器等。

2. 试验方法和不同试验时段的安排

试验方法同前面已作介绍的试验原理接近，安装好测试仪器。首先要对试验区进行抽干，确定试验区表面干燥的基准时间点，以保证该时间点开始的以下操作有核算时间的标准作为参考。所以首次抽干试验的数据是无效的，不作为试验数据的一部分，目的是建立试验基准时间参考点。

确定试验基准时间点后，把试验分为不同时段进行。主要划分为三个时段：8：00～13：00；13：00～18：00；18：00～次日 8：00。每个时段进行的试验不少于 3 次，以加强试验结果的比较和有效性。具体试验时间、时段、内容见表 5-3，本试验是在 2006 年 8 月进行的。

表 5-3　凝结水定量测试试验数据

凝结水的凝结时间	凝结时间历时（h）	干燥剂增重（g）	①②传感器湿度差（%）	备注
8/7 8：00～13：00	5	11.8752	3.50	新硅胶
8/14 8：00～13：00	5	14.4051	6.00	新硅胶
8/8 13：00～18：00	5	14.0328	3.30	新硅胶
8/11 13：00～18：00	5	16.4561	3.40	新硅胶
8/1213：00～18：00	5	17.8024	4.20	二次硅胶
8/7 18：00～8/8 8：00	14	10.5223	2.90	新硅胶
8/14 18：00～8/15 8：00	14	6.5799	3.20	二次硅胶

以 2006 年 8 月 9 日试验为例，凝结水时间为 9：10～15：30，共 6 小时 20 分钟，凝结水覆盖面积为 150.138m^2，抽湿区域的面积为 0.0314m^2，凝结水重量为 28.37g，可以计算出当天这个时间整个潜溪寺凝结水重量为 135.65kg。这个数字是非常惊人的，反映了潜溪寺凝结水现象的严重性。

再以 2007 年 8 月 8 日试验为例，凝结水时间为 13：00～19：00，共 6 个小时，凝结水覆盖面积为 58.19m^2，抽湿区域的面积为 0.0314m^2，凝结水量为 14.567g，可以计算出当天这个时间整个潜溪寺凝结水量为 26.995kg。而这并非凝结水很严重的时候。

3. 凝结水面积的变化

凝结水的变化会随着窟内湿度、气温的波动而变化，是个动态的变化过程。从发生、发展、壮大到逐渐减小，直至消失，凝结水在窟内岩壁上的附着面积是逐渐变化的。以 2006 年 7 月底到 8 月底潜溪寺凝结水现场试验数据为基础，我们计算出这一个月凝结水附着面积的动态变化曲线，如图 5-21。

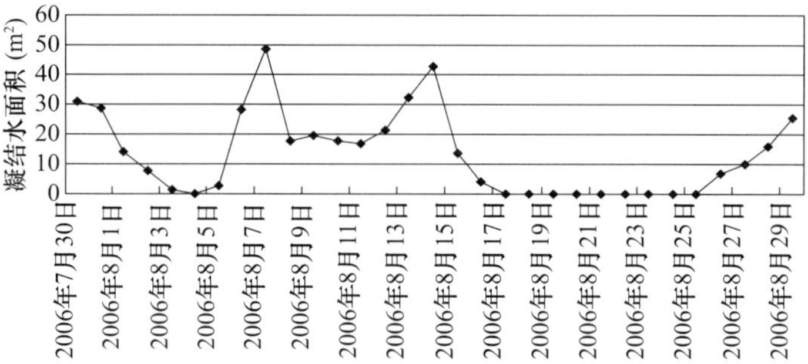

图 5-21　2006 年 8 月潜溪寺凝结水面积变化图

可以看出，凝结水附着面积基本存在波谷、波峰的周期变化，这与大气运动的规律基本相符[①]。波谷、波峰的周期变化长短，随着天气的变化而演变。2006 年 8 月 1 日至 8 月 15 日，龙门石窟天气状况是阴晴、闷热、降雨交替变换，造成凝结水面积出现两个波谷和两个波峰的间歇性变化；而从 8 月 15 日到月底，由于天气大多晴好、不闷热，洞窟内的凝结水面积明显减小甚至消失。这充分反映了凝结水的发生和发展趋势与窟内的大气湿度和气温有着非常密切的关系。

根据 2007 年 7～8 月补充试验数据，我们制作了潜溪寺凝结水面积变化图，如图 5-22。显然，凝结水覆盖的面积是相当巨大的，有时达到 90 多 m^2，几乎覆盖了洞窟的中下部。可见凝结水现象是普遍而且严重的。

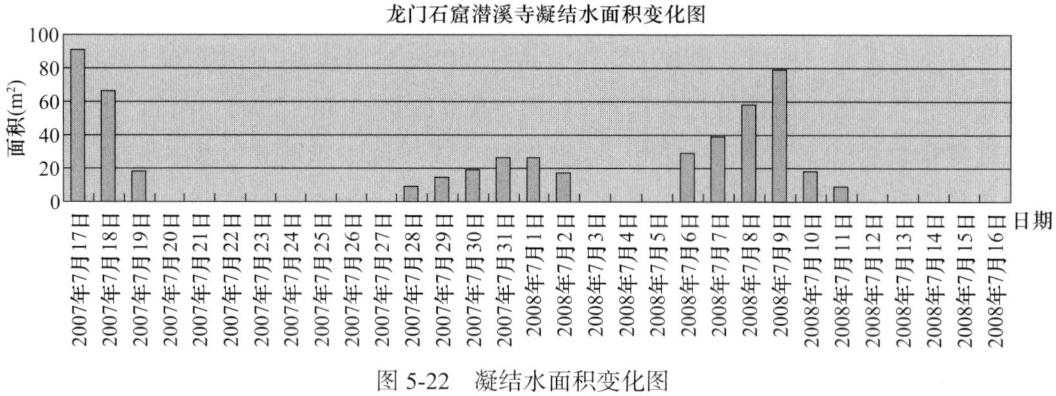

图 5-22　凝结水面积变化图

① 白爱娟、刘晓东：《从气候标准的改变分析西北地区的气候变化》,《干旱区研究》2005 年第 4 期。

20060801 9:00 **凝结水面积：14.317平方米**

图 5-23　2006 年 8 月 1 日潜溪寺凝结水分布范围图

我们可以从直观的图片来看凝结水覆盖的范围。图 5-23 是 2006 年 8 月 1 日潜溪寺凝结水分布范围图，通过计算后得出凝结水覆盖面积为 14.317m^2。那么当凝结水面积达到 90 多 m^2 时，几乎就覆盖了所有的 7 尊立像身体的绝大部分，凝结水量可达 41.75kg。这也反映出潜溪寺的凝结水现象是比较严重的。

六、龙门石窟凝结水危害的综合分析与防治对策

（一）凝结水受控因子分析

1. 温湿度对凝结水的影响

通过对监测数据的分析比较，可以初步确定，天气日变化造成的岩石表面温度与大气温度之间存在一定的温差，这是凝结水形成的主控因素。岩石表面和内部的温度都低于气温，容易在岩石近表面处形成低温区，从而使饱和的水汽层冷凝，造成水汽凝结[①]。窟内岩石表面温度一般低于窟内气温约 3℃～8℃，有时温差可达到 10℃以上。这样，水汽就首先在温度最低的岩石表面凝结[②]。

在一定的湿度下饱和水汽的存在是凝结水形成的控制内因。夏季时潜溪寺窟内湿度较大。对潜溪寺温湿度监测数据进行分析，可以发现，凝结水丰富的日子，湿度都在 90% 以上，有时甚至达到饱和。年平均湿度在 70% 左右。每天温度最低时湿度最大。

① Steyer A, Guenoun D, Beysens D, et al. Two-dimensional ordering during droplet growth on a liquid surface. Physical Review Letters. B, 1990(1), Vol.42: 1086-1089.

② Viovy J L, Beysens D, Knobler C M. Scaling description for the growth of condensation patterns on surfaces. Physical Review Letters. A, 1988(12), Vol.37: 965-970.

在早上 6：00～9：00 之间，壁面凝结水分布最为丰富。2005 年 9 月 22 日～10 月 4 日，龙门地区连续降小到中雨，偶尔有高强度降雨，在洞窟内很少发现凝结水，危害性水源变成洞窟渗漏水。洞窟裂隙渗水客观上又增加了洞窟内部的湿度。这说明湿度的存在是凝结水发生的内因，而雕刻品表面温差变化、通风状况等是凝结水形成的外因①。

2. 窟檐、通风对凝结水的影响

潜溪寺等洞窟最深处的壁面的湿线高度最大，反映了凝结水的形成与内部空气流通不畅关系密切。即使在湿度小于 70%、温差变化不大的情况下，在洞窟深处、雕像表面的拐弯和背风处，仍然常见到有凝结水存在。这说明洞窟内部的气流流动速度缓慢，不利于蒸发过程的进行。蒸发和凝结是可逆过程，此过程的控制因子取决于外部条件的量化平衡体系②。当洞窟开敞、通风良好的时候，蒸发作用强烈，水汽凝结就变得十分困难；相反，无风的天气、窟檐遮蔽，蒸发过程微弱，则凝结作用增强，造成大量凝结水附着于雕刻品上③。潜溪寺建有木构窟檐，虽然调节了窟内温度变幅，但加大了湿度，减缓了窟内外空气交换，使得水汽更容易在内部岩壁上凝结。

打破蒸发和凝结的动态平衡，改善洞窟的通风条件，可以使洞窟环境朝有利于雕刻品保护的方向控制与发展。

3. 岩性、风化壳表层特征对凝结水的影响

龙门石窟依附岩体属于碳酸盐岩，从北到南，岩性依次为白云岩—鲕粒灰岩—去膏化微晶夹泥质条带灰岩④。调查中发现，南段强风化区的洞窟内部很少发现大量凝结水存在，而在中北段石窟则比较常见。能否说明不同岩性洞窟、不同风化程度的表层对凝结水的形成与吸收带来较大的差异性？这一点没有得到实证。但可以推断，由于南段岩石风化程度高，裂隙密布，空隙率高⑤，即使有凝结水存在，也由于渗透作用进入岩石内部而很难附着在岩石表面。

4. 凝结核带来的影响

调查中初步发现，壁面粗糙的地方附着的灰尘较多，成为水汽凝结的首选场所。

---

① 方云、孙兵、杨刚亮，等：《龙门石窟保护修复工程补充地质调查报告》，中国地质大学（武汉）文化遗产和岩土文物保护工程中心，2004 年。

② Zhao H, Beysens D. From droplet growth to film growth on a heterogeneous surface: condensation associated with a wettability gradient. Laugmuir, 1995(11): 627-634.

③ Steyer A, Guenoun P, Beysens D, et al. Growth of droplets on a one dimensional surface: experiments and simulation. Europhys Letters, 1990(12): 211-215.

④ 黄克忠：《岩土文物建筑的保护》，中国建筑工业出版社出版，1998 年，第 70-91 页。

⑤ 丁梧秀、蔡丽朋、陈建平，等：《洛阳龙门石窟围岩风化层结构特性研究》，《洛阳大学学报》2003 年第 4 期。

洞窟内大气中包含的微尘颗粒物质带来水汽的丰富集中，在合适的条件下就会凝结，附着悬挂于壁面上。但对不同粗糙度的表面是否存在凝结上的差异，凝结核在凝结水危害石窟的机理中起到什么作用，目前尚无定量与定性研究①。在这一点上，云冈石窟曾经进行过一定的研究。其研究结果表明，在砂岩上，不会因为表面粗糙度的不同而造成凝结水量的不同。

5. 石窟区人工水面对凝结水的影响

龙门石窟曾经于1992年、1999年和2011年三次在龙门桥北面的伊河上修造橡皮坝，拦截河水，形成100余万 m^2 的人工湖面②（图5-24）。这在一定程度上改变了区域小气候环境，增大了石窟区的湿度，加剧了洞窟凝结水病害③。

图5-24 人工湖改变了区域小气候

（二）凝结水对龙门石窟的危害分析

1. 凝结水的危害过程

由以上分析与论述可知，龙门石窟每年5～8月是凝结水发生的集中时期，在洞窟的四壁上经常挂满了露珠，并附有一层水膜。这些露珠和水膜与岩石接触的过程，就是水对碳酸盐岩石雕的溶蚀过程，也是岩石内部与表层之间元素迁移和表层化学风化的过程④。

① Rogers T M, Elder K R, Desai R C. Droplet growth and coarsening during heterogeneous vapour condensation. Physical Review Letters. A, 1988(10), Vol. 38: 5303-5309.

② 中华人民共和国国家文物局编：《龙门石窟申报世界遗产文本》，2000年。

③ 刘景龙：《龙门石窟保护》，中国科学技术出版社，1993年，第201、202页。

④ Steyer A, Guenoun P, Beysens D. Spontaneous jumps of droplets. Physical Review Letters. 1992(1), Vol.68: 64-66.

由于龙门石窟参观区内游客数量众多（每年 200 万左右），造成洞窟内 CO_2 的含量会超过外界，这使水珠中溶有足够量的侵蚀性 CO_2。所谓侵蚀性 CO_2，可作如下解释：水中溶解的 CO_2 越多，水对碳酸盐岩的溶蚀能力也就越强。在饱和的溶液中，溶解的 $CaCO_3$ 克分子数除了需要有相同克分子数的 CO_2 与之结合，形成重碳酸钙外，还需要另一部分附加的 CO_2 来平衡。前者称为结合 CO_2，后者称为平衡 CO_2。在高饱和溶液中，随着 $CaCO_3$ 浓度的增高，平衡 CO_2 的需要量亦逐渐增大。如果溶液是未饱和的，那么除了溶液中溶解的 $CaCO_3$ 所需要的结合 CO_2 和平衡 CO_2 外，还需要一部分多余的 CO_2，使溶液具有再溶解 $CaCO_3$ 的能力，这部分多余的 CO_2 就是侵蚀性的 $CO_2$①。

足量侵蚀性 CO_2 在露珠和水膜中的存在，可增加露珠和水膜对碳酸盐岩的溶解能力，从而使这些凝结水中溶有一定的碳酸盐成分。正是由于这些溶有碳酸盐的水珠在伴随溅落和流淌而相继出现的蒸发过程中，失去了水分子，将碳酸盐的痕迹留在了石刻、石雕以及壁画等表面，才对其造成玷污性损害，而且容易导致壁画被潮解酥软，甚至发生冲刷现象。

此外，充足的水分条件是洞穴岩石裂隙发育所必不可少的，而微生物风化作用也必须是在潮湿的环境中进行。洞穴内岩石表面的充足水分条件，为微生物风化作用提供了必不可少的介质环境。微生物风化作用因此而显得异常活跃，这是导致石窟文物破坏的另一个重要原因。每年 5～9 月，洞窟内部潮湿的地方很容易滋生苔藓、菌类等微生物（图 5-25），它们不断腐蚀岩石。在冬季变得干燥时，可以很清楚地看到微生物附着的地方的岩石出现起层、粉化、脱落等病害现象。

图 5-25　苔藓和霉菌生长

一般说来，从岩壁或洞顶下落的水滴或水流，都有一个简单的汇集过程，而不是无序随机地进行滴落。小水珠沿着岩石表面“纹理”走向聚成较大的水滴。当大水滴自身重量超过它与岩石表面的亲和力时，就会在重力场的作用下流淌或溅落。流淌既是个沉淀析出的过程，也是个溶解的过程，途中既有水滴的溶入，也有水分的蒸发。因此，它们在岩壁上以结晶形式所保留下来的运动轨迹，就显现为不规则的片状或条状白色沉淀痕迹。

从洞顶滴落下来的水滴，也常常会出现对准

① 高全洲、沈承德：《河流碳通量与陆地侵蚀研究》，《地球科学进展》1998 年第 4 期。

某个既定目标进行连续重复击溅的现象，形成所谓的“定位溅蚀效应”①。这个过程既包括机械的侵蚀作用，又包括化学的溶蚀作用。

综上所述，无论是水滴的流淌，还是击溅，都近似地体现了一种大面积的分散溶蚀和小面积的集中沉淀的趋势。所谓分散溶蚀，指水对碳酸盐岩的溶蚀，是由那些分散在整个岩层表面的水膜和水珠来实现的②。而沉淀作用则较为集中地发生在一些特定的部位上。分散溶蚀和集中沉淀现象大大强化了对局部“画面”或雕刻品的破坏效果。

2. 凝结水带来的病害类型与分析

凝结水带来的病害类型主要有：鳞片状起翘、剥离、粉化、斑点、盐分结晶、层状片状脱落、微生物滋生等。

（1）在流动和蒸发过程中，凝结水与洞壁岩体相互作用，在洞壁上以结晶形式保留其运动的轨迹，使洞壁留下明显的不规则片状或条状白色沉淀，对石窟造成污染，影响石刻的外观风貌（图 5-26）。

（2）凝结水富集部位滋生大量微生物，加剧了石雕风化，影响了外观和艺术价值。

（3）水分在窟壁的反复凝聚和蒸发，造成洞窟岩体表面的干湿变化，降低了洞窟岩体表层的强度，加剧了岩体风化和剥落。凝结水还会加剧裂隙的扩张发育，形成裂隙密集带，进一步增大凝结水附着的表面积。

（4）无论是物理侵蚀还是化学侵蚀过程，石雕表面都会聚集沉淀的颗粒物，形成表层粉化等病害。

图 5-26　凝结水痕

从病害类型的分布上来看，微生物滋生的地方一般集中在洞内岩壁的下部，多呈绿色或黑色，颜色随季节而变化，冬季湿度小，微生物一般呈灰黄色；盐分结晶多集中于岩壁的中下部；鳞片状起翘、剥离、粉化等病害多分布于岩石软弱带、雕刻轮廓的拐弯处等。以上诸病害都具有持续发展和深化的趋势。

（三）凝结水防治对策分析

从凝结水发生的必要条件上来考虑，可以通过降低岩壁附近湿度、减小岩壁与空

---

① 傅涛、倪九派、魏朝富，等：《坡耕地土壤侵蚀研究进展》，《水土保持学报》2001 年第 3 期。

② 于鸿鲁：《分散性黏土的特性及处理》，《中国水利》1992 年第 5 期。

气的温差来实现。湿度和温差是凝结水发生的两个必要条件，缺一不可。因为要降低温差实际上很难达到，所以只有从降低洞窟内的湿度这一思路出发。只要降低了窟内大气的湿度，即使存在岩壁与大气之间的温差，凝结水也很难形成。当然，从凝结核因素来考虑，还可以通过清扫窟内岩壁和雕刻品表面的积尘来降低凝结水附着的可能性。

据此，我们提出改善区域大环境状况与局部小环境控制相结合的防治对策，同时在文物表面特征区采用防结露涂料（憎水剂）遏制凝结水的发生。

（1）宏观上——通风，使用通风设备增进洞窟内外之间的大气流通，从而降低和缓和洞窟内部的湿气集中程度；通过环境改善来降低凝结核含量。

（2）洞窟局部——除尘、涂抹防水剂。主要针对中下部岩壁尤其是雕刻品的表面进行除尘；涂抹防水剂虽然有效，但使用时要慎重，在没有取得充分的成功试验前禁止使用防水油膏或其他憎水材料。

（3）抽湿——这与通风的思路相近。洞窟内使用除湿机来直接吸收和汇集洞窟内部大气中的湿气。采用定期和不定期两种办法。可通过试验和计算，得出洞窟内部的露点温度与临界湿度，从而实现电脑自动化控制除湿机来即时除湿。

七、结论与建议

通过本试验研究项目的开展，得出以下主要结论：

（1）龙门石窟凝结水的发生具有明显的季节性。夏秋季节是凝结水发生的高峰期，而在冬春季节不明显或几乎没有。

（2）龙门石窟凝结水的分布具有一定的空间特点。凝结水主要集中于洞窟最深处的岩壁下部、窟内雕刻品的背风部位、洞窟地面等，重点研究洞窟潜溪寺的窟顶凝结水产生的频率和强度均低于凝结水富集的洞窟下部。

（3）影响龙门石窟凝结水形成的要素主要有洞窟内外的温湿度变化、洞窟内部的通风条件、岩石空隙率大小等。过大湿度的存在是凝结水形成的内因，而洞窟内外的温差变化大、通风状况不良等是凝结水形成的外因。

龙门石窟凝结水病害的直接影响因素有洞口修建的窟檐、通风性能、岩性、凝结核以及石窟区的人工水面。湿度及洞窟内外的温差变化、通风状况等是凝结水形成的主要机理。

（4）定量测定试验表明，潜溪寺凝结水覆盖面积大、持续时间长（几乎整个夏季），凝结水重量从几十 kg 到一百多 kg，反映了潜溪寺等洞窟内凝结水现象的严重性。

（5）通过对凝结水形成机理和危害的分析，得出要解决龙门石窟的凝结水病害问题的思路办法，可以从两方面来着手：一是降低洞窟内的湿度；二是加速洞窟内空气与外界空气的交换流通。在龙门石窟凝结水防治方法和手段上，可以采取集中抽湿和通风相结合，同时辅助使用其他干燥媒介和手段。

本研究项目作为“UNESCO 龙门石窟保护修复工程”下设的一个子项目，得到了中日双方专家的悉心指导和广泛关注。在项目进程中，专家组多次组织研讨会帮助项目研究人员取得更为合理、科学的研究成果。日本的津田丰先生专门就凝结水问题撰写报告，与中方专家、工作人员进行交流。他们的专业学识和科研精神使我们非常钦佩和感动。虽然存在一些观点之争，但共同目的都是把工作做好，把研究项目做成精品工程。中国地质大学的方云教授与日方专家进行了友好而深入的探讨。这些现场汇报会和研讨会，使我们受益匪浅，也使得该研究项目得以更好地开展下去。

本次研究作为一次尝试性的科学研究，像其他研究一样，还存在一些方法论、试验过程、试验效果、数据分析等方面的不足之处，所以，最后的结论难免会有所偏差。比如，在现场试验中，由于仪器和操作上的原因，我们只在洞窟下部进行了定量试验，没有对高处的岩石表面进行试验研究，仅是从连续观测和数据分析上推断其特征，必然会存在一定的误差甚至失误。当然，作为一个科学研究和试验，只有进行再三甚至多次试验和分析，不断深入研究相关问题，才能取得更为圆满的成果。在这里，提出以下几点建议：

（1）运用相关技术和手段，建立龙门石窟石灰岩表面凝结水形成模型。它应该可以直观反映水汽从凝结到附着在岩石表面的过程，应该有科学的分析数据反映其凝结要素和条件；

（2）关于窟区人工水面对石窟的影响。可以考虑对窟区人工水面实行一定时间的控制性放水，并在前后一到两个月内进行洞窟内外湿度监测，从量化上得出一个客观的评价分析结果；

（3）进行凝结水成分分析与侵蚀性评价；

（4）进行潜溪寺洞窟内抽湿试验研究；

（5）调查研究洞窟大小规模与凝结水产生之间的联系；

（6）调查研究窟壁凝结水和裂隙渗水的关系；

（7）对洞窟最佳保存环境进行深入研究。

附件 1

龙门石窟凝结水测量试验步骤

第一步　试验准备

选择常有凝结水出现的洞窟（如潜溪寺）内壁上无雕刻处 30cm 见方作为试验区。

要求该试验区尽量平整光滑，前面有足够空间以便操作仪器。

准备好仪器装置。

第二步　将密封罩扣上试验区

将密封罩扣在试验区上并固定，打上玻璃胶将密封罩与岩壁间缝隙封闭，然后连接仪器装置，其中，干燥管用有机玻璃短管代替。

扣密封罩前将罩内壁擦干，以防影响试验精度。打玻璃胶前先将要打胶之处的水吸干，使玻璃胶更容易与岩壁粘接。

第三步　称干燥剂重量

分两次称取干燥剂重量并记录数据，分别装入两个干燥管（标明编号），尽量装满。

第四步　平衡循环系统内空气并对仪器检漏

等 20 分钟玻璃胶凝固后开动真空泵，用泡沫对管路进行检漏（主要检查密封罩与岩壁是否密闭及管路中刚连接的接头处），检漏的同时观察管路上的三个温湿度仪，待它们的读数稳定后，关闭真空泵，将干燥管代替有机玻璃短管接入管路。（注意：这个步骤最好不超过一分钟）

第五步　设置观测仪器记录参数

设置温湿度仪记录数据的时间间隔（一般取 10 秒），手动记录三个传感器的初始读数；按下 REC 键开始自动记录数据，然后开动真空泵开始试验。

第六步　判断试验能否继续进行

开机后，观察三号传感器的湿度读数，如果其读数一两分钟内迅速降到 5% 以下，其他两个传感器的湿度读数也迅速下降，且三号传感器的湿度降到最低值后再以 0.1% 的速度缓慢上升，说明试验可以继续进行。反之，停机检查系统故障。

第七步　跟踪观察记录

每小时观察并记录三个温湿度仪的读数，同时观察测试区和干燥剂颜色的变化程度。

第八步　判断试验终止

当一号与二号温湿仪的湿度读数差达到 3.3% 以下且稳定时可停机。可结合测试区和干燥剂的颜色变化来辅助判断。

第九步　停机

确定可停机后，手动纪录三个传感器的读数，按下 REC 键取消自动记录，并立刻关闭真空泵。取下干燥管，称重并记录。

再根据试验的计划来决定揭下密封罩的具体时间。

第十步　试验测量结果校正

计算干燥剂前后重量差值，根据率定曲线来校正试验结果。

附件 2

龙门石窟凝结水定量测试试验记录

试验地点	时间				结束时传感器读数						干燥剂 /g		
	日期	开始	结束	历时	1 号 RH%	1 号℃	2 号 RH%	2 号℃	3 号 RH%	3 号℃	初值	末值	差值
1													
2													
3													
4													
5													

第四节　关于龙门石窟历史修复痕迹的初步考察

龙门石窟历史上留下了大量的修复痕迹，包括窟檐遗迹、梁孔、排水石洞、防雨石板、排水沟、保护性建筑等。通过对这些历史保护修复痕迹的现状调查，对其基本类型与划分、分布特征、数量、功能、保存现状和工艺特征进行详细勘察和统计分析，建立档案记录。在对比研究的基础上，结合案例分析，对历史修复痕迹在历史时期所起的功效及其对石窟艺术原真性的影响程度进行初步考察与评估。最后对这些历史修复痕迹的保护和再利用提出思考和建议。

一、从龙门石窟双窑洞看前人的修复

龙门石窟自开凿以来，集中营造时间长达400余年，其中经历了两次大规模的造像高潮，一是北魏时期，二是初、盛唐时期，成就了辉煌的龙门石窟艺术。但是，令人遗憾的是，龙门石窟除遭受自然因素的损毁之外，在其历史上曾惨遭严重人为破坏，尤其近、现代的盗凿劫掠，以至于给人留下几近满目疮痍的印象。元代萨天锡《洛阳龙门记》云：“诸石像旧有石衅及为人所击，或碎首，或捐躯，其鼻耳、其手足或缺焉，或半缺全缺，金碧装饰悉剥落，鲜有完者。”近代学者关百益有“共和以来毁佛凿字无虚日”之说。与此同时，对龙门石窟的保护修缮在历史上似乎也没有间断过，虽没有留下详细的文字资料，但龙门石窟的前人修缮遗迹并不鲜见，如奉先寺的人字形排水沟、九间房遗迹以及体量不等的石构窟檐雨篷、岩体堆砌支护等等。在双窑洞窟看到的前人修复遗迹，主要可分为两类：一是对于残损雕像的补全修复；二是洞窟裂隙的封堵。

在对待前人的修复上，到底该保留还是去除，一直存在着不同的看法。一种观点认为，前人的修复属于文物现状的组成部分，是历史遗留的痕迹，具有一定的历史价值和参考价值，同时已经为世人所接受，因此不应该被去除；而另一种观点则认为，前人的修复部分不属于文物原貌，不符合保持文物原真性的原则，应予以去除。《中国文物古迹保护准则》第 21 条“……修复应当以现存的有价值的实物为主要依据……经过处理的部分要和原物既相协调，又可识别……”，第 23 条“正确把握审美标准。文物古迹的审美价值主要表现为它的历史真实性，不允许为了追求完整、华丽而改变文物原状”。基于以上原则，对于前人修复遗迹的处理以下分述之：

（一）前人的补全[①]

双窑 521 窟内和前室雕刻品均有明显的修复补全痕迹。521 窟内，主尊头部左半侧系补全而成（图 5-27）；在雕刻背光缺损处，亦有补全痕迹；前室北侧力士像的右臂为前人所补全；521、522 窟内的地面都有水泥砂浆抹面找平处理。这些痕迹都可以证明前人曾对双窑进行过有计划的修复补全。其补全的目的应是恢复洞窟艺术品的完整性，全面再现其外观，保持洞窟佛教礼场的庄严华丽，更好地体现其美学价值。这里重点讨论前人对前室北侧力士（图 5-28）右臂的修复。

图 5-27　521 窟主尊头部

图 5-28　521 窟外北侧力士

调查表明，此力士总高 190cm，头高 40cm，宽 13～22cm；肩阔 60cm；左上臂长 40cm，左下臂 40cm，保存基本完好；右上臂 40cm，右下臂 30cm，外形失调。根据法国学者沙畹在其《北支那考古图谱》中的著述，此力士在 1915 年前，头部基本完好（图 5-29）[②]，右臂残缺，其他部位无明显缺损，但今天我们看到的力士头部多半已残，

① 陈建平、杨刚亮：《前人的修复》，《文物保护与修复的问题 • 第 2 卷》，文物出版社，2009 年。

② 龙门石窟研究所编：《龙门流散雕像集》，上海人民美术出版社，1993 年。

右臂全残；头部未做修复，右臂为后人补全（图 5-30）。20 世纪 50 年代后，龙门石窟管理机构没有对双窑残损雕刻进行补全修复的相关记录，故此推断如今力士的右臂当是 20 世纪 20 年代至 40 年代之间修复的。修复材料采用砂浆和黄土混合物，其中沙子属中细粒石英砂，粒径在 0.5～0.125mm，呈黑白色交杂状；黄土具良好黏性，能使沙子、水、黄土三者糅合紧密。修补的右臂与右肩连接处比较吻合，与立壁面吻合良好。虽然此处修复使得力士相对完整，与力士整体颜色也基本协调，但由于它所依附的窟门甬道北侧壁面部分塌落，补全时部分胳臂无支撑物，便采取按比例缩小的办法，制作了一个明显比左臂小得多的右臂，黏结在旁边的壁面上，这样右臂与力士整体状态显得很不协调，修复效果不佳。

图 5-29　1915 年前 521 窟外侧力士

图 5-30　力士局部

在修复时根据此力士的总体状况，结合龙门石窟研究院研究人员和中意双方教员、培训班学员的意见，认为保留此右臂比较合适。首先，此右臂在修复时已考虑到窟门甬道壁面的承重能力和避免对力士肩部的牵引力问题，采用的黏结和分力技术确保不会影响雕刻品和立壁的稳定性；其次，虽然它并不美观，属于没有历史依据的臆想之作，但已成为不少人尤其是现今专业研究人士所认可和接受的形象，在他们的眼中，这条右臂已成为力士完整形象的一部分，没必要去除；再次，目前还没有更多的资料说明其具体的修复时间和修复者的情况。所以，我们最终决定保留前人这一修复行为，并对其进行必要的修补和加固，以便以后对其进行更加适当的处理。首先对其肘部缺损之处，用水硬石灰＋沙子补全；然后对手臂整体用 10% 的丙烯酸乳液加固；最后把调配好的石粉＋丙烯酸乳液＋水，对整体进行做旧处理，使之与力士颜色协调。

双窑二洞的地面都曾因坑洼不平而用水泥砂浆补平处理过，处理面积占地面的 3/5 以上。颜色呈灰白色，与周围青石颜色反差较大，视觉效果不佳。现在有些地方已经与下层岩石分离，部分呈破碎状态。在处理时主要考虑其颜色的协调度，使用矿物颜料调色使其与地面岩石色彩相协调即可。

（二）裂隙封堵

双窑洞裂隙封堵应源于20世纪后期（1987～1992年）的“龙门石窟综合治理工程”，该工程主要以岩体及洞窟加固、修造窟檐、排水设施为主对龙门石窟东西两山进行了大规模的综合治理工作。关于裂隙加固封堵，在刘景龙的《龙门石窟保护》① 中记述：“对大的裂隙溶洞用水泥砂浆灌注，而佛像及洞窟周围危岩的重要部位和无法用其他方法加固的微裂隙，在钢筋锚杆加固的同时再用环氧树脂灌浆加固。”“封缝材料用环氧树脂将灌浆加固范围内的裂隙全部封闭严整，配方为：环氧树脂100＋乙二胺8-10＋岩石粉末200-300＋矿物颜料适量。”这样的处理起到了岩体加固和裂隙封堵防渗的双重效果，在修复处理之后的近十年间，包括双窑在内的龙门石窟大多数洞窟渗漏水状况得到很大的改善。但是，近年来，发现裂隙封堵处又重新漏水（图5-31），封堵效果不理想，且环氧胶泥强度过高，弹性差，不宜重复处理。因此我们在洞窟修复时考虑将之剔除更换，采用弹性好、重复处理简便易行的硅橡胶作为新的裂隙封堵材料。具体方法是，用凿子将环氧胶泥剔除，特别深的裂隙剔出一定深度，留足可处理空间即可，之后清洁表面粉尘等杂物，注意裂隙处应保持干燥，涂刷一层10%的B-72溶液作为隔离层；待完全干燥后，用调配好的硅橡胶填堵，硅橡胶和固化剂的体积比为24∶1，其间在裂隙的渗水点埋设塑料软管作导水之用，最后用石粉调配与裂隙周围相协调的颜色，粘敷在未固化的硅橡胶上做旧处理。这种做法的优点在于表面处理感观效果好，硅橡胶与裂隙的粘接紧密，可再处理性好，操作简便。如果发现哪些部位粘接不紧密、导管放置不当导致渗漏，即可剔除撤下重新处理，见图5-32。

图5-31　修复前裂隙重新渗水

图5-32　修复后521窟顶

① 刘景龙：《龙门石窟保护》，中国科学技术出版社，1993年。

二、龙门石窟历史保护维修痕迹的基本情况调查[①]

在对龙门石窟保存现状调查中发现，古人给我们留下了种类多样、功能不同、材质各异的诸多保护修复痕迹，为我们了解古代石造工艺、建筑特征、材料发展历史及其水平等创造了客观便利条件。从现存遗迹和各种发掘资料来看，我国众多石窟早期都曾有一定数量、规模宏大的木构窟檐、石刻窟檐和龛檐。这些历史保护措施，对石窟造像和雕刻起到了积极的保护作用，使其较少受到风吹、雨淋、日晒等自然营力的侵蚀破坏。

龙门石窟属于中等硬度的碳酸盐岩石材，其莫氏硬度为 2.5～3，抗风化能力较强，石窟围岩、洞窟内壁面、雕刻品损坏相对较轻，至今留存了大量的保护性建筑，如石刻窟檐、防雨石板、防水雨篷等。2005 年至 2006 年，笔者曾对这些修复痕迹进行过调查研究。2012 年，在以前调研的基础上，开展了更为深入的现场调研、统计分析和对比研究。根据龙门石窟有关文献和这些现场专题调查，发现龙门石窟保存了大量的历史修复保护和石作痕迹，反映了龙门石窟在不同时代所受到的关注及其对社会的影响力。

古人在开窟造像前已考虑到防止雨水冲刷、渗漏及其侵蚀破坏作用，开窟造像的同时即修造排水设施、防水雨篷等辅助设施与工程，起到了良好的保护作用，且其通风效果远胜于石构、木构等保护性窟檐建筑，不仅使洞窟更加开阔光亮、气势雄伟，也更接近石窟自然风貌，使其更加协调统一[②]。

防水雨篷在我国早期已有，而其结构、材质、规模或有不同。龙门石窟东山擂鼓台现存有一石板雨篷（图 5-33），专为保护其下碑刻，推断应为唐代遗存[③]。而东西两山有很多洞窟早期都修造有雨篷，惜已不存，至今尚留剔槽遗迹（图 5-34）。其工艺简洁实用，采用凿槽安装石板或木板来达到保护洞窟造像、抵抗风吹日晒雨淋的目的。

现场调查结果见表 5-4、表 5-5。

表 5-4　龙门石窟保护性建筑遗迹统计调查表

	石刻屋檐	木构建筑	石构建筑	防水雨篷	栈道型雨篷
西山	褚遂良碑 1 处；老龙洞区 4 处；唐字洞 1 处；皇甫公洞 1 处；皇甫公洞以南 2 处	潜溪寺大型仿唐木构 1 处	药方洞大型仿古石构 1 处	宾阳三洞；摩崖三佛；石牛溪；火烧洞北上角洞窟等共 4 处	敬善寺南 1 处；清明寺上 1 处；古阳洞上 1 处；火烧洞上 1 处；火烧洞以南 5～6 处
东山		无	擂鼓台南洞 1 处	万佛沟南 1 处，沟北 6 处	2 处

① 杨刚亮：《龙门石窟历史保护痕迹的初步考察》，《华夏考古》2019 年第 5 期。

② 刘景龙：《龙门石窟大卢舍那大像龛与奉先寺・上册》，外文出版社，2010 年。

③ 刘景龙：《龙门石窟保护》，中国科学技术出版社，1993 年。

图 5-33　东山石窟唐代石板雨篷

图 5-34　雨篷剔槽遗迹

表 5-5　龙门石窟历史保护修复痕迹统计调查表（个 / 处）

区段划分	窟门剔槽	洞顶梁板插槽	梁孔	排水石洞排水石槽	水泥、石块补全窟檐	备注
潜溪寺			?	1		
三洞前庭北部		1			1	
宾阳中洞	2					
三洞前庭南部		3			2	
敬善寺区				2	1	
珍珠泉—唐字洞		16	8			
奉先寺北壁		9	34			插槽 7 处连成一线
奉先寺西壁			21			
奉先寺南壁		1	32			
奉先寺至六座塔		17	9			
皇甫公窟至龙华寺区上部（中层洞窟）		1	9			插槽位于皇甫洞北侧第 4 个洞窟
皇甫公窟至龙华寺区下部		7	1	3		
古阳洞—极南洞（下层洞窟）		7		1	12 8	12 处水泥 8 处石块
擂鼓台三洞区			9	1		南洞顶及外壁面多半系砖石砌成
看经寺		2	6			插槽在洞门上部；梁孔位于前庭壁面
总计	2	64	129	8	25	

注：调查日期 2005 年 10 月 21 日。

三、历史保护修复痕迹的基本类型与分布

（一）基本类型划分

按照历史保护修复痕迹的外在表现形式，可以将龙门石窟历史修复痕迹初步划分为保护性建筑、排水沟、保护涂层、排水石洞和排水石槽、窟门剔槽、加固措施等几种类型。

1. 保护性建筑

保护性建筑主要包括石刻窟檐（图 5-35）、防雨石板、保护房（今多已不存）、木构窟檐（图 5-36）、石构窟檐（图 5-37）以及现代修造的栈道型窟檐（图 5-38）。

图 5-35　莲花洞北石刻窟檐

图 5-36　潜溪寺窟檐

图 5-37　药房洞窟檐

图 5-38　火烧洞上栈道型窟檐

2. 排水沟

龙门石窟发现的古代排水工程，主要是山顶或洞窟顶部的排水设施，以奉先寺（卢舍那像龛）顶上的人字形排水沟为代表（图 5-39、图 5-40）。该排水沟沿奉先寺西、

图 5-39　奉先寺人字形排水沟

图 5-40　人字形排水沟局部

南、北顶上依山就势修造，全长 120m，坡度大，不会造成积水，深 0.5m 以上，除了接受降雨后坡面径流的排泄，还可拦截山坡上的落石。

3. 保护涂层

即古代的防风化涂料。古人除了修造工程进行保护石窟造像外，还在造像表面普遍使用一些涂料，形成薄薄的涂层，为造像、碑刻延年益寿。经采样分析，其主要成分包括矿物颜料、动植物胶等，一定程度上起到了延缓风化的作用。根据现场调查发现，有涂层的造像和围岩，其溶蚀、风化程度较之无涂层的地方明显较轻，说明其保护作用相当有效[①]。目前在龙门石窟的万佛洞、奉先寺都发现有这种涂层，厚度约 0.05mm，古阳洞、莲花洞内局部造像、题记上也涂有类似材料，证明古人已经认识到保护石窟及其造像的多种方法。

根据对涂层样品分析化验报告结果可以看出，涂层中主要包含石膏、二氧化硅，占到了九成还多，铁红不到五分之一成，其他如碳酸镁、四氧化三铅和二氧化锰等约占十分之一成。这里面除了石膏不太稳定外，其他都属于高价态的氧化物，非常稳定，抗风化能力很强，起到了良好的保护下层石雕的作用。

4. 排水石洞和排水石槽

现场调查发现，有些洞窟如潜溪寺、地花洞、龙华寺（图 5-41、图 5-42）等，其门槛上开凿有圆形石洞或 V 字形石槽，目的是排泄洞窟内地面的积水（窟内裂隙渗水汇集至地面）。

5. 窟门剔槽

洞窟门是保护雕刻不为人所破坏的有效办法，至今我国主要石窟都留有保存。早

① 刘景龙：《龙门石窟保护》，中国科学技术出版社，1993 年。

图 5-41　龙华寺门槛排水石洞

图 5-42　龙华寺门槛排水石槽

期的洞窟门修装与近现代不同，过去装洞门直接在门槛立壁上剔槽修装门框，这在龙门石窟广泛存在，比如龙门石窟宾阳中洞最为明显。

6. 加固措施

龙门石窟迄今发现的加固措施包括铸铁连接加固裂隙、糯米浆灰灌注裂隙等，还包括沿河观光石道上采用铁铆钉锚固石块，防止其松动滑移或被洪水冲走。1973 年在奉先寺维修工程中，发现大佛头顶有 8 字形铸铁块联结于裂隙节理之中，并灌注了糯米灰浆，这就是后人称谓的“铁线板”，至今仍在石刻和桥梁连接中得以应用。

宾阳中洞外力士身上有许多直径 3cm、深度不等的小孔，排列无序，并非近代做的修复孔，而是清末或更早时人们在其身上发生崩塌后缺失处打上小孔，作为一种榫卯结构来粘接岩石或灰泥层，目的是为了恢复造像原貌。后来外层结构脱落导致孔口露出，呈现出今天的面貌。之后根据最小干预文物保护原则，不再添加新的外层结构，也没有对其封闭处理，而是原样保留这些历史维修痕迹。这些小孔反映了古代对石窟佛像的保护维修历史和施工技术，是我们继承和发扬传统维修技术的重要依据。

除了这些有形的保护修复痕迹外，古代以至近现代，出于宗教信仰和保护文物，人们都自发保护石窟，甚至群众专门组织起来守卫石窟，从而使其免遭破坏或盗凿，为这些珍贵的历史文化遗产留存至今做出了不可磨灭的贡献。

（二）分布与联系

龙门石窟历史修复痕迹的分布位置与数量，在表 5-4 和表 5-5 中已作详细说明。

从调查结果来看，大多数历史修复痕迹都分布在西山，且以西山中、南段为集中。东山分布有少量修复痕迹，与其洞窟规模、数量和重要性当有一定联系。这些分布位置反映了所在洞窟的价值、局部地形地貌特征以及历代维修的方法和理念。

一般而言，洞顶梁板插槽多为了遮护洞窟前室的南北壁雕刻而凿，这与洞窟分布在陡崖直壁上直接接受日晒雨淋有关；梁孔则是为了建造保护房直接在大像两肩或背光上打眼穿梁；排水石洞多位于洞窟门槛上，为了排泄窟内积水（由窟内裂隙渗水汇集地面形成），常与洞窟前地面上开挖的小型排水渠相连。而窟门石槽（最典型比如宾阳中洞）多位于洞窟甬道的石壁上，是为了安装石门或木门而凿，目的是为了封闭石窟，防止人为进入和破坏。水泥和石块补全窟檐或围岩，多系 20 世纪 70～90 年代期间的抢险加固工程和综合治理工程中实施，属于现代修补。

目前东山石窟留存的修复痕迹，主要分布于擂鼓台三洞和看经寺一带。共分布有梁孔 15 个、洞门顶部插槽 2 个。而西山石窟在数量上更多，分布也更为密集。基本围绕西山的几个大中型重要洞窟分布，以奉先寺—龙华寺一段最为集中。此处分布有梁孔 106 个、洞顶梁板插槽 35 处。这些都充分说明了当时为了保护重要洞窟所采取的综合措施，其中尤以奉先寺为最。

调查表明，针对奉先寺的保护，历代采取的措施最为丰富。奉先寺是龙门石窟的代表作，9 尊大像组成的群雕，不仅是龙门石窟雕刻艺术的精华，也是我国佛教石窟和雕塑史上不可多得的精品。围绕该群雕的保护，自唐武周年间开凿以降，历代均有不同形式的保护措施。由于奉先寺体量宏达，南北长达三十余米，其顶部坡面呈南北高，中间低，造成降雨后坡面汇水集中排至奉先寺内。据此，伴随奉先寺的开工，其顶部修造大型人字形排水沟，就成为设计蓝图里的重要内容。宋代时为了保护九尊大像，人们加盖了九间房（甚至包括供养人等，达十三间之多），目的也是为了给大像遮风挡雨，起到保护作用。同时发现，留存至今的梁孔多达 87 个、梁板插槽 10 处，占整个龙门石窟历史修复痕迹的三分之二以上[①]。奉先寺主尊卢舍那大佛的头光和背光表面，也曾施有重彩和保护层，至今仍有遗存。这些保护设施和措施，都与奉先寺的极高价值和重要地位密切相关。

四、关于历史保护修复痕迹的初步分期

根据历史修复痕迹的开凿年代，大体上把龙门石窟历史修复痕迹分为三个时期：开窟造像时期、历代后期、近现代时期。

（一）开窟造像时期的修复痕迹

龙门石窟集中开窟造像前后历时 400 余年（约从公元 5～9 世纪）。总体而言，开窟造像时期直接配套施工的保护修复设施，主要有石刻屋檐、奉先寺顶部的人字形排水沟以及东山遗存的防雨石板。石刻屋檐作为洞窟雕刻的重要组成部分，是作为设计

① 杨刚亮：《也谈保护性建筑与石窟寺背景环境之关系》，《中国文物报》2005 年 11 月 11 日第 8 版。

蓝图中一个内容得到体现的，不单反映了当时的建筑形制和特征，也起到了遮护下部雕刻不受雨淋的保护作用。这些历史保护修复痕迹，很明显与石窟的开凿基本同步进行或略为滞后。

（二）历代后期的修复痕迹

自唐末至明清大约900年的时间（公元10～19世纪）内，为历代后期。大部分的梁板插槽和排水石洞应为洞窟工程完成后一段时间施工的，应属于历代后期。因为对于石窟造像的保存状况无法预估，开窟时直接开凿梁板插槽是不能接受和认可的。排水石洞分布在洞窟门槛上，显然滞后于洞窟的开凿，应为后期人们发现窟内积水太多排不出来，才在门槛上开凿小型圆洞来排泄积水，并在窟前地面上修凿小型排水渠相连，排至远处。

保护性建筑如保护房、前庭寺院（看经寺前曾修造有房屋建筑），应多为历代后期所为，最典型的是奉先寺。奉先寺宋代称为九间房，在三个壁面上建有九间大型房屋，分别把九尊大像圈封起来。看经寺、擂鼓台三洞都曾有前庭寺院（擂鼓台三洞前庭寺院遗址已发掘完毕，现已完成遗址博物馆展示工程），据文献考证，均应晚于石窟开凿的年代。

美国大收藏家弗利尔在1910年来龙门石窟考察时，曾记录有当时龙门石窟的残破、修复痕迹以及建筑情况。兹录于下（见弗利尔《佛光无尽》）：

（1）……河西面山上的石窟比东山上要多。康熙帝期间修建了这座木构寺庙……它建在一座人工修筑的高台上，位于宾阳洞的正前方。……我的住所在潜溪寺中，位于河上方约二十三米处，由三栋建筑构成。较大的一座建筑居中，约二十一米长、八米宽。三座建筑围成了院落的三面，第四面是山坡，它与宏伟石窟群的入口完全垂直。……可以进入宾阳洞和潜溪寺，沿途有三道门和一座瞭望台。（第107—112页）

（2）十月三十一日　周一　上午参观了宾阳中洞。……狮子的头部受到了破坏，其中一只的前腿也被毁。（第129页）

除了地面，其他都带有彩绘。绘画为洞窟增添了华彩和暖意，令其美丽动人。这里有褪色的玫红、灰色、粉红，还有发旧的蓝色和黑色、背光火焰的红色以及宝盖丰富而柔和的色彩，气势撼人。再加上数世纪积淀下来的米色包浆……可惜的是，最近有人用粗俗的颜色给两尊立佛和一尊观音的头重新上了色，显得很不和谐。有点地方还用石膏粗劣地修补过。（第140页）

（宾阳中洞）台座大面积用石膏修补过。……主佛的发髻、双手、身躯和腿脚大部分都用石膏修补过，而且有彩绘。……我看到漏水的情况无处不在，

对这个洞窟造成了严重破坏。（第 141 页）

（二弟子）两像有石膏修补以及玫红和黑色彩绘的痕迹。……这两尊石像（菩萨）都大面积地用米色石膏修补过。……漏水和石膏破坏了这五尊造像原来的面貌。石膏和数世纪积下的尘埃覆盖了这些巨型石像。（第 145、146 页）

窟门内侧曾有两尊大型力士像，现状只剩下岩面上凸起的轮廓。两尊残像之间有一堵很厚的砖墙……在原来的入口处修建的。（第 146 页）

（3）十一月一日 周二（宾阳南洞）洞内上方有漏水，用石膏修补过，有些地方原有的彩绘也被后来加的覆盖了。（第 149 页）

（迦叶）他的头部和身体右侧有深色的污渍，这是漏水造成的。现状，水还在漏。（十一月二日洛阳秋雨）……洞口右壁的岩面上还有力士像的残迹。（第 155 页）

（4）十一月二日 周三 莲花洞（窟门）背面外墙已经不在了。立佛沉静柔美。可惜双手已缺失。（第 158 页）

主佛左边的观音像衣裙下部大多已缺失，而漏水几乎完全溶蚀了衣裙的上部，还有她的颈部和下颌。……她左手已残……莲花洞没有用石膏修复过，也几乎没有彩绘。它的米白色和银色是数世纪积淀下来的包浆，像是远方云间的小仙境。（第 161、162 页）

万佛洞　入口处石壁上最美丽动人的一尊观音像，十分精美。头偏向右肩，有些俏皮。（提水观音，当时头部完整，惜今已残）。……洞内有彩绘。（第 172 页）

潜溪寺　大佛指尖和耳垂已残。……手指用石膏修补过。（第 175 页）

颈部和手腕有不雅的粉色，脸和手是泥土的颜色，都是新近上的色。观音旁边两尊金刚力士，都受到了漏水的破坏，石膏的修补留下了难看的斑点。（第 176 页）

地面的饰纹几乎已被磨光了。我抬头观察漏水现象对洞窟的破坏。水仍然在慢慢渗漏，不断从山石的缝隙间流出。洞外山脚泉水喷涌。（第 177 页）

（5）（极南洞）主尊坐佛左边有一男子立像……头已完全被毁。男子左边有一尊观音，右手已缺失。左手中的宝瓶已残，头和脸的上半部也有破损，右腰到左膝之间有一大条裂缝。……男子立像与洞门之间原有一只守护狮……只剩下轮廓。主尊坐佛的左手置于膝上，右臂和右手都已缺失。……窟顶莲花周围飞天……躯体都被岩间的漏水侵蚀。漏水留下的水渍覆盖了整个窟顶。（第 178、179 页）

（6）古阳洞……洞窟正面完全被毁。此窟没有用石膏修补过。洞中除了

水渍和大自然带来的色彩，只有浅粉色。……洞窟中央有一台座，猜为明代晚期所造。（第 182 页）

（7）雄伟的露天石窟奉先寺，又叫九间房。……南面侧壁上方前伸的部分已断裂佚失。落下的石块肯定把南壁力士天王的头部和其他一些部位砸坏了。巨型坐佛（按：卢舍那大佛）从头顶到肘部基本完整，再往下，原来的雕刻几乎没有了。双手、袈裟的下半部已残。……他是守卫这座宏伟峡谷诸佛中的一位巨人。……（阿难）他身后的石壁上有一些大裂缝，渗水已侵蚀了他脸的一部分。……（普贤）整个右臂以及左手的一部分已佚失，但头部完好。她的左边原有两尊极为精美的造像，但现在石壁上只剩下一些雕凿的残迹。主佛左边（迦叶）有一尊巨大无比的石像，已无法辨认。只剩下衣服的下摆和莲花台座的一部分。（文殊）几乎完好无损。……石刻精细的线条中积满了尘土。（第 183—194 页）

（8）（宾阳洞）洞窟一旦加入丑陋的近代物品，比例就会发生变化，许多美丽的石刻被覆盖或破坏，石窟的整体外观受损。……洞窟的前方修建了一座木构建筑。（第 195 页）

（9）（古阳洞）门楣已佚失。洞窟的砖墙、木门和上方的小型采光口都是近代的。……这里有一件近代的大型泥塑，带有俗丽的蓝色和粉色彩绘，高高矗立在石窟正壁前。……位置较低壁龛的人像几乎被垃圾掩埋了。……正壁拱弧下方有一尊佛像，是后来替换的。右边胁持观音像左手已佚失，嘴鼻也残。左边观音的头部虽然完整，但渗水的侵蚀和水渍破坏了头部最精美的线条。……背光受到渗水的严重破坏。……洞窟里原有的颜色是黑色和暖色调的暗玫红。黑色是焚香和用墨制作拓片时留下的。……石窟右侧第二排中央壁龛较大的一尊观音坐像，头的上半部和右手指尖已缺失。（第 196—202 页）

（三）近现代时期的修复痕迹

20 世纪 50 年代～21 世纪初的 60 年间，为近现代时期。近现代时期开展的保护修复设施，包括木构窟檐、石构窟檐、防水雨篷、栈道型雨篷以及水泥、石块修补窟檐和围岩等。这些维修设施均为 20 世纪 70～90 年代进行的综合治理工程期间实施的。

（四）不同分期历史修复痕迹数量对比

根据调查，开窟造像时期的修复痕迹大概有 11 处，历代后期大概有 157 处，近现代则更多，体现在对石窟本体维修的就多达 500 处以上。这也体现了近现代以来，对石窟保护维修的力度明显加大了。

五、历史保护修复痕迹的保存现状

除了近现代以来修造的窟檐、雨篷等设施外，龙门石窟历史上曾修造的保护维修设施，大多伴随着石窟经历过数百年甚至上千年的风雨侵蚀和人为破坏，至今留存的已不多见。从调查情况来看，历代后期修建的保护房已全部不存，防雨石板基本不存，仅留有一例（位于东山），排水沟仅奉先寺顶部尚保存完好，在 20 世纪 70 年代清理发现后进行修整，并至今发挥作用。与石窟连为一体的石刻屋檐多数保存状况较好（图 5-43），除了风化剥落和局部缺失（图 5-44），仍起到装饰石窟和遮阳挡雨的作用。

除了东山防雨石板尚存外，历代后期增修的防雨板都已不见，仅剩插槽留存，其保存状况不一，有的崩塌一半（图 5-45），有的则保存良好。诸如潜溪寺、皇甫公窟、龙华寺、地花洞等洞窟门槛上的排水石洞和石槽，有的仍在发挥作用，有的局部有剥落（图 5-46）或堵塞现象。

图 5-43　莲花洞北石刻屋檐保存较好

图 5-44　皇甫公窟龛楣石刻屋檐局部缺失

图 5-45　药房洞北洞窟顶石板插槽崩塌

图 5-46　洞窟门槛排水石槽风化剥蚀

六、历史保护修复痕迹的初步评估

对龙门石窟历史修复痕迹的评估，初步从两个方面来进行：一是历史修复痕迹的时效性；二是历史修复痕迹对石窟原真性和保护的利弊影响。通过这两个方面的考察和评估，可以更为全面地了解历史修复痕迹曾经的功效及其给石窟带来的综合影响。

（一）历史修复痕迹的时效性

历史修复痕迹的时效性可以从四个状态来看，一是已消失；二是仍存在，但已废弃不用；三是至今仍在沿用；四是经过改造后继续利用。从调查来看，所有不同类型的历史修复痕迹，已消失的居大多数，比如历代修造的窟门、窟檐和防雨板；保存至今的大量的石板插槽，今已废弃使用；有些洞窟门槛上的排水石洞和石槽以及窟前地面相连的石渠，至今仍在沿用，仍可排泄窟内渗水形成的积水；而对于古老的洞窟顶部排水沟（如奉先寺顶部人字形排水沟），经挖掘、修补、改造后仍可以继续利用，并且仍发挥着巨大的保护作用。

（二）历史修复痕迹影响的利弊评估

1. 从历史视角评估

历史上出于保护石窟的美好愿望，人们采取了很多保护维修措施，来干预环境不良影响和人为破坏，其目的无疑是良好的，也曾经对石窟起到了积极的保护作用。但与此同时，由于这些保护维修措施体量大小不一，外观不同，对石窟艺术价值和原始风貌也带来不同程度的影响。可以说，对石窟的保护修复措施，从来都是一把双刃剑。

历史上由于受到科技水平的限制，大多保护措施都是物理方法，比如修造窟门、修建保护房、在洞窟龛楣上刻凿石槽来安装防雨石板等，主要还是从预防性保护的角度对周边小环境进行改善，对石窟造像本体干预的较少。这其实也反映了古人在对待石窟保护的基本理念，可能认为对佛像本体的干预是被动的、消极的；同时也反映了古代先人在保护石窟方面的延续性。修造窟门、修建保护房，也体现了对石窟、佛像的尊崇和敬仰，认为这种封闭、遮护的方法，能够更好地保护石窟造像，这种做法至今仍在沿用和传承。比如，最近几年已经有专家提出在乐山大佛头顶重建保护性窟檐建筑的设想和方案（早已调查发现乐山大佛肩上、两侧山岩上有梁孔等建筑遗迹），这种设想和探讨也许会加强将来对传统保护方法的继承与弘扬。

2. 从美学视角评估

布兰迪修复理论强调对文物的修复应重视从美学角度来评价[①]。美学评价无疑包含了修复行为对文物价值、外在环境以及对文物艺术特征的冲击，而对原真性的追求，应包含在修复操作的任何一个环节中。

从龙门石窟历史修复痕迹的分布位置和表现形式，可以看到它们在保护石窟造像的同时，无疑也带来了较大视觉冲击和不良影响。兹举两个例子。

第一个例子。奉先寺在宋代修建有九间房屋封闭保护九尊大像，其建筑结构的基本节点多分布在佛像身边的岩壁和背光、头光雕刻上，直接破坏了原始纹饰图案和雕刻，造成了局部艺术特征的缺失和无法解读，这应是最明显的保护性破坏，即在破坏文物雕刻艺术的基础上实现不可预知的保护目的。今天当我们仰望奉先寺宏伟壮观的群雕大像时，无不为那些体量很大的梁孔、插槽（图 5-47）的存在扼腕叹息。无疑，这是对奉先寺艺术价值和原真性的直接破坏。

第二个例子是修造窟门，直接破坏甬道两壁及其雕刻艺术的完整性。这在龙门石窟宾阳中洞最为明显（图 5-48）。宾阳中洞甬道上精美的雕刻，因为加装窟门、修门框剔槽而遭到破坏，非常可惜。门损坏后，后人又沿原来门框痕迹修造砖券门洞，外部再加建房屋，造成洞内通风不良，加速了洞内雕刻的风化进程，其目的是为了保护石窟，却起到了破坏作用。

图 5-47　宾阳中洞甬道雕刻被后期修造窟门而凿刻

图 5-48　宾阳中洞甬道被修造窟门凿刻

然而，今天我们也没有理由完全批判古人在保护维修石窟时的不足和缺陷。时代科技水平的差异和评判标准的多变性，应该是我们理解古人保护行为的多重视角。客观而言，历代保护石窟及其周边环境的措施，都代表了当时的科技发展水平和社会认

① 〔意〕切萨雷·布兰迪著，陆地编译：《修复理论》，同济大学出版社，2016 年。

可程度。我们应该在这种理解和批判的基础上，来发展和完善今天的保护修复理念和科技水平。

七、关于历史保护修复痕迹的保护和再利用问题

前文已述，龙门石窟历史上的修复痕迹，其保存状况、完残程度、外观变化等方面是不同的。对有价值的修复痕迹，比如梁孔、至今仍存的防雨石板等，应予以保护和管理。奉先寺岩壁雕刻上“黑洞”状的梁孔，虽有碍观瞻，但属于一个历史时期的保护措施和理念的集中体现，应予以保留且保护起来。而对于排水沟、排水石洞和石槽，有必要进行清理和维修，使其继续发挥作用；对于一些洞窟窟楣处的插槽遗迹，可根据洞窟具体位置特征、价值和艺术特征，适当恢复小型防雨石板，以起到保护下部洞窟雕刻的作用。这在当今强调预防性保护的理念下，是值得做的，因为这是在历史时期已有保护措施的遗迹基础上进行的保护行为，不会造成其他不良影响，也符合今日保护修复理念。

第五节　探讨GIS技术在龙门石窟保护管理中的应用前景

龙门石窟是著名的世界文化遗产，具有丰富的历史、艺术和科技价值，在中国乃至世界上都占有重要地位，在当代社会发展和文明建设中发挥着越来越明显的作用。保护好这份文化遗产，是我们义不容辞的责任。长期以来，我们进行了大量工作来保护龙门石窟，取得了一定成绩。但是，更多的是，我们在日常工作中遇到不少困惑。比如，面对曾经进行过的保护工作和取得的基础信息资料，如何更加有效地进行利用和分析研究？怎样建立完备、系统的保护工作记录？怎样更加直观快捷地建立病害档案、修复档案并能够定期更新？如何实现石窟监测的自动化、信息化管理？如何对监测数据进行综合分析？怎样将档案建设、环境监测、病害调查分析等环节与最终的保护修复措施与评估有机地结合起来？曾经进行过探索，但没有找到有效的途径。随着信息技术的不断发展和广泛应用，文物保护工作中越来越多地使用一种技术，这就是GIS（地理信息系统）技术。GIS技术有可能解决上述困惑。而一些考古学家和文物保护专家在这方面已经积累了丰富的经验，值得借鉴。因此，在新时期龙门石窟的保护管理工作中引入GIS技术，很有必要。

一、GIS技术引入到龙门石窟保护管理中的必要性与可能性分析

GIS，全称为Geographical Information System，即地理信息系统。它是一门集计算

机科学、地理学、测绘遥感学、环境科学、城市科学、空间科学和管理科学等为一体的新兴边缘科学。它将空间数据与计算机技术相结合，通过系统建立、操作与模型分析，产生对空间、环境、区域规划、管理决策、灾害防治等方面的有用信息。它可以实现对有关空间数据的预处理、输入、存储、查询、检索、处理、分析、显示、更新以及提供应用能力[①]。把 GIS 技术引入到龙门石窟保护管理工作中来，将会带来一场科技保护和管理的革命。

（一）必要性分析

龙门石窟作为大型露天的不可移动石质文化遗址，分布范围广，文物数量丰富，环境和人为影响因素多样，在保护和管理上存在较大困难。引入 GIS 技术进行保护管理，将会改变龙门石窟保护的传统管理方法和模式，实现动态、实时、高效的人机结合保护管理模式，提高石窟寺保护的实效。尤其对于岩体边坡稳定性分析预测、模型建立与分析、防风化试验的全程跟踪监测分析、病害的空间分布和类型划分等诸多方面，都具有明显的优势。

龙门石窟现存大量的基础研究资料，包括各种地形地质测绘图、病害图、病害照片、检测分析数据、监测数据、修复照片、研究文献成果等不同形式的档案资料。这些资料数量大，形式多样，整理和保存起来非常困难。引入 GIS 技术将会一改传统方法的人工劳动强度大、效率低、研究周期长、整体效益差等弊端，大大提高科研进度和科研成果的精度。引入 GIS 技术可以实现海量文物信息资料的存档和数字化管理，更直观地揭示石窟区文物古迹的分布、数量上的特征和规律，更好地为保护和科研服务。

面对新的机遇和挑战，我们迫切希望龙门石窟的保护管理能够尽快取得综合发展和提升。这是个系统工程，需要长远规划来实施。这需要引入 GIS 技术来提供框架支撑和实现结构优化。GIS 技术的引入和应用还能够提升即将进行的“数字龙门”工程的效果和品位。

（二）可能性分析

目前，GIS 技术的发展已经趋于成熟和完善，相关研究成果丰富，在考古学相关研究、文物古迹遗址调查研究和文物保护方面的应用都有成功的范例，能够实现与大型石窟寺遗址文物保护管理的结合应用。龙门石窟研究院作为龙门石窟的保护管理机构，一向重视石窟保护管理工作的发展和提高，有能力提供诸如资金、人才、硬件软件设施、办公场所和培训等平台，来实现多学科的综合应用。龙门石窟研究院具有丰

① 《文物调查及数据库管理系统建设》,《中国文化遗产》2005 年第 4 期。

富的国际合作经验，能够实现与国际潮流的接轨。这些客观条件为 GIS 技术引入到龙门石窟保护管理工作中来提供了极大的可能。

二、石窟寺保护管理信息系统的建立原则和相关构成

在建立石窟寺保护管理信息系统时，要坚持一些基本原则，如统一性原则、开放性原则、可扩充性原则、经济实用性原则、安全可靠性原则等；要按照国家有关规定，在建设的同时，同步实施安防工程，建立并逐渐完善信息安全保障体系，从而保证重要数据的完整性、一致性。

石窟寺文物保护区的保护管理信息系统（CMIS）的相关构成和建立原则是多方面的，主要包括以下内容：

（一）基础资料的采集和存档

购买或利用三维激光测量技术、3S 技术等进行石窟环境基础资料的采集并存储，分类、分项目进行登记和建立基础数据数字化档案，达到二次编译和处理信息的要求。这些档案在信息化时应做到：有文必录，不厌重复，不作删节；不以现有的是非标准取舍历史记录，不以现在的认识水平分辨真伪；严格保持记录档案内容的原始性、真实性。

（二）软件的设计和开发

这里指的是能够适合于石窟寺保护管理工作而设计的基础软件和二次开发软件。包括图像处理软件、图表设计软件、数据模型分析软件等。Idrisi、MapInfo、ArcView、ArcInfo 等均为比较普及的 GIS 基础软件[①]，可加以引用和改造。

（三）CMIS 的建立

首先需要电脑等基本硬件，建立一个基础的 CMIS 软硬件平台；然后，引入相关的 GIS 工具软件，并设计出 CMIS 二次开发软件。在此基础上，通过人工把所有采集的有关石窟信息数据资料输入电脑并完善数据表格系统，建立对应的项目单元链接，实现数据与图像之间的交互性。其中，电脑硬件的选择要依据文物图片数据的安全性和信息的海量存储来确定其规格。

（四）系统维护和更新

CMIS 平台建立后，需要进行连续的软硬件维护、保养和更新，以确保其正常工作状态；同时，需要专业维护人员定期对整个 CMIS 进行系统组织、管理、维护和数据更

① 陈述彭：《地学的探索·第四卷·地理信息系统》，科学出版社，1992 年。

新、系统扩充完善、应用程序开发，并采用分析模型提取多种信息，为石窟保护研究和工程施工决策服务。主要包括应用程序、基础代码、数据文件、机器设备的维护和更新。

三、CMIS 的创建过程

可以看出，一个 CMIS 的构建需要十分复杂和烦琐的过程。作为龙门石窟文物保护区，其 CMIS 的建立是个耗资和工作量都十分庞大的工程。因此，必须认真规划，从长远考虑，长期并充分发挥 CMIS 对文物保护区的保护、研究、管理、资源监测和可持续发展等功能。

（一）规划

这是最终建立的 CMIS 能否发挥最大作用的关键①。来自龙门石窟文物保护区和当地其他管理部门的工作人员与国内外的 GIS 技术人员一起讨论龙门石窟所需要的 GIS 信息产品，列出所有的潜在信息产品清单，从中选择优先急需的产品，并确定能够接受的预算和需要购置的相应设备和软硬件等。龙门石窟文物保护区 CMIS 建立过程示意图如图 5-49。

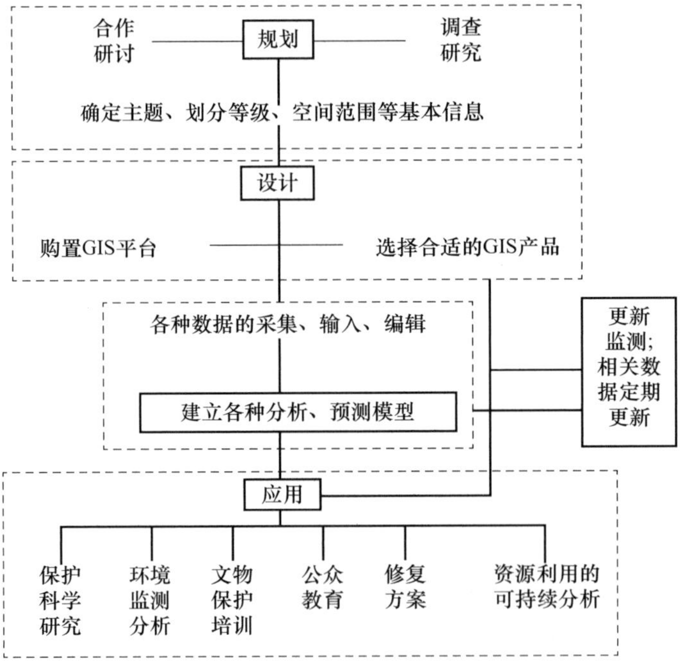

图 5-49　龙门石窟文物保护区 CMIS 建立过程示意图

① 解焱、John Fellowes：《GIS 技术在保护区管理中的应用》，《保护中国的生物多样性（二）》，中国环境科学出版社，1996 年，第 227-233 页。

（二）基础设施购进

1. 硬件（工作站或个人电脑）

随着各种最新版本GIS应用软件的上市应用，可有更多的选择，对文物保护区来说，价格昂贵的软件与普通微机不兼容的工作站并非必要。由于GIS数据要占据大量的硬盘空间，且处理的数据量较大，需要增加硬盘容量。而这套硬件设施总投入大约几万元人民币即可。

2. 软件

除常规软件外，需要GIS软件（最常用的为Idrisi、MapInfo、Arc/Info和Arc/View，其他的还有SPANS等）、图像处理软件（Idrisi提供的功能或ERDAS、Paint Shop等）、数据管理软件（Excel、Access或FoxPro等）；数字化仪、全球定位系统（GPS）以及其他外围和辅助设备①。

（三）CMIS与文物保护管理项目设计

确定文物保护区的各种数据主题及其划分等级（通常有高程、公路、保护区边界、研究院办公地点、保护区划分的区带、建筑物、水系、气候及其季节性变化、植被、土地利用和人类活动分布等）；确定文物雕刻数据要求的尺度、分辨率、空间范围等；工作开展的顺序和时间；文物保护管理数据库和系统的设计与建立方案。

（四）基础资料获取

购买适当尺度的遥感卫星图片、航空照片；下载NASA卫星有关洛阳龙门的地理数据。

（五）文物保护信息资料的数字化和属性数据库的建立

龙门石窟现在保存有数量相当庞大的数据信息资料，包括地形地质测绘图件、文件、协议、研究文献、调查报告、照片（包括病害照片、工作照片、项目照片等）、录像等。这是CMIS发挥作用不可忽视的环节。把这些数据资料进行数字化并传输到微机系统中，建立对应的属性数据库②。

（六）文物保护工作人员的CMIS培训

这是能否有效发挥CMIS作用的不可忽视的工作环节。CMIS专业人员对于整体系

① 汪祖进：《面向21世纪文物保护的3S技术》，《文物保护与考古科学》2002年第2期。

② 吴瞻：《文物图片数据库硬件的选择》，《中国文物报》2004年1月9日第8版。

统的运行、维护、更新、利用的有效性将负有直接责任。由此有必要对所有工作人员进行普及和专业性培训，以充分发挥 CMIS 产品的功能。

（七）各种文物艺术品的动态信息长期监测

通常应由工作人员记录查看到的文物状况和游客活动情况，并输入到监测系统中。应定期在选定区域或整个保护区进行资源调查并录入监测系统中，以做可持续性分析。

（八）基础地图数据的更新

区域功能、植被、道路、河流、建筑等以及其他经过一定时间会发生变化的对象的数据信息，应定期更新[①]。对不同的主题可根据其变化速率制定相应的更新周期，以保证计算机中的 CMIS 代表了当时当地的石窟文物保护区现状。

（九）进行 GIS 分析

通过 GIS 专业分析或预测，为石窟文物保护区的规划、保护管理和旅游管理等决策服务。

四、展望运用 GIS 技术建立龙门石窟文物保护管理数据库

首先需要建立一个适合的龙门石窟 CMIS 平台。该平台应具备的基本功能主要有：数据输入、数据输出、测量功能、产生缓冲区功能、地图代数功能、多边形操作功能、DEM 地形分析功能、地图特征的可操作功能等。它是通用的具有 GIS 一般特点的外壳软件。在此基础上，二次开发和建立各种适合龙门石窟文物信息管理的子系统，为石窟保护和考古研究提供多种服务[②]。这些子系统可包括如下主要内容：

（一）龙门石窟保护研究文献检索系统

利用主题词、关键词等检索方法，开发和建立“龙门石窟保护研究文献检索系统”。该系统以题目、作者和关键词为基础检索单元，提供一般浏览和高级查询的功能，可以快捷地查找有关龙门石窟保护和科技研究的文献资料，能够局部放大且可以局部打印带走，为学者研究、制定规划方案和工程施工设计提供帮助。

（二）龙门石窟保护工程与维修记录信息管理系统

以洞窟定位信息系统为基础，分不同的页面和层位来显示龙门石窟曾经进行过的

---

① 张剑平、任福继、叶荣华，等：《地理信息系统与 MapInfo 应用》，科学出版社，1999 年，第 26-34 页。
② 刘建华：《计算机技术在考古学与文物保护中的应用》，《中原文物》2004 年第 5 期。

保护工程和维修活动，并可以随时增加和补充新的内容。其形式可包括文字描述、照片、视频等。它可以直观反映前人在龙门石窟进行过的维修痕迹，方便于科研人员进行研究历史修复、评估及做出预测。

（三）龙门石窟洞窟定位管理系统

这将是龙门石窟 CMIS 中的主体部分，可简称为洞窟信息可视化系统。它将充分利用现有的各种测绘、地质地貌勘察、钻探等数据，运用 RS、GPS 等现代化工具进行补测缺乏的有关环境资料，开发能够反映龙门石窟洞窟位置、地貌、水文、温泉、植被、地质构造和文物造像等内容的信息软件，建立数字化的龙门石窟三维显像系统。在这个系统中，可以方便快捷地查找整个龙门石窟各个洞窟的有关资料，并可以进行截图、重新编汇、分区研究以及建立分析模型等。对于绘制数字化的洞窟病害分布图、洞窟渗漏水成因分析、裂隙发育趋势预测、岩体边坡稳定性分析以及制定洞窟的修复计划等，将会方便快捷而精确。同时，可在此基础上设计和建立“虚拟洞窟漫游”等项目。

（四）龙门石窟库存文物数据库系统

该系统能够准确提供藏品的基本信息及整体统计数据和各类报表，可以提高管理水平，对文物复制、病害调查、病害治理、档案管理、文物展览等工作带来快捷和便利。可以直接从该系统中查看文物图片，挑选图像资料，刻录光盘，复制参展。这样不必动用文物藏品原件，减少了藏品的提取频率和损伤的概率，间接保护了文物。

综合运用 GIS、RS、GPS 技术，对于龙门石窟周边寺院等佛教史迹的调查研究与分析、龙门石窟不同分期洞窟分布特征与考古学研究①、龙门石窟流散文物空间定位与鉴定分析、龙门石窟周边卫星窟调查及其与龙门石窟的关系分析研究、洛阳都城中心的演变与龙门石窟的关系研究等重大课题，都会具有传统研究方法无可比拟的优越性，能起到事半功倍的效果。

致谢：本节是作者 2007 年 1 月在日本京都同志社大学的研修报告，有改动。研修得到了东京文化财研究所冈田健先生、龙门石窟管委会原副主任李随森同志、京都同志社大学文化情报学部津村宏臣先生的支持和帮助，翻译张睿女士付出了辛苦劳动，在此表示衷心感谢。

① WHEALEY D, GILLINGS M. Spatial Technology and Archaeology: The Archaeological Application of GIS. London: CRC Press, 2002.

第六章　保护工程案例

新中国成立以来，国家和地方政府十分重视和支持龙门石窟的保护研究工作，进行过多次大型石窟保护工程和综合治理维修项目，使得龙门石窟的保护管理状况得到了明显改善和提高。龙门石窟坚持“抢救为主、保护第一”的工作方针，运用先进科学技术提高保护水平，有序开展石窟地质调查、病害调查、监测系统建设、渗漏水治理工程等综合保护措施，走出了一条具有示范意义的石窟寺保护管理之路。

从不同阶段开展的保护维修工程来看，有20世纪70年代进行的抢险加固工程、80年代综合治理工程、90年代洞窟渗漏水治理、21世纪初联合国教科文组织援助龙门石窟保护修复工程以及2009年以来开展的龙门石窟洞窟渗漏水综合治理和危岩体加固工程，均取得了良好的成效和宝贵的经验。

20世纪50年代，随着龙门石窟保护管理机构的设立和逐步完善，不断加强石窟保护、研究和信息资料收集工作，为龙门石窟的抢救保护和综合维修奠定了良好基础。20世纪70年代实施的奉先寺抢险加固工程，开启了龙门石窟科技保护的序幕。工程采用锚杆加固、化学灌浆的技术手段，实施了粘接加固为主的保护工程，重点进行了石窟濒危坍塌窟龛、岩体的抢救性保护，包括对破坏严重的南壁神王、力士和迦叶三尊佛像进行维修加固和局部复原的试验工程，对卢舍那大佛和北壁力士像进行全面保护维修加固等。经过整修加固后的九尊大型雕刻，彻底改变了残破面貌，更加显示了原有艺术的光辉。

奉先寺抢险加固工程在保护材料、工艺方法和保护修复理念上都进行了积极的探索和创新。首先，将岩土工程中的锚杆加固、化学灌浆技术应用到大型石窟寺的维修保护工程中。其次，工程中涉及的粘接加固材料和灌浆设备、工艺等，在龙门石窟甚至全国的石窟保护领域都是首次尝试，比如大胆尝试、反复试验确定的环氧树脂配方；着重解决漏浆难题的灌浆流程；专门定制的旋转式无震动电动凿岩机解决了钻孔工艺上的安全问题，不仅在龙门石窟的保护中发挥了重大作用，而且推广至国内的云冈石窟、麦积山石窟、敦煌石窟和巩县石窟，在保护工程中得以广泛应用。再者，在保护修复原则和指导思想上，避免了“创作复原”，辩证地理解“保存现状”和“恢复原状”，最终在整个奉先寺特别是卢舍那大佛的修复上得到完美体现，即便以工程结束五十年后的眼光来看，当时修复的尺度以及呈现的效果，都近乎完美，不愧为龙门石窟当代科技保护史上成功的范例和精彩的开端。

经过十余年努力，龙门石窟保存状况得到明显改善，抢救性保护工作取得阶段性成果。然而，龙门石窟依然普遍存在严重的洞窟岩体失稳、坍塌、渗漏水等病害，仍需有计划地开展系统性的维修保护；同时，作为享誉中外的大型石窟寺遗存和石刻艺术宝库，其安全保卫、参观游览等基础设施仍很薄弱，不能满足基本需求。有鉴于此，国家文物局批准实施龙门石窟五年综合治理工程，工程从1987年开始，至1992年结束。

“龙门石窟综合治理工程”作为龙门石窟第一个有规划的、系统性的综合治理工程，历时长，规模大，涉及石窟保护工程、游览设施建设、安全保卫设施建设等各个方面，是龙门石窟第一个全方位的保护项目，工程实施时期成为龙门石窟保护历史上最重要的时期之一。主要工程内容有：岩体及洞窟加固、窟檐雨篷修建、安全防范措施建设、台阶栈道修建、洞窟渗漏水试验研究等。有计划分步骤实施了东西两山的治理工程，加固了大部分洞窟，基本解决了石窟稳定性问题，洞窟渗漏在一定时期内得到改善，修建了保护围墙、游览栈道，奠定了龙门石窟作为文物保护区和文物游览区的基本框架。工程结束的1992年12月，国家文物局组织了高规格的项目验收会议，在《竣工验收纪要》中一致认为：通过化学灌浆结合钢筋锚杆对岩体及洞窟雕刻品加固达到了稳定的目的；围墙栏杆设施有效防止了人为破坏；台阶、栈道走向分布合理，方便研究、安全检查工作及游人参观；洞窟漏水的初步治理试验效果满意。

2000年11月30日龙门石窟成功列入《世界遗产名录》，填补了河南省世界遗产的空白。世纪之交的这场盛事为龙门石窟的发展带来了新的历史机遇，随后实施的“龙门石窟保护修复工程”和“龙门石窟双窑修复工程”是中国政府和国际文物保护组织主导，国内外顶级专家主持参与的合作项目，为龙门石窟带来了新颖的、多方面的文物保护理念和技术，成为龙门石窟保护的新亮点。

“龙门石窟保护修复工程”① 于2002年1月～2008年12月实施，主要对龙门石窟进行地形调查、地质勘察、环境观测、病害监测等数据资料的收集和保护材料、工艺等试验工作；对实验洞窟（潜溪寺、皇甫公窟、路洞）进行保护修复。项目涵盖了石窟监测、区域地形地质的调查、保护人才培养与队伍建设、石窟的保护方案设计与施工等石窟保护所涉及的综合方面。

2004年实施中国、意大利合作开展的“龙门石窟双窑洞保护修复工程”项目。该项目在中意双方文物保护专家的共同指导下，采用国际上先进的保护修复理念和技术方法，在对双窑洞进行病害的综合诊断分析的基础上，开展了包括清洗、粘接加固、

① 详细介绍见本章第一节。

封护在内的一系列完整的修复工程，双窑洞的油烟污染、岩体脱落、表面风化等病害得到治理，取得了良好效果。双窑洞的修复是龙门石窟首次对整体洞窟的表面病害进行的全面修复实践，所取得的经验对于龙门石窟病害的修复有重要的指导意义。

2010年至今龙门石窟实施了多个大型综合治理工程，主要包括擂鼓台三洞、万佛洞至奉先寺段、潜溪寺综合治理工程、东山万佛沟修缮工程等。擂鼓台三洞、万佛洞至奉先寺段、潜溪寺这三处区域，地质条件复杂，裂隙分布纵横，渗漏水病害突出，且渗水模式等具有相对独立性和代表性。自2010年以来，逐一对擂鼓台三洞、万佛洞至奉先寺北、潜溪寺三区域进行了渗漏水综合治理。

擂鼓台区域渗水治理工程，由中国地质大学（武汉）、中国文化遗产研究院承担勘察和设计工作。工程于2010年10月正式开工，2014年5月结束，施工历时4年。工程结束后，经2014年雨季的检验，洞窟在雨季的前、中期均未发现明显渗水，而到雨季后期，区域三大洞窟出现不同程度的渗漏。2015年、2016年均依据洞窟渗漏观测结果，进行了补充施工，于2016年9月顺利通过验收。工程主要内容包括裂隙清理及灌浆、顶部平台防渗、崖体表面截流、截排水沟修筑、南窟窟顶特殊防渗、危岩体与滑坡治理等工作。工程采用了灌、堵、排相结合的思路，根据现场地质条件，利用石窟所在岩体存在大量裂隙及溶洞的构造特点，结合技术手段，精确计算岩体中水的渗流通道与方向，采用人工干预的方法将其通过裂隙和钻孔导入溶洞，进而发挥溶洞的自排水功能将水排出，从根本上解决了洞窟绝大部分的渗漏水病害。经过检验，洞窟渗漏得到成功治理，达到了理想效果。

奉先寺北至万佛洞段保护工程是由国家文物局批准、中国文化遗产研究院设计、重庆市大足县晟煌建筑工程有限公司施工的龙门石窟重点保护工程项目之一。奉先寺北至万佛洞区段内山体裂隙纵横分布，洞窟渗漏水严重。针对这种情况，自2010年开始，中国文化遗产研究院经过调查研究、勘查测绘和综合评估，对洞窟渗漏水和滑坡体危岩体加固进行了方案设计。该区段保护工程于2011年11月开始施工，2012年6月完工，2013年又做了补充工程。工程主要内容包括地表水的拦截与疏导、窟顶综合防渗处理、山体裂隙灌浆堵漏、危岩体和滑坡体加固等，重点是治理洞窟渗漏水。通过治理，该区段的滑坡体、危岩体得到有效加固，除莲花洞存在少量漏水以外，其余主要洞窟如双窑、万佛洞、惠简洞等得到了有效治理。还存在漏水现象的莲花洞，其漏水程度同治理前相比，有明显改善。

潜溪寺位于西山北端，为唐中期开凿的大型石窟，是龙门石窟中规模较大的唐代造像较为成熟的洞窟之一，也是渗水比较严重的洞窟之一。自20世纪80年代以来，针对其渗水病害，相继实施了窟顶铺设防渗排水层、裂隙灌浆、窟内裂隙封堵等治水措施，一段时期内起到良好的治水效果。由于没有从水源上解决水害治理，石窟重新出现渗水病害，而且在雨季渗水现象特别严重。2002 年实施的“联合国教科文组织龙门石窟保护修复工程”项目将潜溪寺列为实验洞窟之一，有针对性地进行了地质勘查、病害调查研究、洞窟内外环境监测、病害监测、灌浆材料试验等一系列研究。

2013 年 7 月～2014 年 5 月，龙门石窟研究院在充分总结潜溪寺历史上多次治理的经验和教训的基础上，组织实施了新一轮的潜溪寺渗漏水治理工程。为查明潜溪寺的地质结构和渗流通道，对窟顶原有混凝土防渗层进行了彻底的揭除，露出原岩；采用地震探测、高密度电法、地质雷达探测等多种物探技术和地质钻孔方法对石窟区岩体结构构造特征进行分析研究，并在窟顶设置勘察孔，进行压水试验，分析渗流途径。2013 年 10 月 20 日召开了潜溪寺设计方案修改专家论证会，在综合潜溪寺勘察研究和保留原来的水文地质特征、不破坏原来的渗流体系的基础上，提出了帷幕灌浆的防渗治理思路。

工程施工中，在比选了有机、无机等多种材料后，选用了龙门石窟研究院与中国地质大学合作研发的新型无机灌浆材料。该材料与石窟岩体性能更接近，具有耐老化、抗酸碱、收缩率低、流动性好、经济环保等特点。工程施工后，潜溪寺顶部铺设柔性防护网，南侧截水暗沟混凝土覆盖施工，恢复生态环境。

2015 年 7 月，进行了第一次补充治理工作。2016 年 3 月，进行了第二次补充治理工作。整个工程于 2016 年 10 月份全部完成，并顺利通过专家组验收。经过近几年的观测，此次综合治理工程基本治理了潜溪寺洞窟大部分渗漏水病害，效果良好，专家们推荐潜溪寺保护工程申报国家优质保护工程。

文物保护工作，任重而道远，只有起点没有终点，我们仍然行驶在路上。龙门石窟承载着灿烂的文明，传承着历史文化，是祖先留给我们的宝贵遗产，是加强社会主义精神文明建设的深厚滋养。对于龙门石窟的忠诚守护既是我们的责任，也是我们的荣幸。进入 21 世纪的龙门石窟，遵循强化基础、项目带动、构建平台、合作交流的工作理念，秉承继承、发展、务实、创新的精神，开展了遗产监测体系建设、石窟保护科研课题研究、石窟渗漏水综合治理工程、遗产保护管理规划和管理条例修订等涉及石窟保护的一系列重大项目。遗产监测、保护技术研究、工程修缮、维护修复、规划立法、安全防范等工作日趋完善，正逐步构建起龙门石窟保护的完整体系①。

从龙门石窟以往开展的保护修复工程来看，重点集中在对主要病害的调查研究，对设计方案反复论证甚至多次调整设计，最大限度保留原真性；修复施工时深度挖掘传统工艺；对工程施工统筹管理，建立质量保障体系。同时坚持不改变文物原状的原则，保护石窟本体、载体及其环境的真实性和完整性；不改变石窟原状，不允许追求

---

① 本部分内容由龙门石窟研究院陈建平同志协助完成，致谢。

完整、追求人为展示效果而改变遗址真实、稳定状况；尽可能减少干预和采用以结构安全为前提的保护技术措施；必须保护石窟相关信息；不妨碍再次保护处理。对这些原则的坚持，确保了龙门石窟保护工程的质量和效果。

兹以几个规模较大、周期较长、影响深远的保护工程为例来阐述其主要目标、工程内容、技术路线和治理效果，来分析研究其取得的经验及推广意义。

第一节　联合国教科文组织援助龙门石窟保护修复工程①

一、工 程 概 况

联合国教科文组织无偿援助龙门石窟保护修复工程（以下简称UNESCO龙门石窟保护修复工程），得益于1998年前国家主席江泽民和日本前首相小渊惠三的会谈。基于该会谈意向，日本政府为保护中国丝绸之路文化遗产，向联合国教科文组织委托500万美元作为“文化遗产保护日本信托基金”。1999年7月，初步达成了以龙门石窟、库木吐喇千佛洞作为该项目保护对象的协议。此后两年，经过联合国教科文组织和中日两国政府的共同努力，龙门石窟保护修复工程于2001年11月正式签署并开始实施。

UNESCO龙门石窟保护修复工程是联合国教科文组织利用日本信托基金无偿援助龙门石窟的保护工程，同时也是中日两国政府开展的国际性合作工程，目的是合理利用基金，通过综合调查研究和领先的技术保护措施，为龙门石窟确定全面长久的保存和修复方向，以加强龙门石窟珍贵文化遗产的保护和管理，使龙门石窟得到永久保存和合理利用。在这一过程中，进行有关龙门石窟基础资料的调查和收集，对各种环境影响因素进行分析研究，最后确定可行的保护修复方案。与此同时，委托东京国立文化财研究所在五年内为龙门石窟培养五名保护修复人才。

龙门石窟保护修复工程于2002年1月开始实施。工程分为两个阶段进行，第一阶段工期为三年（2002年1月～2005年2月），重点工作是进行地形测绘、地质调查，石窟环境和石窟病害监测，风化劣化、防渗等试验研究；第二阶段为两年（2005年9月～2007年），重点是在试验研究的基础上，对三个实验洞窟开展综合的保护修复措施，为龙门石窟全面保护提供珍贵标本和示范。在项目实施过程中，由于工程计划书的修改、变更等多种因素，项目延迟至2009年完成，基本达到了设计方案的预期效果。

龙门石窟保护修复工程是龙门石窟列入《世界遗产名录》之后的第一个国际性合作保护项目，也是龙门石窟科技保护历史上迄今为止投资金额最大的保护修复项目

① 杨刚亮：《龙门石窟保护修复工程综述与探讨》，《石窟寺研究·第3辑》，文物出版社，2012年。内容略有改动。

（总投资额为125万美元）。该项目的实施标志着龙门石窟得到了世界的认可和保护，并进入了国际性合作日程。项目的实施沟通了龙门石窟保护研究的国际合作渠道，引进了先进的保护技术和管理方式，通过合作建立起中外专家互相学习、交流的平台，为进一步提高国际文物保护和修复工作水平起到了积极作用。项目的运行模式、采取的科技手段和管理措施，对龙门石窟保护和研究工作起到了推动作用，提升了龙门石窟保护研究人员的理论和技术水平，积累了现场工作经验，为龙门石窟长久保护工作奠定了良好基础。

二、工程实验洞窟的选择

工程项目选定龙门石窟西山三个洞窟潜溪寺、皇甫公窟、路洞（由北向南）作为实验洞窟，旨在对三个实验洞窟进行保护修复研究，将取得的成功经验推广到龙门石窟众多洞窟的病害治理工作中去。选定的三个实验洞窟潜溪寺、皇甫公窟、路洞分别位于龙门石窟西山北段和南段，位置上涵盖了中、高、低（三个实验洞窟窟底高程分别为156.73m、164.70m、154.11m），洞窟的病害种类基本包括了龙门石窟的主要病害，具有很强的代表性。由北向南，潜溪寺、皇甫公窟和路洞不仅代表了龙门石窟营造史上的集中年代（唐、北魏），也在地质层位上代表了龙门石窟的三个类型（凤山组、张夏祖和徐庄组）。从洞窟规模上看，潜溪寺代表了龙门石窟的大型洞窟，皇甫公窟和路洞则代表了中小型洞窟。

潜溪寺、皇甫公窟、路洞在龙门石窟西山的分布位置见图6-1，三个洞窟外观见图6-2～图6-4。三个洞窟有关基础资料和治理措施见表6-1。

表6-1　龙门石窟保护修复工程三个实验洞窟对比①

实验洞窟	时代	洞窟规模	地质层位	岩性	主要病害	治理措施
潜溪寺	唐	进深6.72m 宽9.45m 高9.7m	$\in_{3f}$ 凤山组	厚层、中厚层极细晶～细晶白云岩夹薄层灰岩	裂隙渗水、粉化、凝结水危害等	渗漏水综合治理；表面病害清洗试验
皇甫公窟	北魏	进深6.3m 宽7.25m 高4.5m	$\in_{2zx}$ 张夏祖	中厚层白云石化灰岩夹薄层含鲕状灰岩	风化剥落、裂隙渗水、溶蚀等	灌浆加固材料比选试验
路洞	北魏	进深5.27m 宽4.26m 高4.2m	$\in_{2x}$ 徐庄组	泥质条带灰岩和白云岩鲕状灰岩互层	风化剥落、粉化、裂隙切割与渗水、溶蚀、黑色结壳、生物病害	灌浆加固材料比选试验

① 三个实验洞窟的进深、宽、高等尺寸数据，引自《中国石窟·龙门石窟》，中国文物出版社与日本国平凡社合作出版，1991年。

图 6-1　三个实验洞窟分布位置

图 6-2　潜溪寺

图 6-3　皇甫公窟

图 6-4　路洞

三个实验洞窟中，潜溪寺完整性较好，但裂隙渗漏水最严重；路洞和皇甫公窟完整性差，崩落、掉块、裂隙切割等地质病害严重，裂隙渗漏水相比潜溪寺稍轻。

三、工程测绘与地质勘查

龙门石窟保护修复工程于2002年元月正式启动，该年度计划工作进展顺利，主要完成的工作内容有：地形测绘调查、地质调查、垂直钻孔施工及试验、环境观测设备购买及安装、石窟病害观测设备购买及安装等。本年度工作会议共召开了5次，主要确认了中方专家组成员、成立了项目办公室；确定了地形测绘、地质调查和垂直钻孔施工的承担单位，并提出了针对测绘和地质调查的具体技术要求。地形测绘任务由郑州解放军测绘学院承担，于2002年4月开始，11月完成全部测绘工作并做了汇报，最后提交了成果。主要完成的测绘工作包括：航空摄影、地形图测绘、西山立面图、断面图以及实验洞窟立面图。地质调查任务由中国地质大学（武汉）文化遗产和岩土文物保护工程中心承担，于2002年4月开始，12月全部完成。主要完成的地质调查工作包括地质填图野外踏勘，钻孔波速及地表波速测试，岩土水样、石雕表面沉淀物样品岩相及矿物成分、力学性质测试分析，回弹锤击试验以及地表垂直渗水试验和实验洞窟地质病害调查等。垂直钻孔施工任务由洛阳地质工程勘察设计院承担实施，于2002年8月完成，4个钻孔总进尺320余米，注水试验11段次，孔温测量620次，并于8月底完成4个钻孔内观测仪器的安装和调试。9月在三个实验洞窟内安装了用于观测渗漏水的数码摄像机。年底确定了购买日本白山工业公司的环境观测设备，中日双方专家核实了环境观测设备安装的具体位置，同时确定了龙门石窟研究院配套购买自动化的大气质量监测仪器。

2003年工作会议召开了3次，主要针对地质调查报告进行了评审并提出修改建议。与日方合作进行了环境监测仪器的购置、定位、现场操作等工作。龙门石窟研究院配套购置了河北先河公司制造的大气质量自动连续监测系统，实现了对石窟区污染气体（SO_2、NO_x）的全天候自动化监测和数据采集、存储。4～6月安装了三个实验洞窟的壁面漏水点温度监测设备和渗水时间监测设备，9月更改了实验洞窟部分观测设备监测位置。为加强龙门石窟保护研究工作，龙门石窟研究院邀请国内外石窟保护领域的权威学者、专家以及国家、省、市文物部门的有关领导于7月下旬在洛阳召开了“龙门石窟保护研讨会”。这次会议围绕龙门石窟的历史保护工作、保护规划制定、环境与病害监测、石窟主要病害的防治措施等内容展开了深入研讨。会议肯定了龙门石窟过去三十年保护工作所取得的成绩，确定了龙门石窟目前存在的主要病害是洞窟渗漏和石刻风化。针对渗漏水病害的治理，会议认为应在过去治理经验的基础上，研究适宜

图 6-5　项目三方会议

龙门石窟石灰岩的保护材料、工艺、方法，采取排、导、堵等综合措施加以治理，并应制定科学的保护规划。此次会议的召开为龙门石窟长远的保护研究工作提出了任务，指明了方向，起到了积极的推动作用。10 月下旬，龙门石窟保护修复工程三方、专家会议在洛阳召开（图 6-5）。会议回顾了三年来取得的阶段成果，审议了工程项目办公室提交的《龙门石窟保护修复工程工作报告》，对工程前一阶段取得的成绩给予了充分肯定。会议期间，项目专家组还在总结调查研究阶段性成果的基础上，制定了第二阶段 3 个实验洞窟保护修复的工作计划，为实验洞窟的保护修复工作做好了充分准备。最终，三方协商决定，加强相互间的协作与交流，推动保护修复工程顺利开展。

2004 年共召开了三次专家会议，完成了水平钻孔施工和多项观测仪器设置，进行了洞窟清洗、加固和灌浆试验研究。4 月确定了皇甫公窟南侧洞窟（1589 窟）作为渗漏水治理的试验点，并于 7 月完成了灌浆堵漏试验。6～7 月完成三个实验洞窟的水平钻孔施工，并于 8 月在钻孔内安放多点温度观测仪器。10 月、12 月两次在北京召开项目专家会议，会议听取了关于水平钻孔施工、仪器安装、龙门西山雷达勘探和三个实验洞窟周边地质调查、洞窟裂隙位移监测、洞窟渗透水压力观测、洞窟清洗、裂隙填充材料研究等各项工作的完成情况和工作中出现的困难和问题，肯定了龙门石窟研究院承担完成的洞窟病害调查和观测资料的收集整理工作，并对档案记录的科学化、标准化和术语统一诸方面以及数据资料分析的进一步深入等提出了修改意见。由此，工程项目的第一阶段全部工作基本结束，针对龙门石窟病害的前期研究、监测仪器设备的安装、调试和运行等如期完成并正常运转。

四、保护工程设计的关键技术研究

综合考察龙门石窟保护修复工程第一期、第二期工程计划书，其关注的主要技术问题集中在石窟赋存自然环境的基础研究、石窟主要病害及其形成机理、病害治理措施与效果三个方面。前两个方面作为前期研究，自 2002 年 1 月开始，持续至 2005 年 3 月结束，主要针对岩石材质、岩体状况、大气环境、水文环境等多种影响因素展开调查研究。围绕龙门石窟赋存的自然环境和地质基础，明确了作为碳酸盐岩类型的石窟寺造像，易受到水、CO_2 共同参与下的溶蚀作用，加上温差变化引起的应力破坏，由此带来的造像表面劣化、结垢、裂隙、剥落等多种病害，成为威胁石窟长久保存的重要因素。针对三大病害（崩塌、洞窟漏水、雕刻品风化）的分布、发展状况和缓急程度，确立了首要治理洞窟渗漏水病害、应尽快启动防风化治理等重要结论。裂隙渗水是龙门石窟病害防治的首要问题，洞窟渗漏的水源是大气降水在包气带中形成的暂时性渗水，因洞窟位置及其所在地质层位之别，其渗漏水水源有远近之分；受岩体层面、构造裂隙和卸荷裂隙的交切影响，渗漏水主要在洞窟内南壁、顶壁和正壁出露，并直接危害洞窟造像和岩壁。病害治理措施与效果作为项目第二期工程计划书的核心内容，通过对潜溪寺渗漏水病害展开综合治理的实践和研究，总结了以往治理洞窟渗漏的基本方法（适宜的材料、工艺、方法，采用排、导、堵等综合手段），并采用新的工程技术手段（修造膨润土硅酸盐无机防渗层、开挖截排水沟、修建挡土墙、进行帷幕灌浆等），从源头上截留大部分渗漏水来源，并对洞窟内部渗水裂隙灌浆、封堵，最终实现防治裂隙渗水在窟内造成危害之目的。施工操作上，由于潜溪寺渗漏水相对严重，为避免封堵裂隙后造成的孔隙水压力，仅在施工时临时封堵以保护窟内造像免遭污染，施工后即去除封堵物。

创新点主要表现在以下诸方面：洞窟测绘中先进技术的应用研究；通过地质、物理、化学、工程、计算机等多学科交叉技术手段，研究了石窟赋存岩体工程地质特征、工程性质、水文地质特征等，获取了基础研究数据并建立数据库系统，将龙门石窟保护历史资料数字化处理后纳入数据库统一管理和利用，开拓了龙门石窟保护研究资料的信息化道路；运用计算机模拟技术研究山体内部渗水裂隙网络与渗水机理，为治理渗漏水病害提供依据（龙门石窟岩体结构及渗水机理，见图6-6）；完成三个实验洞窟的病害记录档案，明确了病害调查、记录、拍照等基本工作程序和规范，这在龙门石窟历史上尚属首次；完成山顶垂直钻孔和三个实验洞窟水平钻孔的施工，并对地下水、裂隙渗水进行观测，采用孔内电视摄像和岩芯鉴定的方法来确定岩体内裂隙分布位置、张开度和渗水情况，这在国内大型文物保护工程中都属于十分少见的重大技术措施；重视和确认了潜溪寺窟内造像表面风化加剧系凝结水危害所致，并通过定性研究和研制定量试验仪器设备，研究潜溪寺洞窟内凝结水的时空分布规律、凝聚状态、壁面凝结水形成机制和凝结水量及其变化规律，并针对潜溪寺窟顶和低处、窟内外冬夏环境、石块与岩壁产生凝结水的对比分析研究，充分考虑了洞窟模式下凝结水产生的影响因子，尤其利用气象学原理、饱和水汽压公式、工程学原理等研制凝结水定量测定装置并成功在洞窟内开展试验研究，在龙门石窟是第一次，在国内针对凝结水危害的研究中也处于领先地位；潜溪寺渗漏水综合治理工程中，采用局部水文地质单元分区治理的理念，大胆设计在潜溪寺南侧开挖截排水暗沟，工期安排在气温较低的冬季施工，积累了重要的治理经验，在施工完成后进行人工降雨的方式考察治理效果，亦属创新之举措。

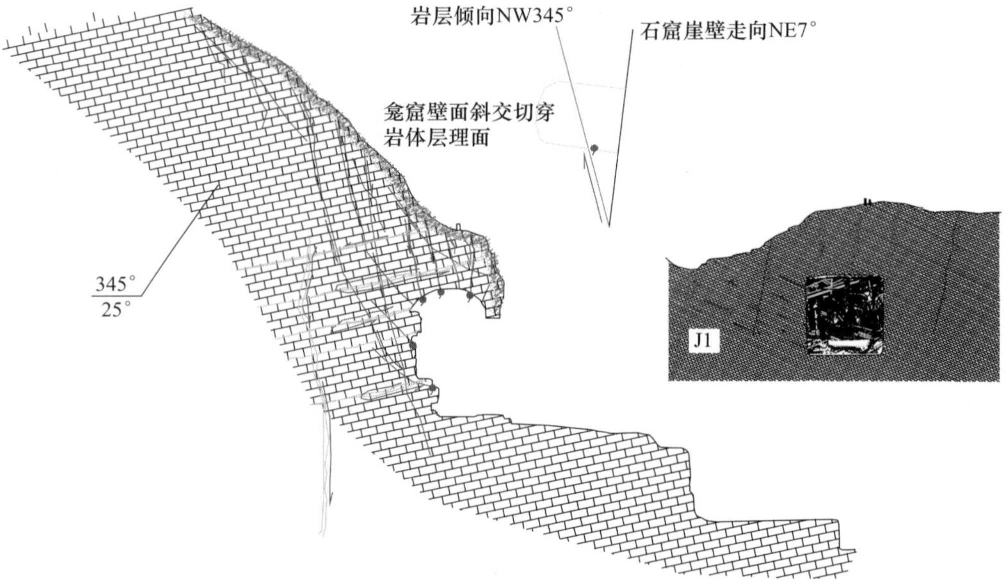

图 6-6　龙门石窟岩体结构及渗水机理

（龙门石窟—西山龛窟岩体结构及渗水机理分析剖面图）

龙门石窟保护修复工程前后持续了八年时间，前期研究花费了三年，治理方案立项报批、针对洞窟渗漏治理的灌浆堵漏材料研究等占用了两年半，工程施工和后续研究持续了两年半，最后完成工程施工的时间是按照项目组和专家会议的决策延迟的。第一阶段中，监测项目从确立、补充、修改等多个环节逐渐到最后的完善，具体数据处理的种类、方法、格式等，许多内容是计划书中没有涉及的，数据整理、分析尚不完全，有待进一步完善和补充，说明了石窟渗漏水治理工程中需要具体情况具体分析的重要性。监测体系中缺少针对酸雨、CO_2 等对龙门石窟碳酸盐石质文物风化影响较为明显的因子的监测，在龙门石窟整体防风化研究上，缺失了相关数据和资料。针对病害档案记录的方式、方法、记录内容标准与丰富化、照片的高质量化等问题，也都需要进行深入研究。在项目的不同阶段，因为一些工作项目的增加和变更，项目经费存在滞后、不足等问题，造成工期的迁延。这些都反映了项目计划书中的思路和内容，仍存有进一步细化和深入研究的必要性。针对潜溪寺渗漏水治理，前期研究和方案设计中对来自顶部、西边和南边的水源方向虽有较为正确的认识，但对其渗流途径的复杂性、切断水力联系的准确位置和深度等重要问题都没有明确的结论。潜溪寺渗漏水治理工程的施工时间不足半年，工期较为紧张，由于治水效果不明显，开展了后续治理措施——“潜溪寺南侧山体截排水沟”项目，于 2009 年下半年施工完成。由于时间、工期等因素，工程关注的核心问题，最后集中在洞窟渗漏水治理上，并且只在三个实验洞窟中选取潜溪寺进行整体施工试验。作为小区域的水文地质单元，潜溪寺洞窟的渗漏水治理经验不足以代表另外两个洞窟（皇甫公窟、路洞）的渗漏水治理。针对皇甫公窟和路洞，只进行了灌浆材料的比选试验和效果研究，实际上没有全额完成原计划书的既定目标（这里面有综合的因素影响）。

潜溪寺渗漏水综合治理施工后，根据三年来的观察，效果不佳，渗漏水依然严重，尤其针对最严重的顶板渗水，无法解决。每临雨季，窟内渗水和地面积水如常。这样的治理效果，暴露出了方案设计和施工中存在的一些问题：施工时的帷幕灌浆密度小，深度不够，没有形成连续灌浆面；顶面防渗层处理不彻底，原有排水沟底面防渗做得不够；潜溪寺南侧小龛带上的裂隙封堵和灌浆处理不够，单纯的浅层封堵与灌浆实现不了治理洞窟渗漏的目的。这也提醒我们开展洞窟渗漏水治理应充分考虑分期治理的理念，不能一蹴而就。可考虑一期工程治理一部分渗水，再根据经验进行二期工程逐步来解决。可由外围着手先期治理，后考虑下层与窟内治理。针对三个实验洞窟表面修复工作，在潜溪寺窟内壁面上（无雕刻处）进行了表面清洗试验，加固、粘接等修复工作尚未展开。工程原定针对造像表面风化病害展开清洗、加固、粘接等修复计划，因为存在技术难题、工期紧张、经费不足等因素，没有展开实际研究，未采取治理措施，在龙门石窟造像修复与防风化治理的经验积累方面留下了缺憾。因此，项目的意义主要表现在大的洞窟渗漏水治理工程上，而在对风化的防治和病害的加固修复上则没有得到体现。此外，工程项目建设资金总体划分权重分布存在不足，前期调查研究项目占用经费较多，用于病害防治试验研究和治理的经费较少，一定程度上影响了防渗漏和防风化关键技术研究攻关的成效，也降低了工程项目总体影响的积极意义。

国家文物局对潜溪寺渗漏水综合治理工程给予了高度关注（图 6-7）。项目结束后，国家文物局专门立项拨款，对潜溪寺渗漏水治理工程继续展开后续深入研究和治理工作，力争在这个难题上取得突破，为龙门石窟和其他石窟单位的水害治理工作获取宝贵经验。该项目于 2015 年结束施工，2016 年通过专家组验收。潜溪寺渗漏水及水害治理取得了明显成效，详情在下一节介绍。

图 6-7　专家现场调研

五、对保护工程的一些思考

龙门石窟保护修复工程是联合国教科文组织、日本国政府、中国政府共同组织实施的保护世界文化遗产的国际合作项目，其组织、决议、运行是在三方共同协作管理之下开展工作的。该工程具体实施的工作内容由工作会议决定，而工作会议主要即为专家会议。工作计划的制订、工程内容的实施、工程实施过程中出现问题的解决等均在工作会议上由政府代表、项目专家讨论决策，达成一致后进行实施。因此，在工程开始之初，首先确定了专家组，分为中方专家组和日方专家组，分别由五名资深的业内权威人士担任。而工作会议、专家会议由UNESCO驻北京办事处来组织召开，共同论证工作计划、确定实施项目、对资料数据进行验收和分析、项目经费拨付等等。这样，UNESCO驻北京办事处、日方专家组和中方专家组共同组成三方联合共管的项目组织机构。受河南省文物局的委托，洛阳市文物局作为项目的法人单位，对项目的实施进行监督和管理，由一名副局长、一名科长和一名财务人员共同组成项目管理小组，专项负责项目运转和资金使用管理，并下设项目办公室，组建项目小组成员。项目进展中的报批工作，主要由洛阳市文物局和龙门石窟研究院联合开展。

这种多方联合、齐抓共管、专项负责的管理方法，是龙门石窟保护修复工程得以顺利实施的重要法宝。工作会议和专家会议制度指导了工程项目各项工作的全面展开，是工程得到及时推进和有效实施的基本保证。联合国教科文组织作为项目的组织者和领导者，项目官员充分发挥组织协调作用，组织召开各方管理机构、中日专家会议，协调理顺关系，讨论布置项目年度工作计划，考察了解项目实施进展情况，保障项目资金及时到位，并监督项目资金的使用情况，保障了工程顺利进行和实施。日本政府、中国政府对工程项目的大力支持（组织专家、提供配套资金等），是工程项目工作计划得以如期完成的重要保障。项目资金在利用过程中，尽管存在国际汇率变动、专项资金缺口等问题，仍能按规定用途、专款专用，及时调度、拨付给项目施工承担方，各支出项目基本做到了透明、公开、公平，确保了资金使用中的合法性、安全性和效益性。由此，工程在实施过程中，形成了各方相互合作，又互为监督的项目管理机制，提高了项目实施水平，树立了国际合作项目成功管理的典范。

龙门石窟保护修复工程作为大型国际合作项目，得到了三方（UNESCO、日本政府和中国政府）的高度重视，工程中各个项目的立项、实施和监管都得到了地方各级政府部门的大力支持和积极配合，使得这个政府间合作实施的国际项目得以顺利实施和完成。然而，由于工程项目庞大，工期较长，不可避免地出现了一些需要改进的环节和问题。主要有如下几点：

（1）工程项目管理人才相对缺乏。国际合作项目的成功实施，需要各种专业人才，诸如翻译、司机、咨询师、顾问、财会、监理等等。在龙门石窟保护修复工程进行中，缺乏建立这样的高度复合型专业人才队伍。

（2）工程在实施前没有预先成立专家组，组织成立专家组花费了一些时间，且中、日双方专家组成员都存在中间变更问题；项目管理方（法人）成员也存在中期变更问题。这些因素某种程度上给工程的实施增加了困难。

（3）工程存在较大的资金缺口，地方政府配套资金跟进往往滞后。由于国际金融危机、汇率浮动等因素，该工程项目中的基础设施建设、场地施工配套、仪器安装配套、会务费用、进口仪器报关费用、施工项目后期持续治理费用、项目办公室通讯和办公器材以及附加项目施工费用（如水平钻孔施工、大气质量连续自动监测系统等）等多种开支项目，都需要地方政府的配套经费及时跟上。

（4）国际合作项目中设备材料的采购、供应和维护问题。作为项目中资金投入较多的监测仪器，由于主要来源于日本，运行中存在故障维修及费用问题（诸如内置电源损耗、设备老化等问题），导致仪器不能正常工作，难以得到及时解决。这反映了设备在采购过程中的信息沟通缺乏有效性（体现在与设计方的沟通、与施工方的沟通、与运行方的沟通等环节上），这也提醒我们在以后的国际合作项目中，应做好招标来保障仪器长期有效运行和后期维护。这里面实际上存在一个索赔的问题，但由于工程项目利用的是日本无偿援助资金，所以索赔问题成为一个无人问津的死角，这也说明国际合作项目需要律师等专业管理人才加入。

（5）工程进程中，日方专家在前期调查中参与度很高，对监测数据的收集、分析投入了很多精力，而在后期的潜溪寺渗漏水综合治理中，则参与较少。针对工程计划书工作内容修改、变更以及产生分歧的讨论中，存在一些沟通、交流和理解的问题。同时，针对大量的监测数据资料，没有召开专门的研讨会进行深入分析与合作研究，一定程度上影响了监测数据分析报告的严谨和水平。

（6）潜溪寺渗漏水治理工程施工中，由于施工后洞窟依然存在较严重的渗水，于次年补充设计开挖截排水沟等工程（因为通过钻孔进行帷幕灌浆效果不佳），虽有改善，效果仍不明显。说明施工设计对渗漏水治理的复杂性缺乏足够认识，单纯依靠山顶截排水、修造防渗层而不对窟内渗水裂隙进行灌浆封堵与导水，很难奏效。帷幕灌浆堵漏和截水，对于孔隙度小的石灰岩洞窟治水效果甚微。

（7）施工后没有充分考虑对环境外貌的影响。潜溪寺顶部进行防渗铺盖施工，没有及时做旧处理（虽然也存在观察治理效果需要等待的原因），灰白色的覆盖层与周边环境外貌不相协调。后进行铺植草皮等做旧处理，得以改观。

六、工程带来的积极影响

2009 年 2 月 21 日，在联合国教科文组织保护文化遗产日本信托基金项目成果报告会召开之后，UNESCO 驻北京办事处文化项目官员卡贝丝这样评价龙门石窟保护修复工程的实施：“该项目的实施，对龙门石窟将来的保护工作具有深远的意义。它对采取这样一种可持续、综合的保护管理方法研究探讨世界遗产龙门石窟的保护开了一个好头；其次，对一个非常著名的世界遗产，随着游客量的逐步增加，对其保护规划上做好工作提供了参考和借鉴。”

龙门石窟保护修复工程获得了UNESCO“文化遗产保护日本信托基金”125万美元的无偿援助，我国政府配套了部分经费。经过三方的密切协作与共同努力，龙门石窟保护修复工程如期结项，取得了阶段性成果。龙门石窟的日常管理和保护工作得到加强和规范管理，逐步实现长久保存和研究利用之目的。工程项目的实施增进了UNESCO、中国政府、日本政府，以及中国国家文物局、河南省文物局、洛阳市文物局和龙门石窟研究院的协同和联系。各级官员多次到龙门石窟现场进行组织协调、项目施工等指导工作；项目专家往返北京与洛阳频仍，考察现场、制定工作计划；省、市文物局领导高度重视这个国际性合作项目，大力支持并积极协调项目报批工作；龙门石窟研究院全力投入，从人员和经费上给予了有力配合。这些综合因素促成了工程项目各个环节的顺利进行，保障了项目计划的如期完成。

联合国教科文组织无偿援助实施的龙门石窟保护修复工程，是龙门石窟今后开展国际合作保护工程的典范和良好开端。工程的实施不仅对龙门石窟的保护起到了良好的效果，开辟了国际合作的渠道，也使龙门石窟的保护越来越受到社会各界普遍关注与支持。同时，该项目为中外尤其是中日文物保护专家提供了相互学习、交流经验的平台，为保护人类共同的文化遗产树立了合作典范，为龙门石窟今后保护工作的深入和更广泛的国际合作积累了经验。

通过合作保护工程的实施，龙门石窟的保护管理工作在整体保护理念、技术路线和保护程序等方面都有了跨越式的提高，项目取得的成果为龙门石窟的科学保护提供了良好范例。项目提供的宝贵资金和高水平技术，为龙门石窟带来了世界一流的环境监测仪器和设备，自动化连续监测水平得到极大提高，且整个监测项目形成了一个较为完善的石窟环境监测体系，在龙门石窟长期运行，不仅为后期洞窟病害的治理工作提供了直接依据，而且为龙门石窟的长久保护奠定了坚实的基础。项目计划书工作目标的完成，既使文化遗产得到了保护，也开拓了当地文化遗产保护工作者的视野，带来了全新的理念。工程实施完成的地形测绘、地质调查、环境观测、石窟病害观测等工作，丰富了龙门石窟保护的基础研究资料，给龙门石窟病害治理积累了重要经验，为龙门石窟科技保护的长远发展方向提供了良好的思路和有益的借鉴。

工程项目实施进程中进行了保护修复技术人员培训，为龙门石窟培养了专业技术保护人才。作为能力建设过程中的一个环节，龙门石窟研究院的保护工作人员接受了在东京文化财研究所的长期或短期技术培训，树立和掌握了先进的文物保护修复理念和技术，提高了对各种观测仪器的操作和维护水平。正如项目中方专家组组长黄克忠先生在《文物保护工程》(2005 年 10 月）上的文章《对龙门石窟保护修复试验工程的几点认识》中写道：我认为此项目为我国石窟普遍存在的难题——治理水患及风化病害，提供了科学研究与实践相结合的机会，在联合国教科文组织提供资金和组织协调下，可以与中、外专家进行交流，购置必要的仪器设备，邀请信得过的单位进行勘测、设计、施工。将使龙门石窟整体保护的指导思想、技术路线和保护程序有一个跨越式的提高。它体现了二十一世纪文物保护的科技水平，将为今后龙门石窟的科学保护提供一个良好的范例，同时为研究院培养了人才。

杜晓帆博士当时就职于联合国教科文组织北京代表处，担任文化遗产保护专员，是“龙门石窟保护修复工程”教科文组织代表，在 2011 年出版的《龙门石窟保护修复工程报告》的《后记》中写道：龙门石窟作为中国重要的艺术宝库，其保护在 20 世纪五十年代末就得到国家的重视，六七十年代直至申报世界遗产成功前，基础调查、研究和保护都在持续不断的实施，因此，龙门项目可能更多体现了中外保护理念与技术的交流与交锋，从另一个角度印证了世纪之交中国文化遗产保护的理念和技术发生的变化。

除了工程计划书中的工作内容外，龙门石窟投入的配套资金和实施的配套工作（比如龙门石窟保护研讨会、大气质量自动连续监测系统、水平钻孔施工等），弥补了石窟保护领域的某些空白，起到了积极的促进作用。龙门石窟保护试验工程项目则为我国石窟普遍存在的难题——治理水患，提供了科学研究与实践相结合的机会，也使龙门石窟整体保护的指导思想、技术路线和保护程序，有了一个跨越式的提高。

龙门石窟保护修复工程取得的各种成果得到了 UNESCO、日本政府、中国国家文物局等多方机构的肯定和赞赏。用日本驻中华人民共和国特命全权大使宫本雄二的话说：“龙门石窟保护修复工程成功地为日本和中国间的合作与交流提供了平台，在保护和修复对两方而言具有极大文化价值的石窟的同时，促进建立了更加稳固的两国关系。”工程项目实施带来的深远影响由此不言而喻。

第二节　潜溪寺洞窟渗漏水治理工程

一、龙门石窟洞窟渗漏水概况及治理历史

（一）渗漏水概况

石窟在开凿营造过程中，由于原有的力学平衡体系被打破，在岩体薄弱带会产生新的应力裂隙，主要表现为沿崖壁平行方向分布的卸荷裂隙，深度约为 20～40m。这些卸荷裂隙与岩体层面裂隙、构造裂隙、风化裂隙相互交切，不仅破坏了岩体的完整

性，而且构成了连通性良好的渗水网络，造成了石窟内的渗漏水病害，加剧了石窟岩体的岩溶、风化剥落和生物病害。

龙门石窟区主要发育有与地块周界断裂近似平行的两组构造节理，一组层面节理和一组卸荷节理。构造节理、层面节理、卸荷节理相互交切，构成岩体纵横分布的裂隙，从而在石窟围岩上形成良好的渗水通道，大气降水在地表径流过程中沿这些裂隙通道渗入洞内，形成洞窟漏水。龙门石窟所有的大中型洞窟几乎都存在不同程度的漏水病害，主要渗水通道为卸荷节理和层面节理。

根据降雨雨水的入渗通道和渗透途径以及立壁顶部微地形特征，可把西山立壁岩体分为三段：①摩崖三佛至潜溪寺段。立壁顶部地面地形为上陡下缓的自然山坡，由于山坡上植被保水，地表水不易流失，因此沿层面入渗于洞内的暂时性漏水可以保持较长时间；②奉先寺以北至双窑段。立壁顶部为伊河 2 级基座阶地面，地形平坦，地表径流较缓，雨水沿地表卸荷节理和层面节理入渗，沿卸荷节理直接渗入而导致的洞窟漏水时间短。③奉先寺以南至极南洞段。立壁岩体顶部没有积水区，地形为较陡的山坡。降雨后，大部分雨水很快以地表径流散失，仅有少量的雨水沿卸荷节理直接入渗到洞内，因此洞内的主要渗水点是由远程渗流来的水，渗流时间长。东山主要洞窟内卸荷节理、层面节理发育明显，下雨时雨水沿节理入渗，渗水持续时间虽短，但漏水量很大。

（二）洞窟渗漏水的来源和赋存特征

地质调查表明，危害龙门石窟长久保存的水源，主要包括大气降水、凝结水和伊河的洪水。由于含水层和出露高程低于石窟赋存的岩层，地下水（含出露的泉水）对石窟造像基本上没有危害。大气降水直接滴溅在雕刻品表面，有溅蚀破坏作用；其在山坡上汇聚形成的坡面流，能直接冲刷佛像，起到溶蚀和退化作用；大部分降水通过地表下渗到山间包气带形成上层滞水，又通过山体内部的裂隙通道网络，运移至洞窟内壁形成洞窟渗漏，增大了窟内湿度，造成雕刻品污染和溶蚀，加剧了风化作用。

这部分渗漏水分布范围较广，从地层剖面上看，主要赋存在由南到北分布的中上寒武系灰岩，地层界限从徐庄组泥质条带灰岩开始，到凤山组极细晶～细晶白云岩，垂直剖面上处于＋150m～＋263m 之间的高程范围。该段岩体纵向平面上对应于西山石窟南端的极南洞到北端的潜溪寺一带，南北展布约 1km；横向平面上对应于西山石窟立面到西山盘山公路一带，东西展布约 0.8～1.5km。因此，形成了一个平面上约 1.2km^2 的汇水面积，立面上约 110 多 m 的范围，这是龙门石窟西山洞窟渗漏水最重要的来源范围和赋存空间。东山石窟的渗水来源范围要更广泛些，从东山立面一直往东，可达偃师、登封一带。

由于岩层倾向为北北西方向，岩层在洞窟南壁出露后表现为层面裂隙，渗水沿层面裂隙到达洞窟，因此，除万佛沟内的洞窟朝向为南外，其他大部分洞窟都是朝东朝西，其南壁渗水多为层面裂隙渗漏，偶有卸荷裂隙斜穿出现渗水；正壁渗水则为层面和构造裂隙渗漏，顶壁多为卸荷裂隙渗水。总体而言，顶板薄的洞窟，顶壁渗水明显、渗漏出现快、消失早，这是由卸荷裂隙发育决定的；正壁渗水主要受构造裂隙控制，多出现在主尊的两侧构造裂隙，出现慢、持续久；南壁渗水严重的地方多为层面裂隙和卸荷裂隙交切处，渗水量大、持续久。

（三）洞窟渗漏水的空间分布特征

由于东西两山岩体结构特征基本相同，龙门石窟洞窟渗漏水在空间分布上也基本具有相同的特征。根据降雨雨水的入渗通道和渗透途径以及立壁顶部微地形特征，从水文地质单元的差异性来考虑，可把龙门石窟两山划分为几个区段，其中西山可划分潜溪寺—宾阳洞区段、敬善寺—摩崖三佛区段、万佛洞—唐字洞区段、奉先寺、药方洞—极南洞区段等五段，东山可划分为擂鼓台三洞区段、西方净土变—高平郡王洞区段、看经寺—四雁洞区段等三个区段。因体量大、价值高，特将奉先寺（卢舍那大像龛）单列出来。

由于构造、冲沟等发育不同，造成局部地貌的差异性，影响了不同区段的渗漏水特征和分布。西山的五个分区，地貌上有明显区别，卸荷裂隙、构造裂隙发育不尽相同，造成不同区段渗漏现象存在较为明显的差别。表 6-2、表 6-3 分区段对东西山渗漏情况进行了区段划分及其特征描述。

表 6-2　龙门石窟西山渗漏区段划分及其渗漏特征

区段划分	地貌特征	主要渗漏洞窟	渗漏水特征	主要影响因素
潜溪寺—宾阳洞	边坡陡峭，发育有冲沟，第四系堆积较厚，植被发育	潜溪寺、宾阳三洞	潜溪寺渗漏显著、持续长久。宾阳中洞几乎不渗，南洞和北洞渗漏，远程缓慢渗漏	植被、排水沟、窟檐等。顶部下渗、南侧冲沟积水是潜溪寺渗漏的重要因素
敬善寺—摩崖三佛	构造、冲沟发育，植被茂盛	敬善寺、摩崖三佛	敬善寺渗漏严重，摩崖三佛渗漏轻。快速渗水，持续时间长	冲沟影响敬善寺附近洞窟渗漏，构造裂隙影响摩崖三佛渗漏
万佛洞—唐字洞	顶部为平台，有排水沟。发育有大型溶洞，下有落水洞石牛溪。崖壁陡、裸岩	万佛洞、双窑、老龙洞、莲花洞、破药、赵克师洞、魏字洞、唐字洞	渗漏明显，渗漏严重。出现早，渗流快，持续时间较长。集中在构造和卸荷裂隙渗水	平台积水、坡面渗流、溶洞等
奉先寺	陡崖，有人字形排水沟。南壁附近水平溶洞发育	奉先寺	正壁渗水较为严重，南壁次之，北壁较轻。大佛头顶、文殊周边渗水明显。远程水	卸荷、构造裂隙等，南壁窟檐崩塌，溶洞发育
药方洞—极南洞	坡面陡峻，坡角超过70度，汇水条件差。局部有岩体崩塌，无冲沟发育	药方洞、古阳洞、火烧洞、八作司洞、皇甫公窟、龙华寺、路洞、极南洞	渗水表现为南北壁和顶壁严重，正壁较轻。远程水为主	构造、层面裂隙等为强渗水，卸荷为弱渗水

表 6-3　龙门石窟东山洞窟渗漏区段划分和渗漏特征

区段划分	地貌特征	主要渗漏洞窟	渗漏水特征	主要影响因素
擂鼓台三洞	断崖，顶板薄，部庄断裂发育，切穿北洞。	南、中、北三洞均渗漏	南壁、顶壁渗水严重，渗流快，持续时间不长。	构造、层面裂隙，坡面积水下渗
千手千眼龛—高平郡王洞	朝南，崖壁陡峭，盖板薄。局部发育浅冲沟。	高平郡王洞	东壁、北壁渗漏严重，持续时间长。	层面裂隙、卸荷裂隙
看经寺—四雁洞	缓坡，裸岩，顶板薄，溶洞发育	看经寺、二莲花洞、四雁洞	顶壁、南壁、正壁渗水严重，持续时间长	层面裂隙、构造裂隙

（四）渗漏水的季节分布

龙门石窟所在的洛阳地区，在气候上属于温带大陆性季风气候，年降水量可达600mm 以上（图 6-8），个别年份甚至超过 1000mm（如 2003，见表 6-4）。龙门石窟渗漏水在时间上的分布特征，与降水的季节特征基本相吻合，渗漏时间比降水稍有滞后。年降水量有 70% 以上集中在每年的 6～9 月（丰水期）。

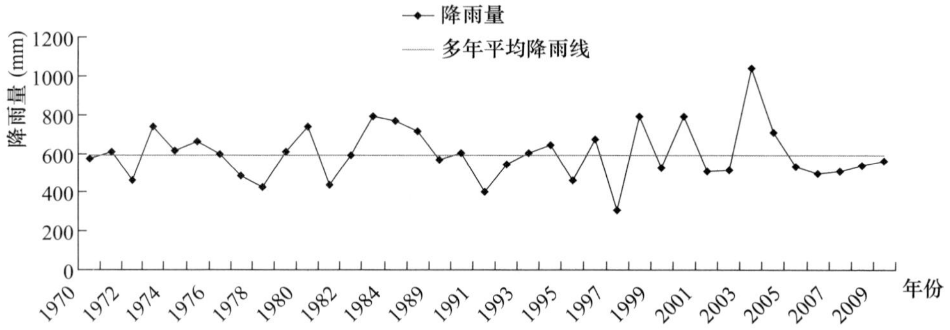

图 6-8　1970～2009 年洛阳站年降水量曲线图

表 6-4　龙门泉子系统洛阳站降雨量统计表　　（单位：mm/a）

年份	1970	1971	1972	1973	1974	1975	1976	1977	1978	1979
降雨量	572.07	609.78	461.4	736.99	614.13	660.02	599.93	486.01	425.11	609.17
年份	1980	1981	1982	1983	1984	1985	1986	1987	1988	1989
降雨量	741.15	439.81	593.19	789.80	767.85	607.37	381.01	555.8	717.64	569.66
年份	1990	1991	1992	1993	1994	1995	1996	1997	1998	1999
降雨量	605.00	400.8	543.9	601.5	646.2	459.6	675.9	304.9	793.7	528.0
年份	2000	2001	2002	2003	2004	2005	2006	2007	2008	2009
降雨量	794.3	509.6	511.7	1041.9	708.5	531.9	498.8	510.4	535.6	561.6

洛阳市属于北亚热带向暖温带过渡的气候带，为半湿润、半干旱的大陆性季风气候，夏季炎热，冬季寒冷，四季分明。据洛阳气象站观测资料，年平均气温 14.4℃，多年平均气温 14.2℃，最高气温 41.5℃（1966.7.18），最低气温 −23.4℃（1969.2.5）。年平均降水量 665.3mm，年最大降水量 1079.3mm（1964 年）。降水多集中在 7、8、9 三个月，占全年降水量的 60%～70%，而 12 月、1 月、2 月等三个月降水量仅占全年降水量的 5% 左右。降水强度：日最大降水量 148.0mm（1958.7.16），月最大降水量 264.3mm（1978.7）。年平均蒸发量 2012.44mm。降雪和冰冻期约在 11 月初至翌年 3 月，冰冻期 70～100 天，地表最大冻结深度 18cm。

龙门地区而言，根据西山和牡丹园观测站降雨量数据，西山区 2003～2004 年全年降雨量为 1061mm，根据西山图表（图 6-9）可以看出降雨主要集中于 6、7、8、9 四个月，总量为 800.5mm，占全年降雨量的 75.5%，7 月 16 日一天之内的降雨量高达 91.5mm，其中 8 月 28～30 日的一场降雨雨量达 139mm，28 日 20 时一个小时内降雨 26mm。

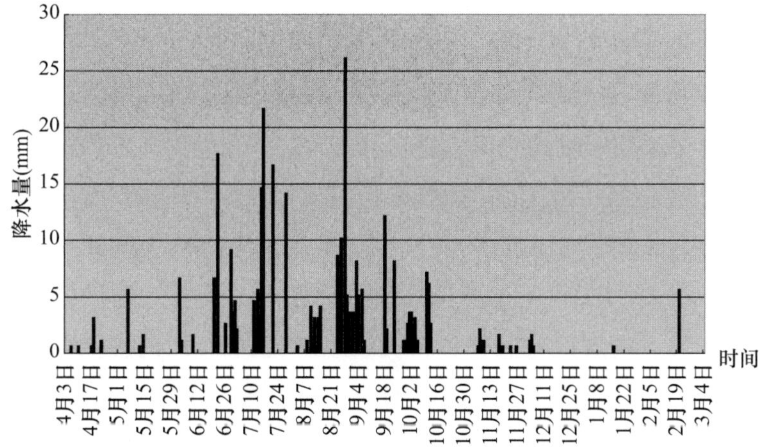

图 6-9　2003～2004 年龙门西山观测站降雨量图

（五）复杂性

由于山体内部各种裂隙走向、倾向不同，其连通性、填充性存在差异，造成不同洞窟渗漏水时间出现早晚和迟滞现象。因此，渗漏水的复杂性主要表现在岩土体的渗漏性能、渗水裂隙通道的连通性能、填充性质以及溶洞发育程度等存在的差异。表 6-5 给出了石窟区岩土体渗透指标。

表 6-5　石窟区岩土体渗透指标表

编号	地层岩性	渗透系数（cm/s）	渗透性分级	试验方法
1	Q_3^{el+dl} 含碎石粉质黏土	2.59×10^{-2}～2.9×10^{-3}	强透水性	地表试坑渗水试验

续表

编号	地层岩性	渗透系数（cm/s）	渗透性分级	试验方法
2	Q_2^{el+dl} 含碎石粉质黏土	1.3×10^{-3}	中等透水性	地表试坑渗水试验
3	Q_2^{el+dl} 粉质黏土	3.13×10^{-5}～6.37×10^{-5}	弱透水性	室内渗透试验
4	Q_3^{el+dl} 粉质黏土	1.16×10^{-4}～7.67×10^{-5}	弱透水性	室内渗透试验
5	$\in_{2zx}^3$ 灰岩	1.35×10^{-4}	中偏弱透水性	钻孔注水试验
6	$\in_{2zx}^2$ 灰岩	1.44×10^{-3}～9.12×10^{-5}	中～弱透水性	钻孔注水试验
7	$\in_{2zx}^1$ 灰岩	6.5×10^{-3}～2.08×10^{-4}	强～中等透水性	钻孔注水试验
8	$\in_{2x}^2$ 灰岩	8.28×10^{-3}～1.67×10^{-6}	中～弱透水性	钻孔注水试验

从上表可以看出，开凿在张夏组灰岩的洞窟，从药方洞到万佛洞一段，其渗透性分级涵盖弱、中、强等级透水性，主要原因表现为地貌复杂，有裸岩陡崖，也有二级河流阶地，坡顶也有第四系黏土层；徐庄组的洞窟，即古阳洞以南的区段，为中～弱透水性，此段渗水主要表现为裸岩陡崖边坡在降雨时迅速通过垂直裂隙通道进入洞窟，渗水出现早、持续时间短。

根据降雨（一般为中等强度以上的降雨）后渗漏水到达洞窟内壁面的速度和时间快慢，龙门石窟洞窟渗漏的水源基本上可以分为近程水和远程水。目前对远程水和近程水的判断，主要依据裂隙性质和渗水速度。

近程水基本上在降雨（中等强度）后约 6 小时内即会在洞窟内出现渗漏，主要表现为分布于洞窟顶壁的卸荷裂隙和构造裂隙渗水。其原因系顶壁卸荷、构造裂隙基本为垂向或接近垂向分布，离石窟顶部或顶板距离较近，且其连通性好，石窟崖顶和坡面在接受降雨汇水后，沿着这些裂隙以较快的速度垂直下渗，直达洞窟内裂隙出露处，形成渗漏，比较典型的例子有潜溪寺、敬善寺、万佛洞、擂鼓台三洞、看经寺等洞窟。

远程水多在降雨后 12 小时以上在洞窟内出现渗漏，表现为洞窟内出露的层面裂隙渗水。其渗水源相对较远，渗水途径较长，且其连通性相对较差，渗水出现时间较慢，持续时间则较长，尤其表现在洞窟顶壁的局部渗水点，有的渗水时间可长达一周以上甚至数月。比如莲花洞顶的几个渗水点，几乎常年渗水。

（六）洞窟漏水引起的危害

洞窟漏水不仅造成石窟物理风化、岩体溶蚀、（产生的）石灰岩凝浆覆盖雕刻品，而且也是引起石窟化学风化和生物风化的主要原因，因此，可以说洞窟漏水是龙门石窟的首要病害。对漏水病害的治理解决，是龙门石窟保护工作的重中之重，对龙门石窟的长久保存有至关重要的作用。

此外，绿化造林虽然从一定程度上美化环境，但对于石窟的保存却危害严重，主要表现在：①树木的根劈作用，产生并加宽已有的裂隙，便于雨水入渗，加剧了洞窟渗水病害；②根系的储水作用增加了石窟岩体的湿度，促进溶蚀病害的发展速度；③根系分泌的各种有机酸，增强了入渗水流的酸度，加速了岩体的溶蚀病害。

龙门石窟洞窟漏水病害的治理研究，自 1989 年国家文物局批准立项以来，中国地质大学（武汉）、中国文物研究所和龙门石窟研究所经过三年多的努力，利用先进的技术和方法，基本查清了龙门石窟洞窟漏水通道和成因。根据石窟岩体的水文地质特征和包气带岩体可渗通道分析，断定出龙门石窟的渗水是由于雨水入渗造成包带岩体的暂时性渗水，而非地下水所致。渗水通道主要是立壁的卸荷节理和层面裂隙，前者为垂直入渗的主要通道，后者是基本呈水平状渗流的主要通道。通过对龙门石窟岩石化学分析和物理力学试验、比溶解度试验、酸不溶物含量与溶蚀度的测试以及龙门石窟泉水的全分析，查明了开凿在中上寒武系碳酸盐岩体中的龙门石窟，受降水入渗引起的垂直溶蚀作用，一方面洞窟围岩岩体、佛像、佛塔等雕刻品出现大小不同的溶孔或溶隙、溶槽，形成立壁岩体的空架结构。这些溶孔、溶隙与原有的岩体裂隙、层面裂隙相互配合，破坏了岩体的完整性。另一方面在石窟洞壁、佛像表面形成钙质沉淀物，覆盖雕刻品，石窟艺术的历史、艺术价值遭受损失。

治理洞窟漏水的主要方法是防止雨水渗入裂隙。为此，1989～1990 年对西山石窟区部分洞窟进行了防渗试验工程，清除立壁顶部破碎的地表岩、土层，铺设钢筋混凝土防渗层，修排水沟渠，用环氧树脂材料做低温灌浆试验。1992 年由国家文物局组织专家对防渗堵漏试验工程进行了评审鉴定，一致认为：采取排水、防渗和堵漏、疏导结合的技术措施，能够有效地防止龙门石窟洞窟渗漏的病害发生，可以在更大范围内进行，不断总结经验，逐步解决龙门石窟渗漏引起的破坏，并通过了堵漏配方。

（七）治理洞窟渗漏水的主要措施

1. 在立壁顶部一定范围内铺设防渗层、修筑排水沟渠是治理洞窟渗漏的重要技术措施之一

靠近伊河两岸的立壁岩体，由于卸荷作用而发育有 8～10m 深的卸荷（裂隙）带，这一卸荷带是由一系列倾向与立壁坡角一致、倾向略小于坡角的卸荷节理组成。卸荷节理的连通系数最大为 16%，最小是 3.3%。洞窟渗漏主要是立壁顶部积水沿卸荷节理垂直入渗，卸荷节理与构造层面裂隙贯通，这是渗水的主要通道，雨水在构造裂隙和层面裂隙中流动，由洞窟壁面处露出，造成洞窟漏水。

在石窟立壁顶部不加控制的植树造林，是对石刻文物的又一破坏：树木根系的生长蔓延，加速岩体裂隙的发育，破坏石窟及围岩的稳定。在龙门石窟岩壁塌落体与岩

壁之间都有盘根错节的树根暴露。而且植被层中含有大量的硫酸盐和碳酸盐，这些化学成分溶于渗流水中，沿裂隙渗入洞窟又加速了雕刻品的溶蚀和风化破坏。为此在立壁顶部铺设防渗层、修筑排水沟，首先将石窟立壁顶部10～15m范围树木和植被清除干净，防水材料封堵、粘接在洞窟顶部出露的裂隙口，铺筑厚10～40cm的三七灰土垫层，铺土植草，仍保持景观。

为了防止暴雨后山洪下泄对石窟立壁岩体产生冲刷和雨水漫流渗入岩体造成溶蚀，拟在东西山立壁顶部沿立壁走向和倾角修筑前后两道排水沟，汇积雨水，集中排泄。这是龙门石窟传统保护方法，如奉先寺顶部古代开凿的排水沟至今仍发挥作用，宾阳洞顶1976年修建的排水沟效果也很好。

2. 封堵洞窟内的裂隙，疏导残余的漏雨

鉴于洞窟内裂隙纵横交叉，在立壁顶部铺设的防渗层只能覆盖窟顶部分的雨水渗入，难以彻底阻止降水从较远不同方向的裂隙渗入洞内，因此对洞窟内的裂隙进行封堵。为不使被堵在裂隙内的水再由其他地方裂隙口流出，造成新的破坏，还需将堵在裂隙中的积水疏导出去。根据前期研究封堵灌浆材料试验效果，拟选用下列材料配方灌堵：

配方一	环氧树脂	100
	丙　酮	30
	糠　醛	30
	苯　酚	4
	KH560（活性剂）	3
	CP32（固化剂）	80
	聚硫橡胶	15

配方二	环氧树脂	100
	丙　酮	30
	糠　醛	30
	二乙烯三胺	18
	苯　酚	4
	KH560	3
	聚硫橡胶	10

对出露在洞窟外崖壁的洞窟裂隙，采取洞内封闭缝口，灌浆密封堵漏，在洞外无雕刻品的隐蔽处钻孔，将缝内积水排出。

出露在洞窟内的构造裂隙和层面裂隙，原则上灌浆量不达饱和程度，仅对漏水部位封缝灌少量浆密封，使水不在洞内壁面流出。对与洞外无通道者，一是封堵时在靠近洞窟下部地面处，没有雕刻品的部位埋设导水管；一是测计裂缝布局，由洞外打孔穿过裂缝排水。二者据情选用。出水管用直径25mm的不锈钢管或塑管制作。埋入裂隙中的深度不少于15cm，外端突出壁面1～2cm，根据出水量大小，分别用导管或排水沟将水排在远处。

3. 西山立壁顶排水防渗工程

西山石窟区潜溪寺和宾阳三洞已在窟顶做了排水防渗处理，十几年观察效果很好，剩余其他的洞窟拟用同样方法先将靠近陡崖10～15m范围内的树木植被清除干净，修筑排水沟、铺设防渗层。

东西两山需修建排水沟总长约1000m防渗层总面积约25000m^2。工程估算总计约300万元。

4. 分区分段治理

由于石窟不同区域入渗通道和渗透途径以及立壁顶部微地形特征不同，可根据实际情况采取不同的方法分区分段治理。以封堵洞窟裂隙、疏导径流工程为主。

龙门石窟在20世纪80年代曾对东西山石窟进行了大规模的洞窟渗漏水综合治理工程，主要实施了山顶防渗层铺盖、裂隙注浆封堵、修建排水沟排水疏水等治理措施，取得了良好的成效。之后十数年洞窟渗漏水都得到有效遏制或减轻。后来由于山顶防渗层老化开裂、远程水源没有得到有效治理，加上山体裂隙新的发育与变化，大中型洞窟陆续开始出现新的渗水，并有加剧的趋势。调查表明，其主要渗水通道为卸荷裂隙和层面裂隙（表6-6）。

表6-6　龙门石窟主要洞窟渗水调查表

洞窟名称	渗漏水状况
潜溪寺	正壁渗水点3处，南壁渗水点3处，洞顶渗水点9处，多发于层面裂隙和卸荷裂隙的交汇处，窟门外发育有一条大的卸荷裂隙，渗水严重
宾阳洞	北洞洞顶西南侧漏水点1处，南洞北壁沿层面裂隙分布渗水点3处
敬善寺	东壁南上方有一近圆形溶洞漏水严重
万佛洞	窟顶渗水点6处，发育有一条大的南北向卸荷裂隙贯穿洞顶，渗漏水严重
双窑	主要为窟顶构造裂隙渗水
莲花洞	渗水点2处
药方洞	南壁卸荷裂隙渗水，窟顶渗水点4处，常年漏水点1处
古阳洞	常年漏水点1处

续表

洞窟名称	渗漏水状况
路洞	正壁渗水点 1 处，北壁一裂隙渗水严重，洞顶渗水点 7 处，与构造裂隙有关
皇甫公窟	正壁渗水点 4 处，南壁渗水点 3 处，洞顶渗水点 3 处，与构造裂隙有关
火烧洞	窟顶距窟门内侧渗水点 5 处
擂鼓台南洞	可见渗水点 5 处，贯穿南、东、北壁一条强涌水裂隙
看经寺	可见渗水点 9 处，洞顶莲花藻井南北两侧各有一条卸荷裂隙，北侧卸荷裂隙渗漏严重
高平郡王洞	可见渗水点 8 处，北壁顶部发育有一条卸荷裂隙，西壁顶部由溶洞发育渗水

二、潜溪寺岩体特征与渗漏水病害情况

潜溪寺是龙门石窟西山北段第一个大型洞窟，又名斋祓堂。约开凿于唐高宗初期。窟门长方形，主室外南北两壁有遗迹。窟内平面呈马蹄形，进深 6.72m，宽 9.27m，高 9.27m。正壁造一佛、二弟子，左右臂各一菩萨、一神王。窟顶作穹隆顶，雕刻有莲花藻井，地面无雕刻饰纹。

潜溪寺赋存的岩体属于崮山组厚层极细晶～细晶白云岩，坚硬致密，适宜雕刻。其线裂隙率在 0.75～1.42 间，相对较少，面积裂隙率在 0.270～0.648 间。岩层较厚，单层厚度一般在 80～180cm，洞窟覆盖层岩体厚度约 200～1000cm。岩体完整性好，洞窟中无层面裂隙密集带。岩层产状为走向北东 30～70 度，倾向北西，倾角 24～30 度，属缓倾斜单斜地层。

潜溪寺开凿至今已历经千年以上，饱受岩体脱落掉块、风化剥落、苔藓等生物病害的综合危害，加之裂隙水、凝结水丰富，岩溶发育程度较高，严重影响了造像艺术外观和价值。2008 年 10 月、2009 年 5 月曾先后对潜溪寺南壁天王周边壁面进行过试验性清洗工作，发现洞窟内的造像表面病害复杂多变，其开凿后的漫长年代中，经历过多次的修缮，并受凝结水、渗漏水及生物侵蚀的影响，岩壁表面组成包括有彩绘、贴金、修复痕迹、结垢层、表面粉尘附着等多种情况[①]。

潜溪寺立壁岩体顶部的地形为延伸较长的自然斜坡，坡上植被茂盛，有利于大气降水的贮存和下渗。补给水源好，渗流时间长，因此入渗窟内的暂时性渗水可以保持较长时间不干。窟顶盖层较薄，卸荷裂隙的连通性好，所以降雨后洞顶渗水现象严重。调查发现，1991 年潜溪寺窟顶铺盖的水泥网板防渗层，由于滋生杂草和自然老化作用起翘开裂而被破坏，这不仅延缓地表径流，而且直接导致部分雨水存储下渗。此外，排水沟内落有大量碎石，影响雨水排泄（图 6-10、图 6-11）。

① 朱博雅、胡东波：《龙门石窟潜溪寺石刻造像表面清洗研究》，《石窟寺研究・第一辑》，文物出版社，2010 年，第 245 页。

图 6-10　排水沟内积石

图 6-11　排水沟内积石

根据现场调查，潜溪寺的主要病害情况为渗水病害、裂隙病害、表面风化以及凝结水病害等。潜溪寺渗水点的分布规律与裂隙产状、张开度及后期渗水形成的结垢层填充改造有着紧密联系。而窟顶的张性卸荷裂隙是该洞窟的主要渗水通道[①]。

潜溪寺洞窟渗漏水病害为季节性、暂时性渗水，受降雨强度、时间延续长短等影响，每年 6～9 月雨季期间渗漏水十分严重[②]。见图 6-12～图 6-15。

图 6-12　潜溪寺内渗漏水病害

图 6-13　潜溪寺内渗漏水病害

三、渗漏水治理工程前期研究

潜溪寺是 UNESCO 龙门石窟保护修复工程（2002～2008 年）的三个实验洞窟之一，前期曾开展过区域地形地貌、地质调查，以及环境气象监测和石窟病害调查等基

① 方云、刘祥友、胡学军，等：《龙门石窟防渗灌浆试验研究》，《石窟寺研究·第一辑》，文物出版社，2010 年，第 221 页。

② 范子龙、陈建平：《龙门石窟潜溪寺渗漏水治理》，《中国文物报》2017 年 7 月 7 日第 8 版。

图 6-14　潜溪寺内渗漏水病害

图 6-15　潜溪寺内渗漏水病害

础研究，并针对洞窟的风化和渗漏水开展了治理试验，在防风化加固材料和灌浆堵漏材料以及施工工艺方面都取得了一定的成绩和经验，曾编制有《龙门石窟防渗灌浆材料试验研究》专题报告。

整个工程项目第一阶段的工作，除了针对龙门地区的地质地形调查和大气环境监测，其他前期调查基本都围绕三个实验洞窟展开。地形测绘工作中，完成了三个实验洞窟的立面图。同时，三个实验洞窟内安装运行的观测仪器，如摄像机、温湿度传感器、渗漏水量观测仪等，完成了几个完整水文年的连续观测，积累了大量基础研究资料。龙门石窟研究院保护中心承担完成了三个实验洞窟的病害调查，并建立了病害档案，为其他洞窟病害调查树立了范本。

中国地质大学（武汉）文化遗产与岩土文物保护工程中心完成了对三个实验洞窟的岩体物质组成、热传导率、热膨胀系数、力学性质和渗透性能等补充试验研究（2002～2003 年），对洞窟内部裂隙分布、岩体结构面特征等进行了专门调查，建立了各实验洞窟的裂隙分布调查表、裂隙分布立面图、纵横剖面图、倾向玫瑰花图、裂隙岩溶发育图等图表资料。同时还与龙门石窟研究院合作完成了三个实验洞窟附近的水平钻孔勘察和施工工作（2004 年），目的是查明卸荷裂隙的分布位置和空间展布特征，为治理洞窟渗漏水提供科学依据。每个洞窟附近各布置两个水平孔，一作观测孔（内置有电视摄像头和多点位移观测计），一作排水孔。其中，皇甫公窟北侧的钻孔调整至南侧石窟稀少的地方施工完成。孔内观测仪器的安装、数据分析研究等工作由中国地质大学和辽宁有色勘察研究院合作完成。

根据现场调查和前期研究，潜溪寺南北两侧分别发育有一条较大型构造节理，把潜溪寺分割成一个相对独立的水文地质单元。考虑到以前对潜溪寺治理渗漏的得失，这次治水拟从渗水源头上截断渗流途径和渗水通道，以解决洞窟渗漏的根本问题。UNESCO 龙门石窟保护修复工程施工期间，对潜溪寺进行了渗漏水治理，然而效果不佳。2013 年至 2014 年开展了潜溪寺渗漏水治理二期工程项目，之后两年进行跟踪观测和补充治理，该洞窟的主要渗漏水病害大部分得到解决或减轻，工程也于2016年9月顺利通过专家验收。

四、渗漏水治理工程的关键技术

对于龙门石窟的洞窟渗漏水治理，关键技术研究主要集中在岩体结构面、水源问题、渗水裂隙通道、灌浆材料性能等方面，在潜溪寺渗漏水治理工程实施的前后八年间，开展的主要工作充分体现了对这些关键技术的研究和实践应用。

针对岩体结构面研究，主要通过现场地质勘查、地震探测、高密度电法和地质雷达等方法对洞窟顶部堆积松散层厚度、岩体风化裂隙带、卸荷裂隙、构造裂隙、层面裂隙以及地下岩溶及岩体含水率等问题和指标进行详细调查和分析研究。根据勘察报告，控制潜溪寺洞窟渗漏水的岩体结构特征和渗透性，主要是发育充分的近东西走向的构造节理和南北走向的层面节理，洞窟上部出露的卸荷裂隙控制着潜溪寺顶壁渗漏状况；洞窟顶部南侧冲沟节理发育、岩体风化严重，属于构造节理密集带，是导致潜溪寺洞窟南壁渗水的主要水源之一；窟顶上部边坡覆盖层与山岩间形成空壳体，成为一个蓄水空间，对洞窟顶壁和正壁渗漏有直接控制影响。

对潜溪寺南侧冲沟开挖截水沟试验，了解局部岩体结构特征和渗水裂隙分布，是治水工程的一个大胆创新。现场开挖探槽调查发现，该冲沟地表岩体破碎，岩溶较发育，出露裂隙充填有大量溶蚀堆积物和第四纪松散泥土，表明该位置处于地表水入渗带；入渗裂隙与洞窟南壁连通性好，是潜溪寺渗水的一条重要控制性通道。从试验布置进行的灌浆孔效果来看，一期进行的压力注浆没有形成连续带，无法形成有效的防水帷幕，未能达到设计要求。

新型灌浆材料研究主要由中国地质大学与龙门石窟合作开展，进行了实验室和现场试验研究。在对有机、无机等多种材料进行比选试验后，确定以MK为主料的新型无机环保材料作为灌浆材料。该材料以天然无机胶凝材料为基料，与龙门石窟石灰岩岩体性能更接近，符合文物保护材料性能要求，并且二次施工污染小，修复成本低，具有明显优势。

五、工程设计、施工与验收

潜溪寺作为UNESCO龙门石窟保护修复工程的实验洞窟之一，自2002年启动调查研究，2007年开始治理，2013年7月～2014年5月，龙门石窟研究院在充分总结潜溪寺历史上多次治理的经验和教训的基础上，组织实施了新一轮的潜溪寺渗漏水治理工程。到2014年二期施工完毕，2015和2016年两次补充治理结束。历时之长、调研之精，在龙门石窟历史上均属首次[①]。实施工程中收获了很多宝贵经验。

工程实施之初，为了查明潜溪寺的地质结构和渗流通道，对窟顶原有混凝土防渗层进行了彻底的揭除，露出原岩；采用地震探测、高密度电法、地质雷达探测等多种物探技术和地质钻孔方法对石窟区岩体结构构造特征进行分析研究，完成了 1∶200 的地形测绘和地质填图，并在窟顶设置勘察孔，进行压水试验，分析渗流途径。2013 年 10 月 20 日召开了潜溪寺设计方案修改专家论证会，在综合潜溪寺勘察研究和保留原来的水文地质特征、不破坏原来的渗流体系的基础上，提出了帷幕灌浆的防渗治理思路。

根据现场施工情况和效果，专家会议提出了一些意见。

对水源的认识：沿层面由南向北，沿构造由西向东，沿卸荷由上向下。这些是正确的，但对其渗透途径的复杂性认识不够。

治理措施上：南侧沿构造带（东西方向）帷幕灌浆，挡南来的水；西侧垂直构造带帷幕灌浆，挡西来的水；顶面防渗水泥层，挡由上而下渗透的水。

不足之处：帷幕灌浆密度小，深度不够，没有形成连续灌浆面；顶面防渗层处理不够，原有排水沟底面防渗做得不够；潜溪寺南侧小龛带上的裂隙处理不够，单纯的浅层封堵与灌浆不够。

由此，工程项目经历了多次设计和施工变更。因一期治理效果没有达到预期，龙门石窟研究院和项目专家团队秉持科学的工作态度，多次到现场调查并组织召开专题会议研究，对存在的问题重新审视，提出了合理的解决办法：南侧冲沟内布置排水暗沟，并截断浅层风化层渗流；清除潜溪寺上部旧有混凝土防渗体，恢复山岩原貌并进行灌浆堵漏和防渗处理；利用第二段透水性，在该段内打泄水孔，进一步疏通其排水通道；在洞窟后面及两侧打 45 度斜孔，采用压力注浆形成防渗帷幕或防渗墙，截断渗流通道；对窟顶排水沟重新进行防渗处理，保证其正常排水功能；潜溪寺南侧小石窟区进行裂隙注浆封堵，截断分散渗流源。工程首次在垂直帷幕的常规做法下，采用斜孔注浆形成防渗隔断，其施工难度和精度要求都非常高，为龙门石窟下阶段治水工作积累了宝贵经验。

工程施工中，在比选了有机、无机等多种材料后选用了龙门石窟研究院与中国地质大学合作研发的新型无机灌浆材料，该材料与石窟岩体性能更接近，具有耐老化、抗酸碱、收缩率低、流动性好、经济环保等特点。工程施工后潜溪寺顶部铺设柔性防护网，南侧截水暗沟混凝土覆盖施工，恢复生态环境。

2015 年 7 月，进行了第一次补充治理工作。2016 年 3 月，进行了第二次补充治理工作。

---

① 范子龙、陈建平：《龙门石窟潜溪寺渗漏水治理》，《中国文物报》2017 年 7 月 7 日第 8 版。

从潜溪寺渗漏水长达五年的治理可以看出，保护工程应与课题攻关相结合，促进研究成果的应用，提高工程质量。好的工程都是需要较长时间的，一年施工周期的工程很可能达不到质量标准和效果，文物保护工程不是一蹴而就的土建工程，而是可能需要多次开展的持续工作。潜溪寺渗漏水治理工程充分证明了这一点。另一方面，石窟寺本体修复应重视传统材料和工艺的应用与拓展开发，比如石灰、微米石灰、纳米石灰、水硬石灰等的适用性研究应纳入课题研究和施工过程中。

龙门石窟自 2011 年开展实施了“龙门石窟擂鼓台水害治理工程”、“龙门石窟奉先寺北至万佛洞段保护工程”和“龙门石窟潜溪寺渗水治理保护工程”等三个保护项目，项目历时近五年时间，其中每一个具体工程都经过了初次勘察、设计、施工和观察治理效果等程序，在发现问题的基础上再进行勘察、设计变更、补充施工等工作。目前不仅项目计划的各项内容全部完成，治理效果也得到了较长时间的检验。为此，龙门石窟研究院邀请业内专家召开专题会议，对项目的开展情况和实施的效果进行审核验收。会议最终认定已实施的三个项目在勘察、设计、监理、施工各方面符合程序要求，管理到位，资料齐全，工程效果良好，同意通过验收。

第三节　龙门石窟的保养维护

石窟寺作为古代文化瑰宝的独特载体，在我国分布广、数量多。由于其体量宏大、价值突出，多分布于地质条件复杂的野外地区，其保护工作往往具有多学科兼容、高度专业、精细化程度高、难度较大等特点。目前保护科学技术的发展速度尚跟不上石窟病害发展的进程，石窟造像风化、洞窟渗漏水等病害治理在国际上还是个难题。这要求我们应该先从基础工作做起，逐步积累经验，为将来的保护修复工程奠定基础，而日常保养维护正是石窟保护最重要的基础工作之一。

事实上，保养维护有着悠久的历史，是先人们保护文化遗产的重要手段。龙门石窟的保养维护历史就十分悠久，古代修造的窟檐、人字形排水沟、窟门门槛的排水石槽和石洞等维护措施，对于龙门石窟 1500 多年的保存历史来说至关重要。新中国成立后，有计划的日常维护工作使龙门石窟保护走进一个新的历程。2003 年 4 月，洛阳市政府对龙门石窟景区进行封闭式管理，是对联合国教科文组织的庄严承诺，这对龙门石窟的保养维护而言意义重大。

一、为什么要坚持保养维护?

这是有关法律法规、保护准则、国际宪章的要求。

《中华人民共和国文物保护法》第二十一条　国有不可移动文物由使用人负责修缮、保养；……对不可移动文物进行修缮、保养、迁移，必须遵守不改变文物原状的原则。

《中华人民共和国文物保护法实施条例》第三十七条　国家机关和国有的企业、事业组织等收藏、保管国有文物的，应当履行下列义务：……（二）建立、健全文物藏品的保养、修复等管理制度，确保文物安全……

《国际古迹保护与修复宪章》第四条　古迹的保护至关重要的一点在于日常的维护。

《中国文物古迹保护准则》第 17 条　日常管理贯穿于保护全过程。管理者的主要职责是及时消除隐患，保护文物古迹不受损伤，同时不断提高展陈质量，收集文献档案；并在保护规划获得批准以后，确保按照规则实施保护。第 19 条　尽可能减少干预。凡是近期没有重大危险的部分，除日常保养以外不应进行更多的干预。……采用的保护措施，应以延续现状，缓解损伤为主要目标。第 20 条　定期实施日常保养。日常保养是最基本和最重要的保护手段。要制定日常保养制度，定期监测，并及时排除不安全因素和轻微的损伤。第 29 条　日常保养是及时化解外力侵害可能造成损伤的预防性措施，适用于任何保护对象。必须制订相应的保养制度，主要工作是对有隐患的部分实行连续监测，记录存档，并按照有关的规范实施保养工程。

这也是文化遗产保护的客观需要：保护文化遗产等同于我们照顾自己的身体，因为每天在变化，需要持久保养。石窟载体巨大，需要近距离的经常性检查，发现并及时解决石窟病害。这才是预防性保护理念的根本体现。

二、保养维护的实施及相关要求

保养维护实施前首先应进行评估。主要评估内容有：保养的对象、保养的基本工作内容、保养的工作设备材料、财政支持能力。

实施要求包含制度要求（规划执行、持之以恒；建立保养维护的工作制度，纳入规划之中长期贯彻执行）、资格要求（《关于〈中国文物古迹保护准则〉若干重要问题的阐述》7.3 承担保护工作的机构和人员，应当通过资格认定）、技术要求、财政要求（《文物保护工程管理办法》第十一条）。

关于保养维护的工作主体，《中华人民共和国文物保护法》第二十一条“国有不可移动文物由使用人负责修缮、保养”。《关于〈中国文物古迹保护准则〉若干重要问题的阐述》7.1.2“基层文物保管机构是文物古迹最直接的管理者，文物保护中最基本的工作，如日常保养、监测记录、控制灾害等，都必须由基层保管机构实行。要创造条件，使基层保管机构成为实施保护程序全过程的主持者和监督者。”10.1　“文物古迹的日常管理依法由文物保管所负责。”

龙门石窟的保养维护工作由龙门石窟研究院负责实施。

三、保养维护的重要意义①

要保存一件文物，应尽量避免“真正的修复”即直接干预。直接干预会给文物带来很多损害，所采取的任何措施都是对文物本体的干预和破坏。因为真正的修复是针对文物本体和病变结果进行清洗、粘接、补全、加固等措施活动，它是一种不得不进行的伤害性的行为，是没有办法的办法。而日常维护则是针对文物病变成因或初期病变的保护行为，对文物所处环境条件进行干预，从而清除、阻止或放慢病变的源头或进程。修复对于文物的寿命而言，是一次阶段性的行为，而保养维护贯穿于文物保存和寿命的始终。这正如外科手术解决了病人的症候，但对于病人来说，日常的饮食、卫生、运动锻炼等则是保证身体康健的根本。

因此，保养维护是保存文物的最基本和最重要的手段，其重要性不言而喻。通过保养维护可延长文物的真正艺术价值和实际寿命。著名的意大利修复专家布兰迪先生曾提出“预防性保护”的概念，其实也是在强调文物古迹需要日常性的保养维护。“预防性保护”强调针对文物病变成因进行保护行为，对文物所处环境条件进行干预，清除、阻止或延缓病变的源头或进程。通过日常保养维护，对造成石窟病害的可能因素提前采取有效的防御措施，消除造成石窟文物损伤的一切隐患，有助于石窟长存久安。

日常保养是及时化解外力侵害可能造成损伤的预防性措施。保养维护可增加对文物价值和病害状态的认知程度，有利于对保护管理工作做出正确决策。实施日常保养也是为提高展陈质量做贡献，同时实现收集资料、记录保护事务、整理保存档案、开展课题研究等目标。

四、保养维护的主要内容和任务②

龙门石窟的每项维护或修复干预都必须制订日常维护计划，目的是预防或阻止在对石窟干预过程中可能出现的病变，所采取的干预措施应绝对正确，尤其是在不可能消除产生这种病变原因的时候。日常维护干预包括短期检查处理和持续性的维护计划，

① 陈建平、杨刚亮：《龙门石窟的保养维护》，《石窟寺研究·第四辑》，文物出版社，2013年，第382页。
② 杨刚亮：《龙门石窟的日常维护》，《中国文物报》2004年9月3日第8版，有改动。

须有明确的定期性，并由专业人员来进行。定期维护应包括改善石窟保存环境、检查修复石窟及围岩裂隙和损失的灰浆、控制植物根系生长、控制雨水和渗漏水对石窟的冲刷等。定期清理包括对灰尘、鸟粪、有机质沉积、不合适的修复材料的清理。原则上，日常维护应检查石窟顶部的遮盖物、输水系统，其他使用的技术设备和设施的有效性。龙门石窟日常保养维护的主要内容应包括：

（一）崖壁围岩体脱落石块的记录建档和粘接归位

龙门石窟东西山崖壁山势陡峻，裂隙密布，岩体在自重力下，发生崩塌和脱落现象。按其分布位置，脱落岩体可分为两类：围岩和雕刻品。显然，围岩属于石窟寺的支撑附属部分，其稳定状态对于洞窟和雕刻品的长期稳定有重要作用。日常发现的脱落石块在详细记录其位置、面积、体积以及充分估算对石窟的稳定性的影响程度后，应尽可能采取相应的粘接和铆固措施，且处理前后要有拍照记录。雕刻品是石窟文物的真正本体、价值集中所在，其风险等级高，要求我们应充分考虑文物保护修复原则（如文物结构的稳定性原则、最小干预原则等），结合脱落部位进行论证，采取归位、粘接甚至补全等合适的修复措施。不论属于哪一种类型，都要做好处理前后的文字和拍照记录，建立统一、规范的档案资料。

（二）防水工程的定期清理、检修

龙门石窟防水工程体量较大，多位于石窟崖顶，由于年久失修，其防水、排水效果不佳。窟檐和雨篷对下部石窟文物保护作用明显，但普遍存在与立壁山体之间吻合不够紧密的问题，造成雨水沿裂隙下渗。每逢下雨，应仔细观察渗漏水状况，对窟檐和雨篷与立壁山体之间吻合面进行防渗修补，同时在外端采用必要装置，防止滴水回流到立壁面。龙门石窟排水沟长共有 285m，均宽在 0.8m，均深 0.5m，日积月累沟内堆积有大量的碎石、泥土，植物丛生。这严重阻滞了排水的畅通性。因此要定期清理和阻止杂土、石、草类的堆积和生长；对排水沟壁、底面的裂隙及时封堵。在采取措施时要注意水流的方向和畅通性。这个问题在近年来的日常保养中已大部分得到解决。

（三）生物病害的及时清除

龙门石窟生物病害普遍存在。山顶乔灌木茂盛，山坡上草灌类分布众多。每年要定期进行杂草、灌木的清除，但来年又浓郁丛生，效果不理想。可考虑使用机械砍除后对根部注射药品，彻底杀死灌木类的根系，杜绝再生。对于草本类，可直接喷洒除草杀生剂。由于光线和湿度的原因，石窟内壁和洞门外侧的微生物病害严重，以敬善寺一带最为集中，严重影响石窟文物的外观和美学价值，并侵蚀着文物本体。因此，应对微生物病害进行适度的清洗清除，还原石窟本来面貌和真正价值。

（四）洞窟渗漏水的日常文字记录、拍照、摄像等工作

龙门石窟山体裂隙交切，形成复杂的渗漏水通道网络。20世纪七八十年代进行的裂隙灌浆工程，使石窟渗漏水大为减轻。但20年来，由于材料老化及裂隙变化，其堵水效果减弱，同时出现不少新的渗漏水点。目前石窟渗漏水治理技术尚未完全攻克，这需要在下雨时尤其在雨季要集中进行洞窟渗漏水的文字、拍照、摄像等记录，建立规整的渗漏水病害档案。

（五）监测仪器数据的提取建档和数据分析工作

2016年龙门石窟世界文化遗产监测系统三期工程建设结束，成为国家世界文化遗产监测示范点，环境监测成为龙门石窟保护中的重要内容与环节。加强石窟环境监测，掌握各种环境因素（温湿度变化、空气污染物的成分、指标变化等）对文物产生的危害、影响程度，对日常保养维护工作有重要借鉴和指导意义。定期对气象监测仪器、空气质量监测仪器、垂直钻孔内摄像仪器进行数据提取和建档分析；选择不同的日期、时段，不定期地用红外照相仪器对石窟立壁进行表面温度的测定，有利于进行环境模拟分析，建立石窟保存的最优环境模式。

（六）洞窟内佛像表面状态的检查和资料收集

这主要涉及石窟文物表面的灰尘沉积物、鸟粪、盐性结晶（如宾阳南洞南壁）、酸性和有机覆盖物以及存在的微生物或有害植物。由于龙门石窟窟龛众多，可选择重要洞窟进行文物表面状态的检查和清洗，应制订明确的工作计划。通过非破坏性测量来测定表面沉积物的湿度，并进行连续性的断裂和裂隙监测。处理方法上，可进行清洗干预（除尘，用喷雾水洗、蒸汽清洗等），对损伤、断裂及类似情况修整，进行杀虫处理，使用保护材料修补等。

（七）石窟防风化实验研究

防水和防风化仍是国际难题，可定期使用筛选过的保护材料对岩石、文物加固和防水封护实验研究。要在一般石窟围岩上充分实验后可行的基础上，对文物表面有选择地作防风化封护处理；要有对比实验作为基础研究资料。西山南段的石窟风化严重，可作为实验研究的首选区域。

总体而言，日常保养主要涵盖石窟造像文物表面结垢层的清理与雕刻品的清洗；岩体裂隙的封闭与加固；洞窟与造像的修复；坍塌窟檐的修复、补全与展示。对这些内容开展扎实工作，深入实践和研究，对于龙门石窟的长远保护意义重大。

五、保养维护的方法技术和措施

保护要从预防做起。保养维护则是预防性保护理念的根本体现。《中国文物古迹保护准则》强调了保养维护工作对于文物古迹长久保存的重要性。龙门石窟近些年来强调以保养维护为基础，带动石窟保护整体框架工作，取得了一定成绩。主要采取的保养维护措施包括：

（一）露天雕刻品及其围岩的加固保护

主要针对保存状况堪忧的片区地段采取裂隙封堵、灌浆加固、危岩体粘接归位、改变坡面径流途径等措施。2006 和 2007 两年时间，石窟保护中心针对摩崖三佛区、老龙窝至莲花洞区、破窑区、古阳洞区、极南洞区及奉先寺区、净土堂区域、八作司洞区域、奉先寺正壁、极南洞下方区域、东山四雁洞区域的石窟进行了全面的维护加固。维护面积达 4140 余 m^2，修缮窟龛数量 550 余个，修复碑刻 7 通，佛塔 6 座，佛像 452 尊，题记 5 块；封堵表面裂隙约 12000 余条（处），总长度约 7100 余米；增修防水碑檐 1 处；粘接脱落碎石 75 处，对 193 处开裂岩石进行了灌浆加固，总灌浆量约 1500kg。对 17 处危岩进行了锚杆加固，共加固锚杆 20 根；清除表面微生物 $53m^2$；填补壁面孔洞 23 处；增修排水沟 1 处。

通过加固维修，消除了石窟存在的隐患，减缓了病害的进一步发育，增强了立壁表面岩体的稳定性和完整性，有效保护了这些区域的石窟和雕刻。

（二）对已有窟檐、雨篷平台进行保养维护，确保其发挥作用

近年来主要对宾阳洞、摩崖三佛的雨篷、石牛溪保护窟檐平台采取了清理、裂隙灌浆加固封堵、重铺防渗层等措施，确保其发挥原有的保护作用。

（三）坚持制度化的杂草危石清除、积尘清扫、排水沟清理与修补等工作

每年两到三次杂草和危石清除，确保消除杂草灌木对洞窟雕刻品以及围岩的破坏作用。对窟内体量较大的佛像表面进行积尘清扫，避免其带来的吸湿、板结、吸附有害气体以及视觉改变等问题。对潜溪寺、奉先寺顶部等排水沟进行定期清理碎石、砌补加固边坡、修补挡水墙，保证了雕刻和游客安全。

（四）对露天碑刻进行试验性的保护和展示利用

比如对“伊阙佛龛之碑”，根据其保存小环境等特殊性，采用保护展示板来遮蔽原碑刻的方法（把碑文做成拓片展示板），达到保护和展示的目的。2008 年 10 月对东山

二莲花洞东侧的大体量碑刻修造防雨檐，来遮阳挡雨。

（五）对坍塌窟龛的最必要部分进行修补，恢复其完整性，保证其防护功能

采用的石材取自附近山岩。修补时与窟龛原貌相协调，并尽量减少干预。累计2006年补全窟龛8处，2007年补全和新修窟檐23处，砌石支护洞窟券门1个。

还包括文物本体和环境监测等其他一些保护措施。在把这些保护措施界定为保养维护范畴时，严格按照《中华人民共和国文物保护法》、《中国文物古迹保护准则》、《文物保护工程管理办法》、《洛阳龙门石窟保护管理条例》等法律法规来进行，保障了石窟文物的安全和稳定，同时保持了背景环境的协调性。在施工中，严格按照保护程序的六个步骤开展保养维护工作，控制和规范施工活动与范围，取得了良好效果。通过这些保养维护工作，改善了石窟文物保存状态，取得了宝贵经验，使停留在思想表面的认识得到了实践和深化，加强了对石窟病害程度和类型的认知，提高了对保养维护工作重要性的认同感和实施水平。

六、近年来保养维护的实践与收获

在实际保护工作中，往往会出现新的问题，应在实践中总结、改进和优化。比如在对围岩体上的裂隙进行封堵时，要根据裂隙宽度、深度来选择方法和手段，有的可以戴着手套进行，有的需要直接上手，有的则要使用竹签、筷子、手术刀等工具。再如对深长裂隙进行灌浆时容易出现跑浆现象，就得从裂隙的全面调查和严密封堵做起，并要在灌浆时和灌浆后密切跟踪观察。因此，要不断总结经验、改进方法，优化保护效果。坚持在工作中思考总结，在学习中反思工作，这样才能找到更好的方法来优化工作效果。例如，对奉先寺进行保养工程时，由于体量太大，工作面需要分开来进行，就要考虑工程衔接、工期安排等问题。从2006年3月开始对奉先寺南壁维护，2006年8月下旬～11月针对北壁和西壁北部，2007年3～4月针对西壁中部（卢舍那大佛）和南部维护活动结束，共分三次进行完毕，有效的工期安排保证了施工的顺利开展，取得了良好的效果[①]（图6-16、图6-17）。

保养维护工作没有固定的模式和思路，需要根据具体情况来开展。在实践的基础上总结，形成自己的标准化制度，才能使保养维护工作真正起到实效。几十年来，龙门石窟保养维护工作取得了一定的成绩，但结合目前的保护状况和难题，尚有一些问题需要深入思考和改进。

① 杨刚亮：《龙门石窟保护维护的工作实践与改进》，《中国文物报》2008年11月7日第8版。

图 6-16　卢舍那大佛保养维修前

图 6-17　卢舍那大佛保养维修后

（1）尽快建立龙门石窟保养维护标准化操作规范与实施细则。保养维护首先要建立健全规章制度，明确具体工作内容，实行专人负责制，确定工作程序、操作要求，进行档案记录与评估。

要有总体原则，突出工作思路、方法和技术手段，确定不同分类的工作对象、工作方法、工作目标。针对不同风险等级的石窟病害和问题，要有详细的处理措施和方法，采用什么原理，使用何种材料，不同体量的修复应注意哪些事项（季节选择、工期安排等），都要明确。此外，要成立自己的专业维修队伍，坚持保养维护工作日常化，并定期进行员工培训。这是非常重要的。

（2）要坚持保养维护工作记录制度化，确保记录的真实性和完整性。龙门石窟近十几年的保养维护工作井然有序，与坚持严密的工作记录是分不开的。维护中遇到哪些新问题，采用了什么解决办法，都要如实体现在工作记录中。体量、材料尺寸规格、石材来源地、修复对象位置、修复日期、修复人等细节，都能够在工作记录中看到。尤其针对文物本体的修复，必须有完整的记录档案和识别照片。长期、完整、真实的保养维护工作记录是另一种形式的保护档案，非常珍贵。

（3）要深入考虑保养维护工作内容的取舍问题。对坍塌窟龛进行恢复原状与局部修补时依据什么原则来选择应用或放弃，是抢救性的，还是重点修复？当修复工作与严重风化雕刻表面相矛盾时该如何处理，保养维护工作中是否也应考虑露天雕刻品的防风化问题等等。

（4）要充分认识到保养维护工作中进行新方法新材料试验应用的重要性。比如在进行坍塌窟檐的修补或补全时，除了考虑采用当地的石材外，也可以考虑使用玻璃钢等合成材料来尝试；对露天围岩和雕刻品表面的微裂隙进行处理时，除了采用传统的环氧胶泥外，也可以采用不同组分的硅酮材料进行封堵和灌浆，并在修复后采用水基型的硅氟材料进行封护处理①。有益的尝试往往能打开一片新天地。

（5）保养维护如何与保护工程有机结合起来，也是需要深入思考的问题。不少保护工程施工要进行前期调研，如果能够在保养维护中对某些问题预先关注并详细调查，就能够为保护工程的开展提供更加详实的基础依据。

七、保养维护中存在的难题及思考

执行之难——把保养维护纳入保护规划和年度工作计划和财政支出中。

标准之难——建立适合文物保护单位的保养维护操作规范和标准。

选择之难——某些保护修复工作能否划入保养维护的工作范畴，牵涉到界定和取舍问题。

技术之难——如粘接加固，如何根据情况调整粘接剂黏度，如何对粘接剂做防收缩处理。

评估之难——这里的技术评估主要指针对保养维护实施中的质量评估。

技术评估是目前文物保护与修复中的难点。针对保养维护工作的技术评估，可以从以下几个角度来衡量：危急程度、维护内容及规模、维护方法与技术措施、维护后外观风貌协调程度等。

日常维护是文物保护的根本，是延长文物价值和寿命的最直接的方法手段。抓好石窟的日常维护，是我们完成石窟保护工作的基础。我们要充分重视日常维护的作用，在工作中一定要本着不改变文物原貌、最小介入、可再处理性和可逆性的文物保护原

① 2007年4月上旬与广州市白云文物保护工程有限公司合作进行过加固试验。

则，确保日常维护的实效，为我国石窟保护事业的繁荣发展做出自己的贡献。

石窟保护修复应更重视解决问题的有效性，而不是一味追求高科技，不是最好的技术就能解决问题，而是采用最合理有效的技术去解决问题。应更重视石窟日常保养，这比大尺度干预的保护维修工程更重要——未病先防、既病防变的预防性保护理念应深入石窟寺保护日常工作和研究中来。

通过几年来的保养维护工作，取得了一定的效果，积累了经验，然而也遇到了一些疑惑和问题：其一，如何建立一套适合石窟寺的保养维护操作规范问题；其二，保养维护工作范畴的界定与取舍问题，比如，及时针对佛像某些病害的小规模修复行为，可否归入保养维护工作范畴等；其三，保养维护如何与其他保护工程有机结合起来的问题，等等。这些问题还有待于通过进一步思考和实践来解决。

八、关于保养维护的效果

经过多年连续不断地开展保养维护工作，龙门石窟的保护状况得到了很大改善。有些具有抢救性保护的性质，短时间内就能看到良好效果。通过保养维护措施，改变了水流的路径和方向，阻断了流水侵蚀石窟和雕刻，保存状况有较大改观；加固了岩体开裂，封闭了裂隙，提高了岩体雕刻的完整性和稳定性；局部进行修复和添加，降低了环境侵蚀和风化作用，保护了雕刻。保养维护效果具体如下：

（1）裂隙修补效果，见图 6-18；

（2）崖壁顶部滴水檐效果，见图 6-19；

（3）碑刻保护效果，见图 6-20；

（4）小型窟檐的恢复效果见图 6-21；

（5）二莲花洞附近添加窟檐和防雨板，起到了较好的防水、疏水效果，见图 6-22；

（6）佛像脸部裂隙修复效果见图 6-23；

图 6-18　裂隙封闭效果

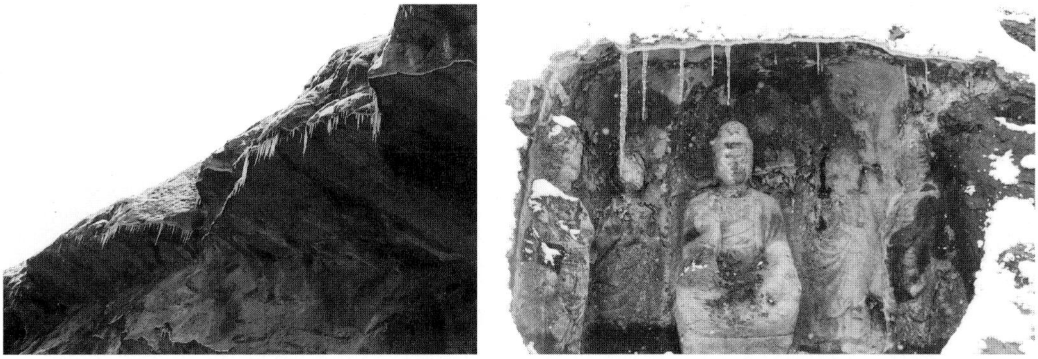

图 6-19　滴水檐效果

图 6-20　碑刻的保护效果

图 6-21　小型窟檐的恢复效果

图 6-22　二莲花洞附近添加的窟檐和防雨板效果

图 6-23　佛像裂隙修复效果

（7）看经寺地面东北角附近溶洞清理、支护和加固效果，见图 6-24；

（8）危岩体加固效果，见图 6-25。

图 6-24　看经寺溶洞加固效果

图 6-25　危岩体加固效果

由于保护任务紧迫，保护范围大，有些措施还不够细致，还有很多需要改善的地方，比如裂隙封闭处理上，有些颜色处理还不太协调一致，处理手法上还不够细腻，局部有凸出裂隙平面的现象，有的小型恢复性窟檐在外观以及形制上还有待商榷。这些问题在今后的工作中需要逐步研究和解决。

第七章　龙门石窟景区泉水断流原因调查及其复涌治理研究

“两座石山的轮廓有些像龙。龙的腿爪在多处甩出大量泉水。泉水温润清澈，汇成湍急的小溪。……这里十分安静，池中荷叶随阵阵和风轻摇，守护着这里的石刻珍宝。”[①] 这是美国著名收藏家弗利尔在1910年来龙门石窟考察时记下的随笔。可以看出，一百多年前龙门就有非常好的山水环境，而泉水是其中重要的组成部分。

“走进龙门石窟西山景区，首先看见的是禹王池。禹王池据说是唐宋时期人们为纪念大禹而建的，池中清泉翻涌，绿草茵茵，水温一年四季都保持在25℃左右。龙门有多个泉眼，禹王池的泉水最盛……”泉水给龙门石窟增添了一分灵气、一分遐想。

龙门石窟景区内沿着伊河两岸及河谷内分布有十多处泉水（在三十年前有20多处泉水），这些成群分布的泉水是龙门石窟作为世界遗产的重要组成部分。龙门石窟泉水一直是龙门石窟人文景观的重要点缀和补充，成为众多游客游玩驻足的地方。然而自2007年以来，龙门石窟景区泉水多次发生断流，直至彻底干枯，引起了社会各界的广泛关注，由此带来了长达十余年的断流原因调查和复涌治理工作。

第一节　龙门景区泉水概况

龙门景区的泉水属于寒武系灰岩裂隙承压水，埋深一般低于石窟所在岩层，出露标高在148～153m之间，漫水桥以南河滩中泉水温度达到39℃和51℃，属于中高温泉。

受龙门峡谷的形成及伊河侵蚀作用的影响，峡谷两岸低处的石灰岩裸露，深处地下水在压力作用下沿裂隙通道上涌，到达地面裂隙口涌出而成泉眼，在西山脚下形成了禹王池、珍珠泉、锣鼓洞泉、老龙窝泉等，在东山脚下形成牡丹泉、香山泉等著名的泉水景观。泉水出露点一般高于伊河水面2～5m，总涌流量约每小时130m^3，随旱季和雨季、丰水年和干旱年而变化，但总体而言水温和水量变化不大，个别泉水还有干枯时间。水温常年恒定在24～26℃之间，流量稳定，水质良好，符合饮用标准。

---

① 〔美〕查尔斯・兰・弗利尔著，李雯、王伊悠译：《佛光无尽——弗利尔1910年龙门纪行》，上海书画出版社，2014年，第228页。

禹王池。位于龙门西山北段约3m高处，有一方形水池，长8.2m，宽6.6m，传说唐宋时期人们为纪念大禹而建。池水自石穴中出，冬暖夏凉，中生水藻，清泉翻涌，绿草茵茵。池中立一巨石，称石砭或石笋，传说为大禹开凿龙门时所用工具；又说是唐代白居易任江州司马时从九江运来的太湖石。池水自东侧口飞泻而下，状若悬瀑，喷珠溅玉，水色迷人，又像蛤蟆吐水，故禹王池又称蛤蟆嘴，为龙门一胜景。龙门景区泉眼中以禹王池泉水最盛（图7-1）。

图7-1　禹王池

潜溪寺下泉。位于西山潜溪寺北侧山崖下，泉水淙淙聚为水池，泻下观光石道附近成为深潭，近1m深。

镠鼓洞泉。位于龙门西山北部偏南之山岩上，此处山岩有数个溶洞，泉水自洞穴涌流而出，如用物堵塞洞口，洞内流水若镠鼓声，因此得名（图7-2）。

珍珠泉。位于镠鼓洞南边上方约3m高处，泉口呈圆穴状，直径约1m，水底有水泡自石穴中涌出，缓缓上升，其状若串珠，故有珍珠泉之名（图7-3）。

图7-2　镠鼓洞泉

图7-3　珍珠泉

老龙窝泉。位于龙门西山中部莲花洞北边山岩下，为一南北狭长水池，泉水自山窍深处涌出，聚于池中形成深潭。清澈碧绿，东流进入伊河。相传大禹治水凿龙门时得一名叫“应龙”的神龙相助。应龙即有翼之龙，能远飞，传说为黄帝、大禹之功臣。老龙窝即是此神龙的卧处，故有此名（图7-4）。

牡丹泉。位于龙门东山看经寺前伊河水畔，有三股清泉涌流，流量可观。泉名来自民间故事。相传新婚不久的牡丹与其夫含冤而死，后化为泉水，自地涌出，其状若牡丹花，故名牡丹泉。潺潺的泉水声颇似牡丹哭声。牡丹泉水纯净甘美，曾被龙门啤酒

图 7-4　老龙窝泉

厂作酿酒用水。昔日名泉，今已被伊东渠淹没。一旦渠水改道，牡丹泉即可恢复旧观。

路洞下泉水。泉水自北侧大构造裂隙涌出，向南汇流成为水池，池内种有芦苇等植物，后于 2007 年断流后停止涌流至今，干涸后种植有牡丹等。

除了这几处泉眼外，东山山脚下、香山寺下沿伊东渠发育有四五处泉水，断流前水量旺盛，聚为数处水潭，成为游客戏水驻足的胜景。现伊东渠上铺设盖板，成为游览步道，东山泉水景观多被覆盖。

第二节　龙门景区泉水形成原因及特征

龙门石窟所在的龙门山地层主要由寒武、奥陶系碳酸盐岩组成，其中，奥陶、寒武系白云岩和灰岩为良好的岩溶含水层，其上部（北方向）是石炭、二叠系煤系地层，下部为下寒武系页岩、灰岩地层，而南段徐庄组下面的馒头组紫红色页岩厚达 80m，是良好的隔水层，这样就形成了良好的地下寒灰水储水系统。伊河切割龙门山形成深切峡谷，河床两岸成为岩溶含水层的集中排泄区，于是在东西两山脚下和河床中，形成了 20 多个岩溶泉，缓缓流淌，注入伊河。

龙门景区泉群地下水属于寒武系灰岩裂隙水，分布于洛阳龙门伊河峡谷，出露在峡谷之间的河床及两岸，呈南北向分布，两岸泉口标高一般在 150～152m，河床泉口标高多在 148～149m。它们出水点标高大多低于石窟洞窟造像，仅在老龙洞附近因砌泉水池淹没了附近的一些小龛外，未发现对其他洞窟有直接危害现象。在龙门石窟景区内出露的景观泉主要有禹王池泉、潜溪寺泉、锣鼓洞泉、珍珠泉、老龙窝泉等泉眼，泉水温度常年在 24～25℃，水量约 70～80L/s。

龙门泉群的形成条件、成因类型及热源叙述如下：

一、泉水出露条件

龙门泉水的出露受地质、构造等（图 7-5）综合因素的影响，其形成机理简述如下：

（1）龙门石窟景区附近断层分布广泛，大致可分为北西向、北东向、近东西向三

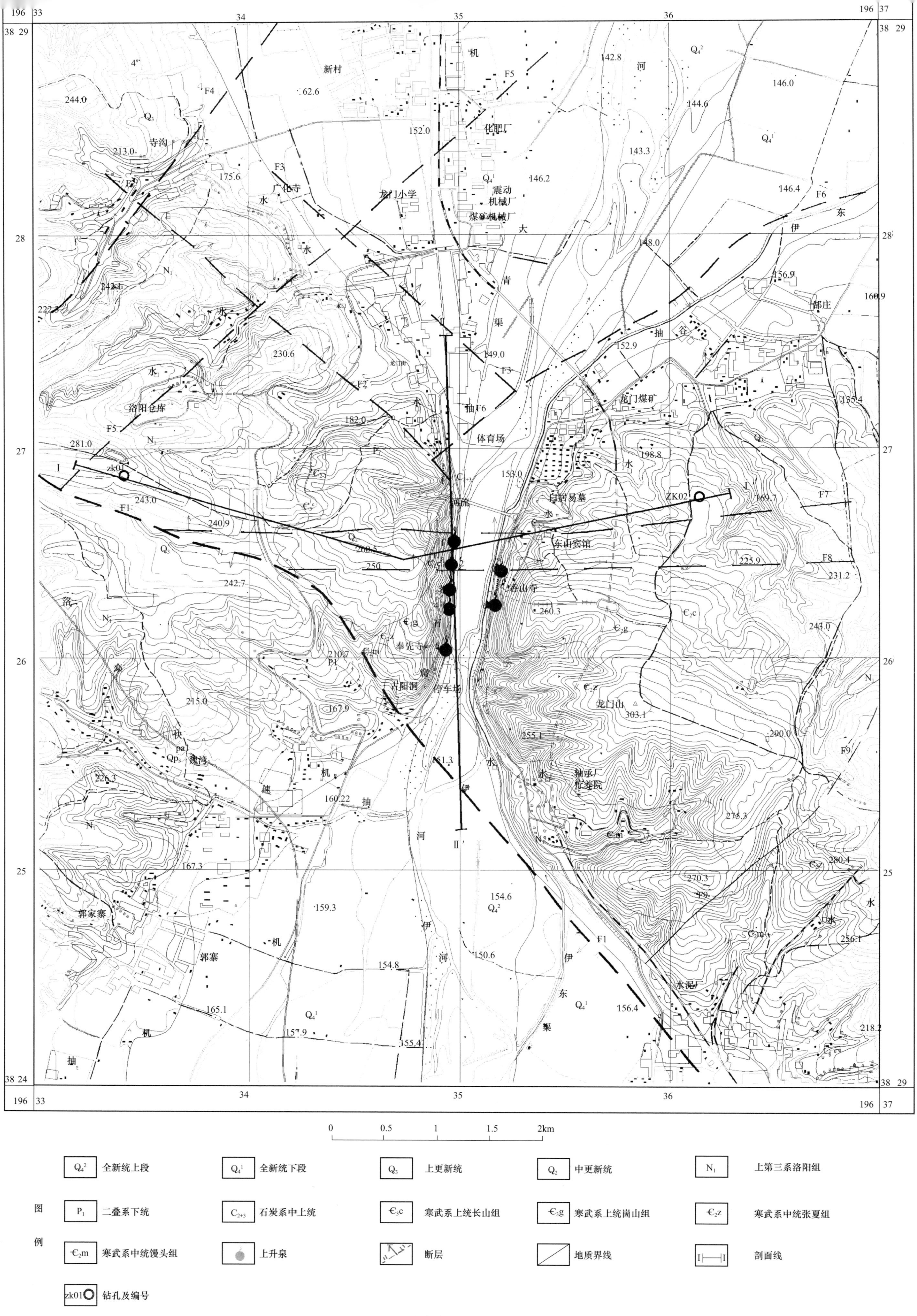

图 7-5　龙门泉群附近构造地质略图

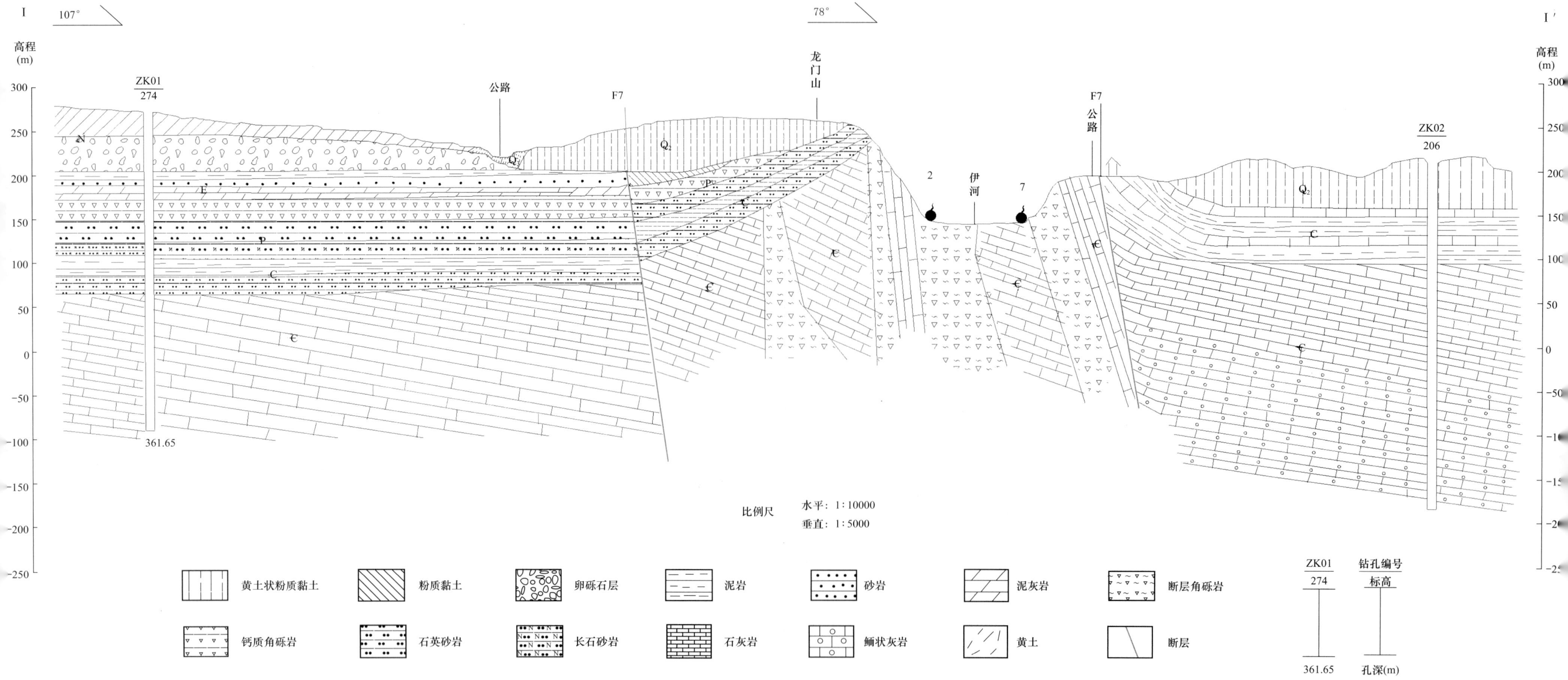

图 7-6　龙门泉Ⅰ—Ⅰ′地质剖面图

组。景区西部的 F1 草店断层属一级区域型大断层，断裂为北西向正断层，控制着本区深层的地层分布，是本区重要的储热含水断裂，并衍生了三条（F2、F3）同期次不同级别的次级断裂。此外景区西北部的北东向断层（F4、F5、F6、F9）南端与 F1 相接，也是重要的导水导热断层。F9 和 F10 为区域一级断裂，其中 F9 为区域导水断裂，F10 为平移断层，在区域上起相对隔水作用。近东西向断层主要有 F7 和 F8 两条，均穿过龙门石窟，在景区内与深部含水层相通，构成良好的泉水通道，景观泉水大多在两断层破碎带或其次生断裂上。

（2）龙门泉水出露于伊河两岸及河床之上，两岸泉口比河床高出 2～4m。龙门石窟东西两山经长期地质营力及河流侵蚀作用形成落差一百多米的峡谷，使得峡谷与断裂带交接处的地面高程低于深部承压含水层的水头，从而使深部泉水通过断层破碎带向上溢出地表。

（3）龙门石窟景区内主要为白云质灰岩及白云岩，属可溶岩，主要成分为方解石与白云石。由于地表水及地下水中含有 CO_2，形成具有侵蚀性的流动水体，与可溶岩接触后形成岩溶。景区内岩溶以小型溶洞与溶孔为主，主要发育在断裂破碎带内与层面裂隙处，泉水一般从溶蚀孔中流出。其次，景区内裂隙较发育，北西向裂隙发育密度较高，隙宽大，在石窟区共发现 8 条大裂隙，走向 293°～313°，宽 1～30cm，无充填或半充填，导水性强。此外东西两侧的嵩箕山地，因地势较高，沟谷深切，褶皱强烈，碳酸盐岩裂隙溶洞较为发育，地表水入渗补给条件较好，为泉水出露提供了充足水源。

二、泉水成因类型

龙门泉水多出露在伊河峡谷构造比较发育的地段，多数泉口出露在断裂构造破碎带或溶隙、裂隙、溶孔等的露头处，这些构造与草店断层（F1）及其衍生的次级断裂 F7、F8 等相通，与深层地下水构成较好的地下通道。伊河与两侧山体高差 100 余 m，峡谷宽 300m，峡谷的切割使泉口岩溶水水头低于深层岩溶水水头，在深层岩溶水水头压力下，泉水通过深层裂隙及岩溶通道从泉口涌出（图 7-6、图 7-7），使龙门伊河峡谷成为龙门区域地下水的一条排泄带。因此龙门泉群从成因类型可定为侵蚀上升泉。

三、龙门泉水的热源来源

龙门泉群水温常年为 24～25℃，属于中低温泉水，反映出龙门泉群水的循环深较大。

龙门泉群分布于区域活动性断裂 F1 附近，且 F1 断层的次级构造较发育的部位。F1 断层是由两条构造破碎带（F_1^1 和 F_1^2）组成，每条破碎带宽 1～2m，由糜棱岩和角砾岩组成，两侧岩石挤压破碎。

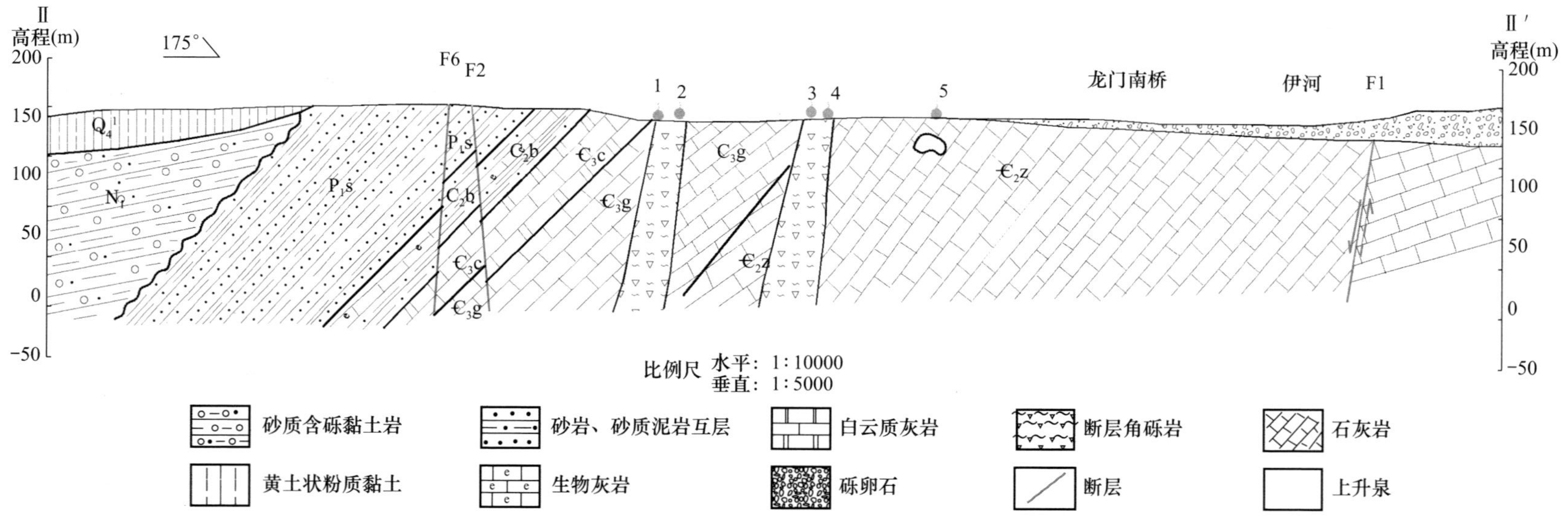

图 7-7　龙门泉Ⅱ—Ⅱ′ 地质剖面图

当地下水从南东径流时至 F_1^1 受阻，便沿破碎带向下移动，地下水运移过程中经深部加热，继续运移到一定深度，便沿着 F_1^2 的构造破碎带向上运移，当再次遇到寒武系灰岩时，沿着灰岩裂隙，向上涌出地面形成泉水。

龙门西山上出露大面积的寒武系灰岩，低温水（浅层地下水或大气降雨）通过裂隙、溶孔、层面等下渗补给与深部（来自 F1 断裂）高温热水混合，形成了龙门景区的中低温泉水（图 7-8）。

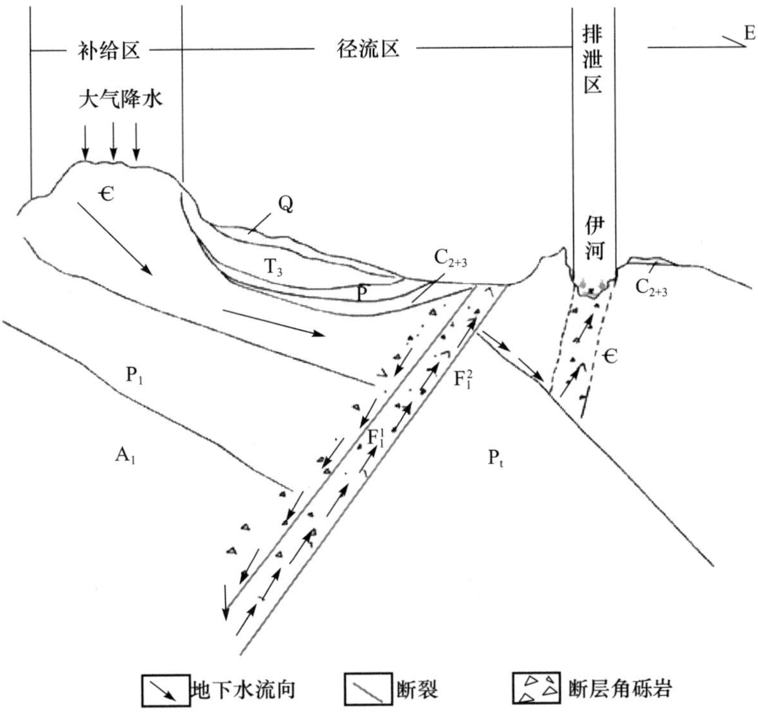

图 7-8　龙门泉热源来源剖面示意图

第三节　龙门景区近年来泉水断流情况

下面的一些记录，可以反映龙门石窟禹王池泉水十余年来断流情况：

2002 年 5～11 月，禹王池泉水逐渐变小，后几乎断流。上池水位降低 20～35cm 不等。

2002 年 12 月曾断续增水、减水，至月底流量变小、保持稳定，但水质变得浑浊。

2003 年 1～3 月，泉水基本稳定，但流量远小于 2001 年。

2003 年 3 月底，又干涸，可见水底部分岩石。潜溪寺下泉、珍珠泉情况类似。

2003 年 5 月 3～4 日，禹王池泉水普遍增大，开始往下落水。

2003 年 5 月 18～20 日，禹王池泉水更大，蛤蟆嘴开始出水。

2007 年 4 月，禹王池开始断流。

2007 年 11 月 10 日禹王池断流恢复正常以来，出水量很不稳定，时大时小，并相继出现了 3 次断流（2008 年 6 月 7 日、2008 年 7 月 31 日、2008 年 9 月 19 日），前两次断流持续时间短，但在 2008 年 9 月 19 日第四次断流后，禹王池上部水池池底的四分之三已露出水面。出现干枯迹象。

2008 年 10 月底，禹王池彻底断流并开始干枯。

2008 年 10 月～2011 年 9 月，禹王池等泉水始终处于断流状态。

2011 年 9 月中旬，断流长达三年的禹王池出现涌流，水量较小，逐渐增大流量。10 月底水量恢复五成左右。

2012 年 4 月，禹王池等多处泉水流量中等，处于涌流状态。7 月 27 日禹王池再次断流。2013 年禹王池全年断流，一直延续至 2016 年 5 月重新出现涌流（龙门煤矿突发大水淹井，地下水位回升）。

珍珠泉于 2012 年 1 月～8 月 15 日出现涌流，2012 年 8 月 15 日～2013 年 5 月 20 日处于断流状态，5 月 21～30 日出现涌流，但流量较小。从 6 月开始又出现断流。

2013 年 3 月 28 日随着龙门矿区水文孔 6-5 孔（Є3）水位回升，锣鼓泉、老龙窝泉相继出水；5 月 21 日珍珠泉出水至 6 月 4 日；5 月 16 日河东香山泉底出水至 6 月 14 日。至 10 月 22 日，除锣鼓泉、老龙窝泉出水外，禹王池、珍珠泉、香山泉等主要泉群仍处断流状态。

2016 年 5 月龙门煤矿工作面突水造成淹井，周边地下水位回升，龙门景区泉水全线复涌。2017 年元月下旬龙门煤矿治水成功恢复井下排水，龙门景区泉水流量显著减少。至 2018 年元月彻底断流，持续至今。

表 7-1 反映了 2012～2013 年龙门石窟景区泉水断流情况。

表 7-1　2012～2013 年龙门石窟景区泉水动态监测状况

年 / 月 \ 泉眼	禹王池	珍珠泉	锣鼓泉	老龙窝
2012 年 1 月	出水	出水	出水	出水
2012 年 2 月	出水	出水	出水	出水
2012 年 3 月	出水	出水	出水	出水
2012 年 4 月	出水	出水	出水	出水
2012 年 5 月	出水	出水	出水	出水
2012 年 6 月	出水	出水	出水	出水
2012 年 7 月	27 日断流	出水	出水	出水
2012 年 8 月	断流	15 日断流	出水	出水

续表

泉眼 年 / 月	禹王池	珍珠泉	锣鼓泉	老龙窝
2012 年 9 月	断流	断流	出水	出水
2012 年 10 月	断流	断流	出水	出水
2012 年 11 月	断流	断流	出水	19 日断流
2012 年 12 月	断流	断流	17 日断流	断流
2013 年 1 月	断流	断流	断流	断流
2013 年 2 月	断流	断流	断流	断流
2013 年 3 月	断流	断流	13 日出水	13 日出水
2013 年 4 月	断流	断流	出水	出水
2013 年 5 月	断流	21～30 日出水	出水	出水
2013 年 6 月	断流	断流	出水	出水
2013 年 7 月	断流	断流	出水	出水
2013 年 8 月	断流	断流	21～30 日断流	5～30 日断流
2013 年 9 月	断流	断流	出水	出水
2013 年 10 月	断流	断流	出水	出水
2013 年 11 月	断流	断流	出水	出水
2013 年 12 月	断流	断流	出水	出水

龙门石窟以精湛的佛教雕刻艺术闻名于世，同时景区的自然山水风光优美，与人文景观和谐统一，备受中外游人青睐，成为洛阳市乃至河南省旅游业的龙头和靓丽名片。流淌千年的龙门景区泉水，一直与龙门石窟艺术交相辉映。然而，作为景区自然景观亮点和重要组成部分的泉水，自 2007 年 8 月以来，多次发生间歇性断流，其中景区的主要泉水景点禹王池泉水断流达五次以上。早在 20 世纪 80 年代，就有专家注意到周围煤矿排水及深井抽水造成景区泉水受到影响，并提出了做好厂矿排水用水规划等很好的建议①。

2007 年 9 月以来，龙门石窟景区泉水多次发生断流，造成泉水景观破坏。景区最具代表性的泉水景观（图 7-9、图 7-10）——禹王池泉水于 2007 年 10 月 19 日涌水量明显减小，10 月 23 日发生断流。自 2007 年 11 月 10 日禹王池断流恢复以来，禹王池泉水的出水量很不稳定，并相继出现了三次断流（2008 年 6 月 7 日、7 月 31 日、9 月 19 日），在 2008 年 9 月 19 日断流之后，禹王池出现了干枯迹象（图 7-11），至 10 月 23 日完全断流干涸（图 7-12）。

① 刘景龙：《龙门石窟保护》，中国科学技术出版社，1993 年，第 195 页。

图 7-9　2007 年 10 月禹王池断流前的瀑布景观

图 7-10　2007 年 10 月禹王池断流前上面水池

图 7-11　2008 年 10 月禹王池完全干枯前

图 7-12　2008 年 10 月禹王池断流后上水池干枯

珍珠泉泉眼 2007 年 9 月底出水量开始减小，10 月 17 日最上面的泉眼已基本停止向外排水，北侧锣鼓洞石缝中的泉眼出水量没有大的变化。2008 年 11 月 5 日珍珠泉泉水断流干枯，北侧锣鼓洞石缝中的泉眼出水量也随之下降，11 月 20 日夜停止了向外排水而断流。2008 年 12 月 8 日老龙窝池水停止向外涌水。

生活用水泉眼在 2008 年 10 月 23 日下午 3 点 30 分开泵抽水时，水塔无法上水。根据连续两天观测，水井水位过低，水井出水量远远达不到水泵出水量，已供不上景区用水需求。

龙门石窟景区于 2009 年 12 月采用人工循环水的方法暂时恢复了禹王池泉水景观。

在洛阳市委市政府的高度重视与协调下，龙门石窟研究院、洛阳市水务局、煤炭局和龙门煤业公司等多方积极配合，采取多管齐下的治理措施，2011 年 9 月 19 日禹王池泉水终于出现了涌流，这是断流长达三年以来的首次泉涌。

复涌后的景区泉水并不稳定，相继在 2011 年 12 月、2012 年 3 月泉水流量逐渐变小，至 2012 年 6 月再次断流。直到 2016 年 5 月 13 日，由于龙门煤矿井下采掘发生大规模透水事故，造成周边地下水位大幅度下降（图 7-13），而煤矿淹井后地下水位抬升，龙门景区泉水出现全面复涌，景区周边农村饮水井和灌溉机井水位也普遍抬升。

2017 年 1 月下旬，随着龙门煤矿治水堵漏作业完成，重新开始大规模排水，龙门地区地下水位再次迅速下降，龙门景区泉水又一次变小，于 2018 年 1 月 22 日又一次断流。时至今日，禹王池、锣鼓洞泉、珍珠泉等仍处于断流状态中。

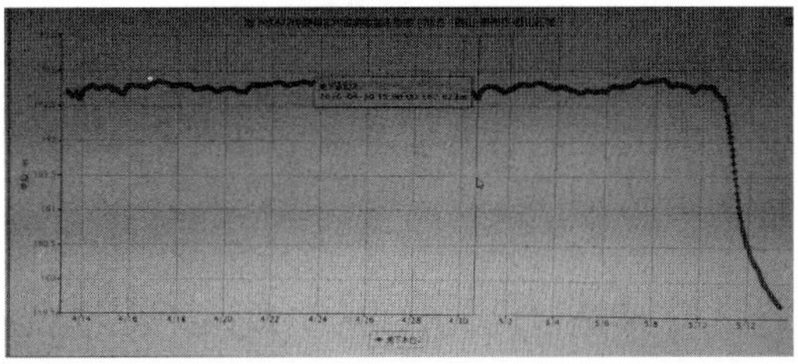

图 7-13　龙门西山钻孔水位突然大幅下降

第四节　泉水断流原因调查及相关研究

龙门景区泉水断流，洛阳市委市政府高度重视，迅速采取相关措施。2007 年 11 月 8 日，市政府主持召开龙门景区泉水断流问题协调会，洛阳市国土局、水利局、龙门石窟研究院等单位代表参加。根据会议建议，龙门石窟研究院于 11 月 12 日委托洛阳地质工程勘察设计院对龙门石窟景区开展水文地质调查工作，以查明风景区泉水间歇性断流影响因素及范围，为治理提供科学依据。2008 年 5 月完成调查成果《河南省洛阳市龙门石窟景区水文地质调查报告》。2008 年 6 月 20 日，市政府组织市国土资源局、市水利局、河南省地矿局第一地质调查队等单位的有关专家召开评审会，《报告》获得通过。《报告》的主要结论为：附近的常村煤矿和龙门煤矿等长期大量排水是造成景区泉水断流的重要因素；景区内的采水井采水是景区泉水断流的另一因素。

龙门石窟研究院就景区泉水断流问题先后多次向市政府作专门汇报，并提交《河南省洛阳市龙门石窟景区水文地质调查报告》。后根据市政府要求于 11 月 20 日向市政府九科提交“关于龙门石窟泉水断流原因的水文地质调查情况汇报”。这期间龙门研究院对周边采水井情况又进行了专门调查。12 月 24 日，市政府再次召开龙门景区泉水协调会，煤炭局、龙门煤业公司、洛阳地质工程勘察设计院和龙门研究院等单位参加。洛阳地质工程勘察设计院汇报了水文地质调查情况和报告结论。龙门煤业公司认为龙门景区泉水断流与煤矿开采无关。会议就双方观点进行了讨论。最后，市政府决定成立调查组对泉水断流原因再进行深入调查研究，调查组由龙门研究院和煤炭局牵头，市国土局、洛阳地质工程勘察设计院、龙门煤业公司等单位共同参加。

调查组成立后，密切配合，积极展开行动，于 2009 年 1 月 4 日、5 日在龙门石窟召开两次协调会，讨论深入调查方案和工作计划，并于 1 月 7 日到龙门煤业现场进行调研，查看煤矿排水情况。1 月 13 日下午，龙门研究院与龙门煤业公司领导再次协商，承诺双方提交相关资料深入研究，龙门研究院按照龙门煤业公司要求及时提供了景区泉水断流记录。2 月 5 日上午，龙门研究院再次召集调查组协商，龙门煤业公司没有按要求提交煤矿原始记录资料，使调查工作无法进行。会上龙门煤业公司提出单方进行调查研究并提交报告，然后由权威专家对两个报告进行评审，得出准确结论。4月15日，龙门煤业公司完成该调查报告并单方在郑州举行评审会。该报告认为：龙门煤矿和常村煤矿在正常涌水条件下，不会造成龙门景区泉群断流。

由此，两个报告结论截然相反，使调查工作无法继续开展。龙门研究院立即向市委市政府汇报，市委主要领导批示，由市人大牵头，组织相关单位继续深入调查，彻底查明龙门景区泉水断流的根本原因，并确定治理措施。

根据市委主要领导批示，2009年7月13日，市人大组织召开协调会，科技局、文物局、龙门研究院等单位参加，讨论了工作思路和方法，聘请国内水文地质研究领域权威专家，对龙门景区泉水断流原因深入研究，确定治理方案，尽快恢复景区泉水。

龙门研究院于2009年9月邀请中国地质大学水文地质专家来龙门实地考察，对两份水文地质调查报告进行审阅，得出评审意见（见附件），并建议主管部门委托专门水文地质工作单位来龙门景区进行现场调研，得出科学结论。根据这个意见，龙门研究院积极与河南省水文地质工程地质勘查设计研究院（以下简称河南水工院）联系沟通。2009年10月中旬，与河南水工院沟通和协商，就龙门景区地下水调查工作达成共识，初步确定了工作内容和预算，并于12月1日正式签订工作合同《河南省洛阳市龙门泉域地下水资源评价》，工期18个月。根据该合同，河南水工院将在两本报告的基础上进行补充水文地质调查，查明龙门地区泉域的边界位置及其性质，泉水的补、径、排条件及降水量、开采量、矿坑排水量与泉流量的相关关系，并对泉域地下水资源量进行初步计算评价，为将来地下水资源保护规划提供基础资料及建议。

2010年1月，河南水工院工作组来到龙门开展野外踏勘，初步调查了周边采水井、龙门煤矿和常村煤矿的排水情况，对景区内的泉眼进行了调查和测绘工作，并设立观测点进行水位动态监测。

2011年6月河南水工院完成调查报告并提交至龙门管委会。受河南省科技厅委托，洛阳市科技局组织专家成立评审委员会，对该报告进行科技成果鉴定。此次评审委员会阵容强大：主任为住建部建设环境工程技术中心王秉忱教授，王教授是国务院资深参事、中国工程勘察大师；中国地质大学邵景力教授担任副主任；另外一位副主任是市煤炭局退休的高级工程师陈宪宾，曾在龙门煤矿工作近20年，掌握龙门周边大量水文地质资料。与会专家一致认为该报告结论明确，调查手段和技术措施得当，可作为泉域地下水资源保护规划及治理的基本依据，达到同类研究成果的国内先进水平。

然而这样一份权威的调查报告，仍得不到龙门煤业公司的认可。为此，市政府多次组织相关单位协调会，并于2011年8月成立龙门景区泉水复涌治理领导小组，下设专家组和办公室。专家组迅速开始进行地面和地下水文调查，拿出了地面岩溶水井调查报告和龙门附近三个煤矿井下水文地质调查报告。与此同时，市政府协调龙门煤业公司加大井下堵漏治理工作，在短短几个月内使得地下水位迅速抬升，龙门景区泉水在2011年9月19日出现复涌，取得了阶段性复涌成果。

一、龙门景区泉水断流原因的调查结果

自2007年至今，龙门石窟研究院先后委托洛阳地质工程勘察设计院、河南省水文地质工程地质勘查设计院对龙门石窟景区泉群断流原因进行专项水文地质调查和地下水资源评价调查，对龙门以西约10km、以东约60km、南北约10～20km的范围内的17个煤矿、340多个浅层水井、66个深层水井、25个泉眼进行了调查、监测、分析和综合研究，同时调查了龙门煤矿历年突发大水水源及其治理情况。

经省、市水文地质勘察机构调查确认，龙门景区禹王池等泉水主要来源于偃龙矿区东南地下水的补给，并与煤矿主要水源为同一含水层。偃龙矿区矿井水的常年强排，破坏了地下水平衡，导致地下水位大幅下降。尤其2007年以来，洛阳龙门煤业公司常村（开采标高 -320m）、龙门（开采标高 -175m）二矿接连突发大水，加大了地下水排出量及水位下降幅度，截流了龙门石窟景区泉水的补给水源，导致景区泉群来水方的水位标高低于龙门景区泉群出水口标高，这是造成龙门景区泉群断流的主要原因；其次，近年来龙门景区附近寒武系灰岩取水井的无序开采，加大了地下水的排出量，对地下水的变化造成一定影响。

历史上多次断流都与龙门煤矿有关。最早在1973年龙门景区泉水断流，其原因即是龙门煤矿突发大水造成。表7-2为龙门诸葛煤矿历年突发大水及治理情况表，可以看出，龙门煤矿每次突发大水都与龙门石窟景区泉水变小或断流密切相关。

《调查报告》中指出，在龙门泉子系统中，矿坑排水（主要是龙门煤矿和常村煤矿）是岩溶水主要排泄者，这可从煤矿发生突水事件与龙门泉群断流发生的时间点上得到印证。

近十几年来，龙门泉群第一次断流发生在2007年10月2日至11月11日，起因是因为常村煤矿风井突水（突水量每小时800m^3，正常情况下为每小时300m^3）。

第二次断流发生在2007年12月～2008年1月10日，当时两矿均发生突水：常村煤矿风井突水量为每小时500m^3，龙门煤矿主井突水量为每小时1047m^3（正常情况下为每小时698m^3）。

第三次断流发生在2008年6月10日左右，当时常村煤矿主井矿坑排水量增大到每小时1247m^3（正常情况为每小时900m^3）。2008年初，常村煤矿突发大水，导致西8千米处的一处观测孔（与龙门泉群属同层水）水位下降10米左右；此外，东约25千

表 7-2 龙门诸葛煤矿历年突发大水及治理情况表

突水时间	突水地点	突水后果	突水量（m^3/h）	矿井总涌水量（m^3/h）	突水标高（m）	突水水温（℃）	突水层位	突水水源	治理方案	龙门泉群影响情况		
										突水时	淹井后	堵水后
1970年6月8日	原南石门（距主井中心南193.5m处）	第一次淹井	1330	1330	-58.7	24	二1煤顶	$\in_3$	地面打钻注浆封堵突水点，注水泥1457.35吨	泉水突减	恢复正常	恢复正常
1971年8月25日	原南石门（距主井中心200m处）	报废南石门	1235	1235	-58.7	24	二1煤	$\in_3$	超前预注浆搭桥而过绕道开发，注水泥292.45吨	泉水突减		井巷被岩块堵塞，恢复正常
1973年3月29日	绕道石门西弯道		620	874	-58	24	C_3L_4顶	$\in_3$	强化排水能力	泉水突减，部分断流		
1973年5月16日	主绕道石门流水洞		302	1292（74.7.31 920）	-56.5	23.8	二2煤底	$\in_3$	强化排水能力	大多泉水断流		
1974年8月4日	老西大巷距交叉点108m处	二次淹井	1700	2600	-58	24	C_3L_3顶	$\in_3$	地面打钻注浆堵水堵突水点，注水泥1906.24吨	断流	恢复正常	恢复正常
1993年12月11日	东异下山轨道巷	下山被淹东异生产中断	2000	2500	-200	24	C_3L_3底	$\in_3$	①上水平强排保矿；②地面打钻注浆堵突水点，注水泥1102吨	断流	断流	逐渐恢复正常
2010年	西异下山	下山生产中断		1000					①上水平强排保矿；②地面打钻注浆堵突水点	断流	断流	无法恢复正常

注：Є3寒武系灰岩裂隙岩溶水。

米、西约 15 千米范围内的同层取水井水位，均不同程度下降数米到数十米。

据 2010 年四季度对常村煤矿、龙门煤矿井口排水实测，两矿总排水量高达每小时 2915m^3，昼夜强排加大了地下水的排出量，导致了地下水位大幅下降：与建矿前比，两矿分别下降了 26.9 米和 22.29 米。

《调查报告》指出，2009 年，龙门区域矿坑排水量为 1208.79 万 m^3，其中龙门煤矿 670.77 万 m^3、宿家窑 18.9 万 m^3、常村煤矿 519.12 万 m^3。

而工农业开采量的不断增加，是影响龙门泉群断流的次要原因。根据泉水断流调查专家组实地踏勘，在龙门区域内，岩溶水井由 1980 年的 4 眼增加到 2010 年的 33 眼，工农业开采量逐年增加，并有明显的增加趋势：1991 年为每年 134.84 万 m^3，2000 年达到 301.79 万 m^3，2009 年达到 354.5 万 m^3。

2009 年，龙门区域岩溶水总开采量为 1563.29 万 m^3，大致为：龙门煤矿排水量占 43%，常村煤矿排水量占 34%，工农业开采量约占 23%。而根据测算，2009 年龙门区域内可开采岩溶水仅为 362.93 万 m^3，说明区域内已经超采。

二、确认断流原因的主要依据（表 7-3）

（1）洛阳龙门煤业常村（开采标高 -320m）、龙门（开采标高 -175m）二矿突发大水淹井的主要水源与龙门石窟景区泉群属同一水源，即寒武系灰岩裂隙岩溶承压水，且水温、水质相同，连通性强。龙门煤矿历年矿区水文长期观察资料可查证。

（2）正常情况下，龙门石窟景区内禹王池等泉水主要来源于偃龙矿区东南地下水的补给。偃龙矿区煤矿突发大水，必然影响龙门石窟景区泉水变化。龙门煤矿历年突发大水曾多次影响龙门景区泉涌。

（3）2008 年初，常村煤矿突发大水，导致西 8km 的 6-5 孔（与龙门石窟景区泉群属同层水）水位下降 10m 左右，东约 25km、西约 15km 范围内的同层取水井水位均不同程度受到影响（下降数米到数十米）。据 2010 年第四季度对常村、龙门二矿井口排水实测，二矿总排水量高达 2915m^3/h，昼夜强排加大了地下水的排出量，导致了地下水位大幅下降。常村、龙门二矿与龙门石窟景区泉群同层水位（与建矿前比）分别下降了 26.9 米和 22.29 米，造成龙门石窟景区泉群来水方水位标高低于龙门石窟景区泉群出水口标高，断流已成为必然。

表 7-3　泉水断流原因调查及复涌治理期间报告文件一览表

编号	报告名称	汇报单位	上报部门	时间
1	关于景区泉水调查情况的说明	石窟保护中心	龙门石窟研究院	2007 年 3 月 23 日
2	关于龙门温泉的答复汇报	龙门管委会	洛阳市政协	2010 年 12 月 2 日

续表

编号	报告名称	汇报单位	上报部门	时间
3	关于龙门温泉的答复汇报	龙门管委会	洛阳市政府	2010 年 12 月 30 日
4	关于龙门石窟景区泉水断流的情况反馈	龙门管委会	市政府网信办	2009 年 7 月 15 日
5	关于龙门石窟景区泉水断流情况的汇报	龙门管委会	洛阳市政府	2010 年 3 月 16 日
6	龙门石窟景区泉水断流情况专题汇报材料	龙门管委会	洛阳市政府	2010 年 2 月 1 日
7	关于龙门景区泉水断流原因调查的情况汇报	龙门管委会	洛阳市政府	2009 年 9 月 28 日
8	关于龙门景区泉水断流原因调查的情况汇报	龙门管委会	洛阳市政府	2009 年 10 月 27 日
9	关于龙门景区泉水断流原因调查的情况汇报	龙门管委会	洛阳市政府	2009 年 11 月 30 日
10	关于龙门景区泉水断流原因调查的情况汇报	龙门管委会	洛阳市政府	2010 年 2 月 1 日
11	关于依法管理龙门水资源建议提案的答复	龙门管委会	洛阳市政协委员	2010 年 12 月 2 日
12	中国地质大学专家关于龙门泉水断流报告的咨询意见	龙门管委会	洛阳市政府	2010 年 4 月 21 日

第五节　泉水复涌治理研究

一、实地调查，用数据说话

在开展专项水文地质调查工作的同时，龙门研究院积极与市水务局、市煤炭局、市国土资源局等相关委局进行协调，开展了联合调查工作并收集大量资料。其中，与市水务局联合调查成果显著。针对西山温泉水开发利用的管理问题，2010 年 2～3 月期间，龙门研究院联合市水务局组成调查组，对龙门西山水资源利用现状开展普查，对取用水户进行登记造册。调查结果如下：龙门西山取水户 24 户，机井 53 眼（生产经营 11 眼，生活用水 32 眼，灌溉 10 眼），日设计取水量 4957m^3，年取水量达 105.20 万 m^3。其中地热水源 8 家（生产经营 7 家，单纯销售 1 家），均无采矿许可证，水温 48℃～98℃，日设计取水量 1830m^3。之后市水务局已停止办理龙门园区内新打井取水许可证，严禁补办证。

2010 年 12 月 2 日，市政协李良龙副主席率政协委员到水务局、龙门研究院督察提案落实情况，就市政协“关于保护龙门山温泉水提案”进行现场考察和听取汇报，对龙门研究院和水务局针对泉水资源的调查和管理工作给予充分肯定。

市水务局停止办理龙门园区任何新打井取水许可，严禁补证、办证。

按照 2011 年 10 月 7 日下午“龙门景区泉群复涌综合治理专家组”工作会议安排，专家技术组分两组分别进行实地调查，地面水井调查组由煤田地质二队专家刘洪权牵头，水务局、科技局、龙门煤业公司专家配合开展；矿井调查组由专家陈宪宾牵头，煤炭局、龙门煤业公司、煤田地质二队专家配合开展；龙门管委会保障调查工作的车辆、人员协调等配合措施。

10 月 8～9 日，矿井专家组到龙门煤矿调研矿井资料，获取了矿井采掘平面图、井上下对照图、井下充水性图等有关资料，了解到龙门煤矿最近四个月进行堵水工作（注浆 1 万两千吨水泥），附近的 6-5 钻孔水位上升了 3.5m，龙门景区泉群自 9 月 11 日开始由北至南逐步出水，流量由小变大，至 9 月 26 日流量达到高峰，28 日老龙窝也开始出水。由此初步证明矿井堵水后抬升了区域地下水位，龙门景区泉群复涌初见成效。

10 月 10～11 日，矿井调查组到龙门煤矿下井实测矿井突水点分布、水温、水量，共实测 22 处（区段），得到矿井总涌水量 1212m^3/h；查看矿井工程结构和原始水源；调查井下排水场地、疏水泵功率、水仓等基本情况。参加人员：陈宪宾、王建庄、朱黑来、范子龙、杨刚亮、王晓军、禹志加。

10 月 12～13 日，矿井调查组集中整理调查数据，分析突水点位置、流量、水温与矿井堵水减排方案，制作龙门煤矿矿井涌水量调查表，把突水点与采掘平面图对照标注上图，形成基本研究依据。

调查组计划 14 日到龙门煤矿与矿方商谈，对调查结果进行交流研究，拿出综合调查初步意见和治理方案。15 日由市政府组织召开项目周例会，将对周工作情况进行汇报和总结，并展开下一步工作。

地面水井调查组 10 月 8～12 日进行资料收集、准备图纸、水井涌水量对比研究等基础工作。13 日开始野外实地调查，重点对西山热水井的水温、涌水量、井口标高等数据进行测量。

10 月中下旬，矿井调查组在整理调查数据的基础上，对附近影响泉水涌流的三个煤矿（龙门煤矿、常村煤矿和宿驾窑煤矿）进行实地调查，下矿井对突水点位置、流量、水温等进行全面调查，编制了矿井堵水减排方案，制作了龙门煤矿矿井涌水量调查表，把突水点与采掘平面图对照标注上图，形成基本研究依据。地面水井调查组对龙门周边岩溶水井进行了实地调查，获取了水井的水温、涌水量、井口标高等基础数据，并绘制了水文地质图。

根据调查结果及综合分析研究，主要结论如下：

（1）龙门煤矿、常村煤矿主要水源与龙门泉群同层、同温。三个煤矿总涌水量达 2450m^3/h，约占整个景区附近地下水排出量的 90%。

（2）龙门煤矿和常村煤矿最近五个月内注浆堵水成功，注浆水泥 15000 吨，附近 6-5 水文孔水温从 9 月 9 日～10 月 8 日一个月内回升 3.5m。龙门景区西山泉群随着 6-5 孔水位回升，断流了三年的禹王池、珍珠泉、老龙窝泉等逐渐复涌且水量逐渐增大，三个月内几个泉眼涌水量基本正常，但有波动。

（3）确定了三个煤矿矿井水治理重点和堵水减排目标。龙门、常村二矿第一阶段

（2012 年花会前）堵水减排 $1100m^3/h$，第二阶段（2012 年底）再减排 $400m^3/h$。

（4）对堵水减排计划实施目标管理，提出重奖重罚建议。在 10 月 29 日市政府召开的项目周例会上，有关领导在听取专家组综合汇报后，总结发言：泉群复涌治理目前已有阶段性成果，泉水复涌与龙门煤业公司的堵水工作是分不开的。既赞同专家组对堵水减排治理的第一、第二阶段的划分，也赞同龙门煤业以龙门景区泉水保持涌流为标准的建议，但必须保证泉群涌流，保持现有水量，且往好的方向发展。

二、采取的相关措施和取得的成效

2011 年 5 月、7 月、8 月龙门研究院三次上报市政府，提交《龙门景区泉群复涌综合治理建议方案》。市政府多次召集龙门煤业公司和有关单位召开协调会，研究部署相关措施，主要包括如下内容：

（1）成立由市政府牵头，市水务局、龙门研究院、煤炭局、安监局、科技局、环保局、国土资源局、公用事业局、伊滨区管委会等单位参加的“龙门景区泉群复涌综合治理领导小组”，统一负责龙门泉群复涌治理的协调工作。领导小组下设“龙门泉群复涌综合治理专家组”，负责治理工作的技术问题。

（2）由水务局负责，龙门研究院配合，对龙门景区附近的地面岩溶水井的限量开采及热水井的统管问题提出具体方案，并负责日常监测、监管工作的落实。

（3）由专家组对龙门景区附近的三个煤矿进行井下实测涌水量及水文地质调查，编制调查报告并上报市政府。

（4）由龙门研究院聘请专家和有关人员长期对景区周边岩溶水井水位、水温进行连续的动态监测，密切关注其水位变化和景区泉水涌流情况，及时上报龙门研究院和市政府。

在此背景下，龙门景区泉群复涌综合治理项目取得了阶段性成果。2011 年 6～9 月，龙门煤矿加强井下注浆改造和堵水减排工作，使地下水位从 9～10 月一个月内上升了 3.5m。与此同时，龙门石窟景区内断流了三年的泉群于 2011 年 9 月 19 日出现了复涌，被市政府确认为该项目取得的阶段性成果。

2012 年 8 月龙门景区泉水又出现断流，龙门研究院多次向市政府汇报，市政府联系龙门煤业公司领导进行协商，因治理措施和相关技术指标未能达成一致意见，致使治理方案未能在煤矿得到进一步落实，造成治理工作未取得最终成果，泉水持续断流。

2015 年以来，龙门研究院有关人员多次到煤矿协商，讨论治水方案和指标，矿方认为技术难度很大、资金短缺，需进一步开展综合调查和方案研究。

第六节　主要成果及研究报告

在开展龙门石窟泉水断流原因调查及复涌综合治理过程中，结合工作需要，进行了有关专题水文地质调查和地面岩溶水井调查工作，取得了一些重要资料和成果。

一、《河南省洛阳市龙门石窟景区水文地质调查报告》

该工作由龙门石窟研究院委托洛阳地质工程勘察设计院实施，于 2007 年至 2008 年 5 月完成，报告通过专家组评审验收。该工作调查面积 200km^2，工作区北部边界诸葛至偏桥一线，南至万安山，西至环城高速公路，东至常村。系统调查了龙门石窟及其周边地区地下水分布及不同分区间水力联系，尤其对龙门煤业公司龙门煤矿和常村煤矿施工、排水情况及周边岩溶水井水位、取水量等情况进行了深入调查。

（一）主要结论

（1）本区按地貌单元、含水层岩性、地下水埋藏条件分为四个含水岩组，五个水文地质分区。河流阶地区、山前倾斜平原浅水区及变质岩基岩裂隙区三个区都为浅水区，它们与龙门石窟风景区泉水无直接水力联系。双层结构含水层区的深层水与岩溶裂隙水区的地下水与景区泉水联系密切。

（2）本次工作采用综合地球物理勘查方法初步查明了泉水通道及与泉水通道相联系的隐伏含水断裂构造的走向、产状、延深，探测了区域含水层埋深。泉水通道在龙门西山与北西向含热水断裂 F1 相交汇是形成温泉的原因，泉水通道东段通过北东向、东西向隐伏断裂构造与龙门煤矿、常村煤矿地下水相联系，是煤矿突水必然引起泉水断流的科学依据。

（3）龙门景区泉群流量 150m^3/h，单井出水量 20～50m^3/h，最大可达 60～70m^3/h。龙门周边村落机井（73 眼）涌水量 562m^3/h。因此，根据全区正常地下水补给量 2000m^3/h 计算，如果控制好煤矿排水，将来利用泉水时规模控制在 1300m^3/h 以内应该是可以的。在目前气候条件下，供水井地下水开采与煤矿排水的水量总额控制在 2500m^3/h 左右，可暂时维持龙门泉水流出，超过此限将造成泉水干枯断流。

（4）煤矿排水是影响龙门景区泉水断流的重要因素，区域内供水井抽水是影响景区泉水断流的次要因素。区域总涌水量在 2500m^3/h 可以维持泉水正常流出，但全区正常补给量在 2000m^3/h。煤矿排水占全区整体排水的 80.2%，供水井占 19.8%。

（5）控制煤矿排水是恢复景区泉水流量的根本办法。如果煤矿开掘面积增加 0.2 倍，或垂直深度增大 100m 时，正常排水量将分别达到 2917m^3/h 及 3058m^3/h，龙门泉水将会干枯。

（6）该区大气降水补给量为 2000m^3/h 左右，现在排水量已动用了部分地下水静储量，长期排水必将导致区域地下水位持续下降。

（二）建议

（1）在龙门景区及外围一定范围内，严格控制和龙门景区有地下水联系的岩溶区及双层结构区地下水开采量及地下热水开采量。

（2）进一步对龙门煤矿和常村煤矿进行物探测量和地质勘察，查明构造破碎带位置和走向，划定破碎带范围。在采煤时避开破碎带，以避免造成矿井涌水给煤矿造成不必要的排水损失，同时也避免因矿井排水引起龙门泉水干枯。

（3）煤矿在进行采煤巷道施工前应提前做好物探测量和地质勘察，查明破碎带位置，提前对破碎带内灌注快干水泥浆堵水，采取先堵水再开挖巷道办法，变以排为主，为以堵为主，减少坑道排水量。

（4）提高煤矿排取地下水资源费的收取标准，以促进企业治理地下水的积极性。

（5）研究在龙门景区附近实施地表水回灌的可能性，必要时采取回灌，人工提升当地地下水位。

（6）建议成立龙门泉水及相关因素长期观测小组，为制定泉水治理方案提供更为确切的科学数据。

二、《河南省龙门石窟景区泉水断流原因调查报告》

该工作由龙门研究院委托河南省水文地质工程地质勘察设计院实施，于 2009 年 10 月～2011 年 6 月完成，提交了调查报告并通过专家组评审验收。本次工作在分析大量前人相关资料的基础上，通过综合水文地质调查、抽水试验及水质化验等工作，基本查明了龙门泉域的水文地质条件。在此基础上，首先确定了泉域的边界条件及性质，查明了龙门泉的成因；然后通过同位素（2H、3H、18O 和 14C 等）和氟利昂测年等技术，查明了泉域岩溶水的补给来源；再从龙门泉域龙门泉域岩溶水流场特征、同位素特征及开发利用现状角度分析，查明了龙门泉间歇性断流的原因；最后综合分析，提出了龙门泉域的保护规划方案和建议。

（一）主要结论

1. 查明了泉域的水文地质条件

根据本次工作调查确定，泉域边界由断层、地表分水岭和断层阻水边界组成，四周均为隔水性质边界，使龙门泉域岩溶水成为一个相对独立的岩溶水系统，总面积为 938.16km^2，其中埋藏区面积为 649.59km^2，覆盖区面积为 72.87km^2，裸露区面积为 173.14km^2，变质岩区为 42.56km^2。

具体边界性质：北部受张沟—水泉断层影响，寒武系碳酸盐岩与二叠系泥岩对接，碳酸盐岩埋深大于 1000m，构成地层阻水（深埋）边界；东部五指岭断层和西部草店断层（F1）为压扭性构造，两侧岩溶水无水力联系，构成断层阻水边界；南部以地形较高且相对不含水岩层（组）构成的地表分水岭为界。

2. 对岩溶水资源量及可开采资源量进行了评价

现状年（2009 年）条件下，龙门泉子系统开采量为 1563.29 万 m^3，开采模数为 8.63，而可开采资源为 362.93 万 m^3，可开采模数为仅为 2.41，可见龙门泉子系统为负均衡，已超采。

佛光和南池子系统开采量为 1129.99 万 m^3，开采模数为 1.49，可开采资源为 2394.92 万 m^3，可开采模数 3.40，可见佛光和南池子系统为正均衡。

3. 进行了泉域岩溶水化学特征分析

从岩溶水的补给区到集中排泄区（龙门与常村煤矿排水口、龙门泉群、佛光泉及南池泉），水化学类型由补给区单一的 HCO_3-Ca·（Mg）型，到排泄区出现了 HCO_3-Ca·Mg 型和 HCO_3·SO_4-Ca·Mg 型共存的局面。这种变化是水文地球化学环境和水循环条件从补给区到排泄区发生了变化所致，在灰岩露头即岩溶水的补给区，寒武系灰岩大面积出露于地表，接受大气降水的补给，地下水循环交替迅速，在岩溶水从补给区向集中排泄区径流过程中，溶解了煤系地层中的硫化物，岩溶水 SO_4^{-2} 含量略有增加。

4. 初步评价了泉域地下水水质

（1）生活饮用水水质评价为泉域内岩溶地下水水质较好，适宜饮用；孔隙地下水基本适宜饮用，对个别超标点的地区饮用时应对地下水进行处理。

（2）工业锅炉评价为泉域内地下水多数属于沉淀物较多—软硬垢、软垢—不起泡—非腐蚀性水，因此泉域地下水作为工业锅炉用水多数不符合要求。

（3）农业灌溉用水评价为洛阳市附近地下水 51 个水质取样点钠吸附比均小于 8（其中 33 个岩溶水、16 个孔隙水及 2 个地表水），故其钠吸附比分级 100% 属于相当安全水；除玉龙苑温泉水的盐度大于 15，水质类型为中等水外，其他 50 个水质取样点碱度均小于 0，盐度均小于 15，其水质类型属于好水。由此可知，泉域内地下水大多数符合农业灌溉用水的水质要求。

5. 基本查明了龙门泉间歇性断流（干涸）的原因

通过对龙门泉域水文地质条件、岩溶水流场特征和同位素特征等研究分析，基本查明了影响龙门泉间歇性断流（干涸）的原因为：一是矿坑排水，二是工农业开采，三是大气降水。

单从排泄总量角度出发，现状年（2009年）矿坑排水量（主要是指龙门煤矿和常村煤矿）占总排泄量的77%，工农业开采占总排泄量的23%，矿坑排水（主要是指龙门煤矿和常村煤矿）是导致龙门泉群流量减少甚至断流现象发生的主要原因；工农业开采逐年增加，加剧了龙门泉断流现象的发生，是导致龙门泉群流量减少甚至断流现象发生的第二原因。

6. 提出了龙门泉域岩溶水开发利用和保护建议，建立限量开采区及煤矿防治水控制开采区和控制开采区等保护措施

（二）建议

由于工作时间短，收集到的资料不够详尽（如地热井的开采资料），在一定程度上影响了水文地质条件分析与地下水资源量计算的精度。为维持龙门泉域的良好水文地质环境，充分利用和保护好地下水资源，下一步工作的建议如下：

（1）加强泉域内机民井及代表性泉点及水点的水位、水量、水质及水温的动态监测工作，保持地下水动态监测的日常化与长态化；

（2）进一步开展泉域内工农业开采量及矿坑排水量的定期调查统计工作，准确把握泉域地下水的开采量与矿坑排水量，为相关管理部门提供可靠的地下水开采量调控依据，从而对地下水的开采量与矿坑排水量根据需要进行适时调控，保持泉域生态环境的良性发展；

（3）建议矿区打降压井，加大堵水减排力度，开矿之前进行底板加固工程；

（4）充分合理利用矿坑排水，将矿坑排水转化为有效资源，减少泉域内地下水开采量；

（5）在必要的地段，利用陆浑东一干渠地表水在龙门泉子系统裸露区对岩溶地下水进行渗灌补给，恢复龙门泉群的流量；

（6）进一步健全泉域地下水资源开采审批制度，强化泉域地下水资源开采的管理，根据地下水均衡原理和泉域不同地段地下水的开采程度，以及用水目的，采用分层和分地段开采井的布置，实现泉域地下水资源的科学管理；

（7）由于资料的限制，本次提出的保护龙门泉的防治规划不够详尽，建议下一步做一个详细的保护龙门泉的规划方案。

三、《龙门一带岩溶水井调查报告》

根据市政府龙门泉群复涌治理领导小组 2011 年 10 月 7 日会议精神，成立技术组地面水井调查组，参加调查人员有：河南煤田地质局二队刘洪权、赵东，龙门研究院马朝龙，水务局梁建军、柴艺萍，司机秦银亮（景区）。

（一）工作范围及任务

根据龙门泉水复涌治理领导小组的要求，本次调查范围是龙门东至寇店 F16 断层，西至伊河以西 5km，调查对象为在此范围内抽取岩溶水的水井（包括热水井和凉水井），调查内容：井位、井深、水位、水质、水温、水泵及配套设施、取水量、服务对象等。并准确测量水位及井位。

（二）调查工作概况

调查工作从 2011 年 10 月 8 日开始至 10 月 29 日结束，历时 21 天，共分四个阶段：

第一阶段准备工作。从 2011 年 10 月 8 日～10 月 12 日，主要是对以往资料的收集汇总，提出调查技术要求和工作计划，准备观测工具和记录表格工作等。

第二阶段野外调查。从 10 月 13 日～10 月 25 日，历时 13 天（除去星期六、日及雨天，实际工作日为 8 天），主要工作是对每一个调查水井水位及有关资料的调查与收集。实测水井水位深度。

第三阶段井位的精确定测。从 2011 年 10 月 16 日～10 月 29 日，间断进行，主要是对已调查的水井井位进行精确测量。

第四阶段资料汇总、上图、分析。2011 年 10 月 28 日～10 月 31 日，对已获资料进行汇总分析并写出调查报告。

（三）完成的主要工作量

（1）调查水井 34 口，其中热水井 11 口，岩溶水井 21 口，观测井 2 口，涉及伊滨区、洛龙区及龙门景区，并按技术要求逐项进行调查和水位测量，精度为 10mm（表 7-4）。

表 7-4　龙门景区热、凉水井（岩溶水）调查测量成果表

序号	名称	X	Y	井口标高（m）	水位标高（m）	水温（℃）	调查日期
1	梦桃源 2#（热）	3827537.655	632342.292	272.557	185.847	95	2011 年 10 月 17 日
2	梦桃源 1#（热）	3827541.249	632253.053	280.401	156.365	95	2011 年 10 月 14 日
3	玉隆苑（热）	3827695.484	632127.69	280.551	163.035	98.5	2011 年 10 月 14 日

续表

序号	名称	X	Y	井口标高（m）	水位标高（m）	水温（℃）	调查日期
4	银杏山庄（热）	3827786.523	632658.535	267.614	146.964	56	2011 年 10 月 13 日
5	凤翔山庄（热）	3826522.903	632987.12	245.641	158.331	72.5	2011 年 10 月 17 日
6	益寿康（热）	3826944.229	633328.282	271.205	150.79	50	2011 年 10 月 17 日
7	益寿康（热）	3826942.496	633331.776	271.205	150.79	50	2011 年 10 月 17 日
8	粮库 1#（热）	3827117.752	633560.856	238.972	150.137	49.5	2011 年 10 月 17 日
9	粮库 2#（热）	3827120.48	633360.37	247.01	150.137	51	2011 年 10 月 17 日
10	东山宾馆（热）	3825179.758	635046.498	154.056	152.056	35	2011 年 10 月 18 日
11	省煤田二队（热）	3829208.861	634652.15	152.505	157.105	43.8	2011 年 10 月 26 日
12	粮库（凉）	3827360.978	633469.133	236.694	178.304		2011 年 10 月 13 日
13	龙门西山观 1（凉）	3825893.538	634797.557	212.708	149.688		2011 年 11 月 2 日
14	龙门西山观 2（凉）	3825969.19	634816.124	225.543	149.943		2011 年 11 月 2 日
15	东山宾馆（凉）	3826546.426	635301.573	183.618	152.898		2011 年 10 月 18 日
16	地震台（凉）	3825749.003	634629.714	158.528	150.118		2011 年 10 月 14 日
17	魏湾（凉）	3825976.355	634547.412	175.162	151.362		2011 年 10 月 14 日
18	部队（凉）	3825754.934	634774.062	154.358	149.668		2011 年 10 月 17 日
19	郜庄（凉）	3826279.876	636175.078	244.526	153.25		2011 年 10 月 18 日
20	啤酒厂（凉）	3826773.245	636070.983	211.779	153.139		2011 年 10 月 17 日
21	杨沟 2#（凉）	3825323.114	639189.784	280.143	160.308		2011 年 10 月 25 日
22	杨沟 1#（凉）	3825133.658	639318.936	297.669	159.224		2011 年 10 月 25 日
23	李瑶（凉）	3825590.197	938274.132	272.836	157.121		2011 年 10 月 25 日
24	刘窑（凉）	3826205.801	637915.802	232.292	153.062		2011 年 10 月 25 日
25	山张（凉）	3823434.187	639477.101	291.529	168.444		2011 年 10 月 21 日
26	上徐马（凉）	3824400.478	642470.176	280.513	173.428		2011 年 10 月 21 日
27	下徐马（凉）	3825895.75	641101.158	250.959	157.224		2011 年 10 月 25 日
28	才能井村（凉）	3824435.583	643758.928	297.784	173.379		2011 年 10 月 19 日
29	魏村（凉）	3826981.007	646180.524	242.505	162.93		2011 年 10 月 19 日
30	段沟（凉）	3826718.055	647414.693	246.477	165.577		2011 年 10 月 20 日
31	张沟（凉）	3825752.456	647499.822	292.695	170.37		2011 年 10 月 20 日
32	南宋沟（凉）	3824909.385	648004.138	310.173	178.688		2011 年 10 月 20 日
33	李家寨（凉）	3825430.87	649521.398	281.48	169.765		2011 年 10 月 20 日
34	寇店乡朱村（凉）	3825751.889	650963.377	272.655	165.23		2011 年 10 月 21 日

（2）精确测量井口位置 34 口，精度为 ± 5mm。

（3）将取得的成果汇总于成果图上。

（四）资料分析与初步认识

1. 热水井

（1）热水井的分布大部分在龙门口以西，按热水温度可分为三带。

第一带中温地热资源带水井（90℃≤t＜150℃）。玉隆苑（98.5℃），梦桃园（95℃，两口），凤翔山庄（72℃，有凉水混入），本带呈北西向分布，共四口。

第二带低温地热资源中的温热水井（40℃≤t＜60℃）。粮库（51℃，两口）东山宾馆（35℃，原为51℃，有凉水混入），煤田二队（43.8℃），银杏仙庄（56℃），益寿康（50℃两口），共七口。

（2）水质

中温地热资源水井为高矿化度水，不能饮用，属医疗矿泉水，低温地热资源水多为医疗矿泉水，其中煤田二队（已开发利用）、粮库为饮用矿泉水。

（3）水位

最高水位标高在梦桃园2号井，为185.85m；最低水位标高在银杏山庄，为146.96m。自流井两个，煤田二队和东山宾馆。与原成井时水位对比，大部分水位略有升高。

（4）热水的循环深度

根据SiO_2的地热温标，初步估算热水的循环深度4000～5000m，由地表水进入至深层岩浆热源加热后，上升至地表。

（5）补给区

初步分析在西南方向。热水通道与魏湾、草店断层关系密切。

（6）取水量

初步统计热水井目前取水量为2000m^3/日，主要为洗浴，少量为饮用矿泉水。

综上所述，热水井的水位、水温、水质、循环深度、补给区域均不同于凉水，显示与龙门泉群涌水的特征有明显不同。

2. 凉水井

（1）伊滨区14口水井，水位标高南高北低，在龙门煤矿及常村煤矿形成两个降落漏斗，此漏斗的形成是两煤矿井下排水造成的。

由于两个降落漏斗的形成，局部改变了地下水的径流方向，目前，在常村煤矿南部及龙门东山较为明显。

此次调查结果显示，水井水位多有上升趋势。

伊滨区岩溶井分布区，既是岩溶水的补给区，也是地表径流区，还是取水区，该区内共有水井 14 口，均为居民生活用水，农业生产用水主要取自于东一干渠，伊东干渠在供水时可对岩溶水给以补给。

（2）龙门风景区水井分布于景区南大门西侧及东山宾馆—部庄一线（共 7 口），主要为当地居民的生活用水，工业用水少，此类水井与伊河关系密切。

初步统计结果，21 口岩溶水井日供量 4000～5500m^3，平均约 5000m^3，每小时供水量约 200m^3。

（五）存在问题及治理建议

1. 热水井

（1）存在问题

① 无系统正规勘查资料，形成原因不明，资源情况不清。

② 缺少整体规划，无序开采。

③ 开采热水引发环境问题，无评估报告及治理措施。

（2）治理建议

查明资源，统一规划，科学开发，有效保护，可持续发展。

2. 凉水井

（1）存在问题

主要为大部分水井无取水限量。

（2）治理建议

① 大力宣传节约用水，在满足当地居民生活用水的前提下，限制超量开采。

② 龙门风景区范围内力争一至二年内加入城市供水网络。

③ 区内不发展大量用水的工、农业项目。

特别提示，各地段取水量是根据水井调查资料，经分析后估算的。

四、《龙门、常村、宿驾窑煤矿和地面取水井现场水文调查结论及龙门泉群复涌综合治理建议》

按照市政府关于龙门泉群复涌综合治理工作总体安排，2011 年 10 月 8 日以来，龙门泉群复涌综合治理专家技术组分矿井、地面两个组，对龙门、常村、宿驾窑 3 个煤矿及龙门景区附近 32 口深层水井及 2 口观测井的实际水文地质情况进行了现场调查及实测，通过调查及对大量水文地质资料进行综合分析研究，提出水文地质调查结论及龙门泉群复涌综合治理建议。

（一）水文地质调查结论

（1）矿井主要水源及排水。龙门煤业龙门、常村两矿主要水源均为石炭系上统太原组L7灰岩以下低温裂隙岩溶承压水（龙门矿井口混合水温25℃，常村矿入水仓口水温24.2℃），并在矿井排水中占主要成分，与龙门景区泉群属同一水源。

宿驾窑煤矿现矿井涌水量85m³/h（已堵过水，属残余水量），主要水源为石炭系上统太原组L7灰岩裂隙岩溶承压水（入水仓口水温21.5℃）。以前历次淹井水源为二1煤层顶板以上第三、四系砾岩、砂砾石层孔隙承压水（水温20℃），但不排除深层水参与（露头附近补给）的可能。

热水井11眼均来源于龙门草店、魏湾大断层，冷水井21眼主要来源于偃龙矿区寒武系灰岩水。

（2）矿井实测涌水量。龙门1212m³/h，常村1153m3/h，宿驾窑85m³/h，总计2450m³/h（其中24℃以上2365m³/h，21.5℃ 85m³/h）。观测时间为2011年10月9日至19日。

（3）水文孔6～5孔（Є3）水位标高＋143.661m（2011.10.08测），较静止水位160.29m（建矿前）下降了16.629m。其中，9月9日至10月8日近一个月水位回升3.5m。现水位标高低于龙门泉群出水口标高。

（4）龙门煤矿西翼下山2403岩石中巷2011年6～9月份注浆改造，注水泥约15000吨，矿区6-5孔（Є3）水位从9月9日至19日10天升了2.5m，从9月9日至10月8日一个月升了3.5m。

龙门西山泉群随6-5孔（Є3）水位回升，断流了三年的禹王池、珍珠泉、老龙窝泉等三处泉群，先后由北向南、由少到多复涌。从9月19日中午起前两个出现复涌，而老龙窝泉直到9月27日才出现复涌。从景区一个多月来的观测情况来看，三处泉群涌水量约为70m³/h，涌出基本正常，但有波动。其水温为：禹王池25℃，珍珠泉25.5℃，老龙窝泉24℃，与断流前水温相同。

（5）龙门、常村、宿驾窑三矿均为带压开采。

（6）随着矿井开采范围的增大及采深的加深，龙门、常村两矿突发大水的可能性日益增大。宿驾窑煤矿除严防顶板水再次突出淹井外，还要加强底板水的治理，杜绝突水事故的发生。

（7）矿井水常年强排，分别形成以龙门、常村煤矿为中心的两个降落漏斗区，局部改变了地下水的水文地质条件，原由矿区水补给龙门景区而改变为龙门景区水补给矿井水。

总之，只要偃龙煤田有煤矿存在，矿井岩溶水堵水减排和综合治理就是确保矿井安全生产和确保龙门泉群复涌的关键技术措施。要求各矿常抓不懈，落到实处。此外，推广超前预注浆，加固 L7 灰岩巷底板，改造底板强含水层为弱含水层，封堵突水点，是预防岩溶水突出及堵水减排的有效治理方法。

（二）龙门泉群复涌综合治理建议

龙门泉群复涌的关键在于减少龙门景区附近地下水的排出量，恢复和提高地下水位。根据水文地质调查的结果及龙门煤矿历年突发大水的治理经验，又综合了国内成功治理同类水文地质条件矿井资料，提出以下综合治理建议：

1. 加大龙门、常村、宿驾窑三矿矿井水综合治理及堵水减排力度

（1）确定龙门、常村、宿驾窑三矿矿井水治理重点

① 龙门煤矿治理重点。-60m 水平大巷以下 800m^3/h 温水。-60m 以上老西大巷约 100m^3/h（解决生活用水后封堵）。

② 常村煤矿治理重点。12、11 采区上山附近及 -310m 大巷 23℃以上涌水。

③ 宿驾窑煤矿治理重点。治理顶板水源，预防底板突水。

（2）根据龙门煤矿历史治理特大涌水资料，确定龙门、常村、宿驾窑三矿堵水减排目标

① 龙门煤业龙门、常村两矿堵水减排目标。第一阶段 1100m^3/h（23℃以上水，以现有水量为基础），6-5 孔（Є3）水位恢复到＋152m 以上，杜绝 300m^3/h 以上突水事故发生；第二阶段 1500m^3/h（23℃以上水，以现有水量为基础），6-5 孔（$Є_3$）水位恢复到＋156m 以上，杜绝 300m^3/h 以上突水事故发生。

其间，龙门煤业提出加大井下老突水点的堵水力度，不再增加新突水点，确保龙门泉群在现有（龙门西山禹王池、珍珠泉、老龙窝泉）堵水复涌的基础上数量再增多、水量再增大。

② 宿驾窑煤矿治理目标。矿井涌水量控制在 275m^3/h（其中 190m^3/h 为 20℃以下水）以下，杜绝 60m^3/h 以上突水事故发生。

（3）堵水减排，目标管理，重奖重罚

① 矿井堵水减排工作采取以企业为主、政府鼓励的方式进行，由政府与煤矿签定堵水减排目标管理责任书。凡完成以上堵水减排目标，分别给予龙门、常村及宿驾窑煤矿重奖。若完不成以上目标，除追究相关责任外，分别予以处罚。治理期间若发生重大突水事故，另外加重处罚。具体奖罚数额由市政府决定。

② 龙门泉群复涌重大科研项目成功后，建议各级政府及企业对完成以上工作目标的有功单位和个人分别进行嘉奖。

③ 地面岩溶水的开采、监管与节奖超罚，由水务局负责提出意见。

2. 制定生活用水取水方案，限定取水

由市水务局及龙门研究院分别牵头，专家组配合，制定地面岩溶水井限量开采及龙门热水井整合统管方案；由市公用事业局抓紧制定自来水向龙门石窟园区、伊滨区供水方案；由相关部门依法关闭景区附近24～26℃取水井。

3. 建立矿井堵水减排现场考核机制，定期检查堵水减排成效

治理期间，龙门泉群复涌综合治理专家组每月对各矿井的堵水减排情况及地面水文孔的动态变化进行现场实测，龙门泉群复涌领导小组定期通报各煤矿的堵水减排情况。同时，要成立专门机构，并配备专门人员，以加强对龙门景区地下水的监管和动态长观。此外，还要进一步查清偃龙矿区其他煤矿的水文地质条件，为确保龙门泉群正常涌出提供依据。

4. 加强岩溶水监测

专家组编制偃龙矿区新增岩溶水长观孔设计，初步计划水文孔5个，工作量约1500m，费用约350万元，由市财政列支。当前，请领导出头协调煤田二队及相关单位保留偃龙煤田西部现补勘水文孔。岩溶水长观孔主要用于监测偃龙矿区深层地下水动态变化。

附：1、地面取水井调查报告

2、龙门、常村、宿驾窑煤矿矿井涌水量调查表

五、《龙门景区泉群复涌建议方案》

龙门景区复涌是一项重大科研项目，技术性强，工作难度大，涉及范围广，经历时间长，必须引起各级领导的高度重视，各部门及有关单位齐抓共管、通力合作，方能战胜各种困难，取得成效。依据龙门景区泉群断流研究成果及龙门诸葛煤矿四十年来历次特大涌水治理实践（即偃龙矿区以寒武系灰岩水为主要水源的矿井“堵水减排”或“关闭淹没”还原寒灰水水位标高到＋156米以上，是关系到龙门景区泉群复涌的关键），提出以下方案：

（1）市政府领导挂帅，龙门管委会领导坐阵指挥，设立专门机构，长抓不懈。由市政府领导牵头组织成立洛阳龙门石窟景区泉群复涌领导小组，以加强对此项工作的领导。此外，除龙门管委会坐阵指挥外，还要有市安监局、市煤炭局、市水务局、洛龙区、伊洛工业园区、偃师市地方负责人、龙门诸葛煤矿、宿驾窑煤矿、常村煤矿、

常村二矿、原孙坡煤矿、永华煤矿、西山多家温泉山庄负责人、熟悉现场的水文地质专家和技术人员参加，必要时也可邀请专门研究机构人员一起全面展开工作。因龙门景区泉群复涌是一项长期性工作，除领导小组外，要设置专门机构并配备专门人员（含专家组成员）实施或监督。当前工作重点从龙门景区开始分别向东（主要是煤矿）、西（主要是地面取水井）展开。通过调查逐出地下水取（排）水大户，进一步确定治理重点。

（2）地下水的治理工作贯彻以“企业为主（自订治理方案和实施计划并报专家组审查，领导小组批准）、政府鼓励、相关单位齐抓共管、目标管理、重奖重罚”的工作原则。在调查摸底的基础上与相关单位签订矿井“堵水减排”和地面取水井“限量开采”目标责任书。定期考核，奖罚兑现。

（3）偃龙矿区各煤矿要以大局为重，不仅要为龙门泉群的复涌提供准确的水文地质资料（涌水量、水位、水温等），还要联系各矿实际迅速行动起来开展“堵水减排还原（提升）水位”大战，采取一切措施切断寒灰水对矿井的补给通道，并把此项工作贯穿到矿井建设的全过程。工作要求目标为：

① 偃龙矿区寒灰水位标高确保＋156m（诸葛矿区）以上，龙门景区附近寒灰水水位还原到＋155m以上。

② 偃龙矿区寒武系灰岩水排水总量必须减少到每小时900m^3以下，否则，想让龙门泉群复涌就是一句空话。

③ 当前治理工作重点为常村、诸葛、宿驾窑三个煤矿。因以上三个煤矿水文地质复杂，涌水量大，建设中均淹过井。建议2011年该三矿堵水减排目标为：常村矿井涌水量减少到每小时500m^3以下、诸葛减少到每小时400m^3以下、宿驾窑煤矿维持堵水后涌水量每小时80m^3。对完成以上目标，建议政府奖励常村煤矿250万元、诸葛200万元、宿驾窑50万元。否则，均按以上数额全额分别给予处罚。同时建议对堵水减排工作成效显著的个人也给予重奖。

④ 常村（2008年淹井水源点及水温23℃以上的其他突水点）、诸葛（原南石门、老西大巷迎头、东翼下山、西翼下山突水点及其他23℃以上突水点）二矿淹井突水点及其残余水源点和原刘庄立井东翼下山突水点全部封堵死。

⑤ 偃龙矿区各煤矿井下凡单点涌水量大于每小时60m^3，水温23℃以上的突水点全部封堵死（其中水温24℃以上的水源就是矿井的致命水害）。

⑥ 永华新井、原刘庄煤矿立井、常村二矿等10余对矿井必须从现在起制定堵水减排工作计划，以现有涌水量为基数，2011年末各减50%，并从第二季度起付诸实施，凡减排每小时100m^3寒灰水的，建议奖励20万元，并依此类推；对于防范措施不力导

致寒灰水突出超过每小时 $100m^3$，罚 20 万元，并依此类推（对于治理过程中出现的反复涌水不予考虑）。对再次出现突大水造成淹井事故的煤矿给予重罚。以上具体办法及考核由管委会负责制定。

⑦ 改变矿井开拓准备工程布置，避开强含水层，由底板巷道改为顶板巷道。

⑧ 加大矿井排污费或水资源费的征收力度，以提高堵水减排的积极主动性。

（4）水文地质条件特别复杂，涌水量特别大，堵水无望，开采危险性特别大的矿井予以关闭，让地下水还原。

（5）地面停批新井（寒灰水），停采水温 24℃～26℃的水井，限制开采老水井。地面井群总抽水量进行总量控制，建议不超过每小时 $200m^3$。

（6）建立景区附近寒武系灰岩水常观系统，随时掌握该区地下水的变化动态。建议在景区泉群附近设 1～2 个水文观测孔，每个 50m 深。宿驾窑煤矿一个 300m 深。原刘庄井附近一个 300m，夹沟井附近一个 300m 深。并充分利用原矿井现有水文孔形成长观网，并派专人进行监测、分析、研究，为确保景区泉群复涌提供依据。

（7）经可行性研究许可，在有条件的矿井可试验性地实施引矿井水向矿区寒武系灰岩段回灌入渗补给方案（最好堵水以后），但取慎重态度。

（8）各煤矿堵水减排工作既有利于确保煤矿安全，又有利于节能降耗。要求市安监局、市煤炭局把此项工作作为煤矿安全检查、复工、整顿验收工作的重要内容，进一步抓好抓扎实（督促堵水减排方案制定及实施监管）。

（9）水务局对龙门景区寒灰水取水井按第五条的要求，区别情况作出总量控制、限量开采计划。

（10）龙门管委会组织成立龙门泉群复涌专家组、对偃龙矿区各煤矿堵水减排方案和龙门景区寒灰水取水用户限量开采方案进行会审，并报领导小组批准后实施（审查煤矿时请安监局、煤炭局参加并签署意见，审查地面井群时请水务局参加并签署意见）。

（11）各项考核指标（如涌水量、水位标高等）由龙门管委会分别会同市煤炭局、市水务局赴现场实测确定。

（12）龙门景区泉群复涌工作是关系到世界文化遗产保护工作的大事，意义重大。为尽快实施复涌方案，实现复涌目标，建议市政府召开全市性动员大会，成立组织，签订目标责任书，宣布奖罚决定，进一步做好发动工作，促使各单位迅速行动起来，联系本单位实际制定矿井堵水减排方案和地面取水井限量开采方案并付诸实施，尽快实现龙门景区泉群复涌。

第七节　新　进　展

2019 年 3 月，洛阳市人大会议提出有关龙门周边煤矿影响世界遗产龙门石窟原真性价值的议案，后得到洛阳市煤炭局专题回复，明确省煤炭厅已下达对中小型煤矿进行管理措施，预计在 2022 年将彻底关闭龙门煤矿，从根本上解决破坏龙门地区生态环境平衡和困扰龙门石窟长远保护的问题。龙门石窟周边煤矿彻底关停后，地下水位将逐步恢复，届时龙门石窟景区泉水将全面复涌，再现与石窟风景交相辉映的泉水景观。

第八章　关于龙门石窟的若干地学问答

一、洛阳龙门是大禹辟凿疏开的吗？

相传，洛河、伊河是大禹疏浚开凿的，伊阙龙门也是大禹开凿疏通的，这在《左传》《越绝书》《水经注》《汉书》等古书中均有记载，后代也多有吟诵溢美之词。据《水经注》记载："昔大禹疏龙门以通水，两山相对，望之若阙，伊水历其间，故谓之伊阙。"传说那个洪水泛滥的时期，伊水因受龙门山阻滞而形成汪洋大海，后由大禹凿导疏通得以北流入黄，从而解决了水患。然而，伊阙龙门果真是大禹开凿的吗？这在宋代已引起疑问。司马光在《温国文正公文集》的《凿龙门辨》中问道，禹凿龙门，辟伊阙，有诸？迂叟答道，龙门伊阙，天所为也，禹治之耳。非山横其前，水雍其流，禹始凿而辟之，然后通也。传说固然美丽，然而在那遥远的年代，没有现代化大型机械设备，挖开一座山几乎是不可能的事情。何况滔天洪水在侧，难度可想而知。

实际情况如迂叟所言，龙门伊阙乃天然形成，并非山横其前，堵雍了北流的洪水，只是水流不畅，经大禹疏浚辟凿，河水才得畅通。地质调查表明，龙门山约形成于距今二十万年前的更新世晚期到全新世早期，其山体由中上寒武系白云岩和石灰岩构成，山体中喀斯特溶洞、裂隙极其发育。这些纵横交错的溶洞和裂隙被流水长期冲刷溶蚀，发生崩塌、断裂，逐渐形成一道峡谷，将山体切割开来，并在水流侵蚀下演化成今日峡谷形态（图 8-1）。因此，伊阙龙门的形成，主要是龙门山在地壳运动中逐渐抬升、溶洞极其发育以及伊河长期下切侵蚀等综合作用的结果。大禹率众疏浚伊河，使其畅通无阻，客观上改善了峡谷风貌。根据伊河阶地现存第四系沉积物，可初步推断，龙门峡谷地貌最初形成的时间，大约在二十万年前到十几万年前。

二、伊河对龙门石窟有什么影响？

伊河，古称鸾水，发源于栾川县境内秦岭余脉熊耳山南麓陶湾河谷，流经嵩县、伊川，经龙门入洛阳，进偃师，于偃师东南方岳滩、杨村间与洛河汇流，称伊洛河，在巩义神堤渡口北流注入黄河，是黄河的重要支流之一。伊河干流全长 286km，流域面积 6120km^2，年均流量 40.86m^3/s，年径流量 12.8×10^{8}m^3；伊河水温年平均 14～

图 8-1　伊河龙门段

15℃，冬季有结冰现象；每年 7～8 月为汛期，冬春季节为枯水期。伊河在洛阳市内长 17km，龙门石窟以上伊河流域面积约 5318km^2，窟区纵坡降为 1/700，河谷宽约 250～300m。

据记载，商朝宰相伊尹之母住在伊河上游的空桑（今河南嵩县），生伊尹于此，故将此河称伊河。今嵩县城南的沙沟龙头村有伊尹祠，是为纪念商朝宰相伊尹而修建的。

龙门石窟的兴盛离不开伊河，古代石窟多沿河谷两岸开凿，临河而凿，因岩结构，龙门石窟也不例外。一方面伊河水可为石窟中禅修的僧人提供生活用水；另一方面，自古以来交通要道多接近河道，东西两山夹峙伊河的峡谷地带是古代洛阳通往南方的必经之路，自北魏皇室择此地以凿石窟，开窟造像之风延续数百年，南来北往的僧人信徒沿山脚下的道路前行，一边被两山密密麻麻的窟龛列像吸引，一边也雇佣工匠开凿佛龛为自己和家人祈福。同时，由于伊河在隋唐时期水量巨大，除了承担重要的漕运任务外，许多信徒及文人墨客都选择从水路来到龙门石窟礼佛和游历。唐代诗人白居易就曾与僧友佛光同乘一叶扁舟，从洛阳城的建春门溯伊水悠悠而上，赶赴龙门香山寺游玩，二人一路低吟长啸，把酒论诗，引得岸上人们纷纷驻足，传为一段佳话。

如今的伊河龙门段是龙门石窟景区的重要组成部分，是“龙门山色”必不可少的元素之一，为龙门石窟营造了美好的山水景观，也丰富了龙门地区的地下水量。在景区内建有伊河橡胶坝蓄水，形成了面积约 100 万 m^2 的人工湖面，成为龙门石窟一道靓丽的风景线。如今沿伊河两岸修建有伊滨公园，林荫成道，水岸相接，风光秀丽，引人驻足休闲。然而，每逢雨季，龙门石窟都面临伊河洪水威胁。当洪水流量过大，会冲毁栏杆，甚至进入洞窟，泥沙淤积至地面和洞窟里面，污染佛像，带来严重危害。因此，为加强伊河管理，在龙门设立了伊河管理站，与上游陆浑水库加强联系、互通互联，对伊河水位、水质实时监测监控，制定应急预案，提高了防御和管理伊河洪水的能力。

三、为何说龙门山色位居“洛阳八大景”之首？

“洛阳八大景”，最早出现在清顺治六年（1649 年）洛阳知县武潘龙编修的《洛阳县志》中，指的是散布在洛阳城乡的著名自然景观、名胜古迹，即龙门山色、马寺钟声、金谷春晴、邙山晚眺、天津晓月、洛浦秋风、平泉朝游、铜驼暮雨。自唐宋以来，文人墨客、衣冠雅士，或讴歌作画，吟诗赋文；或营建园林别墅，居家洛城，流连其中，为这里的风物胜迹，留下很多奇闻逸事、美丽传说。

龙门两山对峙，巍峨壮观；伊水中流，清澈碧透；翠柏满山，佛龛万千；碧泉幽咽，千姿百态。这里山色秀丽，水光迷人，苍翠的香山和龙门山，如鬼斧神工之作，豁然断开；伊水潺潺，蜿蜒北去，两岸绿柳成行，衬以香山古寺、蜂房燕窝般的石窟背景，秀丽风光与瑰丽佛龛构成独特的石窟山水名胜，俨然一副古色古香的画卷（图 8-2），令人神往。身游其中，俯仰秀色，左顾右盼，流连忘返，怡然得山水之乐。唐朝诗人白居易曾言：“洛都四郊，山水之胜，龙门首焉。”因此这里自古被誉为“龙门山色”和“伊阙形胜”之地，自清初以来，“龙门山色”被列为“洛阳八大景”之首。

图 8-2　龙门山色与伊阙风光

四、古人是如何保护龙门石窟的？

对龙门石窟的保护，与其开凿历史一样久远。龙门石窟现存有很多类型多样的历史维修痕迹，证明古人在开窟造像的同时对保护石窟造像亦用心良苦。古代曾设置石窟署、营福署、石窟丞等专门机构负责管理保护石窟。古人对龙门石窟的保养维修历史可分为两个阶段：开窟造像时的保护和后期历代的维修。开窟造像时就采取一些保护措施，如运用洞窟形制来起到抗震和稳定作用，修造石刻窟檐来遮光挡雨，保护下部雕刻。后期历代多采用木构或石构窟檐、保护房、楼阁、排水沟、增修洞门等不同建筑形式来保护石窟，同时也采取了一些防雨措施，如东山现存的石板雨篷系唐代遗存（图 8-3），是以凿槽安装石板这种简单而实用的方法来实现的。或在开窟时及后来设计适宜的排水工程（图 8-4），包括山顶排水、崖体壁面排水、洞窟门槛上的排水沟、排水孔以及窟门前的小排水沟等，来排出洞窟地面积水。宋代为保护奉先寺大卢舍那像龛，修建有九间房屋来保护九尊大像。还有对毁坏的佛像进行修补，北宋大中祥符八年（公元 1015 年）“西京龙门山石龛佛，岁久废坏，上命沙门栖演给工修饰，凡一万七千三百三十九尊”。这是《佛祖统纪》卷四十四记载的在宋代对龙门石窟进行的一次大规模的修缮，修复佛像达 17339 尊，是龙门石窟历史上的一件大事。元、明、清时期都以增修窟门、修建窟檐、开凿排水石槽石洞来导流窟内渗水等方法进行保护。

图 8-3　东山唐代防雨石板

图 8-4　奉先寺顶部人字形排水沟

除了选址得当、工程上加凿窟檐、开挖排水沟等措施外，还对裂缝采用 8 字形铸铁进行加固。调查发现，龙门石窟不少洞窟造像表面有层很薄的古代涂层，厚约 0.05mm，暗红发亮，佛像的溶蚀、风化程度明显较轻，表明涂层起到了一定的保护作用。

五、龙门石窟佛像为什么如此细腻精美？

龙门石窟造像题材丰富多彩，姿态各异，有佛、菩萨、弟子、天王、力士、天龙八部护法神、佛传故事、经变故事、供养比丘、供养人等不同的雕刻形象，既有高达 17.14m 的卢舍那大佛（图 8-5），也有 2cm 高的小佛像（图 8-6）。其选址排列参差错落，精巧有序，疏密有致；组合布局适度得体，重精巧美；佛、菩萨、弟子等雕像形神兼备，栩栩如生；技法娴熟流畅，匠心独运，正体现了北魏和唐代佛教造像的高超艺术水平。

龙门石窟是皇家石窟，由于皇室直接参与和倾力打造，使石窟在开凿之初即有统

图 8-5 卢舍那大佛高 17.14m

图 8-6 万佛洞北壁 4cm 高小雕像

一的规划与布局，开凿石窟的工匠都是能工巧匠，这是龙门石窟佛像得以如此细腻精美的首要原因。龙门石窟的石质属于石灰岩和白云岩，质地细腻，适宜精雕细琢。其强度高而硬度小，这样的岩石，既易于雕凿，又难于风化。于是，在能工巧匠们的聪明才智和辛苦劳动下，这些岩石被雕凿成大小不同、形神各异、栩栩如生的佛像，充分展现了龙门石窟佛雕艺术的细腻精美和恒久魅力。

六、奉先寺为什么又叫九间房？

奉先寺原名大卢舍那像龛，位于龙门西山南段山腰中部，是龙门石窟规模最大的摩崖像龛，也是唐代造像艺术最为杰出的代表。它气势磅礴，形象逼真，是盛唐强大国力的充分体现，堪称东方艺术的明珠。

奉先寺自开凿以来历代都有保养维修，北宋时曾修建木质结构的房屋殿堂，对卢舍那大佛等九尊大像分别封闭起来加以遮护，防止风吹日晒，这些殿堂式的建筑共有九个开间，因此民间把奉先寺又称作“九间房”。根据史料记载分析，可能在北宋大中祥符八年（1015 年）的一次大规模维修龙门佛龛时，对奉先寺进行了维修并加盖殿堂。后来九间房屋被毁，重新展现奉先寺开放的场景。而今崖壁上留存下来的一排排方形孔洞（图 8-7），就是宋代修建九间房屋时安装椽梁所留的遗迹，显现了当时九间房的位置、高度和规模。这些房屋建筑对奉先寺并没有起到很好的保护作用，既打破了整体的佛教道场，又破坏了佛像的头光、背光以及崖壁的完整性，留下很多建筑痕迹，影响其艺术价值和视觉效果。

七、卢舍那大佛为什么修建在西山，其选址与这里的风水有什么关系？

奉先寺是大唐皇家修建，必经周密、精心考察，设计者从风水学上考虑，巧妙利

图 8-7　奉先寺正壁方形孔洞

用这里的山形、水势、朝向。唐代风水学已很成熟，大佛前台地开阔，西、南、北三面高山隆起，岩壁拱卫遮挡，选在距离伊河水面 18m 高的山腰上。这里溶洞十分发育，已形成天然沟壑，省去了庞大工程量。大佛头顶正中的山上高高突起一块约 $70m^3$ 的巨石，位于风水学上卢舍那大佛的“临官”位上，应了“临官位上山峰起，出仙出圣出贤良”之说；前有伊河，得了佛学上的“德水”之助；两侧高峰左龙、右虎护卫，对面有遥遥突起的应山定向。因此，奉先寺的选址定向在风水学上已达到极为成熟的地步。

从地质学上看，此段石灰岩层厚大，硬度小，质细而柔，易于雕琢，这为奉先寺卢舍那大佛等大型群像的雕凿创造了物质条件。这样，雕凿而成的奉先寺，位置较高，气势恢宏，光线充足，充分展现了大佛及群雕的无限光辉（图 8-8），使人们在仰视时由衷感到庄严、肃穆、神圣而非凡，给人以无穷的震撼力。

图 8-8　奉先寺卢舍那大佛

八、奉先寺南、北壁力士胯部的朝向为何相反?

奉先寺的保存状况，总体而言，北壁最好，神王力士均保存完好；正壁次之，二菩萨、大佛、阿难都保存较好，迦叶头部缺失较为严重；南壁较差，神王力士多处缺失严重，应系崩塌造成。

奉先寺是在溶洞发育的基础上扩凿而成，溶洞主要分布在南壁附近，呈水平展布，东西走向，直达正壁南端，与神仙洞、阿难头顶的溶洞相连。从现存状况看，神仙洞位置较高。在南壁东侧、力士和神王的腰部，留存有明显的泥土溶蚀堆积物，可见最初这里发育有较大规模的溶洞。在开凿奉先寺时，南壁由于靠近溶洞，岩体裂隙发育，最后雕凿的石像保存状况不佳，后期发生了崩塌。今天看到的南壁现状，是20世纪70年代经过清理、粘接归位加固工程后的面貌。阿难头顶溶洞和神仙洞也经过加固维修和支护。而北壁附近没有大的溶洞发育，所以岩体完整性好，佛像保存状况就好得多。

根据规划布局和对应特征，南壁、北壁的神王姿态是完全对称的，其面部、胯部都朝向外侧，即东方向；力士也应该是对称的，其面部、胯部也应朝向外侧。然而，南壁的力士除了面部朝向与北壁力士对应，朝向外侧，其胯部朝向、手脚姿态都与北壁不呈对应关系（图8-9）。难道古人在雕凿时出现失误了吗？不是的。奉先寺属皇家石窟，在开凿之初即有完整规划和布局，绝不会出现这种明显失误。其实，这是聪明的古代石匠巧妙避开裂隙、溶洞的一种方法，正是因为南侧岩体中存在大溶洞和较大裂隙，局部岩石可能有空缺，古人顺势采取弯曲相对的造型，将裂隙的不利影响降到最低程度。南壁靠近溶洞发育区，开凿到力士的位置，附近发育的溶洞和裂隙侵蚀了近旁岩体，没有足够空间位置。这可从南壁神王、力士腰部附近的溶洞发育痕迹看出。因此古人顺势把南壁力士的胯部朝向改为内侧，与北壁力士相反。

图8-9　奉先寺南壁、正壁和北壁展开图

九、龙门名泉知多少？

龙门石窟景区内沿伊河两岸分布有十多处泉水，这些泉水是龙门石窟作为世界遗产的重要组成部分。龙门景区的地下水属于寒武系灰岩裂隙承压水，埋深一般低于石窟所在岩层。由于龙门峡谷的形成及伊河侵蚀作用的影响，致使峡谷两岸低处的石灰岩裸露，深处的地下水在压力作用下沿着裂隙通道上涌，到达地面裂隙口涌出而成泉眼，在西山脚下形成了禹王池、珍珠泉、镠鼓洞泉、老龙窝泉等，在东山脚下形成牡丹泉、香山泉等著名的泉水景观。泉水出露点一般高于伊河水面2～5m，总流量约每小时130m^3。水温常年恒定在24～26℃之间，流量稳定，水质良好，符合饮用标准。它们终年长流不息，或生成瀑布，或形成溪流，或聚为深潭，或喷涌飞溅。其形态各异，不胜游观，引起历代文人墨客的歌咏称赞。

禹王池。位于龙门西山北段约3m高处，是一方形水池（图8-10）。池水自石穴中汩汩流出，冬暖夏凉，寒冬时雾气蒸腾。池中立一高约2m的石柱，称石砭或石笋，传为大禹开凿龙门时所用工具，又说是唐代白居易任江州司马时从九江运来的太湖石。池水自东侧口飞泻而下，状若悬瀑，喷珠溅玉，水色迷人，又像蛤蟆吐水，故禹王池又称蛤蟆嘴，为龙门一胜景，游人至此多留影纪胜。

镠鼓洞泉。位于龙门西山中部山岩上，此处有溶洞数个，泉水自洞穴涌出，如堵塞洞口，洞内流水若镠鼓声，因而得名（图8-11）。

图8-10　禹王池

图8-11　镠鼓洞泉

珍珠泉。位于镠鼓洞南边上方约2m高处，泉口呈圆穴状，直径约1m，水底有二氧化碳气泡自石穴中涌出，缓缓上升，状若串珠，故有珍珠泉之名（图8-12）。

老龙窝泉。位于龙门西山中部莲花洞北边山岩下，为一南北狭长水池，深约70cm，泉水自山窍深处涌出，聚于池中形成深潭，东流入伊河。相传大禹治水凿龙门时得一名叫“应龙”的神龙相助。应龙即有翼之龙，能远飞，传说为黄帝、大禹之功臣。老龙窝即此神龙的卧处，故有此名。

牡丹泉。位于龙门东山看经寺前伊河水畔。泉名来自民间故事。相传新婚不久的牡丹与其夫含冤而死，后化为泉水，自地涌出，状若牡丹花，故名牡丹泉。潺潺水声颇似牡丹哭声。牡丹泉水纯净甘美，曾被龙门啤酒厂作酿酒用水。昔日名泉，今被伊东渠淹没。一旦渠水改道，牡丹泉即可恢复旧观（图 8-13）。

图 8-12　珍珠泉

图 8-13　老龙窝泉

十、为什么龙门石窟西山中段崖壁上极少有开窟造像?

龙门石窟西山中段（从摩崖三佛到双窑洞之间）的崖壁上极少开凿洞窟和造像，这是什么原因呢？相传，皇室王公贵族在龙门开窟造像前要请乐师到现场考察，有锣队在西山前列队前行，齐奏鸣锣，乐师根据山岩对锣音的回声来判断哪一段山体石材适合开窟造像，就放下一根木条，界定适当地界和范围。今天可以从地质学上来理解这一点。

山体、岩石的完整程度和裂隙发育状况，会造成它对锣音的反射与吸收性能的不同。古代乐师根据这个原理来判断是否有大的裂隙或断裂存在，进而判断是否适合在此开窟造像。地质调查表明，从摩崖三佛到双窑洞一段，岩体破碎，裂隙发育，完整性差，且存在明显的古滑坡现象。这使得开窟造像十分困难，窟龛开凿后稳定性差，易发生坍塌，开凿佛像时易断裂脱落。因此，此段山崖几乎没有洞窟分布，偶有几个小型洞窟，也多为窟龛雏形，没有继续雕凿佛像（图 8-14）。可见，岩体结构、完整程度、裂隙构造等地质因素，对开窟造像有重要影响。

图 8-14　西山中段无石窟

十一、龙门石窟西山岩石的层次感为什么这么强？

图 8-15　龙门西山岩石层面

沿着龙门石窟西山由北向南参观，可看到山体的岩石层次感很强，很有规律，无论岩层厚薄，都向一个方向倾斜，倾向为北偏西（图 8-15）。这是由龙门山的地质构造决定的。龙门山在地质构造上属于单背斜山，是背斜的北翼，南翼在龙门南边凹陷，形成伊川盆地，而北翼由于地壳运动隆起形成山脉。

由于龙门石窟核心区内没有大的断裂带，在地质时期沉积形成的岩石层次没有被地壳运动扰动破坏，保存了较好的地层特征，同时崖壁陡峭，山岩裸露，无植被遮挡，因此看上去西山的岩石层次感很强、很有规律。

十二、石牛溪是如何形成的？

石牛溪位于龙门西山莲花洞南边的岩壁上，呈一菱形石罅豁口，仰望仅见一线天光，俗称石牛溪（图 8-16）。相传大禹凿龙门时，应龙奉命由此飞升而去，留下了这个扁圆石洞穴。高 3m，宽 1.7m。石罅久涸，内壁面刻满小佛龛，且多有纪年。从龛的形制与造型特征看，造像年代上迄北魏正光年间，下至唐代景龙年间。近旁岩壁题刻“龙门”两个大字，系清代雍正时河南知府张汉所书。

石牛溪上部为垂直溶洞，其顶部位于万佛洞—唐字洞顶部的平台上，系伊河侵蚀形成的二级阶地；下部豁口为落水洞（图 8-17）。石牛溪作为天然形成的落水洞，属于喀斯特地貌的一种形态，是地表水流入地下的进口，表面形态与漏斗相似。它形成于潜水面以上、地下水垂直循环极为流畅的地区。其最初形成，沿垂直裂隙溶蚀为主。当孔洞扩大后，大雨时，地表流水集中落水洞，冲到地下河。洪水携带大量泥沙石砾，往下倾泻，对洞壁四周磨蚀，久之岩体崩塌，使落水洞迅速扩大。经过这种长期的溶蚀作用，最终形成石牛溪的豁口形态。由于落水洞常沿构造线、裂隙和顺岩层展布方向呈线状或带状分布，因此是判明地下暗河方向的一种标志。

图 8-16　石牛溪

图 8-17　石牛溪—落水洞

十三、龙门溶洞知多少？

溶洞是石灰岩地区岩体在地下水与二氧化碳作用下不断溶蚀形成的孔洞，由此形成的地貌一般称为喀斯特地貌（Karst）。龙门石窟不少著名的洞窟就是在溶洞基础上开凿而成，如古阳洞、莲花洞、火烧洞、老龙洞、石牛溪、破窑、奉先寺、看经寺、高平郡王洞等。地质调查表明，龙门西山岩体存在三层溶洞：上层海拔 200m，如神仙洞；中层海拔 170m，如古阳洞、石牛溪、火烧洞等；下层海拔 150m，如老龙洞、山脚下泉溶。它们形成的时代，从上到下依次由老而新。如今这些溶洞绝大部分早已干涸，停止发育。

龙门石窟开窟造像有两个高峰，一是北魏，二是唐代。北魏在前，首先利用天然溶洞，在溶洞基础上开窟造像，省工省时，节约成本，这是北魏开创龙门石窟的特点之一。同时，溶洞已形成稳定的岩体结构，在溶洞基础上开窟，一般不会发生坍塌事故。这一时期开凿的大中型洞窟，多位于西山中段，如古阳洞、莲花洞、火烧洞等。到了唐代，多数溶洞已被占用，只能选择山岩直接开窟造像，这要花费更多资金和人力。当然，唐代也有利用溶洞的例子，如奉先寺，也是在溶洞发育的基础上扩建开凿而成；东山看经寺则开凿在两层溶洞之间。无论从洞窟数量还是规模来看，唐代都要比北魏时显得更加大气恢弘，这不仅反映了古代先人们的高超智慧，也显示出大唐盛世的经济发达和文化繁荣。

神仙洞。位于奉先寺西南角距地面 25m 高处的不规则方形大溶洞。南北长 14m、东西长 13m，洞内南部高 3m，向北渐低，平均约 2m。它同阿难和普贤身上无数小溶洞相连。为使雕刻完整，造像时用石块补配后雕刻。其方法是先将溶洞扩凿成规则的方形洞，镶嵌上加工好的岩石块，使整个造像岩体完整，再行雕刻。时隔千年，原有补块脱落遗失，后于 20 世纪 50 年代、70 年代进行过两次修补。1975 年在洞口砌石墙，洞内砌筑有 9 根石柱以支撑顶板，提高其完整性和稳定性（图 8-18）。

火烧洞。在溶洞基础上开凿而成，相传为雷火所击而得名，是龙门石窟规模最大的洞窟之一。在主尊基座底部南侧有一溶洞，深达数米，久已干涸。洞口已溶蚀凹陷，洞内堆积有黏土质溶蚀物（图 8-19）。

古阳洞。号称“龙门第一窟”，是在天然溶洞基础上开凿而成。基座发育有大型溶洞，深达数十米，后用青砖灰浆修补支砌。基座前右侧狮子已不存（图 8-20）。

莲花洞。位于西山中段，因其窟顶雕有一朵硕大高浮雕莲花而得名。北壁下部发育有较大规模的东西向水平状溶槽，直达正壁底部，因此没有小龛佛像雕刻。该溶槽斜下方展布，连通北侧的老龙洞和老龙窝泉水，而老龙窝泉水，正是从地下深处的溶洞涌出的（图 8-21）。

图 8-18　奉先寺正壁南端上部——神仙洞

图 8-19　火烧洞主尊基座溶洞

图 8-20　古阳洞主尊基座溶洞已支砌

图 8-21　莲花洞北壁下部大溶槽

十四、龙门石窟洞窟造像为何西山多，东山少？

在龙门石窟参观可以发现，西山洞窟造像更为密集，而东山要少得多。事实上，龙门石窟 2345 个洞窟，其中 2044 个分布在西山，占了 87%，东山仅占 13%。古人为什么多选择在西山开凿洞窟和雕像呢？这是因为，古人在开凿石窟时，不单要考虑岩石的完整性、硬度等条件，还要考虑断裂、坡陡等地质因素。

龙门石窟所在山岩整体上向北西方向倾斜，伊河切穿伊阙峡谷后，在西山形成了陡崖，叫反向坡，在东山形成相对平缓的坡面，叫正向坡。西山这种反向坡属于稳定坡，坡面陡，向内倾斜，开凿石窟时不但省时省力，最重要的是岩层稳定性好，洞窟不容易滑移和坍塌，因而适宜开凿洞窟和地下洞室。而东山的正向坡，属于不稳定坡，地势比较平缓，在这种坡度上雕刻石窟不仅工程量加大，且由于洞窟顶部岩石节理与裂隙朝向的缘故，很容易发生滑移、坍塌和破坏，不利于开凿洞窟。因此，古人优先选择西山雕凿石窟。这是决定西山洞窟较东山数量多、密集程度高的主要原因。同时，西山整体性较好，没有大的冲沟发育，而东山有万佛沟、老君犁等冲沟，把东山分成了几个相对独立的小山包，破坏了山体的整体性；东山岩层较薄，节理发育，给石窟佛像的开凿带来极大困难，因此窟龛数量不及西山多。另一方面，西山岩层倾向背向崖壁，对洞窟开凿后的保存非常有利，山间裂隙中雨水多顺应倾向流走，不易在洞窟内流出（图 8-22）；而东山则相反，开窟后岩层倾向朝向洞窟，雨水很容易沿裂隙汇集到洞窟壁面渗出，带来溶蚀风化问题（图 8-23）。

此外，西山面朝阳，东山背阳，位于西山的佛像尤其是卢舍那大佛，可以每天迎接朝阳。因此，古人多选择在西山开窟造像，致使西山石窟越来越密集，而东山则少得多。

图 8-22　西山石窟

图 8-23　东山石窟

十五、自然环境对龙门石窟的保护有什么影响？

千百年来，龙门石窟经历了风吹、日晒、雨淋等自然侵蚀和人为破坏，存在较为严重的环境病害。调查研究发现，龙门石窟的主要环境病害包括三大类：岩体崩塌（图 8-24）、洞窟渗漏和雕刻品风化。具体到雕刻品本体而言，其病害主要包括：缺失、断裂、植物生长、微生物病害（图 8-25）、裂隙、风化剥落、起翘、表面溶蚀、结垢、表面污染物等。经过维修治理，崩塌现象已基本解决，龙门石窟岩体稳定性得到了保证。经过长期实践研究，针对洞窟渗漏和雕刻品表面风化问题，正进行积极的治理工作，已取得一定的成效和经验。

图 8-24　崩塌

图 8-25　微生物病害

引起这些病害的因素主要是自然环境作用的影响，包括石材性质、温差变化、水参与的溶蚀作用、生物风化等因素。龙门石窟岩体属于可溶的石灰岩，在水和二氧化碳的参与下会发生溶蚀，造成雕刻造像漫漶不清。温差变化可导致雕刻品膨胀收缩进而粉化和崩解。植物根系可扩大裂隙，分泌的有机酸可腐蚀雕刻；微生物滋生迅速，其侵蚀破坏作用巨大，会造成表面粉化、剥落。大气中的粉尘长期堆积到洞窟里和佛像表面，会带来污染，吸收水汽和污染气体后会腐蚀佛像。在这些自然环境因素的长期作用和影响下，龙门石窟出现了类型多样、程度不同的环境病害。

十六、石质对龙门石窟的保存有什么影响？

龙门石窟开凿在距今约 5 亿年前的寒武系石灰岩和白云岩上，其岩层大致可划分为三层，即崮山组、张夏组和徐庄组。崮山组为巨厚层和厚层极细晶白云岩，强度大，硬度稍高，抗风化能力强，分布的主要洞窟有潜溪寺、宾阳三洞、敬善寺和摩崖三佛等。张夏组属于残余鲕粒灰岩，中厚层，强度适中，适宜精雕细琢，分布有双窑、万佛洞、惠简洞、老龙洞、莲花洞、破窑、魏字洞、唐字洞、奉先寺、药方洞、古阳洞、火烧洞等重要洞窟，这是龙门石窟精华洞窟的集中所在。徐庄组属于细晶白云岩和泥质条带灰岩互层，层厚小，含有明显的泥质夹层，即使在层间的白云岩和灰岩，其成分也复杂多样，含有明显的钙质或铁质结核，且泥质含量较高，造成此段岩石的差异风化明显，分布于此的洞窟，如皇甫公窟、八作司洞、路洞、龙华寺、极南洞等，属于中小型洞窟，雕刻造像出现不同程度的差异性风化，表面漫漶不清，软弱夹层多已风化剥蚀，呈现出凹凸不平的条带状溶槽和溶穴。

地层岩性的差异造成了龙门石窟保存现状具有较明显的区段特征（图 8-26、图 8-27）。从三段岩层的分布区段来看，北段（双窑洞以北）白云岩质地的石窟造像，

图 8-26　西山石窟三段岩性分布

1　　2　　3

图 8-27　西山石窟三段岩性对比

1. 南段 - 徐庄组　2. 中段 - 张夏组　3. 北端 - 崮山组

由于岩层厚，组成矿物均一性较高，完整性、匀质性好，强度较高，抗风化能力强，其保存状况较好。中段（双窑洞—奉先寺）残余鲕粒灰岩质地的石窟造像，强度适中，适宜精雕细琢，但此段洞窟造像由于渗漏水严重，溶蚀病害比较突出。南段（古阳洞以南）泥质条带灰岩质地的石窟造像，岩层薄，矿物成分多样，软弱夹层较多，岩层间、岩层内质地复杂，易溶蚀和风化，其差异性风化现象比较突出，同时受雨水、渗水和温差风化作用影响巨大。此段的造像表面模糊不清，溶孔发育，软弱夹层和泥质多已被冲蚀、风化剥落，造成石刻造像完整性差、缺失严重，不少中小型洞窟坍塌病害严重。

十七、水对龙门石窟有什么危害？龙门石窟研究院采取了哪些针对性措施？

危害龙门石窟的水源，主要包括大气降水、凝结水和伊河洪水。大气降水直接滴落在雕刻品表面，有溅蚀破坏作用；在山坡上汇聚而成的坡面流，冲刷洞窟和佛像，造成溶蚀和劣化；部分降水经地表下渗，通过山体内部裂隙通道，运行至洞窟内形成渗漏水，增大窟内湿度，造成雕刻品表面污染和溶蚀病害，加剧雕刻表层风化。凝结水是洞窟内空气中的水汽达到过饱和后，在内壁和佛像表面冷凝而成的附着水，随着湿度减小或气温升高，又会挥发成水汽重新进入空气中，这样反复的干湿交替会产生溶蚀、退变作用。两山之间的伊河，在枯水期（冬、春季节）对龙门石窟没有危害；丰水期（夏、秋季节）时由于上游水库放闸或流量过大，到达龙门口时排泄不畅，造成洪水冲毁栏杆、淹没观光道甚至进入洞窟，带来严重危害。

针对危害性水源，龙门石窟研究院长期以来采取了综合治理和防治研究工作。对于大气降水的滴溅、冲刷溶蚀破坏，采取修建防雨窟檐、防雨板遮挡，修造排水沟或挡水墙阻挡和引流等措施来减少危害。针对洞窟渗漏，持续投入大量资金和人力物力，采取顶部铺设防渗层、修造排水沟、裂隙注浆堵漏、窟内封堵渗水裂隙与灌浆堵漏等多种综合工程技术手段，来减少洞窟渗漏。防治伊河洪水期的危害，则主要通过对河床定期清淤、伊河河汛互通互联、橡胶坝放水、加固河岸栏杆等来实现。

十八、看经寺洞窟开放对文物有何影响？采取了哪些保护措施？

开放洞窟是为了更好的弘扬传统文化、传播精神文明。作为北方三大石刻艺术宝库，敦煌莫高窟和云冈石窟都有一定数量的洞窟对游客开放参观。龙门石窟自从 20 世纪 80 年代对洞窟门安装铁栏杆防护后，游客只能在洞窟门口参观，无法近距离欣赏精美的石刻艺术。龙门石窟游客量在全国石窟中是最多的，看经寺洞窟开放后，可能会带来文物触摸、刻划、闪光灯拍照以及游客呼吸带来的洞窟内温湿度变化等问题，只要做好游客管理和疏导工作，就不会造成其他大的影响。

为了将看经寺完美地呈现在游客面前，我们对29尊罗汉像进行了清除浮尘、溶洞支护、雕像加固等文物保护措施。同时，为防止触摸、碰撞等带来的人为损坏，罗汉造像外设置一圈玻璃隔断，在不影响游客参观的前提下最大限度地保护文物。此外，洞窟内地面为凹凸不平的山岩，铺设专门木质步道，保护洞窟地面和游客安全。看经寺开放后，大量游客呼出的气体可能使洞窟中温湿度发生一定变化。为防止该情况发生，对看经寺采取限流、错峰观赏等措施，保证窟内不聚集大量游客，减少对文物产生的影响；并在洞窟内放置环境监测仪器，如温湿度仪、二氧化碳监测仪等，实时监控窟内小环境的动态变化。一旦出现仪器报警提醒，就及时采取相关措施，确保文物安全和游客参观的有序进行。

主要参考资料

1. 刘景龙：《龙门石窟保护》，中国科学技术出版社，1993 年。

2. 龙门石窟研究所编，苏健、张若愚、王洁著：《龙门石窟与历史名人》，长征出版社，1999 年。

3. 李文生：《龙门石窟与百题问答》，河南大学出版社，2001 年。

后　记

2000年底适逢龙门石窟申报世界遗产成功之际，我有幸来到龙门石窟研究所工作。从小在田间地头河边长大，来到山清水秀的龙门石窟工作，使我欣喜不已。我下定决心，要把青春韶华贡献给家乡的文化遗产保护事业。平日徜徉于两山相对、伊水中流的石窟天地里，我常陷入遐想和冥思，两山中断若天辟，何也？伊水至此变流向，两岸清泉相对出，异哉！西山洞窟密如蜂巢，东山稀疏有致，何故？西山自南而北，洞窟分布、造像差别，与岩石材质、地质地貌有何联系？

疑问常绕脑海，我开始留意收集和整理文献资料，实地踏勘调查、印证、探究，逐步找到一些答案。随着工作深入开展，我参加了很多日常维修和保护工程项目，爬的脚手架多了，钻的洞窟多了，眼界宽泛起来，对石窟环境和保护的理解逐渐清晰，尤其在2002年至2008年参加了联合国教科文组织援助龙门石窟保护修复工程，使我有幸结识文化遗产保护领域的顶尖专家和学者，像中国文化遗产研究院的黄克忠先生、付清远先生、李宏松先生、王金华先生，中科院地球物理所的曲永新先生，龙门石窟研究所的刘景龙先生，中国地质大学的方云先生，复旦大学的杜晓帆先生，以及日方专家东京文化财研究所的冈田健先生等，他们渊博的学识和实践经验，对我起到了潜移默化的影响，使我受益匪浅。2004年参加了中意合作文物保护修复培训项目，通过长达一年的理论学习和现场实践，使我对文物保护修复的理念和方法有了较为深入的认识和理解，也结识了詹长法先生、Michelli、Vakalis等国内外知名专家学者，为我打开了新的国际视野。

我开始结合工作实践写一些文章发表在《中国文物报》上，这给了我很大鼓励和信心。后来把科研工作写成论文，陆续发表在《文物保护与考古科学》《敦煌研究》《中原文物》《华夏考古》《石窟寺研究》等期刊杂志上，一路走来二十余年，也积累了一些心得体会，发表有论文20余篇，其中不少收录入本书中。围绕龙门石窟地学方面研究，贯穿于龙门石窟保护工作主线，对相关工作项目有客观表述、效果评价和总结反思，逐渐于三年前开始有了编写本书的初衷，寄希望于让更多人了解和认识龙门石窟保护工作者的坚守和付出……

三年来除了日常工作外，大多精力都放在了对本书框架构思、章节结构安排、文字编写、图片整理等，忙碌于梳理纷繁芜杂的工作日志、总结、报告资料，忙碌于专业疑问的查证、现场调研与剖析，忙碌于照片图纸资料的整理、编排和分类研究，忙碌于石窟现场调查、记录和拍照……有时困了，不免对妻儿谈起，她们都安慰鼓励我。有一晚在家编写文稿，累了倦了又给女儿吐槽，她认真地看着我说，爸爸，你不能老坐在屋里写材料，得多到石窟里走一走。我不仅赞许地点点头。妻儿的支持，对我是种莫大的鼓励。我终于废寝忘食夜以继日，把这本近30万字的稿子给编写好交付给出版社了。

在这里，要郑重表达我的敬意和感谢！

感谢龙门石窟研究院领导对本书编写出版的重视和指导！感谢洛阳职业技术学院朱美荣书记、余江宁副院长的支持和帮助！

感谢龙门石窟张乃翥教授的鼓励、指导和帮助！张老师数十年如一日的勤勉不辍的治学精神一直激励着我，还对书稿大纲提出了具体意见，在此表达我深深的敬意和感谢！

感谢黄克忠老先生在八十高龄仍不辞辛劳为本书作序，使我倍受鼓舞、倍感荣幸！感谢龙门石窟研究院史家珍院长在百忙中为本书作了中肯的评价和序言！

感谢中国地质大学方云老师、严绍军师兄一直以来的关心支持和帮助！他们不仅为龙门石窟保护事业做出了很多重要贡献，同时他们渊博深厚的专业学识和精神给了我重要的指引，更对本书的框架和目录大纲提出了很好的意见。

感谢中国文化遗产院李宏松研究员为本书初稿所作的详细深入的审定和修改建议，本书的不少章节结构内容的调整，也采纳了李老师的意见。

感谢龙门石窟研究院同仁的热心帮助！感谢陈建平先生以及保护中心的马朝龙、李心坚、范子龙、赵淑梅等同志的支持和帮助！感谢科学出版社郑佐一女士及同仁为本书文字照片图表编辑、整理、校订所付出的辛苦劳动！

谨以此书献给为龙门石窟保护研究事业做出贡献的前辈和同仁们！此刻深切缅怀已故去的李文生先生、刘景龙先生！为他们所付出的辛苦劳动致以深深的敬意！

作者水平有限，错讹在所难免，恳请读者朋友不吝赐教！

杨刚亮
甲午年孟夏于洛阳